미래를 사는 사람
샘 올트먼

미래를 사는 사람 샘 올트먼

THE OPTIMIST

**AI 시대를 설계한
가장 논쟁적인 CEO의 통찰과 전략**

키치 헤이기 지음 유강은 옮김

THE OPTIMIST
by KEACH HAGEY

Copyright (C) 2025 by Keach Hagey
Korean Translation Copyright (C) 2025 by The Open Books Co.

Korean edition published by arrangement with W.W. Norton & Company, Inc. through Duran Kim Agency.

이 책은 실로 꿰매어 제본하는 정통적인 사철 방식으로 만들어졌습니다.
사철 방식으로 제본된 책은 오랫동안 보관해도 손상되지 않습니다.

웨슬리를 위해

차례

프롤로그　　　　　　　　　　　　　　　　　　9

1부　1985~2005
　1　시카고　　　　　　　　　　　　　　　39
　2　세인트루이스　　　　　　　　　　　　65
　3　〈지금 어디야?〉　　　　　　　　　　　89
　4　〈너드 중의 너드들〉 사이에서　　　　107

2부　2005~2012
　5　〈일시 중단〉　　　　　　　　　　　　135
　6　〈지금 어디?〉　　　　　　　　　　　157
　7　〈별로던데〉에서 〈쿨하군요〉로　　　175
　8　찌질한 놈 배지　　　　　　　　　　　189

3부　2012~2019
　9　〈로켓에 올라타다〉　　　　　　　　　209
　10　〈샘 올트먼을 대통령으로〉　　　　　237
　11　〈AI를 위한 맨해튼 프로젝트〉　　　267
　12　이타주의자들　　　　　　　　　　　301

13 수익으로 방향을 돌리다   343

4부 2019~2024

14 제품   381
15 챗GPT   401
16 일시적인 문제   435
17 풀려난 프로메테우스   465

에필로그   491

감사의 말   499
주   503
찾아보기   529

프롤로그

2023년 11월 중순의 어느 화창한 저녁, 유명한 벤처 자본가 피터 틸은 로스앤젤레스 아트 디스트릭트에 있는 100년 된 옛 은행 건물에 자리한 아방가르드한 일식 레스토랑 YESS에서 동성 남편 맷 댄자이즌의 생일 파티를 해주었다. 동굴 사원 같은 이 공간에서 그의 옆자리에 앉은 이는 친구 샘 올트먼이었다.[1] 틸은 10여 년 전에 올트먼의 첫 번째 벤처 자금을 지원했고, 샘이 오픈AI의 최고 경영자로서 인공 지능 혁명을 대표하는 인물이 될 때까지 젊은 투자자의 멘토로 남았다. 1년 전 오픈AI가 챗GPT를 출시하자 테크 주가가 불황을 박차고 솟아올라 수십 년 만에 최고의 해를 기록했다. 하지만 틸은 불안했다.

올트먼을 만나기 몇 년 전에 틸은 인공 지능에 중독된 엘리에저 유드코스키라는 천재를 곁에 두고 도와준 적이 있었다. 틸이 자금을 지원한 유드코스키의 연구소는 인간이 자신보다 똑똑한 인공 지능을 만들기 전에 먼저 인공 지능을 착한 존재로 만드는 법을 알아내야 한다는 사고를 기반으로 삼았다. 하지만 틸은 유드코스키가 허무주의적인 극우에 〈러다이트〉*로 변모했다고 느꼈다. 그가 신봉하는 극단적 운명론은 이런 식이었다. 〈우리가 할 수 있는 일이라곤 AI가 등장해서 우리를 죽이기를 기다리면서 버닝 맨**에 참여하고 마약을 실컷 흡입하는 것뿐이다.〉 3월에 유드코스키는 『타임』에 발표한 기명 칼럼에서 현재 진행 중인 생성형 인공 지능 연구를 중단하지 않으면 〈말 그대로 지구상의 모든 인류가 죽게 될 것〉이라고 주장했다.²

「자네는 엘리에저가 어떻게 자네 회사 사람 절반이 이런 믿음을 갖게 프로그램했는지 모르고 있어. 이 문제를 진지하게 생각해야 한다고.」 틸이 올트먼에게 경고했다.

올트먼은 베지테리언 음식을 조금씩 먹으면서 눈알을 굴리지 않으려고 애썼다. 틸이 저녁 식사 자리에서 회사가 〈EA들〉에게 점령당했다고 경고한 게 이번이 처음이 아니었다. EA란 공리주의의 데이터 중심 사촌인 효과적 이타주의 effective altruism*** 철학을 신봉하는 사람들을 가리키는 말이었다. EA들은 얼마 전에 전 지구적 빈곤을 종식하려는 노력에서 고삐 풀린 인공 지능이 인류를 죽이는 것을 막으려는 노력으로 방향을 전환한 바 있었다. 틸은 〈인공

---

* 18세기 말에서 19세기 초에 영국의 공장 지대에서 산업 혁명 때문에 일자리를 빼앗기는 데 항의하며 기계를 파괴하는 운동을 벌인 노동자. 이하 본문의 각주는 옮긴이의 주이며, 원주는 각주 끝에 따로 표시한다.

** 1986년부터 네바다주 블랙록 사막에서 매년 일주일간 열리는 반(反)문화 축제. 참가자들은 〈공동체, 예술, 자기표현, 자립〉을 표방하는 공동체 생활을 한다.

*** 이성과 증거에 의거하여 다른 사람들에게 최대한 이익이 되는 방법을 찾고, 그런 생각을 기반으로 행동하는 것을 옹호하는 21세기의 철학적, 사회적 운동.

지능 안전성론자들〉이 오픈AI를 〈무너뜨릴〉 것이라고 거듭 예측했다. 틸은 처음부터 회사를 지원했는데, 처음에, 그러니까 2015년 소규모 비영리 연구소에 불과했을 때는 개인적으로 기부를 했고, 2023년 초에는 파운더스 펀드를 통해 지원했다. 후자는 오픈AI가 마이크로소프트를 비롯한 투자자들로부터 수십, 수백억 달러를 끌어들이기 위해 영리 자회사를 세운 뒤의 일이었다. 하지만 그 또한 유명한 파국론자였다. 실리콘 밸리에서 흔히 통하는 농담처럼, 틸은 지난 두 차례의 금융 위기 중에 열일곱 번을 정확하게 예측한 적이 있었다.

「글쎄요. 일론은 그런 사람이었지만 우리는 일론을 헤치웠어요.」 올트먼이 대답하면서 2018년 정신없는 사태 속에 공동 창업자인 일론 머스크와 갈라진 일을 입에 올렸다. 머스크는 한때 인공 지능을 창조하려는 시도를 〈악령을 불러내는 일〉이라고 지칭했다.[3] 「그다음에 앤스로픽 사람들이 있었죠.」 올트먼이 말을 이었다. 2020년 말 오픈AI 직원 10여 명은 올트먼이 인공 지능 기술을 너무 성급하게 상업화하고 있다고 주장하면서 경쟁 연구소를 창립하려고 회사를 떠났는데, 그 사람들을 가리키는 말이었다. 「우리는 그 사람들하고 갈라섰어요.」 남아 있는 직원 700여 명은 우주 로켓을 탑승하는 경험을 하고, 800억 달러 이상의 가치로 평가받는 오픈AI의 주식 공개 매수가 임박한 상황에서 이제 해변에 별장을 구매할 기회를 누릴 참이었다. 패닉에 빠질 필요가 전혀 없었다.

올트먼은 오래전부터 낙관주의를 개인적 브랜드의 핵심에 두었다. 하지만 그런 자리에 있는 사람이라면 누구든 그 순간 올트먼처럼 긍정적으로 느낄 이유가 충분할 것이다. 작고 여린 38세의 그는 마법 같은 경력에서도 최고의 해를 마무리 짓고 있었다. 그해에 올트먼은 누구나 아는 이름이 되었고, 상원 의원들을 쥐락펴락했으며, 세계 곳곳의 대통령과 총리를 만났고 — 실리콘 밸리의 가치 체계에서 볼 때 가장 중요하게도 — 바야흐로 모든 것을 바꿀 가능성이 유력해 보이는 신기술을 내놓았다. 오픈AI가 11월에 출시한 불쾌하게 인간적인* 챗봇인 챗GPT(생성형 사전 학습 변환기 generative pre-trained transformer의 약자)는 곧바로 대성공을 거두어 3개월도 되지 않아 1억 명의 이용자를 확보했다. 지금까지 세계에서 가장 빠르게 성공한 앱이었다.[4] 불과 몇 달 뒤 오픈AI가 더욱 가공할 만한 후속작인 GPT-4 — 변호사 시험을 통과하고 AP** 생물학 시험에 합격했다 — 를 공개했을 때, 그 아찔한 발전 속도를 보니 세계 최초의 일반 인공 지능 artificial general intelligence(AGI)을 안전하게 창조한다는 회사의 대담한 사명이 실제로 손닿는 거리에 들어온 듯했다. 가장 완강한 인공 지능 회의론자들 — 내게 최초의 챗GPT가 〈춤추는 개〉에 불과하다고 무시해서 기억에 남는 스탠퍼드의 컴퓨터 과학과 교수 포함 — 도 의구심을 누그러뜨렸다. 아찔한 몇 달

---

  * 일본의 로봇 공학자 모리 마사히로는 로봇이 인간을 어설프게 닮을수록 오히려 불쾌함이 커진다는 〈불쾌한 골짜기 uncanny valley〉론을 내놓은 바 있다.
  ** Advanced Placement. 대학 과목 선이수제의 약자.

동안, 미국의 모든 기업이 정신없이 인공 지능 태스크 포스를 설치하고 인공 지능이 안겨 줄 생산성 증대를 측정하려고 노력하는 가운데, 우리 모두 하나로 뭉쳐서 SF 단편 소설로 발을 들여놓는 듯 느껴졌다. 저자는 당연히 올트먼이었다.

올트먼은 사실 코드를 작성하지 않았다. 대신에 그는 선지자이자 복음 전도사, 거래의 해결사였다. 19세기라면 아마 〈흥행사〉라고 불렸을 것이다. 수년간 일류 스타트업 액셀러레이터* Y 콤비네이터에 조언을 해주고 이후 직접 운영하면서 갈고닦은 그의 전문 분야는, 거의 불가능한 일을 붙잡고 다른 사람들에게 실은 가능하다고 설득한 다음, 많은 돈을 모아서 실제로 가능하게 만드는 것이었다. 〈내 평생 성공 가능성이 1퍼센트에 불과한데도 세계를 바꿀 수 있는 일에 달려들고 싶어 한 사람은 그가 유일했다.〉 올트먼이 사장으로 재직할 때 Y 콤비네이터에서 펀드 하나를 운영했던 알리 로가니의 말이다.

아마 올트먼은 다른 누구보다도 〈0을 하나 더하라〉는 실리콘 밸리의 정신을 구현하는 인물일 것이다. 그가 최초의 멘토이자 해커, 기업가, 수필가인 Y 콤비네이터 공동 창업자 폴 그레이엄 슬하에서 배운 사고방식이다. 그레이엄이 스타트업 기업들에 제시하는 조언은 거의 언제나 옹졸한 생각을 멈추고, 프레젠테이션 슬라이드의 수입 예상치를 〈수백만〉에서 〈수십억〉으로 바꿀 수 있도록 사

---

* 스타트업이 성장하도록 돕는 시드 투자, 투자자 연결, 제품 판매, 멘토십, 교육, 성장을 가속화하기 위한 공개 사업 설명회나 데모 데이 등을 포괄적으로 제공하는 사업체.

업 모델을 향상시킬 방법을 생각하라는 것이었다. 2019년 오픈AI의 지휘권을 잡은 올트먼은 개인적인 성공 철학에 관해 블로그에 글을 썼다. 〈성공 기준을 어떻게 정의하든 간에 다시 0을 하나 더하는 데 집중하는 게 유용하다. 돈, 지위, 세계에 미치는 영향력 무엇이든 간에.〉[5] 틸은 자신이 올트먼에게 끌린 건 그가 〈단지 실리콘밸리 시대정신의 정중앙을 차지하고 있었기 때문〉이라고 말했다. 1985년에 태어난 밀레니얼 세대인 올트먼은 닷컴 폭락 사태와 금융 위기 사이의 최고 호황기에 테크 세계에 발을 들였다. 스타트업 낙관주의가 다시 가능해졌지만 아직 테크(정보 기술 기업)가 틸이 석회화된 〈트랙〉이라고 조롱하는 지경이 되기 전이었다. 틸은 테크 버블에 관한 목소리가 커지던 2010년대 중반에 올트먼의 투자와 나란히 달리면서 역투자 경향을 무시해야 했고, 기꺼이 그렇게 했다. 「샘은 굉장히 낙관적인 사람이었는데, 이런 사업에 투자하려면 그런 자질이 중요했죠. 전부 가치가 완전히 반영된 것 같았으니까요.」 결국 드러난 것처럼, Y 콤비네이터가 만들어 낸 스트라이프나 에어비앤비 같은 유니콘들은 여전히 성장할 여지가 많았다. 2008년 금융 위기의 여진과 2020년 시작된 글로벌 팬데믹이라는 짧은 예외가 있기는 하지만, 성인기의 거의 전부 동안 올트먼은 테크 시장이 오로지 성장하는 모습만 보았다.

하지만 이번에는 틸의 비관주의가 적중했다. 두 투자 파트너가 LA에서 가장 인기 좋은 신생 레스토랑의 노출 서까래 아래서 축하의 말을 나누는 동안, 오픈AI의 6인 이사회의 성원 4명—2명은

EA 공동체와 직접 연계가 있었다 — 이 올트먼을 해고하는 문제에 관한 비공개 화상 회의를 열고 있었다. 유드코스키 본인은 이 회의와 관련이 없었지만, 그가 운영하는 영향력 있는 블로그인 「레스롱 LessWrong」은 인공 지능이 야기하는 실존적 위험에 대한 공포를 EA 운동의 핵심에 자리매김하는 데 기여한 바 있었다.

이런 공포는 오픈AI 자체의 창립에도 영향을 미쳤다. 오픈AI가 공언한 목적은 〈재정 수익을 창출할 필요성에 제약받지 않고 인류 전체에 이득을 줄 가능성을 높이는 방식으로 디지털 지능을 발전시키는 것〉이었다. 공포는 오픈AI의 이례적인 2018년 헌장에서 한층 분명하게 드러났다. 헌장의 선언에 따르면, 〈우리는 최신 단계의 일반 인공 지능의 발전이 적절한 안전 예방책을 마련하기 위한 시간이 부족한 채 경쟁으로 치닫는 상황을 우려하기〉 때문에 일반 인공 지능을 보유한 〈모든 가치 지향적〉 프로젝트들과 〈경쟁을 멈추고 협력을 시작하는〉 데 전념하기로 했다. 이런 공포는 회사의 지배 구조에서 가장 기묘하게 드러났다. 투자자가 아니라 〈인류 전체〉에 수탁 의무를 갖는 비영리 이사회가 영리 자회사를 지배하는 구조였다.[6] 투자자들은 이사회가 이런 가장 중요한 사명을 이행하기 위해 필요하다고 결정하는 경우에 투자자들의 돈이 녹아 버릴 수도 있다는 경고를 받았다.

헌장의 일부는 2017년 인류 미래 연구소가 주최한 회의에서 발전한 〈인공 지능 원칙〉에서 나온 것이었다. 비영리 기구인 연구소는 인공 지능이 야기하는 실존적 위험을 완화하는 데 초점을 맞춘 기관으로 머스크와 스카이프 창립자 얀 탈린을 비롯한 억만장자들에게 재정 지원을 받았다. 올트먼은 이 회의에 참석해서 〈원칙〉에 서명했다. 그에 앞서 올트먼이 오픈AI를 공동 창립한 해인 2015년에 그는 블로그에 일반 인공 지능이 〈아마 인류의 지속적 생존에 가장 커다란 위협〉이 될 것이라고 쓰면서 닉 보스트롬의 책 『슈퍼인텔리전스: 경로, 위험, 전략』을 추천했다. 옥스퍼드 대학교의 철학자인 보스트롬은 수년간 유드코스키의 연구소가 주최하는 회의에 단골 게스트로 나온 인물이었다.[7] 보스트롬이 대중화한 인공 지능 안전성에 관한 우려 — 종이 클립을 만드는 인공 지능이 인류를 말살한다는 우화가 가장 유명하다. 앙심을 품고 그러는 게 아니라 세계의 모든 물질을 종이 클립으로 바꿔야 하는 프로그램상의 필요에 인간이 방해가 되기 때문이다. 유드코스키의 우화를 베껴서 조악하게 만든 판본이다 — 는 오픈AI가 초기에 세계 최고의 인공 지능 연구자들을 채용하는 데 근본적인 걸림돌이 되었다. 특히 머스크가 그런 우려를 공유하면서 이런 노력에 거금을 내놓았기 때문이다. 올트먼은 챗GPT 이후 승리를 만끽하며 황홀한 미래 전망을 밝히면서도 항상 주의 깊게 잠재적 파멸을 암시했다. 그리고 TV로 방송된 청문회에서 미국 상원 의원들에게 인공 지능을 규제할 것을 요청했다. 〈이 기술이 잘못되면 엄청나게 잘못될 수 있기〉 때문이었다.[8]

업계의 많은 사람은 이를 약삭빠른 마케팅 정도로 보았다. 실제로 2023년 올트먼은 주로 그가 가장 잘하는 일에 초점을 맞추었다. 더 많은 투자 계약을 체결하고, 언론을 매혹시키기 위해 자극적인 발언을 했으며, 상상을 뛰어넘는 번영을 누리는 미래의 글로벌 예언자 역할을 했다. 실제로 그는 모든 게 어디로 향하고 있는지 걱정했을 수도 있지만, 그의 발은 가속 페달을 힘차게 밟았다.

하지만 틸의 암울한 의견과 정반대로, 오픈AI 이사진은 그날 밤 오픈AI가 일반 인공 지능을 향해 너무 빠르게 돌진하고 있다고 우려해서 모인 게 아니었다. 실제로 그들이 올트먼을 쫓아내려고 한 이유는 효과적 이타주의나 실존적 위험과는 별 상관이 없었다. 오히려 그 이유는 틸이 올트먼을 〈실리콘 밸리의 시대정신〉의 순수한 정수라고 치켜세운 궁극적인 이유와 비슷했다.

Y 콤비네이터가 구축하고 올트먼이 전형적 사례를 보여 준 21세기 초 실리콘 밸리의 시대정신에 따르면, 창업자는 왕이나 황제, 신이다. 창업자들에게 자금을 대주는 벤처 자본가들은 자신이 얼마나 〈창업자 친화적인지〉를 입증하기 위해 갖은 애를 쓴다. 창업자 친화적이라 함은 실제로 창업자 최고 경영자CEO를 교체하거나 다른 식으로 창업자를 몰아세우려는 시도를 할 가능성이 없음을 의미한다. 틸은 이런 절대적 책무를 논리적 결론까지 밀고 나가면서 자신의 벤처 기업을 〈파운더스 펀드〉라고 명명하고 절대 창업자를 해고하지 않겠다고 선언했다.[9] 결국 스타트업의 성공은 대개 벤처 자본가와 창업자의 관계에 비해 부차적인 것으로 여겨진다. 어쨌든 만약 이 사업이 성공을 거두지 못하면, 창업자는 언제든 다시 펀딩을 받아서 새로운 사업을 시작할 수 있다. 이번에는 알파벳

⟨b⟩(10억)로 시작하는 액면 가치에 도달할 것이다.

2014년 올트먼이 Y 콤비네이터의 지휘권을 잡을 무렵이면 창업자들이 워낙 큰 영향력을 장악한 터라 그는 스타트업 창업자들이 투자자들에게 이사 자리도 주지 않으면서 그들의 수표를 현금화하는 추세에 반발하는 블로그 글을 쓸 정도였다. 글에서 올트먼은 일부 경험 많은 벤처 자본가들은 실제로 그들의 회사에 전문적 능력을 제공할 수 있다고 주장했다. 하지만 Y 콤비네이터 스타트업들이 그가 지나친 시도를 한다고 걱정하는 일이 없도록 올트먼은 다음과 같은 말로 글을 마무리했다. ⟨투자자들이 여러분을 해고할 수 없도록 충분한 지배권을 유지하는 게 좋겠습니다.⟩[10]

오픈AI는 이런 역학에서 단절하려고 했다. 올트먼은 마크 저커버그 같은 사람이 평생 왕 노릇을 하게 해주는 것과 같은 초의결권super-voting 주식을 보유하지 않았을 뿐만 아니라 아예 보유 주식이 거의 없었다. 그 자신이 오픈AI가 발전하는 초창기에 이런 전례 없는 상황에 동의한 바 있었다. 첫째로 오픈AI는 원래 비영리 기관이기 때문이었고, 그다음에 이사진의 과반수가 독립적 인사여야 한다는 헌장의 요건, 즉 회사 주식을 보유하지 않아야 한다는 요건을 만족시키면서 이사 자리를 지키기 위한 수단이었다. 올트먼은 자신이 권한을 갖지 않는 것이 책임성의 본질적인 형식이라고 주장했다.

하지만 이사회는 벤처 캐피털의 불투명한 세계에서 신속하게 기동하는 데 이골이 난 올트먼이 사실상의 권한을 너무 많이 갖고 있어서 자신들의 일을 할 수 없을 정도라고 느꼈다. 틸과 일식을 먹고 5일 뒤, 올트먼은 자신이 공동으로 창립한 회사에 의해 해고되었다. 해고 이유는 그가 〈이사회와의 소통에서 일관되게 정직하지 못했다〉는 것이었다.

나는 인공 지능 열풍의 초기 물결이 일던 8개월 전에 올트먼을 만났다. 『월 스트리트 저널』에서 나를 샌프란시스코에 보내 미션 디스트릭트에 있는 오픈AI 본사에서 그와 인터뷰를 진행했다. 미션 디스트릭트는 대학 시절 바리스타로 일하면서 여름 한 철을 보낸 파격적이고 멋진 동네였다. 그 시절, 그러니까 1차 닷컴 버블 시절 그 동네에는 테크 종사자들은 죽어 버리고 — 여피 쓰레기 죽어라 — 펑크족과 괴짜 들이 평화롭게 살게 내버려두라고 말하는 자작 전단이 나붙어 있었다. 그사이에 2차 테크 호황이 미션 디스트릭트를 압도하면서 브루클린과 비슷한 지역이 되었다. 차이가 있다면 부리토 맛이 더 좋다는 것 정도였다.

새로운 종류의 행복감이 팽배해 있었다. 3월 중순은 뉴욕에서는 우중충한 계절로, 다들 이제 더는 해를 믿지 않는 때였지만, 샌프란시스코는 밝게 빛났다. 닷새 동안 비가 온 끝에 공기가 한껏 깨끗했고 해가 났다. 101번 국도를 따라 늘어선 광고판마다 이런저런 종류의 AI를 홍보했다. 저녁 뉴스는 GPT-4가 미국 로스쿨 입학시험에 통과한 소식을 주요 뉴스로 다뤘다. 미션 디스트릭트에는 우아한 야생화 가지와 블루베리향 커피, 노숙자들이 가득했다.

오픈AI 사무실은 포트레로 힐 근처 미션 디스트릭트의 예전 산업 지구 끄트머리에 자리한 별 특징 없는 옛 마요네즈 공장에 있었다. 안에 무슨 사무실이 있는지 알려 주는 간판이 전혀 없었다(당시에는 우스꽝스럽다고 생각했지만 몇 주 뒤에 유드코스키가 깡패 AI를 저지하기 위해 데이터 센터를 폭파할 것을 호소했을 때는 신중한 처사로 여겨졌다). 건물에 다가가다가 목에 줄을 건 어리둥절한 표정의 투자자를 마주쳤다. 그 사람도 나처럼 아무 표시도 없는 문과 모퉁이 너머에 역시 아무 표시 없는 화물 구역 사이를 왔다 갔다 하던 참이었다. 둘 중 어느 곳도 실리콘 밸리에서 가장 흥미진진하고 소름끼치는 기업의 출입구일 리가 없다는 표정이었다. 화물 구역 근처에 있던 경비원에게 우리가 제대로 찾아온 게 맞느냐고 물었지만 아무 대답도 듣지 못했다.

마침내 우리 둘은 로비로 들어섰는데, 온실과 마사지 스파가 묘하게 뒤섞인 장소 같았다. 층마다 다육 식물과 양치류가 무성했다. 돌로 만든 분수에서 떨어지는 물소리에 벤처 자본가들이 조용하게 대화를 나누는 목소리가 뒤섞였다. 인공 지능 투자 생태계에 관해 배우기 위한 모종의 네트워킹 행사에 온 사람들이었다.

마침내 새하얀 운동화를 신은 올트먼이 씩씩하게 웃으며 사무실로 경쾌하게 뛰어 들어왔다. 보조개 때문에 서른일곱 나이보다 한결 젊어 보였다. 올트먼을 처음 만나는 사람이라면 누구나 받는 첫인상이 그가 약 173센티미터의 작은 키에 빼빼 말랐다는 점이다. 두 번째로 눈에 들어오는 모습은 초록색 눈동자로 응시하는 시선이 강렬하다는 것이다. 상대방을 직시하는 눈매는 마치 지금 자기가 세계에서 가장 중요한 사람과 이야기를 나누는 듯한 태도다. 그는 바로 전 회의가 오래 걸렸다고 사과했다. 회의실 일정표에 아직 〈AI 맨해튼 프로젝트〉라는 이름이 걸려 있었다.

「새로운 조정 노력에 관해 어떻게 생각할 수 있는지에 관한 회의였죠.」 회의의 불길한 명칭에 관해 문자 올트먼이 설명한 말이다. 「역량이 발전함에 따라 다른 그룹들하고 좀 더 조정된 노력을 기울일 수 있지요. 특히 일반 인공 지능의 안전성 문제를 다루는 법에 관해 말이죠. 우리는 이 문제에 관해 흥미진진한 아이디어가 있습니다.」

우리는 GPT-4가 공개되고 이틀 뒤에 이야기를 나누었다. 올트먼은 너무도 획기적으로 중요한 조직을 이끌고 있어서 제품이나 수익은 언뜻 안중에도 없는 것 같았다. 그는 이런 기묘한 상황을 즐기는 듯했다.

「저는 경력 초기에 굉장히 운이 좋아서 필요한 것보다 훨씬 많은 돈을 벌었어요. 이제 흥미롭고 중요하고, 유용하고 영향력이 크고, 제대로 하는 게 중요한 일을 하고 싶지, 돈은 더 필요하지 않아요. 그리고 우리는 여기서 몇 가지 결정을 내릴 겁니다.」 그가 잠시 뜸을 들이면서 적절한 단어를 찾았다. 「시간이 흐르면 **이상해질** 결정이죠.」

그는 지구 인구가 인공 지능이 어떻게 되어야 하는지를 놓고 투표를 하는 미래에 관해 간략히 설명했다. 「우리는 모든 사람이 이 기술을 통제하고 그 이득을 공유하기를 간절히 바랍니다. 정부 사업으로 그렇게 할 수 없다면, 그리고 제가 볼 때 그런 방식이 좋은 발상이나 실용적이지 못한 이유가 여러 가지 있는데, 비영리 방식이 합리적인 접근법이지요.」 안전한 일반 인공 지능에 대한 그의 정의는 무척 광범위했다. 안전성이 무슨 뜻인지 묻자 그는 〈전 세계 절대 다수의 사람이 일반 인공 지능이 등장하지 않은 세계보다 훨씬 잘사는〉 미래에 관해 이야기했다. 많은 사람에게 이는 다른 종류의 일을 의미할 것이다. 왜냐하면 〈대부분의 사람이 자기 직업을 좋아하지 않기〉 때문이다.

두 시간 동안 이어진 인터뷰에서 딱 한순간 이타주의자의 가면이 살짝 벗겨지면서 뒤에 숨은 치열한 경쟁이 드러났다. 앞선 달에 구글과 앤스로픽이 각각 생성형 AI 챗봇 출시가 임박했다고 발표했는데, 바야흐로 인공 지능 업계가 오픈AI가 현장에서 초조하게 걱정하던 사태인 인공 지능 군비 경쟁에 접어드는 것처럼 보였다. 올트먼은 다만 이렇게 말했다. 「음, 글쎄요, 그쪽들은 보도 자료를 공개하려고 앞다퉈 달리고 있죠.」 그러면서 한마디 덧붙였다. 「지금은 그쪽들이 한 발 뒤진 게 분명해요.」

이렇게 잠깐 으스대긴 했지만, 올트먼이 우리를 안내한 오픈AI 사무실들은 컬트적인 사회 개혁의 분위기로 활기가 넘쳤고, 사교 예법을 지키는 명문 사립 학교 같은 분위기였다. 카페테리아, 보드게임으로 가득한 1980년대 스타일의 거실, 서가 사다리와 밝게 빛나는 탁상용 스탠드까지 스탠퍼드 대학교 그린 도서관의 벤더룸에 영감을 받아 재현해 놓은 도서관 등이 있었다. 서가 끝에는 레코드판이 쌓여 있었는데, 그날은 「블레이드 러너」 사운드트랙 앨범이 맨 위를 차지했다.

하지만 올트먼이 분명히 자부심과 기쁨을 느끼는 것은 짓는 데 애를 많이 쓴 특징적 부분이었다. 당시 400명이던 직원 전부가 날마다 서로 지나치도록 설계한 구불구불한 중앙 계단이 그것이다. 계단 꼭대기에 서서 이 계단을 만드는 데 얼마나 절묘한 공학 기술이 필요한지 열변을 토하는 모습을 보니, 올트먼은 어느 신전의 사제라 해도 이상할 게 없어 보였다. 이윽고 인터뷰 중에 그가 한 이야기가 내 내면의 귀에 꽂혔다.

「거의 아무도 일반 인공 지능을 믿지 않은 게 그렇게 오래전이 아니에요. 지금도 아마 대다수 사람은 믿지 않겠죠. 하지만 내가 볼 때 이제 더 많은 사람이 기꺼이 그걸 즐기고 있습니다. 세계의 많은 지역이 이곳의 대다수 사람이 지난 몇 년간 겪은 과정을 거치게 될 겁니다. 인공 지능을 붙잡고 씨름하는 거지요. 이 과정은 어려워요. 흥미진진하기도 하고. 무섭기도 하죠. 워낙 **대단한** 일이니까요. 그래서 앞으로 몇 년 동안 세계에서 이 과정이 펼쳐질 거라고 보는데, 우리가 그동안에 얼마간 안내자 목소리가 되려고 노력할 겁니다.」

올트먼은 기술을 판다기보다는 **믿음**을 팔기 위해 여기 있었다. 그런 점에서 그는 이미 모든 사람의 무모한 상상을 훌쩍 넘어서는 성공을 거둔 상태였다. 오픈AI 사무실을 방문한 목적대로 『월 스트리트 저널』에 소개한 올트먼의 이상론에 관해 질문하자 틸이 말했다.「그 친구는 메시아 같은 인물로 다뤄야 해요.」

1년이 조금 지난 뒤인 2024년 4월, 맨해튼 미드타운에 있는 바카라 호텔에 들어간 나는 호화로운 로비에 늘어선 푹신한 가죽 의자에 몸을 웅크리고 있는 올트먼을 발견했다. 내가 일찍 갔는데, 그는 한참 전에 와 있었다. 구석에 용의주도하게 배치해 놓은 보안 요원들이 계산서를 잽싸게 챙겼다(나중에야 그들의 존재를 알아서 손을 쓸 수가 없었다). 올트먼은 나를 발견하자 벌떡 일어나서 두 팔을 활짝 벌려 포옹으로 환영해 주었다. 올트먼은 그런 사람이었다. 따뜻하고 매력적이고, 사려 깊고 친절한.

늘 입는 대로 사파이어색 긴팔 티셔츠에 진한 인디고색 힙스터 진, 깔끔한 회색 뉴발란스 운동화를 걸친 모습이었다. 며칠 지나면 서른아홉이 되는 그의 덥수룩한 갈색 머리에 군데군데 흰머리가 퍼지고 있었다. 그는 에스프레소를 주문했는데 — 하루에 두 잔만 마시는 커피로, 첫 잔은 아침 대신 마신다 — 늘어난 뉴욕 체류에 활기를 얻은 듯 정말 행복해 보였다.

의외의 반응이었다. 지난 몇 달간 교섭하는 동안 그는 이 책을 쓰는 것에 동의하지 않는다는 것을 아주 분명히 밝혔기 때문이다. 1년 전 오픈AI 사무실에서 인터뷰한 뒤 동료 기자 버버 진과 내가 쓴 『월 스트리트 저널』의 인물 소개 기사가 단행본 계약으로 이어졌다. 처음에 이 소식을 접했을 때 올트먼은 너무 때 이르고 자신에게 지나치게 초점을 맞춘다고 주장했다. 몇 달 동안 생각해 본 뒤,

자신은 참여하지 않겠다고 말했다. 내 전작에서 다룬 대상이* 그의 전기를 보도하는 내내 거의 식물인간에 가까운 상태였던지라 나는 이런 반응에 특별히 겁을 먹지 않은 채 계속 전화를 했다. 이윽고 뉴욕에서 만나기 몇 달 전에 올트먼이 마음을 바꿨다. 조금 도와주기는 하겠지만, 자신이 볼 때 이 기획이 얼마나 혐오스러울지 분명히 알려 달라고 했다.

「나는 한 회사나 운동, 또는 테크 혁명을 한 사람 때문으로 돌리는 경우에 역사 왜곡이 생기는 것에 반대해요. 세상이 그렇게 돌아가는 게 아니고, 다른 사람들의 특별한 작업을 부당하게 축소하니까요.」 그의 목소리에 잠깐 노여움이 스쳤다. 「그런 시각을 부추겨서는 안 된다고 봅니다.」

고결하기는 해도 이런 견해를 선뜻 지지하기는 어려운 상황이었다. 올트먼은 해고되고 불과 5일 만에 최고 경영자 자리를 되찾은 상태였다. 회사 직원 770명 중 거의 전원이 올트먼을 복귀시키지 않으면 사직서를 내고 마이크로소프트로 이직하겠다고 위협하는 청원서에 서명한 뒤였다. 분명 오픈AI 직원과 투자자 들에게 올트먼은 절대적으로 필요한 인물이었다. 더구나 지난 18개월 중 경제 언론에 그의 사진으로 장식된 인공 지능 혁명에 관한 기사가 실리지 않은 날이 거의 하루도 없었다. 그가 내키든 그렇지 않든 간에 많은 이가 인간의 역사는 아니더라도 우리 생애 최대의 기술 발전

---

* 『콘텐츠의 제왕 The King of Content』(2018)에서 다룬 비아컴과 CBS 회장 섬너 레드스톤을 가리킨다.

이라고 칭송하는 것의 상징은 오픈AI 로고가 아니라 그의 얼굴이었다.

그의 다른 이의 제기는 그만큼 겸손하지 않고 더 그럴듯했으며, 한결 샘다운 반대였다.

「너무 성급하게 샴페인을 터뜨려서는 안 된다는 미신이 있는데, 내 생각에 10년, 20년은 이른 듯해요. 오픈AI는 아직 갈 길이 멀다고요.」 그가 반대의 뜻을 보였다.

올트먼은 자신이 미래를 꿰뚫어 볼 수 있다고 사람들을 설득하는 기술이 있다. 오픈AI의 기술에 관해 공개적으로 발언할 때, 그는 종종 현재 제품을 비하하고 ─ 얼마 전에는 유명한 팟캐스트 진행자에게 오픈AI의 가장 진보한 제품인 GPT-4를 〈형편없는 물건〉이라고 말했다 ─ 청중에게 회사의 현재 개선 속도가 다가올 미래에 어떤 의미를 갖는지 집중해 보라고 권유한다.[11] 그야말로 순수한 투자자적 사고다. 『월 스트리트 저널』에서 일한 초창기에 나는 기업들의 실적 보고서를 취재하기 위해 일찍 출근하는 일이 잦았는데, 기업에서 내놓은 보도 자료의 어떤 내용도 주가를 움직이지 못하는 걸 보고 언제나 놀랐다. 투자자들은 그 대신 회사 최고 경영자가 애널리스트와의 통화에서 중얼거리는 전문 용어로 설명하는 미래 지향적인 〈지표〉에 집중했다. 올트먼의 성장 배경이 된, 벤처 캐피털이 지원하는 민간 스타트업들의 세계에서, 벤처 자본가로 가득한 이사회 앞에서 스타트업의 수익이 우상향하는 것을 데이터 그룹별로 시각화하며 진두지휘하는 것은 샤머니즘에 가까운 능력이었다. 그리고 올트먼은 모든 사람을 압도했다.

올트먼의 미래 전망에서 일반 인공 지능은 필연적으로 〈인간 의지의 확장〉이 될 것이며, 이것 없이는 〈우리가 자신처럼 느끼지 못할 것〉이다. 학생들은 무료나 아주 저렴한 인공 지능 개인 교사를 얻어서 〈오늘날의 어떤 학생보다도 더 똑똑해지고 실력을 쌓게 될〉 것이다. 인공 지능이 변호사와 그래픽 디자이너, 컴퓨터 프로그래머의 일을 대부분 다룸에 따라 상품과 서비스의 가격이 폭락할 테고, 사람들은 더 많은 시간을 자유롭게 쓰면서 무엇이든 하고 싶은 창의적인 일을 〈몰입 상태〉에서 할 것이다. 인공 지능의 영향을 받는 사람들의 임금은 보편 기본 소득으로 대체될 텐데, 기본 소득 자체가 이 모든 새로운 로봇 노예들이 생산하는 부의 일정한 몫에서 나올 것이다. 각국 정부는 광대한 데이터 센터를 구축하기 위해 민간 산업과 공동 투자할 것이고, 이 데이터 센터들의 전력은 태양을 움직이는 핵융합 반응의 비밀을 밝혀냄으로써 가능해진 저렴한 핵에너지로 충당될 것이다. 인공 지능은 전기처럼 흐르면서 암을 치료하고, 지금까지 우리를 이 지구에 묶어 둔 물리학의 수수께끼를 풀어줄 것이다. 질병이 하나씩 사라지면서 우리는 더 오래 살 것이다. 인류는 건강하고 풍요로운 새로운 시대로 들어설 것이다.

올트먼은 이런 전망에 관해 말만 하는 게 아니라 훨씬 많은 일을 하고 있다. 400개가 넘는 스타트업 투자 포트폴리오를 통해 여러 차례 억만장자가 되었으며, 이 전망을 실현하는 데 도움이 될 회사들에 개인적으로 큰 액수를 베팅하고 있다.[12] Y 콤비네이터가 지원한 스타트업으로, 핵융합을 청정 재생 에너지원으로 만들려고 노력하는 헬리온에 최소한 3억 7500만 달러를 투자했고, 핵분열 마이크로 원자로 스타트업인 오클로를 지원해서 상장시켰다. 또한 볼링공 크기의 구체를 가지고 세계를 돌면서 사람들의 홍채를 스캔해서 언젠가 글로벌 보편 기본 소득을 배포하는 데 활용될 영리 암호 화폐 프로젝트인 월드코인의 배후 회사를 공동 설립했다. 그리고 보편 기본 소득의 효능에 관한 장기 연구에도 개인적으로 자금을 댔다.

    다른 투자 대상으로는 인간의 수명을 10년 연장하는 사업, 줄기세포로 파킨슨병을 치료하는 사업, 초음속 민간 항공기를 다시 도입하는 사업, 뇌와 컴퓨터를 연결하는 임플란트를 만드는 사업 등 야심 찬 계획이 있다. 그는 기업용 소프트웨어 같은 고지식한 사업에는 개인적으로 절대 투자하지 않을 것 같다(오픈AI와 사업 파트너인 마이크로소프트가 지금까지 실제로 그런 제품을 생산했다는 사실은 신경 쓰지 마시라). 폴 그레이엄은 언젠가 대단히 야심 찬 프로젝트들로 이루어진 올트먼의 포트폴리오에 대해 이렇게 말했다. 「그 친구의 목표는 미래 전체를 만들어 내려는 것 같다.」[13]

    올트먼은 인간 존재의 모든 측면을 재창조할 수 있는 서로 맞물리는 일련의 투자를 만들려고 계획한 것은 아니라고 말한다. 어쩌다 보니 그렇게 되었다는 것이다. 「아주 오래전부터 에너지와 지능이 가장 중요한 두 가지라고 믿었습니다. 그 둘이 얼마나 맞아떨어지는지는 알지 못했죠. 그냥 아주 운이 좋았습니다.」

이런 식으로 올트먼은 많은 동료보다 더 유능하고 야심이 많기는 하지만, 거의 다르지 않다. 하지만 그가 돋보이는 한 가지는 정치에 관심을 기울인다는 점이다. 그는 단지 신기술을 창조해서 세상에 내놓기를 바라는 게 아니다. 그를 처음 발견한 투자자 패트릭 청의 말을 빌리자면, 그는 언제나 〈역사상의 위대한 인간〉이 되기를 열망했다. 그는 2016년과 2017년 친구와 동료 들에게 대통령 출마를 숙고하고 있다고 말했고, 2017년에는 캘리포니아 주지사 출마를 고려했다. 직접 출마하는 대신 다른 후보들을 지원하기로 결정한 뒤에는 그해 말에 전국적인 공약 초안을 작성하기도 했다. 챗GPT가 전 세계의 주목을 집중시킨 뒤, 올트먼은 처음으로 백악관을 방문했고, 계속해서 프랑스 대통령 에마뉘엘 마크롱과 인도 총리 나렌드라 모디 등 세계 지도자들과 직접 만나는 글로벌 투어에 나섰다.

올트먼은 다시 두 시간 반 동안 내 질문에 자신 있게 응하면서 이따금 주머니에서 작은 스프링 노트를 꺼내 내가 자신에 관해 인터뷰한 다른 사람들을 체크하기 위해 메모하기도 했다. 마치 그가 나를 위해 일하는 것처럼 사랑스러우면서도 불안하기도 했다. 올트먼은 실리콘 밸리의 부탁 들어주기 경제의 중심에 앉아 있으며, 이 프로젝트의 파장이 그의 평판에 어떤 반향을 미칠지 도무지 상상하기 어려웠다. 언젠가 그레이엄은 인상적인 말을 했다. 「샘은 권력자가 되는 데 아주 능하죠.」

하지만 그가 해고되고 복귀한 — 오픈AI 안에서는 〈일시적인 문제the blip〉라고 지칭한다 — 이래 그의 권력은 더 확장적이고 전통적으로 바뀌었다. 조심성이 많아지고 신중해졌다. 이제 그는 오픈AI의 기묘한 지배 구조를 자랑하며 떠벌이지 않았다. 보편 기본소득에 관한 흥분은 사람들에게 현금 대신 챗GPT 무료(또는 저렴한) 이용권을 주고 싶다는 생각으로 바뀌었다. 워낙 명성이 높아져서 이제 취미에 쓸 시간이 없었다. 사람들이 그를 찾아왔고, 앞으로도 그럴 가능성이 높았다. 그리고 해임 이후 조사 결과 이사회가 신뢰를 잃고 판단을 내릴 만큼 명백하게 해임할 만한 위법 행위를 발견하지 못하는 등 잇따른 위협을 물리치는 데 성공하긴 했지만, 거의 매주 새로운 위협이 계속 등장했다. 처음에는 속닥거리는 의문이 중얼거리는 목소리가 되고, 뒤이어 회사를 나간 사람들이 온라인에 정성 들여 쓴 글에서 불쑥 튀어나왔다. 이 사람이 우리를 일반 인공 지능으로 이끌고 갈 것으로 믿어도 될까?

오픈AI로 복귀한 이래 올트먼은 회사를 전형적인 영리 기업에 가깝게 개조하려고 노력했다. 어쨌든 그는 무려 100억 달러의 회사 주식을 보유할 수 있다. 이제 그는 인공 지능 혁명을 대표하는 얼굴을 훌쩍 넘어선다. 그리고 의문의 여지가 없는 지도자이자 지배자다. 올트먼과 오픈AI가 비영리를 추구한다는 애초의 사명을 배신했다며 고소한 머스크를 필두로 강력한 적들이 그를 겨냥하고 있다. (오픈AI는 머스크의 고소가 아무 근거가 없다고 말하며, 머스크 비판자들은 그가 자신의 인공 지능 회사인 xAI를 출범한 뒤 이제 경쟁자라는 사실을 지적한다.) 올트먼의 위상 때문에 이제 그가 정말로 어떤 인물인가 하는 질문이 어느 때보다도 더욱 시급해졌다.

이 책을 쓰기 위해 나는 올트먼의 가족과 친구, 교사, 멘토, 공동 창업자, 동료, 투자자, 포트폴리오 회사 등과 250번이 넘는 인터뷰를 했고, 올트먼 본인과도 오랜 시간 인터뷰를 했다. 그 결과 드러나는 인물은 속도를 중시하고 위험을 좋아하는 영리한 거래 해결사다. 그는 거의 종교적 확신으로 기술 진보를 믿지만, 때로는 주변 사람들이 따라잡지 못할 만큼 빠르게 움직이며, 대립을 좋아하지 않아서 가끔 더 큰 충돌을 일으키기도 한다. 하지만 올트먼은 쓰러질 때마다 다시 더 큰 힘을 얻고 복귀했다. 2008년 그레이엄이 그에 관해 한 말은 유명하다. 「그 친구를 식인종이 우글거리는 섬에 낙하산으로 투하하고 5년 만에 가보면 왕 노릇을 하고 있을 게다.」[14]

올트먼을 이해하려면 그의 가족을 이해해야 한다. 이어지는 이야기는 아버지 제리 올트먼에서 시작하는데, 그는 간혹 소개하는(아무튼 소개될 때면) 명칭인 〈부동산 개발업자〉를 훌쩍 넘어서는 인물이었다. 제리 올트먼의 정치적 행동주의와 창의적인 거래 성사는 저렴한 주택 정책에 지속적인 영향을 미쳤고, 그는 이 두 분야에 관한 열정을 아들에게 넘겨주었다. 샘의 어머니인 코니 깁스타인은 아들에게 가족의 〈과학적 두뇌〉와 치열한 노동 윤리를 물려주었다. 제리와 코니는 샘을 비롯한 자녀들이 도움이 필요할 때는 언제나 팔을 걷어붙였는데, 그 덕분에 샘은 자신감과 낙관주의를 듬뿍 얻었다. 동시에 결국은 불행해진 결혼 생활 안에는 올트먼이 스스로 고백한 오랜 불안, 그리고 2018년 아버지 제리가 사망한 뒤 여동생 애니가 다른 가족들과 접촉을 끊게 만든 분열의 여러 씨앗이 들어 있다.

세인트루이스 교외에서 유대인 전문직 부부의 맏아들로 자라면서 올트먼은 일찍부터 자신이 특별하며 그런 대접을 받는다는 것을 보여 주었다. 그의 아동기는 진보적 기관들에 의해 형성되었다. 사회 정의에 몰두하는 중부 개혁 회당인 시나고그와 엄격한 존 버로스 스쿨은 세상을 개선하는 도덕적 의무를 갖도록 그를 가르쳤다. 컴퓨터와 아메리카 온라인AOL 인스턴트 메신저 채팅을 통해 그는 지적인 소명뿐만 아니라 1990년대 말 미국 중서부에서 10대 동성애자가 겪는 불편한 처지에서 돌파구를 찾을 수 있었다. 버로스에서 올트먼은 자신의 섹슈얼리티를 너그럽게 보아 넘기지 않는 태도에 대해 목소리를 높이기로 결심하면서 커다란 위험을 무릅쓰는 행동이 인생을 바꾸는 잠재적 가치가 있음을 배우게 되었다.

스탠퍼드 대학생 시절, 올트먼은 첫 번째 스타트업인 루프트의 공동 창업자를 만났다. 모토로라 플립폰* 시절의 위치 기반 소셜 네트워크 기업이었다. 올트먼이 오픈AI 이전에 운영한 유일한 회사인 루프트의 이야기를 보면 그 후의 모습을 엿볼 수 있다. 루프트는 세쿼이아 캐피털 같은 유명 벤처 캐피털 회사들로부터 비교적

---

* 2020년대에 나온 플립폰이 아니라 1996년 모토로라가 최초로 출시한 폴더폰을 가리킨다.

쉽게 자본을 모았고, 분투하는 스타트업을 이끄는 젊은 최고 경영자로서 직원들의 반란에 직면하기도 했다.

지금 와서 보면, 루프트가 한 가장 중요한 일은 올트먼을 폴 그레이엄과 Y 콤비네이터에 소개한 것이었다. 그레이엄은 올트먼에게서 스타트업이 성공하는 데 필요한 모든 것의 정수를 보았다. 루프트는 2012년에 분할 매각되었지만, 올트먼은 Y 콤비네이터와 가까운 관계를 유지하면서 틸이 지원하는 자신의 투자 기금을 감독하는 한편으로 관련 스타트업들에 조언을 해주었다. 그레이엄은 은퇴를 결심하면서 올트먼을 후계자로 선택했다. 그리하여 올트먼은 실리콘 밸리에서 권력의 최중심부에 올라서게 되었다. 그의 지휘 아래 Y 콤비네이터는 1년에 수백 개의 스타트업을 인큐베이팅하는 데서 나아가 자연 과학으로 진출, 야심 찬 계획을 담당하는 부문을 만들었다. 이 부문은 결국 오픈AI라는 비영리 연구소를 탄생시켰다. 올트먼이 여전히 Y 콤비네이터를 지휘하느라 분주한 가운데, 연구소 직원을 충원하기 위해 인재를 모으는 일은 친구인 그렉 브록먼의 몫이 되었다. Y 콤비네이터가 자금을 지원하는 결제 회사 스트라이프의 최고 기술 책임자CTO를 지낸 인물이었다.

이 책에서는 올트먼의 젊은 시절과 경력뿐만 아니라 지금까지 오픈AI에서 보낸 시간에 관한 정보까지 소개한다. 그리고 올트먼과 머스크가 매주 저녁 식사 자리에서 인공 지능 기술의 위험성과 장래성에 관해 이야기하면서 친해진 이야기, 그 후 올트먼이 브록먼과 힘을 합친 덕분에 나이와 재력이 더 많은 이 기업가를 상대로 권력 투쟁에서 승리한 이야기 등을 들려준다. 또한 세쿼이아 캐피털의 오랜 수장인 마이클 모리츠가 〈상인 정신〉의 상징이라고 지칭한 올트먼이 그때까지 학술 연구의 영역이었던 대규모 언어 모델 large language models (LLMs)을 활용하는 최초의 상업 제품 탄생을 감독한 사정에 관해서도 새로운 사실을 소개한다. 마지막으로, 챗GPT와 GPT-4가 출시되면서 올트먼이 Y 콤비네이터에서 갈고 닦은 스타트업 이야기를 말해 주는 기술을 활용해서 사상 최고의 스타트업 이야기를 들려주게 된 사정도 보여 준다.

올트먼은 언론인과 이야기하는 것을 조심하지만, 틸을 비롯한 친구들은 그가 실리콘 밸리의 상식대로 일반 인공 지능이 이미 발명되고 있으며 지금 우리는 그것이 창조한 컴퓨터 시뮬레이션 안에서 살고 있다는 통념에 동조한다고 말한다. 「샘은 시뮬레이션 쪽에 발을 디뎠고 나는 시뮬레이션을 부정하는 쪽에 발을 디뎠습니다.」 틸이 『월 스트리트 저널』 인물 소개 기사에서 밝힌 말이다. 「이렇게 말할 수 있겠지요. AI는 신하고 어떻게 다를까요?」 이에 관해 묻자 올트먼은 그건 〈신입생 기숙사〉에서나 하는 얘기라고 얼버무리지만, 이윽고 오래전 데카르트가 말했듯이 〈자신의 의식 이외에 어떤 것도 확신할 수 없〉으며 심지어 자신이 존재한다는 것도 확신할 수 없음을 인정한다. 「동양의 많은 종교가 〈우리는 의식 속에서만 존재한다〉고 말하는 것과 아주 비슷하죠.」 첫 번째 인터뷰 때 그가 한 말이다.

올트먼은 목표를 추구하는 사람이다. 그는 하느님을 믿지 않지만, 정기적으로 명상하고 힌두교의 아드바이타 베단타 철학의 요소들을 받아들였다. 챗GPT가 공개된 직후에 그는 자신이 남들과 다르게 믿는 한 가지는 〈브라만과 아트만이 절대적으로 똑같다〉는 사실이라는 트윗을 썼다.[15] 대략 비이원론nondualism을 뜻하는 아드바이타에 따르면, 브라만(모든 실재의 구조인 영원한 의식)과 아트만(개별적 영혼이나 자아) 사이에는 아무런 차이도 없고, 우리가 경험하는 세계는 브라만의 환영적 표현이다. 「나는 확실히 어쨌든 의식이 기본 물질이고, 우리는 누구나 단지 꿈이나 시뮬레이션 같은 것 속에 존재한다고 믿고 싶습니다.」 올트먼이 팟캐스트 진행자 렉스 프리드먼에게 한 말이다. 「실리콘 밸리의 시뮬레이션 종교가 브라만과 얼마나 가까워졌는지, 둘 사이에 얼마나 공간이 없는지 생각하면 참 흥미롭지요.」[16]

다시 말해 이 모든 게 꿈이다. 그리고 그 꿈속에서는 모든 게 가능하다.

1부

1985~2005

1
시카고

1983년 4월 29일, 미시간호에서 서늘하면서도 상쾌한 바람이 불어오는 가운데 시카고 최초의 흑인 시장 취임식을 보려고 네이비 피어에 있는 강당에 도시의 정치꾼들이 빽빽이 몰려왔다. 밴드가 음악을 연주했고, 짙은 색 정장에 회색 콧수염과 머리카락을 돋보이게 하는 은색 타이를 맨 해럴드 워싱턴이 어깨에 커다란 푸크시아꽃 코르사주를 단 약혼녀와 나란히 복도를 걸어 내려왔다. 시장이 연단에 오르자 군중이 환호성을 내지르며 연호했다. 〈우리는 해럴드를 원한다! 우리는 해럴드를 원한다!〉 수십 년간 리처드 J. 데일리와 민주당 지배 세력이 좌지우지하던 도시에서 워싱턴은 완전히 새로운 인물이었다.[1]

그는 민주당 예비 선거에서 현직 시장과 고(故) 데일리의 아들을 물리쳐서 전국을 뒤흔든 뒤, 일반 선거에서 공화당 후보가 구호로 내건 개 호각 소리 같은 문구로 대표되는 인종주의를 극복했다. 〈너무 늦기 전에 엡턴을 시장으로.〉 누군가 선거 운동 장소인 가톨릭 성당에 n-워드(〈깜둥이〉를 순화한 표현) 낙서를 갈겨 놓았다.[2]

(워싱턴이 즐겨 말하던 것처럼, 그리고 버락 오바마—워싱턴을 위해 일하려고 애쓰다가 결국 자신의 정치 경력을 개시하기 위해 구축한 연합을 활용하게 된 젊은 지역 사회 조직가—가 즐겨 입에 올린 것처럼, 〈정치는 오자미 놀이가 아니다〉.³) 결국 흑인 유권자 등록이 급증하는 동시에 라틴계와 백인 〈호숫가 리버럴들〉이 연합을 이루면서 워싱턴이 정상에 올랐다.⁴ 「제가 당선된 건 시카고시 (市) 역사상 가장 거대한 풀뿌리 운동이 낳은 결과입니다.」 그가 연단에서 말했다.⁵

제리 올트먼도 그날 청중석에서 자랑스럽게 지켜보았다. 보수적 옷차림에 조용한 30대 초반 남자인 그는 바로 그 풀뿌리 운동의 성원이었다. 제리는 칠흑 같은 머리를 한쪽 가르마를 냈고, 웃을 때면 눈가에 쪼글쪼글하게 주름이 졌고, 이따금 큰 소리로 웃다가 피식거리는 소리로 잦아들었다. 지난해에 낮에는 자원 활동가로 워싱턴의 선거 운동을 따라다니고 밤에는 저렴한 주택 컨설턴트로 일했다. 이제 그는 시장의 인수인계 팀에서 주택 문제 담당으로 일할 예정이었다. 워싱턴은 또한 올트먼의 컨설팅 역량을 활용해서 집주인들이 도시의 빈곤 지역에 있는 건물을 방치하고 떠나는 것을 막기 위한 태스크 포스를 만들었다.⁶

제리는 전에 연애에 실패해서 시카고로 왔지만, 미국 지역 사회 조직화의 메카인 이곳에서 집을 발견했다. 시카고는 백인의 탈주로 고통받는 동네에서 여섯 자녀를 키운 게일 친코타 같은 활동가를 배출한 도시였다. 그녀는 예산 부족에 시달리는 자녀들의 학교를 보면서 레드라이닝*에 반대하는 전국적 운동과 1977년 지역 사회 재투자법을 이끌었다.[7] 제리는 친코타와 그녀의 조직 파트너인 셀 트랩과 연합을 형성했다. 두 사람은 시 당국이 쥐가 폭증하는 문제에 대해 발 빠르게 대응하지 못하는 데 항의하기 위해 어느 시 의원의 자택 문에 쥐 한 마리를 못으로 박아 놓는 기행으로 유명했다. 제리는 또한 전설적 인물 솔 앨린스키에게 훈련받은 활동가들과 나란히 활동했다. 앨린스키의 대결적 태도 덕분에 시카고는 활동가들에게 봉홧불 같은 도시였다. 그리고 앨린스키는 우파를 끈질기게 괴롭히는 귀신이 되었다.

하지만 제리는 조직가는 아니었고, 분명 쥐를 못으로 박는 사람도 아니었다. 그보다는 저렴한 주택에 대한 열정으로 무장한 재정 전문가로서, 창의적인 거래를 성사시키는 식으로 저소득층 주거에 투자하는 게 기업에도 이익이 된다고 설득할 수 있다고 믿었다. 몇 년 안에 그는 세법을 대거 개정해서 저렴한 주거에 자금을 지원하는 방식을 개척함으로써 바로 그런 일을 하게 된다. 제리가 이룬 혁신은 연방 정부의 저소득층 주택 세액 공제 프로그램에 영감을 주었다. 이 프로그램은 오늘날까지도 저렴한 주택을 건설하는 주요한 수단으로 통한다.

「그건 하나의 운동이었지요. 열정과 동기 부여, 그리고 솔직히 행복감이 넘쳐났습니다. 누군가 실제로 여기서 벌어지는 일에 관

---

* 특별 주의 지구 지정. 은행 등에서 저소득층 지역을 특별 주의 지구로 지정해서 담보 대출 기준을 강화하는 등 주거 조건을 악화하는 현상을 가리킨다.

심을 기울였으니까요.」 워싱턴의 태스크 포스에서 제리와 함께 일한 르로이 케네디의 말이다.

제리 올트먼은 세인트루이스의 부유한 교외 지역인 클레이턴에서 구두 공장주의 막내아들로 넉넉하게 자랐다. 여러모로 올트먼 집안의 역사는 유대인 이민과 기업가 정신의 익숙한 이야기를 보여 준다. 제리의 할아버지이자 샘의 증조 할아버지인 해리 올트먼은 당시 러시아 제국에 속한 바르샤바 인근의 유대인 지역인 프워츠크에서 태어났다. 그는 1904년 러일 전쟁이 벌어지자 시베리아 전쟁터로 끌려가는 대신 부인 버디와 함께 유럽의 서쪽으로 도망쳤다. 뒤이어 혼자서 미국으로 갔다. 뉴욕에 정착한 뒤 남부 전역에 상점을 소유한 피지츠 가문 밑에서 일을 시작해서 조지아주의 소도시 니콜스에서 제품을 팔러 다녔다. 2년 뒤 버디를 부르러 사람을 보낼 만큼 돈을 벌었고, 버디도 피지츠의 상점에서 일을 했다. 결국 부부는 이 가게를 사들였다.[8]

    부부는 자녀 다섯을 낳았다. 딸 미니는 어린 시절에 스페인 독감으로 죽었다. 남은 자녀는 샘, 잭, 솔, 레바였다. 올트먼 가족은 독실한 신자는 아니었지만, 자녀가 남부 소도시의 정통파 유대교 전통의 세례를 받지 못하자 버디는 신경이 쓰였다. 그래서 버디는 니콜스의 가족 상점을 팔고 애틀랜타에 상업용 건물을 사들일 계획을 세웠다. 거래가 틀어지자 버디는 상대를 고소했고 결국 조지아주 대법원에서 승소했다.[9] 솔의 손녀인 서니 올트먼은 이렇게 말했다.「증조할머니는 증조할아버지 저리 가라 할 정도로 대단한 사업가였어요.」

애틀랜타에서 집안을 일으켜 세운다는 버디의 꿈이 좌절되자 부부는 대신에 항구 도시 브런즈윅으로 이사했다. 그곳에서 부동산 사업을 다시 시작하여 폐업한 가게를 사들여서 남은 상품을 판 다음 부동산을 매각했다. 이런 거래 중 하나가 노스캐롤라이나주의 구두 가게였는데, 화재로 전소되었지만 재고는 그대로 남아 있었다. 당시 10대 후반이던 아들 잭의 요청으로 부부는 재고를 그대로 둔 채 도시의 번화가인 뉴캐슬 스트리트에 가게를 열었다.[10]

사업은 번창했다. 버디는 유럽에서 더 많은 가족을 불러들였고, 브런즈윅에 가게 한 곳을 열었다. 장남 샘은 대학을 마치자마자 같은 거리에 올트먼 여성복이라는 가게를 열었다. 변호사가 된 막내아들 솔을 빼고는 올트먼 일가의 부침은 구두를 중심으로 돌아갔다. 레바는 필 샐킨이라는 남자와 결혼해서 브런즈윅에 샐킨스라는 구두 가게를 열었다. 둘째 잭은 조지아 대학교를 다니고 브런즈윅에 돌아와서 자기 디자인으로 구두 만드는 법을 배운 다음 대공황 시절에 근처 시아일랜드에 있는 클로이스터 호텔에서 부유층 고객에게 구두를 팔았다.

제2차 세계 대전이 발발하자 잭 올트먼이 속한 부대는 태평양으로 갔는데, 그는 〈알류샨 호랑이들〉이라고 알려진 육군 항공대 사단 소속이었다. 1942년 부상을 입은 잭은 세인트루이스 병원으로 후송되었다. 그곳에서 실비아 해리스라는 검은 머리의 아리따운 자원봉사자를 만나 결혼했다. 실비아는 교외 지역인 유니버시티 시티의 선량한 유대인 집안 출신으로, 메트로폴리탄 생명 보험사 임원의 딸이었다. 결혼식은 개혁파 유대교의 유서 깊은 시나고그인 템플 이스라엘에서 열렸다.

구두 디자이너에게 이보다 더 좋은 곳은 없었다. 20세기 초에 세인트루이스는 미국 제화 산업의 중심지여서 인터내셔널 제화, 브라운 제화, 해밀턴브라운 같은 대기업의 본거지였다. 이 기업들은 제1차 세계 대전 기간에 미군이 구입한 군화의 절반 이상을 만들었다.[11] 세인트루이스 토박이들은 자기네 도시와 최악의 야구팀인 브라운스에 대해 케케묵은 농담을 늘어놓았다. 〈술 1등, 구두 1등, 아메리칸 리그 꼴등.〉 잭은 동업자와 구두를 만들기 시작해서 2인 회사에 조이 제화라는 이름을 붙였다. 제화 기업 몇 군데를 소유한 샘 울프라는 영국인이 잭의 디자인에 매료되었다. 두 사람은 뎁 제화라는 이름을 내걸고 동업을 시작해서 잭이 유럽으로 출장을 가서 종종 베껴 온 디자인으로 최신 유행의 여성용 구두를 만들었다. 이탈리아에서 일가 여자들의 사이즈에 맞는 구두를 사와서 여자 친척들에게 페라가모를 듬뿍 안겨 주기도 했다. 이런 사업 방식은 대성공을 거둬서 뎁 제화는 미주리주 워싱턴 근처에 공장 세 곳을 지었다. 이 공장들에서는 노동조합이 힘이 없어서 생산비가 저렴했다.

올트먼 부부는 세인트루이스의 부유한 교외 클레이턴에 정착해서 게일과 잭, 제럴드(다들 제리라고 불렀다) 세 자녀를 길렀다.

아이들은 조지아주에 사는 사촌들과 여름휴가를 보내고 클레이턴의 유명한 공립 학교에 다녔다. 제리가 일곱 살이던 해에 할머니 버디가 뇌졸중으로 쓰러졌다. 제리의 어머니 실비아는 1958년 1월 브런즈윅으로 가서 시어머니 병간호를 했다. 어느 날 뉴캐슬 스트리트의 제화점 앞에서 물건을 나르던 실비아는 젖은 인도에서 미끄러져서 골반 골절을 입었다. 견인 장치를 한 채 세인트루이스행 비행기에 올랐던 그녀는 그 후 다시는 침대에서 벗어나지 못했고, 6개월을 고생한 끝에 서른여섯의 나이로 감염으로 사망했다.[12]

실비아가 세상을 떠나자 가족 간에 균열이 생겼는데, 이런 틈은 다시는 메워지지 않았다. 2년 뒤 가슴이 넓은 튼튼한 몸과 둥글면서도 다소 엄한 얼굴에 머리가 벗겨지던 잭 올트먼은 비서인 셀마 노어퍼와 결혼했다. 키가 간신히 150센티미터를 넘는 가냘픈 체격에 우아한 금발의 여자였다. 이혼 경력이 있는 노어퍼는 장성한 딸 샐리를 데려왔다. 제리는 금세 셀마를 어머니로 받아들였다. 하지만 손위인 열세 살의 게일과 열 살의 잭은 달랐다. 「제리는 어렸어요. 일고여덟 살짜리 아이한테는 쉬운 일이었죠. 그 애는 셀마하고 친해졌지만, 다른 애들은 전혀 달랐지요.」 사촌인 리처드 올트먼의 말이다.

제리의 아버지는 일 중독자여서 회사 영업 팀과 함께 길 위에서 살다시피 했다. 집에 있을 때면 잔소리가 심했다. 「잭은 아주 치열한 사람, 굉장히 조바심이 많은 사람이었지요. 그분은 아이들을 완전히 통제했습니다. 셀마가 제리의 대변자가 된 것 같아요.」 셀리의 아들인 보브 노라키의 말이다.

잭 주니어는 아버지를 우상처럼 떠받들면서 여름과 휴가철에 구두 공장에서 일했다. 유대교 안식일이면 템플 이스라엘에 예배를 드리러 갔는데, 둘만 갔다. 1965년 잭이 출장차 유럽으로 가면서 3주 동안 가족을 동반했을 때, 잭 주니어는 며칠 동안 아버지와 함께 미놀타 스파이 카메라를 가지고 조용히 돌아다니면서 구두 디자인 사진을 찍었다. 이 디자인들은 얼마 지나지 않아 미국 중서부의 상점 진열창에 등장하게 된다.

제리는 성격 자체가 아주 달랐고, 무자비할 정도로 사업에만 몰두하는 아버지의 모습을 싫어했다. 「제리는 아마 내가 만난 사람들 가운데 EQ가 제일 높은 축에 속할 거예요.」 노라키의 말이다. 제리는 노라키가 있는 자리에서는 아버지에 관해 입도 뻥긋하지 않았지만, 노라키가 잭이 자신에게 얼마나 좋은 할아버지였는지 언급하자 한번은 그에게 이렇게 말했다. 「글쎄, 내 경험하고는 아주 다르구나.」

아이들은 모두 처음에 공립 학교를 다녔지만, 잭과 셀마는 남자애들이 타성에 젖는다는 걸 깨닫고 남학교인 세인트루이스 컨트리 데이 학교에 보냈다. 제리는 이 학교에서 5학년을 시작했다. 상류층 교외 지역인 러두에 있는 약 40만 제곱미터 규모의 캠퍼스는 세인트루이스의 유서 깊은 가문들이 선호하는 곳이었다. 제리는 학교에서 외톨이에 가까웠지만, 그래도 인기가 있었다. 「제리는 조용한 친구였는데, 유머 감각이 뛰어나고 야구를 좋아했습니다.」 동급생이던 에드 홀이 떠올린 기억이다. 「남한테 해를 끼치지 않는 착한 친구였죠.」 운동보다는 공부를 좋아하는 아이였다. 러시아어 과목을 좋아해서 『이반 왕자와 회색 늑대』의 연극에서 차르 역할을 맡았다.¹³ 고등학교 3학년 때 제리는 〈미션 베이지색〉 1966년형 폰티악 템페스트를 갖게 됐는데, 외부나 내부나 흠집 하나 없이 간수했다. 오랜 세월이 흐른 뒤 샘 올트먼 또한 자동차에 흠뻑 빠지게 된다. 훨씬 빠른 차에.

제리가 고등학교 졸업을 눈앞에 둔 1969년, 세인트루이스는 특히 주거를 둘러싼 인종적 불만으로 요동치고 있었다. 제2차 세계 대전 이후 시절에 미국의 많은 도시가 그랬듯, 중산층 백인 가구는 세인트루이스를 등지고 주변 교외로 옮겨 가면서 세금도 교외에 냈다. 하지만 노예주의 일부로 연방에 들어왔으나 남북 전쟁 이후 재건기를 거치지 않은 세인트루이스는 눈에 띄게 혐오스러운 인종 분리의 역사가 존재한다. 지금도 델마 대로를 가로질러 달리다 보면 이 역사를 볼 수 있다. 일명 〈델마 구분선〉을 따라 백인들이 사는 부유한 남부와 흑인들이 사는 폭격을 맞은 듯한 북부가 갈라진다. 하지만 진짜 구분선은 세인트루이스 시티와 주변의 교외인 세인트루이스 카운티 사이에 그어진다.

1950년 이전에 세인트루이스 카운티에 지어진 주택의 80퍼센트에 백인만 입주해 살 수 있다는 내용의 인종 제한 협약이 첨부되었다.¹⁴ (많은 도시에 그런 정책이 존재하긴 했지만, 1948년 대법원까지 가서 그런 협약이 불법으로 판결된 것은 세인트루이스에서 시작된 〈셸리 대 크레이머〉 사건이 처음이었다.) 한편 세인트루이스 도시 계획가들은 밀크리크 밸리 같은 가난한 흑인 동네를 슬럼가 정리라는 명목 아래 체계적으로 철거했고, 그 주민들을 11층짜리 건물 33곳으로 이주시켰다. 1960년대 말에 이르면 실패한 주택 정책의 대명사가 되는 프루이트-아이고라는 아파트였다.[15]

1954년에 완공된 이 주택 단지는 원래 22만 제곱미터 부지에 두 개의 단지로 지어질 예정이었다. 흑인 거주용인 한 단지는 터스키기 에어맨* 출신인 웬델 O. 프루이트의 이름을 땄고, 백인 거주용 단지는 미국 하원 의원 윌리엄 아이고의 이름을 땄다. 하지만 1955년 법원 결정으로 연방이 건설한 주택에서 인종 분리가 종식되었고, 단지 주민은 거의 흑인 일색이 되었다. 연방 정부는 프루이트-아이고를 건설했지만 유지 관리는 세인트루이스에 떠넘겼고 시 당국은 제대로 관리하지 않았다. 경찰은 이 단지를 〈한국〉이나 〈아파치 요새〉라고 지칭했고, 경찰견을 동반하지 않고는 감히 들어갈 생각도 하지 않았다.** 그 후 1969년 재정난에 빠진 도시 주택 당국은 단지의 임대료를 여섯 배 인상했다. 그러자 1천 명이 넘는 프루이트-아이고 주민들이 임대료 납부 거부 운동을 벌였다. 자신들의 주장을 증명하기 위해 사람들은 공교롭게도 클레이턴에 살던

* 제2차 세계 대전이 발발한 1939년 루스벨트 대통령의 명령으로 창설된 최초의 흑인 공군 부대.
** 이 모든 게 충분하지 않다는 듯, 미 육군은 비밀리에 프루이트-아이고 건물 옥상에서 액체 분사식 방사능 무기를 살포하는 실험을 수행했다. 상트페테르부르크에 있는 콜피노 주택 단지와 비슷하다는 이유에서 실험 장소로 선정한 것이다 ─ 원주.

세인트루이스 주택국장의 집 앞에서 시위를 벌이면서 그곳에 천막촌 도시를 건설하겠다고 위협했다. 한 활동가 그룹은 보도 자료를 내서 〈쫓겨난 공영 주택 세입자를 데리고 오겠다〉고 약속했다. 〈자발적으로 나서서 도시 공영 주택 수용소의 인간적 고통과 빈곤을 극적으로 보여 주면서 클레이턴시에서 생활할 사람〉을 데려온다는 것이었다.[16] 주택 당국은 시위대의 요구에 동의했다. 3년 뒤 당국은 전국에 방송되는 가운데 프루이트-아이고 단지를 철거하게 된다.

제리는 프루이트-아이고를 잘 알았다. 여름이면 굿 휴머 아이스크림 트럭을 몰고 단지를 누볐기 때문이다. 돈을 꽤 벌었지만 어두워지기 전에 반드시 빠져나왔다. 3학년이던 봄에 임대료 거부 운동이 활기를 띠는 동안 컨트리 데이 학교는 세상과 동떨어진 분위기였다. 「그 학교에 다니던 우리는 사실상 현실과 고립돼 있었지요.」 제리의 동급생이자 친구인 워커 이글하트의 말이다. 하지만 제리는 남들보다 민감해 보였다. 「걔는 세상에서 선행을 하고 싶어 하는 친구였어요.」 역시 컨트리 데이 동창생인 조 렉터의 말이다. 하지만 아직은 착한 일을 하는 법을 알지 못했다.

펜실베이니아 대학교 와튼 스쿨에서 경제학을 전공하는 동안 제리가 어떤 발상을 발전시키기 시작한 것은 대학 시절의 일이었다. 「그 친구는 주택 정책과 주거 공정성에 아주 관심이 많았습니다.」 대학 시절 제리와 친했던 리어 버드의 말이다. 두 사람은 정치와 정책, 특히 필라델피아의 논쟁적인 시장 프랭크 리조에 관해 장

시간에 걸쳐 대화를 했다. 「제리는 입법을 바꿀 필요가 있음을 알았지요.」 제리는 필라델피아의 지역 활동에 잠시 몸을 담고 그곳 구두 가게에서 일했지만, 가족 사업에 몸담을 생각은 없었다.

대신에 제리는 시 정부에 들어가면서 코네티컷주 하트퍼드로 이사해 도시 계획 행정관이 되었다. 시 의회를 설득해서 〈태양 에너지 제품을 생산하기 위한 지역 사회 기반 법인을 설립할 가능성〉을 연구하기 위해 2만 5천 달러를 지출하는 것 같은 대담한 계획을 검토하게 만들었다. 그의 권유에는 후에 고전적인 (샘) 올트먼주의 Altmanism가 되는 요소들이 담겨 있었다. 이 권유는 이윤 동기에서 자유롭다고 공언되는 권한의 어조를 바탕으로 한 연방 지원금을 확보하겠다는 희망을 중심으로 구축되었고, 권유 주체는 새로운 형태의 비영리 법인을 만든다는 새로운 시도에 가장 흥분하는 듯 보였다. 〈수익을 강조하지 않는 지역 사회 기반 기업은 사기업이 시도하려 하지 않는 고용과 직업 훈련 프로그램을 수행할 수 있다〉고 제리는 『하트퍼드 커랜트』와의 인터뷰에서 주장했다.[17]

얼마 지나지 않아 제리는 시 행정 부담당관이 되었고 하트퍼드 판사이자 주 하원 의원의 딸인 메건 오닐과 연애를 시작했다. 메건은 로스쿨에 재학하면서 하트퍼드 형사 사법 연구소에서 연구원으로 일하고 있었다. 「모두들 하트퍼드를 떠난 상태였습니다. 그래서 문제는 어떻게 하면 하트퍼드를 다시 살기 좋은 도시로 만들 수 있는가, 하는 점이었지요.」 연구소 소장으로 제리와 메건을 잘 아는 프랭크 하트만의 말이다. 메건은 동네 안전에 관한 5개년 연구를 수행하면서 경찰과 주민들이 협력할 것을 주장했다. 지역 사회 치안이라고 알려지게 되는 협력이었다.[18]

「메건은 대단한 사람이었어요. 아주 똑똑하고, 거침없이 발언했지요. 챙겨 줘야 할 게 많은 사람이었답니다.」 하트만이 한껏 애정을 드러내며 회고했다. 메건은 결국 주 검찰 총장 보좌관으로 일했다. 제리 또한 〈아주 똑똑했다〉고 하트만은 회상했다. 「그 친구는 어떤 면에서 하트퍼드보다 큰 인물이었지요. 그래서 아무도 그 친구하고 어울리지 않을 거라고 생각했습니다.」

제리와 메건은 1977년 웨스트하트퍼드에 있는 오닐 집안의 코츠월드식 하얀 시골집 뒷마당에서 결혼식을 올렸다. 『뉴욕 타임스』에 실린 알림은 신부가 결혼 전 성을 계속 사용할 생각이라고 언급했다. 버드는 자택에서 열린 파티에 참석한 기억을 떠올리며 불편할 정도로 와스프WASP다운 분위기였다고 말한다. 「유색인은 한 명도 못 봤거든요.」

1979년 로스쿨을 졸업한 메건은 시카고의 회사에 취직했다. 제리도 함께 시카고로 갔다. 하지만 메건은 직장이 잘 풀리지 않아서 하트퍼드로 돌아가고 싶어 했다. 제리는 생각이 달랐다. 결혼은 끝이 났다. 2년을 채우지 못한 결혼 생활이었다.

할아버지가 그랬던 것처럼, 제리도 결혼을 계기로 우연히 자신의 기술을 펼칠 최고의 기회를 얻게 되었다. 하트퍼드의 지인들을 통해 도시에서 가장 큰 회사인 애트나 생명 보험을 고객으로 확보했다. 시카고에 계속 머무르면서 원격으로 일할 수 있었는데, 시카고는 앨린스키의 추종자들 덕분에 여전히 진보적 운동의 중심지였다. 보험업계는 게일 친코타 같은 활동가들 덕분에 은행들이 레드라이닝 관행으로 응징당한 것을 보았고, 자신들 또한 수십 년간 차별을 저지른 사실이 드러나기 전에 지역 사회와의 관계를 개선하기로 결심했다. 제리의 전문 분야는 정부 자금과 기업 투자를 혼합한 재정 패키지를 꾸려서 저소득층 주택 자금을 지원하는 일이었다. 「제리는 이사회와 동네 사이의 간극을 연결하려고 노력했습니다.」 1981년 애트나에서 컨설팅을 할 때 제리를 만난 리처드 맨슨의 말이다.

이 일 때문에 제리는 전국 각지를 돌아다녔다. 『데일리 뉴스』가 〈가난하고〉 〈범죄가 난무〉하며 〈공터로 가득한 불모지〉라고 묘사한 브루클린 파크 슬로프의 한 지역에서 제리는 애트나가 지역과 연방의 자원과 협력해서 방화로 불탄 연립 주택을 재개발하는 것을 도왔다.[19] 현재 이 집들은 힙스터 빈티지 의류점과 고급 레스토랑 건너편에 있으며 한 채당 가격이 200만, 300만 달러에 달한다.

펜실베이니아주에서 제리는 지역 사회 조직가 마이크 아이클러와 함께 일했다. 철강 산업이 붕괴하면서 몰락한 피츠버그 주변 지역인 몬밸리에서 앨린스키를 만나 그가 이끄는 조직의 대결 전술을 훈련받은 인물이었다. 아이클러는 피츠버그에 본사를 둔 일군의 비영리 법인에 채용되었는데, 이번에는 그가 제리를 발탁했다. 〈부동산 거래를 결합하는 데 전문적 능력이 있다〉는 이야기를 들었기 때문이다. 두 사람은 죽이 잘 맞았다. 실직 철강 노동자들이 스스로 비영리 기구를 창립해서 도시의 경제 발전에 투자할 돈을 모으도록 훈련시킨다는 아이클러의 색다른 계획은 제리가 볼 때 완벽한 구상이었다.

「그건 아주 논쟁적인 전략이었습니다. 전국 각지에, 특히 피츠버그에는 이런 소도시에서 일하면서 사는 사람들이 교육 수준이 낮고, 〈힘은 좋아도 생각이 없〉으며, 경제에서 벌어지는 변화를 이해하지 못하고, 재교육을 받을 능력이 안 된다는 등등의 고정 관념이 있었기 때문이지요.」 아이클러의 말이다. 그와 제리는 그렇게 생각하지 않았다. 「그건 아주 특이한 일이었지요. 전문적 능력이 있는 사람들은 현지 주민들에 대해 그렇게 고정 관념을 갖고 있었으니까요.」

아이클러가 의지가 있는 주민들을 골라내면 제리가 그들을 훈련시키는 식이었다. 때로는 자동차 부품점에서 시간을 보내면서 머플러나 후미등을 사러 오는 손님들 때문에 말도 제대로 못 하는 경우가 있었다. 결국 부품점 주인은 상업용 부동산을 사들일 자금 마련을 위해 은행을 설득할 때 필요한 세부 사항을 이해하게 되었다. 두 사람은 힘을 합쳐 4층짜리 건물을 개발해서 임대를 주었고, 그 수입으로 실직한 철강 노동자들을 위한 저소득층 주택을 지었다. 아이클러는 제리의 무한한 낙관주의에 깊은 인상을 받았다. 「이게 제대로 될지 모르겠다, 이 얘기를 정말 해야 하나, 라는 식이 아니었어요. 당연히 이건 될 거야, 라는 식이었지요.」

시카고로 돌아온 제리는 친구의 소개로 몇 살 어린 여자와 만나게 됐는데, 첫눈에 봐도 자신과 놀라울 정도로 공통점이 많았다. 둘 다 클레이턴 출신에 리버럴이었고, 대체로 부동산을 통해 성공한 중상류층 개혁파 유대인 가정 출신이었다.

코니 깁스타인은 똑똑하고 야심 많은 의과 대학생으로, 상대와 정면으로 눈을 맞추고, 활기찬 성격과 경쟁심이 강한 여자였다. 미주리 대학교 의대를 졸업한 뒤 시카고로 와서 노스웨스턴 대학교에서 피부과 인턴에 이어 레지던트로 일했다.

코니의 할아버지인 허먼 깁스타인Gibstine은 1893년 부모와 네 형제와 함께 어린 나이에 당시 러시아 제국의 일부였던 알렉산드리야에서 세인트루이스로 이민을 왔다. 아버지 모리스 깁스타인 Gibstein — 미국에 들어오면서 성의 철자가 바뀌었다 — 은 고국에서 성공한 목재상이었지만, 세인트루이스에서는 재단사 일을 했다. 자녀들은 여성용 모자 제조업에 취직했다. 세기 전환기에 아직 10대이던 셋째 새뮤얼 깁스타인은 새뮤얼 깁스타인 앤드 컴퍼니를 차렸다. 이 여성용 모자업체가 큰 성공을 거두자 누나도 프랑스 꽃으로 테두리 장식을 한 이스터 해트를 전문으로 판매하는 모자 가게를 열고 남동생 허먼을 직원으로 채용했다.[20] 1905년에 스무 살이 된 새뮤얼은 모자 가게를 팔고 부동산업을 시작했다. 새뮤얼 깁스타인 부동산은 도시에서 가장 큰 부동산 매매업체로 올라섰다.[21]

허먼은 조금 느리게, 그리고 한층 떠들썩하게 모자에서 부동산으로 업종을 변경했다. 1920년대 초에 그는 결혼하여 아메리칸 여성 모자에서 재무 담당으로 일을 하는 한편 프리메이슨 활동도 했다.[22] 부부는 엘리너와 마빈 두 자녀를 두었고 유니버시티 시티에 깔끔한 벽돌집도 샀다. 1925년 8월 어느 날, 누군가 밤중에 모자 공장에 다리미를 그냥 켜두어서 스프링클러가 작동하는 사고가 났다. 재고가 물에 젖어서 최대 5만 달러에 달하는 손실을 입었다.[23] 회사는 파산했다. 채권자들이 남은 돈을 싹싹 긁어 가려고 줄을 선 가운데 깁스타인은 집에 도둑이 들어 누군가 매트리스 밑에 숨겨둔 1천5백 달러를 훔쳐 갔다고 주장했다. 〈모자 172개〉를 판매하고 받은 수입이었다.[24] 사건을 맡은 연방 판사는 그 돈을 내놓지 않으면 법정 모독죄로 기소될 것이라고 경고했다. 허먼은 누나가 정착해 살고 있는 시애틀로 도망쳤다가 그곳에서 체포되어 사기죄로 기소되었다. 허먼의 친척들이 채권자들에게 돈을 갚은 뒤 기소가 철회되었다.[25]

허먼은 세인트루이스로 돌아와서 이스턴 애비뉴(지금은 마틴 루서 킹 드라이브로 이름이 바뀌었다)의 분주한 상업 거리에 해프너 앤드 깁스타인 부동산을 공동 설립했다. 리치먼드 하이츠, 해밀턴 하이츠, 더빌 같은 동네에서 단층 주택을 판매하는 업체였다. 그 후 몇 년간 동업자가 몇 번 바뀌었지만, 인근 지역에서 사업을 계속했다. 수십 년 뒤 백인의 탈주로 공동화(空洞化)되고 손녀사위 제리 올트먼이 다시 활성화하기 위해 노력하게 되는 곳이었다.

허먼의 아들인 마빈은 수학과 과학에 머리가 좋았다. 솔던 고등학교 — 주로 부유층과 유대인 학생이 많은 세인트루이스의 공립 학교 — 를 나와 1940년 워싱턴 대학교에 입학한 뒤 계속해서 같은 대학의 의과 대학에 진학해서 1946년에 의학 학위를 받았다.[26] 그해에 클레이턴 출신 부동산 임원의 딸인 페기 프랜시스와 결혼했는데, 당시 그녀는 일리노이 대학교에 재학중이었다. 신문에 실린 두 사람의 약혼 알림에는 의기양양한 제목이 붙었다. 〈페기 프랜시스 양, 의사와 약혼.〉[27] 두 사람은 세인트루이스의 포리스트 파크가 내려다보이는 호텔에서 결혼했고, 독일에서 육군 복무를 한 뒤 클레이턴에서 쾌적하지만 부유층 동네는 아닌 거리에 있는 노란 벽돌집에서 살았다. 자녀는 넷을 두었다.[28]

마빈은 괴짜이자 걱정 많은 사람이었다. 1960년대 초, 그는 집 지하실에 방공호를 만들고 3단 침대까지 들여놓았다. 「생수하고, 그리고 뭐였더라, 변기용으로 쓸 쓰레기통까지 들여놓았답니다.」 셋째 코니가 그때 기억을 떠올렸다. 학교에서 공습 대피 훈련이 시행되었다. 기본적인 지정학적 논리를 통해 지구상의 모든 생명체를 절멸시킬 무기에 대비하여 아이들이 벽에 붙거나 책상 밑에 쭈그려 앉았다. 「밤에 그냥 겁이 나서 부모님 방으로 갔던 기억이 나요. 〈폭탄이 떨어지면 학교에 갇힐 텐데 집으로 가서 방공호에 들어가지 못하면 어쩌지?〉 이런 생각이었죠.」 위협이 지나간 것처럼 보이자 마빈은 지하실을 햄 라디오 방송실로 바꿨다. 그곳에서 WN0BVQ라는 호출 부호로 방송을 했다. 「아버지는 직접 만든 햄 라디오를 가지고 모스 부호로 오스트레일리아에 있는 어떤 사람하고 연결한 뒤 엄청 흥분해서 위층으로 올라오곤 했답니다. 한두 세대 뒤에 태어나셨더라면 아마 컴퓨터 전문가가 되셨을 거예요.」코니의 말이다.

코니는 네 자녀 가운데 유일하게 아버지를 따라 의료계에 진출했다. 클레이턴 고등학교를 다니면서 학생 연감을 만드는 일을 했고, 학생회에서 활동했으며, 대표 팀 치어리더의 공동 주장이기도 했다. 미주리 대학교에서 생물학 전공에 물리학을 부전공 — 하지만 〈물리학 과목을 필요한 만큼 수강하기만 했다. 내 머리는 그쪽이 아니었다〉 — 으로 한 뒤, 컬럼비아 의과 대학을 다녔다. 3년이 지나 아버지가 암으로 56세 나이에 사망했고 52세의 어머니는 홀로 남았다.

코니는 1980년 시카고로 가서 피부과 의사가 되었다. 이 전공을 선택한 데는 시간을 조절하고 언젠가 가족을 이룰 수 있다는 이유가 한몫했다. 레지던트 시절에는 진지하면서도 현실적이었다. 「코니는 언제나 이성의 목소리를 냈습니다. 항상 능숙하게 본론으로 들어갔지요.」 같이 레지던트를 한 에이미 팰러 박사의 말이다. 코니는 또한 야심만만해서 건선을 비롯한 여러 질병에 관한 학술 논문을 공저했다. 그들은 에이즈 유행병 초창기의 레지던트들이었다. 「사람들이 찾아와서 모세 혈관 육종 같은 피부를 발견하면 그 시점에 이미 사형 선고를 받은 셈이었죠.」 팰러의 말이다. 이런 경험은 게이 남성의 신체적 위험성에 관한 코니의 견해에 깊은 영향을 미쳤다. 먼 훗날 아들이 커밍아웃을 했을 때에도 그 영향에 따른 반응을 보였다. 「하루 종일 진료를 보면서 서른 살 먹은 잘생긴 남자들이 쇠약해져 가는 모습을 보았거든요. 끔찍했어요. 정말 **끔찍했죠.**」코니의 말이다.

코니와 제리는 세인트루이스로 와서 워싱턴 대학교 캠퍼스에서 결혼했다. 제리의 첫 번째 결혼식보다는 팡파르가 한결 줄어든 결혼식이었다. 둘 다 시카고로 가고 싶은 마음이 컸다. 부부는 골드 코스트 바로 남쪽에 있는 고층 아파트로 이사했다. 코니는 레지던트를 계속했고, 제리는 밤에는 컨설팅 일을 하고 낮에는 해럴드 워싱턴을 위해 〈그냥 무보수로〉 자원 활동을 했다. 코니의 말로는 〈흑인〉이 시장이 되는 것을 〈보고 싶었기 때문〉이다.

워싱턴의 선거 운동은 시카고 시민의 40퍼센트를 차지하는 아프리카계 미국인에게 대표권을 준다는 의미 이상이었다. 물론 이 40퍼센트가 그의 지지 기반이기는 했지만 말이다. 그의 선거 운동은 〈머신 the machine〉— 데일리 시장이 1950년대 이래로 관리해 온 후원 시스템, 즉 누가 일자리와 정치적 지지를 얻는지를 결정하는 시스템 — 을 깨부수려는 시도였다. 〈슬럼가 정리〉에 역점을 둔 데일리 시장 재임기는 도시의 가난한 주민들에게는 재앙이었다.[29] 워싱턴이 취임하면서 제리가 일하는 자문 기구인 주거 어젠다는 건물주들에게 건물 보존을 강제하는 시카고시의 형법을 활용해서 고군분투하는 동네들의 기존 주택 수량을 유지하기 위해 노력했다. 이 활동은 전국적인 청사진이 되어 1984년 전국 도시 상태에 관한 청

문회의 일환으로 워싱턴이 연방 의회에 제출했다.[30]

같은 해에 제리는 비영리 법인들이 저렴한 주택에 자금을 제공하게 만드는 방법을 고안했다. 후에 연방 입법에 영감을 주게 되는 방법이었다. 당시 그는 비영리 법인 자금을 공동 출자해서 도시 개발과 저렴한 주거에 투자하는 전국적 비영리 기관인 지역 사업 지원 법인LISC의 한 지부에서 일하고 있었다. 이 역할에서 그는 새로운 방식을 제안했다. 저렴한 주택을 짓는 건축업자들이 건물의 〈감가상각〉 속도를 높이도록 허용하는 세법의 일부를 활용해서 세금 감면을 통해 투자금을 빠르게 회수하고 그 절감된 비용을 사업 투자자들에게 돌려줄 수 있도록 하는 방식이었다. 완전한 세액 공제는 아니었지만 비슷한 방법이었다. 「제리는 아이디어 천재였어요. 틀에서 벗어난 사고를 하는 데 아주 능했지요.」LISC에서 그를 고용한 앤디 디턴의 말이다.

그들은 이 방법을 활용해서 시카고에서 두 번째로 큰 콘티넨털 은행에서 자금을 끌어와서 벅타운 지역의 6가구 아파트 건물을 개보수했고, 하원 세입 위원회의 유력한 위원장인 댄 로스텐코스키를 비롯한 시카고의 모든 정치인을 준공식에 초청했다. 깊은 인상을 받은 〈로스티〉는 나중에 디턴을 멈춰 세우고 어떻게 이 일을 해냈느냐고 물었다. 디턴의 팀은 이후 6개월 동안 로스텐코스키 휘하 직원들과 함께 일하면서 1986년 연방 법안의 조항을 작성했다. 저소득층 주택 세액 공제용으로 100억 달러를 편성하는 법안이었다.

제리는 계속 길 위에서도 시간을 많이 썼지만, 점차 이런 일에 시카고의 인맥 — 쥐를 못으로 박은 조직가 게일 친코타와 셸 트랩과의 관계 등 — 을 활용했다. 라틴계가 많이 사는 에이커라는 노동 계급 동네를 불도저로 밀어 버리는 계획이 추진된 매사추세츠주 로웰에서 제리는 LISC 컨설턴트 빌 트레이노어와 함께 일하면서 동네를 지켰다. 친코타가 제리를 〈에이커 개선을 위한 연합CBA〉이라는 지역 단체에 소개해 주었는데, 제리는 비영리 법인을 만들어서 애트나가 자금을 댈 수 있는 개발 사업을 제안하자는 의견을 내놓았다. 「애트나는 기꺼이 CBA를 지원하려고 했습니다.」 제리가 『도시 재생Renewing Cities』을 집필하는 공공 정책학 교수 로스 기텔에게 한 말이다. 「CBA가 논쟁적이라는 걸 알아서 일부러 그들을 선택했어요. 우리는 그 단체가 동네의 이익을 진정으로 대변하며 잠재력이 많다고 생각했습니다.」[31]

트레이노어는 거래 틀을 잡는 제리의 실력에 깜짝 놀랐다. 언젠가 제리는 이런 요령을 샘에게 물려주게 된다. 「겸손한 태도와 상대의 말에 귀를 기울이는 솜씨로 무장한 그가 우리 세계에 들어오는 걸 봤습니다. 게다가 그는 머리도 좋고 일머리까지 정말 좋았지요.」 트레이노어의 말이다. 단체는 빈 부지 16곳에 주택 24채를 짓는 280만 달러 규모의 크지 않은 사업으로 시작했다. 이 사업이 채 완공되기도 전에 그들은 다 허물어진 200세대 규모의 부동산인 시멘트시티로 눈을 돌렸다. 트레이노어는 경제계 인사들과 아침 식사를 하는 자리에서 제리가 대담성을 발휘해 이 부지를 2천만 달러 규모의 주택 도시 개발부 재개발 사업으로 팔아 치웠다고 회고했다. 그런 규모의 거래에는 경험이 전혀 없었는데도 단번에 성공을 거둔 것이다. 트레이노어가 웃음을 터뜨리며 말했다.「우리는 그 부동산에 대한 부지 통제권도 없었는데 말이죠!」

코니는 이런 일에 특별히 감동하지 않았다.「그이는 뚜렷한 방향이 없는 것 같았어요. 실제로도 그랬고요.」코니는 이미 의학 학위가 있었지만 로스쿨에 가라고 남편을 은근히 압박했고, 재미 삼아 같이 다니기로 결심했다. 부부는 1984년 로욜라 대학교 야간 과정에 등록했다. 동급생들은 두 사람이 서로 나란히 앉아 집에서 싸온 건강식 도시락을 나눠 먹던 모습을 기억한다.「내 생각은 그이를 뭔가에 집중하게 하려는 거였죠. 그리고 나는 언제나 학교를 좋아했기 때문에 다닌 거고요.」코니는 결국 법률가로 일하지는 않았지만, 그렇다고 로스쿨에서 경쟁심을 억누르지는 않았다. 수업이 시작하기 전에 코니는 임신한 사실을 알게 되었다(학위를 받을 때까지 이런 일이 두 번이나 생긴다). 코니가 그때 기억을 떠올렸다.「우리는 같이 시작했어요. 나는 그이보다 1년 더 걸렸죠. 아이들 때문에요. 그러니까, 일리노이주 변호사 시험을 볼 때 셋째를 임신한 지 7개월이었어요. 그래서 약간 늦어졌죠.」

새뮤얼 해리스 올트먼은 1985년 4월 22일 태어났다. 참 순한 아이였다. 코니의 회고를 들어 보자.「아기 침대 바로 옆에서 청소기를 돌려도 쿨쿨 자더라고요.」하지만 올트먼 부부는 그 후 3년간 맥스와 잭 두 아들을 더 낳고 딸 애니까지 낳고 나서야 샘이 얼마나 특이한 아이인지 깨닫게 되었다. 두 살 때 샘은 집에 있는 VCR에 직접 「세서미 스트리트」 테이프를 넣고 틀어서 재미있게 보곤 했다. 「그냥 저절로 그렇게 하더라고요. 그러다가 맥스가 태어났는데, 그 애도 대단하긴 했지만 비슷한 나이에 이런 물건을 어떻게 작동하는지 전혀 모르더라고요.」 코니의 말이다. 샘이 세 살 때 가족이 어느 날 세인트루이스에 사는 페기에게 전화를 걸려고 했을 때, 코니는 아이가 지역 번호 개념을 안다는 걸 깨달았다. 「애가 말하더군요. 〈할머니한테 전화하기 전에 무슨 번호를 눌러야 돼요?〉」 코니가 그때 기억을 떠올렸다. 「다른 아이들은 아마 열 살쯤 되어서야 그걸 알았을 거예요.」 코니가 볼 때 〈그 애는 어른으로 태어난 것 같〉았다.

어린 나이부터 샘은 또한 혼자만의 생각에 푹 빠지는 성향이 있었다. 끊임없이 몸을 움직이는 남자애들 특유의 모습은 전혀 보이지 않았다. 그 무렵 올트먼 가족은 시카고에서 젠트리피케이션이 진행되는 링컨 파크 동네에 있는 집으로 옮겨서 살고 있었는데, 나무 그늘이 많고 곳곳에 작은 공원이 있는 동네였다. 어느 날 코니가 맥스를 임신해서 막달에 불편한 생활을 하던 때 혈액 순환을 할 겸 샘을 데리고 놀이터에 갔다. 하지만 당시 두 살이던 샘은 미끄럼틀이나 그네에 전혀 흥미가 없었다. 「싫어, 엄마. 여기서 엄마랑 앉아 있을래. 그냥 같이 앉아서 애기들 노는 거 보자.」 코니가 샘이 한 말을 떠올렸다. 「그 〈애기들〉이 자기보다 나이가 많았는데 말이죠.」이 일화는 샘의 기묘한 성숙함과 지적 성격의 일화로 깊이 인상에 남았다. 하지만 이는 또한 언젠가 그의 가족을 갈라놓게 되는 자식에 대한 깊은 헌신의 증거이기도 하다.

샘이 유치원 입학을 앞둔 무렵, 코니는 선택할 만한 교육 기관에 실망했다. 적절한 공립 마그넷 스쿨*에 입학시키는 건 정치적인 느낌이 들어 내키지 않았다. 사립 학교는 세 자녀를 둔 가족으로서는 언감생심이었다. 「등록금 문제만이 아니라, 그러니까 거기 가족들은 추수 감사절 휴가 때 스위스에 있는 단골 스키장으로 놀러 가곤 했는데, 그런 건 우리 삶의 일부가 아니었거든요.」

임신 기간 내내 코니는 피부과 의사로 일하면서 출산 예정일 직전까지 환자 예약을 받았다. 코니는 피부과를 사랑했다. 「흉부외과 의사 같은 몇몇 친구는 이렇게 말하겠죠. 〈여드름 치료를 어떻게 참고 하니? 너무 지루하고 재미없잖아.〉 하지만 이 아이들한테는 인생을 바꾸는 일이에요.」 코니가 많은 10대 환자를 가리키며 말했다. 「그리고 나도 아주 만족하는 일이고요.」 하지만 도시에서 가장 큰 종합 병원이 코니의 병원을 인수하고 민간 의료 보험인 건강 관리 기구HMO가 대세가 됐을 때, 코니는 보험 모델의 각종 제약에 답답함을 느꼈다. 그녀는 아버지 환자들이 대부분 현금으로 치료비를 지급하는 가정에서 자랐기 때문이다. 「우리가 누구하고 의료 지원을 공유할지 온갖 규정이 많아서 거기를 떠나고 싶었어요.」

제리는 법학 학위를 땄어도 자신에게 〈집중〉하지 못했고, 어

* 다른 지역의 우수 학생을 유치하기 위해 좋은 시설과 교육 과정을 마련한 학교.

느 때보다도 더 곳곳을 돌아다니면서 전국 각지에서 주택 사업 컨설팅을 했다. 1987년 해럴드 워싱턴이 두 번째 임기에 접어들고 몇 달 지나 새로운 주택 사업에 전념하고 불과 몇 시간 뒤, 심장 마비가 그를 덮쳐서 책상 위에 쓰러진 채 사망했다. 워싱턴은 도시 문을 두드리는 〈선한 행동을 하는 사람들〉을 환영했었다.[32] 이제 그가 사라지자 그들이 정부에서 어느 자리를 차지할지 모호해졌다.

「그이가 어디서 일하는지는 사실 중요하지 않았어요.」코니가 제리에 관해 한 말이다. 부부는 세인트루이스로 돌아가는 문제를 고민했다. 코니는 혼자 남은 어머니를 부양하고, 아직 젊고 정력적인 할머니가 줄 수 있는 육아에 관한 도움을 받을 수 있었다. 제리의 부모님은 세상을 떠났고, 형은 그곳에 살았지만 서로 대화를 많이 하지는 않았다. 대대적인 주택 가격 재산정으로 올트먼 부부의 시카고 부동산세는 오를 참이었고, 코니는 카트를 훔쳐 가는 걸 막기 위해 마트 앞에 기둥을 세워서 주차장까지 카트를 끌고 가지 못하는 등 대도시의 불편한 점에 진저리가 났다. 「원래보다 사는 게 정말 힘들었어요.」그래서 샘이 네 살, 맥스가 두 살, 잭이 이제 막 생후 10주가 됐을 때 올트먼 부부는 클레이턴으로 돌아갔다.

2
세인트루이스

올트먼 가족은 클레이턴의 힐크레스트 동네에 있는 갈색 벽돌 튜더 양식 집에 자리를 잡았다. 코니가 자란 동네와 크게 다르지 않은 도시 가장자리에 있는, 매력적이고 건축 양식이 돋보이는 전쟁 전 주택들로 이루어진 구역이었다. 집마다 그림 형제의 각기 다른 동화에서 뽑아 온 것 같았다. 마당들마다 층층나무와 진달래가 줄줄이 늘어서 있었다. 올트먼네 아이들은 블록을 따라 자전거를 타고 센트럴 파크보다 넓은 숲과 골프장이 넓게 트인 포리스트 파크까지 달리고, 집 뒤편 울타리에 난 구멍을 통과해서 지역 명문 초등학교 교정에 들락거리면서 자랐다. 중심부에 공립 학교가 있고 가장자리에는 공원이 있는 반듯하고 걷기 좋은 동네를 보면서 샘은 사람들이 공공재를 중심으로 스스로 조직을 이룰 수 있을 뿐만 아니라 그게 기본적인 상태라는 인식을 얻게 되었다. 훗날 폭풍우가 휩쓸고 간 어느 날 샌프란시스코 베이 에어리어에서 일군의 스타트업들에게 조언하던 그는, 비록 미주리주 교외의 매미 소리 울리는 곳에서는 멀리 떨어져 있었지만, 그 풍경이 마음속에 얼마나 깊이

박혀 있는지 속내를 털어놓았다. 「처음 비가 내린 뒤에 나는 이 냄새. 이걸 뭐라고 하는지 아세요?」 그가 제자들에게 물었다. 「페트리코어petrichor. 내가 제일 좋아하는 냄새예요. 1년에 한두 번이나 맡을 수 있는 흙냄새죠. 한동안 비가 오지 않다가 와야 하거든요. 세인트루이스의 여름 냄새예요.」

올트먼 부부는 아이들에게 매일 하고 싶은 걸 마음대로 하라고 말했다. 하지만 세인트루이스로 이사한 순간부터 집 안에는 긴장된 분위기가 감돌았다. 시카고 시절 이래 코니는 병원을 개업하는 걸 꿈꿨지만, 이제 어린아이가 너무 많다 보니 그런 전망이 벅차게 느껴졌다. 그 대신 세인트루이스 토박이로 머리카락 이식을 전공한 로런스 새뮤얼스 박사가 운영하는 피부과 병원에 합류했다. 「그냥 일하러 나가서 환자를 보고 퇴근해서 아이들을 보고 그러려고요. 병원을 운영할 필요는 없으니까요.」 하지만 새뮤얼스는 그녀가 일과 육아를 병행하고 있다는 걸 눈치채지 못했다. 「내가 함께 일한 어떤 남자보다도 열심히 일했거든요. 넷째 아이 애니를 출산한 뒤 2주 만에 복귀하더라고요.」 새뮤얼스의 말이다.

제리는 세인트루이스에서 발판을 찾으려고 애를 썼다. 뉴올리언스나 팜 비치 카운티 같은 멀리 떨어진 곳에서 컨설팅을 계속했는데, 팜 비치에서는 마러라고로부터 30분 거리로, 공공 상하수도가 전혀 없었던 저소득층 흑인 지역을 위해 주택을 건설하는 일을 도왔다. 「그 친구는 하루는 라스베이거스에 있다가 다음 날에는 몬밸리에, 그다음 날에는 아칸소주 리틀록에 있었죠.」 LISC에서 제리와 일하면서 이런 사업을 진행한 마이크 아이클러가 펜실베이니아주 머낭거힐러 밸리를 언급하며 한 말이다. 렌터카로 전국 각지를 누비는 동안 그들은 호전적이지 않은 새로운 지역 사회 조직화 형태를 떠올렸다. 주변을 둘러싼 자본주의라는 현실을 한결 수용하게 되는 조직화 방식이었다. **수십 년에 걸친 레드라이닝을 놓고 지역 은행장을 당혹스럽게 만드는 대신, 은행의 사업을 확장에서 저렴한 주택에 투자하는 식으로 은행장이 지역 사회의 지도자로 여겨질 수 있게 해주는 파트너로 접근하면 어떨까?** 제리는 결국 아이클러가 스승인 솔 앨린스키의 대결적 전술을 반박하면서 결성한 조직의 이사회에 합류했다. 합의 조직화 연구소라는 조직이었다. 「제리는 나를 도와 완전히 새로운 지역 사회 조직화 방법을 개발했어요.」 아이클러의 말이다.

유감스럽게도, 세인트루이스는 두 사람의 방식을 시도할 비옥한 땅이 아니었다. 많은 도시가 저소득층을 돕기 위해 설계된 연방 교부금 프로그램으로, 브리지 파이낸싱을 제공하는 식으로 저렴한 주거에 투자하도록 기업을 유도한 반면, 세인트루이스 시장은 자신은 연방 정액 교부금 중 2천만 달러를 저렴한 주택에 지출하는 데 철학적으로 반대한다고 선언했다.[2] 빈센트 C. 슈멜 주니어 시장은 〈나는 세인트루이스시가 모든 빈곤층, 실업자, 저학력자를 끌어모으는 이 지역의 최종 수용소가 되어서는 안 된다고 생각할 뿐〉이라고 말했다. 1991년 『세인트루이스 포스트디스패치』의 탐사 보도에 따르면, 그 대신 시장은 이 교부금의 대부분을 시 정부의 정실

인사직에 써버렸고, 남은 돈은 도시의 부유층 동네에 투입했다. 당시 여러 지역 사회 개발 협회를 진두지휘하던 제리는 특유의 절제된 어조로 신문에 진지하게 말했다. 「현재 주거 지역, 특히 저소득층 동네와 비교하면 도심 지역에 투입되는 자원과 노력이 지나치게 많습니다.」³ 어느 정도는 이런 이유 때문에 세인트루이스에는 제리가 전문 분야로 삼는 공공-민간 파트너십 문화가 거의 없었다. 같은 해에 제리는 지역 신문에 도시에 관한 불만을 토로했다. 세인트루이스에는 〈피츠버그나 클리블랜드, 캔자스시티, 볼티모어 같은 도시에서 뚜렷하게 보이는, 기업의 효과적인 지역 사회 개발 노력이 부족〉하고 〈필라델피아나 뉴올리언스, 워싱턴에서 눈에 띄는 재단의 노력이 부족하다〉는 것이었다.⁴ 좀처럼 목소리를 높이지 않는 제리가 고함을 내지르는 소리가 들리는 듯하다.

제리는 처음에 일 중독자 아버지와 대조적인 삶을 살려고 했지만, 결국 그만큼 자주 비행기를 타며 살았다. 「그이는 아버지가 집을 자주 비우면서 제화 사업을 일으키는 것을 보았고, 돈 버는 데 몰두하는 대신 가족과 선행에 초점을 맞추려고 했지요.」 코니의 말이다. 「그리고 좋은 일에 집중했지만, 집에선 얼굴을 보기 힘들었어요.」 그녀는 제리의 출장에 분개했다. 「그이가 저녁과 주말마다 집을 비우고 지역 사회 조직화 일을 하는 동안, 나는 어린아이들을 끼고 가족 전부를 부양해야 했으니, 이런 상황이 긴장의 원천이었죠.」

이런 분노는 오랫동안 지속되었다. 「오빠들이 어렸을 때 아버지가 집을 비우고 자주 출장을 가면 어머니가 엄청 화가 났던 걸 알아요. 내가 자랄 무렵이면, 아버지는 기가 팍 죽어서 밤마다 저녁 설거지를 하곤 했죠. 어머니가 끊임없이 은근히 공격을 해도 거의 그럴 만하고 괜찮다고 느끼고 행동하는 것 같았답니다.」 딸 애니의 말이다.

막내 애니가 태어난 뒤 제리는 출장을 그만두고 저소득층 동네에서 부동산을 개발하는 비영리 기구를 이끄는 지역 일을 했다. 이 과정에서 도시가 번영하던 시절의 보석과도 같은 건물들을 철거의 위기에서 구해 냈다. 한편 코니는 이제 〈자신의 사업〉을 운영할 때라고 마음먹고 새뮤얼스 박사의 병원 시절 동료와 함께 개인 병원을 열었다. 동업은 오래가지 않았다. 「코니의 추진력과 근면 성실 때문에 두 사람은 맞지가 않았지요.」 새뮤얼스의 평이다. 코니는 결국 혼자 서기로 해서 미주리주 밥티스트 병원에서 피부과를 개설했다. 일주일에 4일 근무를 하고 까다로운 요구를 하는 환자가 많은 미용 수술 같은 건 피할 수 있었다. 「그냥 이렇게 옛날식으로 운영했는데, 결과는 대성공이었죠.」 코니의 말이다. 하지만 그녀는 여전히 아이들의 치과 예약과 생일 파티를 챙기느라 바쁘게 살았다. 여성 운동이 벌어지고 한 세대 뒤였고, 그녀가 1차 생계 부양자였음에도 이런 일은 그녀의 몫이었다. 「사람들은 모든 걸 다 가질 수 있다고 말했지요. 그건 사실이 아니에요.」

코니는 매일 저녁 가족이 밥을 같이 먹어야 한다고 고집했고, 직접 요리를 했다. 식탁에서 아이들은 수학 퍼즐을 풀고 오늘 디저트가 무엇일지 맞추는 스무고개 놀이를 했다.⁵ 나머지 시간에는 탁구와 비디오 게임, 보드게임을 했다.⁶ 훗날 동생 잭은 샘이 카드놀이 사무라이에서 언제나 이겼다고 농담조로 회고했다. 「형은 항상 자기가 사무라이 대장이라고 선언했거든요. 〈내가 이겨야 해. 내가 모든 걸 책임지는 사람이니까.〉」⁷ 추수 감사절 휴가 때면 가족은 매번 터치 풋볼을 즐겼다. 스포츠에 관한 한 결과는 달랐다. 샘과 잭은 고등학교에서 수구를 했다. 「내가 형보다 훨씬 잘했죠.」 잭이 『월 스트리트 저널』에 한 말이다. 「이 말은 써도 돼요.」 하지만 형제들이 나중에 애니가 진행하는 팟캐스트에서 인정한 것처럼, 진짜 경쟁은 〈엄마가 가장 좋아하는 아이〉가 되는 것이었다. 가족끼리 이런 농담을 워낙 많이 해서 어느 순간 코니는 이 문구가 인쇄된 셔츠를 모두에게 안겨 주었다. 〈나는 사사건건 점수를 매겨서 거기서 의미를 얻는 가정에서 자랐다.〉 애니가 훗날 쓴 글이다.⁸

　코니가 가장 좋아하는 아이의 역할은 아이들 사이에서 돌아가며 맡았지만, 샘이 가장 오래 차지했다. 맥스는 수학 실력이 뛰어났지만 나머지 아이들은 모든 걸 잘했다. 가장 다재다능한 잭은 〈노래와 춤을 잘하고 시를 쓰고 응시한 모든 표준 시험에서 800점 만점을 받았다〉고 코니는 말했다. 아기 애니는 샘보다 아홉 살 어렸는데, 제리와 함께 애니의 소프트볼 팀 감독을 맡았던 지역 부동산 개발업자인 스티브 로버츠의 평에 따르면 〈아주 똑똑하〉면서도 〈약간 버릇이 없었〉다. 제리의 대학 친구인 리어 버드는 애니가 〈영리하고 명랑하고 재미있고 약간 신랄한 아이로, 아버지를 무척 좋아했다〉고 기억했다. 당시 샘은 가족 중에 똑똑한 머리보다는 어른들 세계에서 묘하게 조숙하게 어울리고, 코니의 뜻을 거스르지 않는 태도로 특별했다. 코니와 제리는 절대 아이들한테 숙제하라고 잔소리하거나 무슨 옷을 입을지 괴롭히지 않는 것에 자부심을 느꼈다. 「아이들을 대하는 유일한 규칙은 절대 말대꾸하지 말라는 거였지요. 샘은 한 번도 그런 적이 없지만, 다른 아이들은 가끔 말대답을 해서 바로 못하게 했답니다.」

샘이 코니를 따르지 않은 한 분야는 종교였다. 만약 코니에게 결정권이 있었더라면 가족은 아마 시나고그에 교인으로 등록하는 걸 아예 건너뛰었을 것이다. 「나는 오로지 과학을 신봉하는 아버지 밑에서 자랐어요. 아버지는 인간이 신을 만든 거지, 신이 인간을 만든 게 아니라고 믿었지요.」 코니가 입을 열었다. 「나도 그렇게 믿어요.」 하지만 제리는 정기적으로 예배에 참석했고 성인이 될 때 바르 미츠바 의식을 치렀다. 그래서 가족은 중간쯤에서 타협해서 도시에서 가장 진보적인 시나고그인 중부 개혁 회당에 등록했다. 도시의 다른 유대교 회당이 주변 카운티로 떠날 때 도시 경계 안에 남는다는 분명한 취지 아래 1984년 설립된 중부 개혁 회당은, 회당을 창립한 랍비 수전 탤브에 따르면, 사회 정의를 사명으로 삼았다. 「인종주의를 비롯해 수많은 불평등을 야기하는 온갖 카스트 제도에 맞서 싸우려고 한다면, 최전선에 있어야 한다고 생각했습니다.」 에이즈 위기가 최고조에 올랐을 때, 시나고그는 LGBTQ 사람들을 환대하는 장소였으며, 종교 학교에 게이와 레즈비언 교사를 채용하기 위해 비상한 노력을 기울였다. 시나고그는 임신 중단 찬성과 페미니즘을 표방한다고 자랑스럽게 선언했다. 텔브의 표현을 빌리자면 〈자진해서 유대인이 된 사람〉과 〈유색인 유대인〉을 위한 안식처였다. 그리고 몇 년간 유니테리언파 교회에서 공간을 임대해서 쓴 뒤, 자체 건물을 올렸다. 정면 로비의 원형 모자이크에는 고대 유대교의 이미지로 엮은 별자리 달력이 새겨졌다. 최근에 방문했을 때 랍비 텔브는 모자이크에 있는 파란색 인물을 가리키면서 자랑스럽게 말했다. 「우리는 메시아를 타투를 새긴 트랜스 인물로 만들었답니다.」

샘은 일요일 아침마다 중부 개혁 회당의 히브리어 학교를 다니면서 자랐고, 다른 형제들처럼 회당에서 바르 미츠바를 치렀다. 「그 애는 우리가 세상을 고치기 위해 여기 있다는 언어를 배우며 자랐어요. 우리는 그걸 티쿤 올람이라고 하지요.」 텔브가 말했다. 시나고그에는 자기가 직접 챙겨 먹는 식료품 저장실이 있는데, 이를 〈티쿤 찬장〉이라고 부른다. 텔브는 샘이 자기 자녀 중 한 명과 나이가 같아서 잘 기억한다. 「항상 샘을 아꼈던 기억이 나요. 그 애는 다정하고 조용하고, 정말 귀여웠지요. 정말 똑똑하고 질문이 많았던 걸로 기억해요.」 언젠가 올트먼 형제들이 회당 신자들에게 편지를 써서 시나고그가 두 번째 토라(경전)를 살 수 있도록 기부해 달라고 요청했다. 가족 구성원들은 부모 세대의 사람들보다 샘에게 유대교가 더 중요한 의미를 지녔다고 설명한다.

부모는 샘의 여덟 살 생일 선물로 상자 모양의 베이지색 맥 LC Ⅱ를 첫 번째 컴퓨터로 사주었다. 엄밀히 말하면 가족 전체가 쓰는 컴퓨터였지만, 아버지가 업무용으로 사용하기 전 몇 년 동안 컴퓨터는 샘 방에 있었다. 「아주 흥미롭고 멋진 물건이었죠.」 샘의 말이다. 그는 초등학교 컴퓨터실에서 프로그램 짜는 법을 독학했다. 「이 [애플] IIGS는 베이직 프롬프트로 부팅할 수 있고, 〈1부터 100만까지 소수를 전부 프린트 해줘〉 같은 프로그램을 짤 수 있었어요.」 하지만 샘은 금세 이 단순한 언어가 지겨워졌다. 「자리에 앉아서 한 번에 베이직 언어 한 줄씩 프로그램할 필요 없이 컴퓨터가 생각하는 법을 배우게 만들면 어떤 일이 생길지 생각하면서 많은 시간을 보냈습니다.」 그가 가장 뚜렷하게 기억하는 한순간은 어느 날 밤늦은 시간에 높다란 침대 옆 책상에 앉아서 이런 미래를 상상한 일이다. 「언젠가 컴퓨터가 생각하는 법을 배울 거라고 생각한 기억만 나요.」

랠프 M. 캡틴 초등학교에서는 그가 컴퓨터를 잘 다룬다는 말이 퍼졌다. 「선생님들이 3학년 때 샘을 찾아서 어깨를 토닥거리며 이런 말을 하곤 했지요. 〈얘가 잠깐 필요해요. 우리는 이걸 할 줄 모르거든요.〉」 코니의 말이다. 「그러면 아이는 그 교실이나 도서관에 가서 컴퓨터를 어떻게 쓰는지 보여 주곤 했답니다.」 초등학교 선생님들은 그에게 따로 고급 과정 수업을 해주기 시작했다.

하지만 클레이턴의 중학교는 이런 능력별 수업을 신봉하지 않았다. 「그 학교는 누구의 감정에든 상처를 주려고 하지 않았어요.

모든 학생이 참가상을 받았고 그게 전부였죠.」 코니와 제리는 샘이 더 엄격한 학교 교육을 받아야 한다고 생각해서 존 버로스 스쿨에 지원할 생각이 있냐고 아들에게 물었다. 남녀 공학으로 변신한 컨트리 데이를 뛰어넘어 세인트루이스 광역시에서 최고의 사립 학교로 올라선 곳이었다. (두 학교의 경쟁 관계를 보여 주는 예로, 컨트리 데이의 한 졸업생은 버로스의 문화를 〈디자이너 홈리스〉라고 표현했다.) 샘은 거절했다. 「아버지는 사실 사립 학교를 믿지 않았습니다. 나도 비슷하게 사립 학교에 반감을 갖고 있었고요. 친구들하고 같은 중학교에 다니는 게 신이 났죠.」 샘이 그 당시의 기억을 떠올렸다.

하지만 6학년 때 그가 발견한 공립 학교는 혼돈 상태에 재정도 빈약했고, 교사들이 교실을 통제하지 못하는 일이 많았다. 「6학년은 좋지 않았어요. 7학년은 더 나빴고요.」 7학년 어느 날 그가 좋아하는 과목인 과학 수업 중에 교사가 전기에 관한 수업을 끝마칠 수 없었다. 학생 하나가 소란을 피워서 교감과 체육 교사의 도움을 받아 교실에서 끌어내야 했기 때문이다. 그때쯤이면 샘의 친구 중 한 명인 매트 멘델슨 — 현재 예일에서 기부금 운영을 맡고 있다 — 이 버로스로 전학을 간 상태로, 좋은 소식을 전해 주고 있었다. 「그래서 그래 좋아, 나도 가야지, 하는 생각이 들었죠.」

존 버로스 스쿨은 1923년 철학자 존 듀이의 진보적 사상에 고무된 한 무리의 부모들이 러두에 있는 약 7만 2천 제곱미터 규모의 캠퍼스에 설립한 곳이었다. 듀이는 학교의 목적이 개별 학생이 지닌 〈잠재적 힘의 가능성〉을 키워 내서 〈성인기에 그가 인간 사회를 개선하는 데 이바지할 수 있게 만드는〉 것이라고 믿었다.[9] 설립자들은 자연 수필가 존 버로스의 이름을 학교명으로 삼았다. 버로스가 세인트루이스와 인연이 있어서가 아니라 일종의 철학적 북극성으로 삼은 것이었다. 오늘날에는 대부분 잊혔지만, 버로스는 한때 미국에서 가장 유명한 작가이자, 월트 휘트먼의 초월주의자 친구였다. 고향인 캣스킬 산맥의 새와 꽃을 관찰해서 시적이고 과학적으로 정확하며, 본질적으로 무신론적인 에세이를 『애틀랜틱』 같은 잡지에 투고했다. 그는 학교가 설립되기 전해에 세상을 떠났는데, 컬트에 가까운 추종 세력을 남겨서 한때는 시어도어 루스벨트 대통령과 토머스 에디슨까지 그를 따랐고, 전국 각지의 10여 개 학교가 그의 이름을 땄다. 오늘날 세인트루이스의 이 학교에서 그가 남긴 유산과 가장 뚜렷한 연결 고리는 운동장 근처에 서 있는 동상이다. 우주를 응시하는 턱수염 난 노인의 얼굴에는 경이로움이 서려 있다.

  샘은 7학년부터 시작해서 가족 같은 분위기를 조성하는 학교에 1년 늦게 입학했다. 점심은 테이블의 지정된 자리에 앉아 가정집처럼 먹었는데, 맨 끝자리마다 교사가 앉았고, 대화를 장려하기 위해 40분을 꼬박 채워서 먹었다. 수업을 듣는 학생은 보통 12명에서 14명으로 제한되었다. 스포츠 참여가 의무였다. 복장 규정은 없었다. 「학생회는 다정한 아이들로 이루어져 있습니다.」 최근에 학교를 방문했을 때 입학과 장학금 지원 담당자인 메러디스 소프가 한 말이다. 「그건 타협할 수 없는 거지요.」 샘은 아무도 로커를 잠그지 않는 것을 보고 충격받았다. 「그 애는 배낭을 바닥에 던져 놓아도 아무도 훔쳐 가지 않는다는 사실에 흠뻑 빠졌어요.」 코니의 설명이다.

〈자신의 모든 것을 소중히 여기라〉는 감상적인 격려 속에는 학업에서 뛰어난 성적을 내고 좋은 대학에 입학해야 한다는 치열하고 때로는 압도적인 압박이 숨어 있었다. 2학년(11학년)생은 전부 SAT에서 좋은 성적을 받기 위한 여정의 시작으로 SAT 모의고사 격인 PSAT 시험을 보아야 했다. 밤새워 공부하는 일이 드문 게 아니었다. 「우리가 졸업할 때 학교에서는 기본적으로 이렇게 말했지요. 〈우리의 목표는 너희들에게 주어진 시간보다 더 많은 공부를 하게 만드는 것이었다.〉」 샘의 동급생인 브라이언 점프가 회고한 말이다. 「사람들이 정말 잠을 안 잤습니다.」 또 다른 친구이자 동급생 커트 로딩어의 말이다. 많은 버로스 졸업생은 대학에 들어가서 이제 인생에서 가장 어려운 일이 끝났음을 깨달은 순간을 이야기한다.

샘은 이런 환경에서 편안하게 지냈다. 로딩어는 〈그 친구는 분명 우리 학급에서 제일 똑똑했다〉고 말한다. 최고급반 수업을 전부 들었는데도 그는 개인적 관심사에 시간을 쏟을 수 있었다. 아이작 아시모프나 아서 C. 클라크 같은 SF 작가들의 책을 읽고, 학교 교과 과정을 훌쩍 뛰어넘는 컴퓨터 프로그래밍도 했다. 점프의 말을 들어 보자. 「내가 아는 한 그 친구는 그 나이에 책꽂이에 C++ 프로그래밍 책을 갖고 있는 유일한 학생이었어요.」 샘은 학교 컴퓨터 과학 교사인 조진 켑처와 유대감을 쌓았고, 2교시 AP 컴퓨터 과학 시간에 일찍 들어와서 인공 지능에 관해 선생님과 이야기를 나누기도 했다. 인공 지능이 아직 SF 소설의 개념으로 여겨지던 시절이었다. 「켑처 선생님은 내 인생에서 이렇게 믿을 수 없을 정도로 중요한 힘으로 작용했습니다.」 최근에 샘이 동문회 모임에서 한 말이다.[10] 그는 미국에서 처음으로 3G 무선 통신 데이터 네트워크들이 등장해서 휴대 전화로 인터넷 브라우징을 할 수 있게 된 순간에 3학년(12학년)이 되었다. 샘은 테크 분야의 얼리 어답터였다. 〈핸드폰으로 인터넷을 사용했는데, 아마 학생 중에선 나만 그랬던 것 같다〉고 그는 말했다.

하지만 11학년과 12학년 교장으로 재직할 때 샘을 알게 된 앤디 애벗의 말에 따르면, 그는 전형적인 테크 전문가 같은 성격이 아니었다. 샘은 학생 연감을 편집하고, 학교 문예지를 공동 편집했으며, 재치와 유머로 교사들을 매료시켰다. 「그 애의 성격을 보면 말콤 글래드웰이 떠오릅니다. 그 애는 무엇에 관해서든 줄줄 이야기를 풀어놓을 줄 알았고, 정말 흥미로웠어요. 컴퓨터에 관해서도 그런 식이었지요. 포크너에 대해서도, 정치에 대해서도, 인권에 대해서도 흥미롭게 이야기했답니다. 세상 모든 걸 다 읽고 흥미로운 견해를 갖고 있는 것 같았지요.」 애벗은 반쯤 농담으로 샘이 테크 분야로 진출하지 못하게 설득하려고 했다고 기억한다. 「아이고, 그쪽으로는 가지 마라, 샘. 너는 너무 매력적이거든!」

동생 잭이 이야기한 것처럼, 샘은 언제나 〈탐욕스러운 독자〉였지만, 이따금 독서만으로는 설명할 수 없는 어려운 분야에 관해 자세한 지식을 갖고 있는 것 같았다. 훗날 상선을 타는 일을 하는 점프는 샘에게 마이애미에서 바하마까지 제트 스키를 타고 갈 계획을 세웠다고 이야기한 사실을 기억한다. 나중에 점프도 인정한 대로 〈어처구니없는 발상〉을 포기하도록 친구를 설득하는 대신, 샘은 격려를 하면서도 기묘할 정도로 자세하게 기술적인 조언을 해주었다. 「그 친구는 내가 타고 가는 제트 스키에 관해 정확히 알고 있었지요. 신뢰도를 높이기 위해 처음 나온 4행정 엔진 제트 스키 중 하나였어요. 우리는 그 모델의 주행 거리에 관해 이야기했습니다.」 점프가 그때 기억을 떠올렸다. 샘은 VHF 라디오의 다양한 모델에 관해, 그리고 점프에게 곤란한 일이 생겼을 때 그 안테나가 해안 경비대에 도달할 수 있는 확률에 관해 확고한 의견을 갖고 있었다. 「보통 열여덟 살짜리는 이런 문제에 대해 모르거든요.」

실제로 샘은 이 문제에 관해 알아야 하는 충분한 이유가 있었다. YMCA 캠프에서 여름을 보내면서 상담 교사들이 그가 예수 그리스도를 주님이자 구세주로 받아들이도록 유도하는 경험을 한 뒤, 올트먼 부부는 샘을 바이블 벨트*를 훌쩍 넘어서는 일련의 여름 프로그램에 보냈다. 그중 하나가 브로드리치라는 이름의 카리브해 선상 프로그램이었는데, 여기서 샘은 스쿠버 다이빙에 흠뻑 빠졌다. 그는 또한 돌아가신 할아버지 마빈의 발자국을 따라 어떻게든

* 기독교 성향이 강한 미국 남부와 중서부 지대.

지역 햄 라디오 동호회 활동을 할 시간을 냈다. 전혀 예상치 못한 일이라 동호회 리더 중 하나는 샘을 데리러 온 코니에게 아버지나 할아버지 손을 잡지 않고 모임에 온 10대는 그가 처음이라고 말할 정도였다. 햄 라디오는 초단파very high frequency의 머리글자인 VHF를 사용했는데, 선박용 무전기와 같은 종류의 전파다. 이렇게 일찍부터 샘은 삶의 경험을 활용해서 만나는 거의 모든 사람과 공통된 틈새 관심사를 통해 연계를 맺는 능력을 보여 주었다. 특히 그 관심사가 기술과 관련된 것이라면 더욱 그랬다.

샘은 열두 살 무렵에 자신이 게이임을 깨달았다. 열여섯 살에 어머니한테 게이임을 밝히기 전까지 코니는 아이가 그저 약간 사회성이 부족하다고 생각했다. 「중학생 남자애들처럼 여자 가슴을 농담거리로 삼지 못하는 게 샘한테는 힘든 일이었던 것 같아요.」 코니가 말했다. 「샘은 원래 사교 모임에 잘 가지 않아서 그냥 이렇게 생각했죠. 〈아, 네가 즐겁지 않구나. 이 파티에 내가 데려다주면 어떨까.〉 그러자 아이가 말하더군요. 〈아니, 아냐. 그냥 집에 있을래.〉 당시에 저는 아이가 왜 가려고 하지 않는지 몰랐어요. 그냥 제대로 알지 못했던 거죠.」

 마침내 샘이 AOL에서 부모한테 커밍아웃하는 법에 관해 검색해 본 뒤 어머니를 앉혀 놓고 이야기했을 때, 코니의 첫 번째 반응은 이런 식이었다. 「확실한 거니?」 그녀의 머릿속에는 시카고 시절의 에이즈 환자들 생각만 났다. 「그저 아이의 신체적 안전과 건강에 대해서 걱정될 뿐이었고, 앞으로 애의 삶이 쉽지 않겠구나, 하는 생각뿐이었죠. 하지만 아이는 자신이 게이라서 내가 슬퍼한다고 받아들였어요.」 코니는 샘이 열두 살에 어떻게 알게 됐는지 물었다. 자기로서는 그 나이에 섹슈얼리티에 관해 어떤 식으로든 생각해 본 적이 없었기 때문이다. 「그게, 엄마, 그건 엄마가 일반인이라 그런 거예요. 엄마는 다르지 않기 때문에 그런 생각이 들지 않는 거고요. 남들하고 다르면 그런 생각을 하게 되거든요. 인식하게 된다고요.」 나중에 샘은 『뉴요커』와의 인터뷰에서 자기 방에 있던 컴퓨터가 이런 험난한 시절을 헤쳐 나가기 위한 중요한 도구였다고 밝힌다. 「2000년대 미국 중서부에서 게이로 자라는 건 그다지 멋진 일은 아니었죠. 그리고 AOL 채팅방을 발견한 건 정말로 큰 변화였죠. 열한 살이나 열두 살 때 자기만의 비밀이 있다는 건 힘든 일이거든요.」[11]

많은 이와 친하게 지내긴 했지만, 샘은 친구가 많지는 않았다. 가장 친한 친구인 샐리 체는 하버드에 진학한 뒤 의사가 되었다. 두 사람은 8학년 때 오자크스에 있는 버로스 스쿨의 캠프장인 드레이랜드에 야외 수업을 갔다가 만났다. 튜브를 타고 강을 따라 내려가던 중, 대부분 7학년부터 같이 다닌 동기 중에서 아직 생소한 아이였던 올트먼이 첨벙거리며 체에게 다가와 이름을 물었다. 「아, 내 이름은 샐리야.」 그녀가 대답했다. 홀치기염색 티셔츠를 입고 있던 올트먼은 샐리가 탄 고무보트를 장난스럽게 뒤집어서 허우적거리게 만들었다. 「그런 식으로 자기소개를 한 거죠.」 최근에 버지니아주 매클린의 자택에서 한 인터뷰에서 체가 웃으며 말했다. 〈고등학교 때 꽤 모범 학생〉이자 공부와 부모님의 지도를 진지하게 받아들이는 〈전형적인 아시아인〉이었다고 자신을 소개한 체는 올트먼이 보여 주는 비범하게 확장된 가능성의 감각에 끌렸다. 「그 애는 상자 안에서 색칠하는 사람이었어요. 나를 곤경에 빠뜨리지는 않지만 상자 안에서 자유자재로 색칠했죠. **온갖 색깔**처럼 말이죠.」

샐리는 샘의 〈끔찍한〉 패션 선택에 관해 끊임없이 놀렸다. 샘은 홀치기염색 셔츠에 광적으로 집착하고, 엔싱크 시절 머리 끝부분만 금발로 염색한 저스틴 팀버레이크를 따라 선인Sun-In 제품으로 머리를 금발로 탈색했다. 음식을 지저분하게 먹는 것도 놀림거리로 삼았다. 「그 애랑 같이 외식을 하면 부끄러웠죠.」 하지만 샐리는 그런 것에 신경 쓰지 않는 그가 좋았다. 「그 애는 자기만의 자신감을 갖고 태어났어요. 다른 사람들이 뭐라고 생각하든 전혀 신경 쓰지 않았거든요.」 그냥 타고난 성격인 것 같았다. 「어쩌다 그렇게 됐는지 아무도 모를 걸요.」

어느 주말 두 사람은 코니의 녹색 어큐라 차를 타고 시카고로 드라이브 여행을 갔다. 블링크-182의 불안 가득한 반항 끼를 담은 명곡 「내가 지금 몇 살이지What's My Age Again」가 최고 볼륨으로 울려 퍼졌다. (**친구들은 나이에 맞게 행동하라고 하지. 내가 지금 몇 살이지?**) 「그 애는 미치광이처럼 운전했고, 나는 정말 조심스러웠죠.」 샐리의 말이다. 집으로 오는 길에 샘은 그냥 샐리를 놀리려고 시속 145킬로미터로 고속도로를 돌진하는 차에서 자리를 바꾸자고 고

집을 부렸다. 「정말 위험했죠.」

고등학교 시절 그들이 주로 다닌 곳은 커피 카르텔이라는 카페였는데, 모든 연령의 LGBTQ 사람들에게 인기 있는 곳이었다. 때로 샘은 샐리가 공부를 그만하게 은근히 압박해야 했다. 어느 토요일 밤, 그가 샐리에게 전화했다. 「커피 카르텔 가자.」 샐리가 시계를 보았다. 「9시가 다 됐는데.」 샘은 지금까지도 이 일을 두고 그녀를 놀린다. 물론 두 사람은 놀러 나갔다. 「그 애는 사람들한테 이렇게 불안감을 안겨 줬어요. 모험심이 많았고, 아주 즉흥적이었죠.」

샘에게 네이선 와터스를 남자 친구로 연결해 준 것도 샐리였다. 와터스도 나중에 의사가 되었다. 처음에 그는 올트먼을 전혀 좋아하지 않았다. 와터스는 7학년 때 밴드에서 같이 키보드를 연주하면서 만난 샐리와 친한 사이였는데, 그의 말을 빌리자면, 8학년 때 샘이 전학 오면서 〈샐리를 뺏어 갔다〉. 와터스는 샘의 홀치기염색 셔츠와 탈색한 머리에 〈질색〉했고, 그의 거침없는 성격도 마음에 들지 않았다. 「그 친구는 뭔가 불편한 느낌이 들었어요.」

하지만 고등학교에 들어가면서 둘의 관계가 바뀌기 시작했다. 「낮에는 서로 앙숙처럼 지냈지만, AIM 메신저가 생기면서 밤이 되면 밤새 숙제를 하면서 채팅을 주고받고, 서로 엄청 다정하게 대화했어요. 서로 놀리기도 했지만, 사실은 우정을 쌓고 있었던 거죠.」 와터스의 말이다. 올트먼은 센트럴 웨스트엔드에서 매주 한 번 모이는 청소년 그룹에 와터스를 초대했다. 「세인트루이스 전역에 사는 퀴어 애들이 안전한 곳에서 어울리는 자리였죠.」 모임이 끝난 뒤 그중 한 무리가 커피 카르텔로 갔는데, 샘은 진짜 커피를 주문하곤 했다. 와터스가 볼 때는 어른이 된 듯 허세를 부리는 것 같았다.

최고 학년이 되자 샘과 와터스, 샐리는 함께 우등 영어 세미나 반에 들어갔다. 와터스와 샐리는 저녁 약속이 있었다. 와터스가 늦어질 것 같아서 샐리에게 저녁 약속을 7시 30분으로 늦출 수 있겠냐고 물었다. 우연히 둘의 대화를 들은 올트먼은 혼란스러웠다. 그 또한 그날 밤 샐리하고 저녁 약속이 있었다. 「그런 일은 있을 수 없지.」 수업이 시작되기 직전에 와터스가 대답한 말이다. 나중에 돌이켜보니, 샐리가 두 사람을 엮어 주려고 한 게 분명했다. 「그 애는 우리 둘만 있게 제대로 자리를 만들어 주면 우리가 즐겁게 어울릴 수 있을 거라고 꿰뚫어 본 거죠.」 와터스의 말이다. 저녁을 먹은 뒤, 두 친구는 와터스의 집으로 돌아가서 샘이 집에 갈 시간이 될 때까지 어울렸다. 그 후 두 친구는 데이트하는 사이가 되었다.

와터스가 말하듯, 올트먼은 술이나 약을 하지 않았지만, 고속으로 운전하는 건 참지 못하는 약점이 있었다. 「그 애는 스피드를 즐겼어요. 이런 기술에 빠삭했죠. 카페로 가는 길에 작은 대로를 달리다가 네 개 차선을 한 번에 가로질러야 하는 구간이 있었는데, 그 애는 일부러 그냥 돌진했죠.」 차선을 한꺼번에 가로질러서 와터스를 놀라게 한 것이다. 「그 애는 자동차에 흠뻑 빠져 있었고, 현란한 운전과 속도에 완전히 심취해 있었죠.」

올트먼은 오스카 와일드의 『도리언 그레이의 초상』에 흠뻑 빠져서 와터스는 그에게 가죽 장정에 금박 장식이 된 일러스트레이션 판본을 생일 선물로 사주었다. 시대를 초월한 위대한 동성애 소설로 손꼽히는 책(공공연한 동성애는 나오지 않지만)에서 아름다운 청년은 자기 대신 초상화가 나이를 먹게 해주는 악마와 거래를 한다.「그 친구는 끊임없이 젊음을 좇아요.」와터스가 올트먼에 관해 말하면서 나중에 만난 남자 친구들은 종종 열 살 정도 어리다고 지적한다.「그 친구는 항상 젊음을 추구했어요.」

로딩어와 재능 있는 뮤지션 릭 퍼니코프 등 올트먼이 어울린 몇 안 되는 친구들도 게이였다.「그 친구들은 분명 고등학교 시절 게이로 살면서 많은 일을 겪었고, 이 과정에서 아마 평생 가는 유대감을 쌓았을 거예요.」퍼니코프의 절친이었던 점프의 말이다. 그들의 사교 생활은 주로 스테이크 앤드 셰이크나 스타벅스, 커피 카르텔에 가서 밤늦게까지 커피를 마시면서 공부하는 식이었다. 한동안 샘은 방과후에 제이크루에서 아르바이트했는데, 친구들이 쇼핑몰로 찾아오곤 했다. 퍼니코프는 그를 파티에 끌고 가기도 했다. 하지만 대개 그냥 샘 엄마의 어큐라를 타고 서드 아이 블라인드의 노래를 최고 음량으로 틀고서 교외를 달리곤 했다.

졸업반 시절 샘은 〈거의 자기 의지로〉 게이 이성애자 연합 지부를 만들었다고 로딩어는 말한다.「그 친구는 언제나 타고난 리더였어요. 일을 책임질 뿐만 아니라 사람들이 자연스럽게 따르게 만드는 능력이 있었죠.」하지만 2000년대 초반 세인트루이스에서 섹슈얼리티는 여전히 대체로 금기시된 주제였다. 게이 커플들은 공개적으로 함께 댄스 모임에 가거나 손을 잡고 돌아다니지 않았다.

그해에 게이 이성애자 연합은 학생들에게 게이 정체성을 가진 많은 학생에 관해 교육하기 위한 설명회를 조직했다. KLIFE라는 기독교 학생 단체 회원 몇 명이 모임 소식을 접하자 그 부모들이 자기 자녀들은 설명회 참석을 면제해 달라고 요청했고, 학교 측도 동의했다. 이에 격분한 샘은 학교 조례 시간에 일어나서 발언하기로 결심했다. 〈의견 밝히기〉라는 이름으로 알려진 학교의 전통을 활용하기로 한 것이다. 샘은 전날 밤 좀처럼 잠을 이루지 못했지만 연단에 올라서자 순전한 자신감을 드러냈다. 친한 친구들은 그가 게이임을 알았을 수 있지만, 학생들 전체는 알지 못했고, 그는 이 충격적인 사실을 파급력을 극대화하는 언어적 장치로 활용했다.

「사람들이 설명회를 보지 않아도 됩니다. 그건 괜찮아요.」 샘은 몇 년 뒤 『월 스트리트 저널』에 자신이 하고 싶은 이야기를 요약해 주었다. 「하지만 이런 불참이 보내는 메시지, 그 사람들이 행동한 방식은 끔찍했지요.」 연설은 파동을 일으켰다. 그 파동 이후, 바버라 앤 스미스라는, 일명 바비로 통하는 큰 키에 금발의 보수 성향 학생이 학교에 〈이성애자 프라이드〉라는 문구가 적힌 티셔츠를 입고 왔는데, 누군가 티셔츠를 벗으라고 요구했다. 훗날 연방 대법관 새뮤얼 알리토 주니어 밑에서 서기로 일한 뒤 주목할 만한 법조 경력을 쌓고 폭스 비즈니스 채널에도 자주 출연하는 스미스는 이 셔츠를 입은 게 〈고등학교 시절을 생각할 때 가장 후회되는 일 중 하나〉라고 말했다. 「급우들과 친구들, 그리고 다른 학생들한테 얼마나 상처가 됐을지 이제 알거든요.」 스미스는 당시에 학생들 전체가 샘을 대단히 존경했다고 말했다. 또한 자신은 그때나 지금이나 정치적으로 보수 성향이긴 하지만, 자기 또한 그를 존경했고 그에게 상처를 줄 생각이 전혀 없었다고 말했다. 〈아주 똑똑한 사람들 사이에서도 그 친구는 세상을 바꿀 인물로 돋보였다〉고 로딩어는 말한다.

버로스에는 말 그대로 대학 상담 교사가 많이 있었고 — 대략 학생 100명당 6명 — 샘은 형제들과 마찬가지로 표준화 시험에서 뛰어난 성적을 거두는 재능 있는 학생이었다. 따라서 대학에 지원할 때가 됐을 때 샘은 준비가 되어 있었다. 그에게는 세 가지 선택지가 있었다. 하버드와 스탠퍼드, 그리고 채플 힐 소재 노스캐롤라이나 대학교에서 명망 높은 모어헤드-케인 장학금을 받을 수 있었다. 미국에서 가장 오래된 이 성적 기준 장학금은 자격이 있는 신청자 중 3퍼센트에게 학비 무료를 제공한다. 세 군데 모두 합격했을 때, 샘은 비록 어린 시절부터 스탠퍼드를 꿈꾸었지만 노스캐롤라이나 대학교에 가겠다고 말했다. 「아이가 말하더군요. 〈엄마, 세 명이 더 대학을 가야 하는 걸 알아요. 나는 괜찮아요. 엄마가 돈을 쓸 필요는 없어요.〉」코니가 그때 기억을 떠올리며 말했다.

아이들의 대학 학비를 모두 모으고 있긴 했지만, 가족은 돈 때문에 스트레스를 받곤 했다. 샘이 고등학교에 들어갔을 때, 제리는 비영리 직장을 그만두면서 행정 보조였던 캐시 킹스베리에게 〈가족을 위해 부를 쌓고 싶다〉고 말했다. 그는 캔자스시티에 소재한 코언-에스레이라는 부동산 관리 회사에 취직했다. 그의 전문 분야인 저소득층 주택 세액 공제를 투자자들에게 유통하는 일에 특화된 회사였지만 오래가지는 못했다. 그러던 어느 날, 지역 개발업자인 스티브 로버츠와 함께 아이들의 소프트볼 연습을 코치하던 중에 일 문제가 화제에 올랐다. 시 의원 출신인 로버츠는 형제 마이클과 나란히 도시에서 가장 왕성하게 일하는 부동산 개발업자로 변신하는 중이었는데, 스프린트 PCS의 유일한 흑인 소유 무선 계열사도 두 사람의 사업 제국에 속하게 된다. 제리는 로버츠 형제 밑에서 일하기로 계약서에 서명했다. 두 사람은 델마 북쪽의 낙후된 블록들을 재생할 생각이었다. 어린 시절 근처에서 자라면서 백인들이 몇 달 만에 대거 떠나고 중산층 흑인 가족들이 이사 오는 것을 지켜보았다. 하지만 이런 계획이 경제적 결실을 맺기까지는 몇 년이 걸릴 터였다. 그러는 동안 아이들마다 비싼 사립 대학 학비를 대는 일이 가정 경제에 압박이 될 것이었다. 〈그 시절에 코니는 피부과 의사로 막 개업을 하던 중이었다〉고 로버츠는 말했다. 「네 자녀를 모두 사립 학교에 보내고 미주리주 클레이턴에 있는 멋들어진 집의 대출 이자까지 내려면 아주 힘들었을 거예요.」

하지만 코니는 게이인 유대인 아들이 이제 막 컴퓨터 과학 과정을 개설하는 참이던 남부의 대형 주립 대학교에 다니는 모습을 상상하면서 질겁했다. 「마치 그렇게 우수하고 열심히 공부하는 것에 대한 벌처럼 느껴졌어요.」 코니와 제리는 아들에게 꿈을 따르라고 격려했다.

3
〈지금 어디야?〉

스탠퍼드 캠퍼스에서는 보통 4월에 비가 오지 않는다. 그때쯤이면 샌프란시스코 페닌슐라 지역은 짧은 우기가 지나 광활한 잔디밭은 에메랄드 녹색으로 빛나고 공기 중에는 스타 재스민의 달콤한 향기가 짙어진다. 하지만 2005년 4월 9일 토요일에는 3천2백만 제곱미터 규모의 캠퍼스가 내려다보이는 언덕 위로 구름이 층층이 쌓이고, 서늘한 이슬비가 야자나무와 장미를 적시고 있었다. 많은 학생이 전날 저녁 그릭 로*에서 맥주 파티를 벌이면서 쌓인 숙취를 푸느라 잠자기에 딱 좋은 날씨였다.

하지만 캠퍼스 서쪽 끝, 스탠퍼드에서 프로소코FroSoCo(신입생-2학년생 칼리지의 머리글자)라고 불리는 너드들을 위한 파티 없는 기숙사에서는 컴퓨터 장비로 가득 찬 방에서 18세의 2학년 샘 올트먼이 남자 친구 닉 시보의 침대에서 맑은 정신으로 잠에서 깨어났다. 바야흐로 올트먼의 인생에서 가장 중요한 36시간이 시작될 참이었다.

* 학생 사교 클럽이 밀집된 지역.

커플은 지난 학년에 캠퍼스에 오자마자 거의 곧바로 만났다. 올트먼은 CS106X가 진행되는 강당형 강의실에 앉아 있었다. 스탠퍼드의 컴퓨터 과학 기초 과정인 CS106A와 CS106B를 한 분기로 축약한 수업이었다. 그때 커다란 갈색 눈동자에 오랜 시간 코딩 마라톤에 심취한 사람 특유의 창백하고 투명한 피부를 가진 수줍음 많은 신입생이 바로 옆자리에 앉았다. 시보는 이글 스카우트*이자 텍사스주에서 다닌 고등학교의 졸업생 대표로, 예수 그리스도 후기 성도 교회 가정에서 자랐다. 올트먼처럼 시보의 어머니도 의사였는데 방사선 전문의였다. 아버지는 소프트웨어 컨설팅 업체에서 일하는 공인 회계사였기 때문에 그는 컴퓨터가 가득한 집에서 자랐고, 처음에는 컴퓨터를 가지고 놀다가 이내 비디오 게임을 직접 만들면서 컴퓨터에 끌렸다. 부모님은 시보가 가족 컴퓨터를 고장내거나 운영 체제 설치를 결딴냈을 때에도 컴퓨터를 만지작거리는 것을 내버려두었다. 하지만 시보가 정말로 프로그래밍에 빠져든 건 지루한 일상 때문이었다. 수학은 쉬웠고, 고등학생이 됐을 때는 2차 방정식을 풀면서 모든 단계를 일일이 적어야 하는 쓸데없는 일에 맥이 빠졌다. 그래서 그는 이런 반복 작업을 자동화하는 소프트웨어를 직접 만들었다. 이미 MS-DOS 6 매뉴얼을 보고 마이크로소프트 Q베이직을 독학했고, 나중에는 역시 마이크로소프트가 개발한 프로그래밍 언어인 비주얼 베이직을 『24시간 만에 비주얼 베이직 독학하기』로 배웠다.

---

* 공훈 배지를 21개 이상 받은 보이 스카우트.

강의실에서 시보는 올트먼에게 그가 가진 기이한 장비가 뭐냐고 물었다. 컴팩 TC1000 〈래플릿〉은 랩톱과 태블릿의 중간형으로, 여섯 가지 형태로 접어지는 스냅 탈착식 키보드가 있었다. 둘은 이야기를 나눴지만 통성명은 하지 않았다.

1학년 첫해의 대부분 동안 둘은 그저 얼굴 정도 아는 사이였다. 올트먼은 다른 사람과 연애를 했고, 대학 생활에 미친 듯이 몰두했다. 전국적 야망을 품고 동성 결혼의 권리를 쟁취하기 위한 학생 단체를 만들었고, 『스탠퍼드 데일리』에 사설을 써서 1987년 피터 틸이 창간한 보수적인 『스탠퍼드 리뷰』에 실린 동성혼 반대 기사를 〈유아적〉이고 〈합리적 근거가 전무하다〉고 꼬집었다.[1] 컴퓨터 과학 수업에도 자유분방하게 몰두했다. 언젠가 로비에 피아노가 있는 모더니즘 양식의 신입생 기숙사인 도너에서 올트먼과 같은 방을 쓴 같은 컴퓨터 과학 전공자 블레이크 로스가 올트먼이 컴퓨터 과학 과제를 잘하고 있는지 확인하러 갔는데, 소프트웨어 프로그램의 에러 메시지 때문에 애를 먹고 있었다. 「30분 뒤 다시 샘의 방에 들러 보니 완전히 범죄 현장이더군요.」 로스가 『비즈니스 인사이더』에 들려준 말이다. 「아예 컴파일러를 분할했더라고요. 꼬맹이가 무릎 깊이의 저급 코드 늪에 빠진 거죠. 라테에 이파리 모양이 나뭇잎 같지 않다고 에스프레소 머신의 배선을 바꾼 겁니다.」 올트먼은 과제에서 버그를 발견했다고 설명했다.[2]

올트먼은 조바심에 거의 상상조차 힘든 야심까지 결합하여 스스로를 몰아세웠다. 학년 초 올트먼은 강의 목록과 엑셀 스프레

시트를 놓고 앉아서 앞으로 4년간 선수 과목을 뚝딱 해치우고 필수 과목을 최대한 빨리 이수하는 방식으로 직소 퍼즐식 계획을 짜면서 묘한 쾌감을 느꼈다. 그런 와중에 잠시 생각하다가 자신이 실제로 무엇을 하고 싶은지를 우선 결정해야 한다는 걸 깨달았다. 나뒹구는 종이 한 장을 집어 들어 리스트를 끼적였다. 목록의 맨 위에는 순서대로 인공 지능, 핵에너지, 교육이 있었다.

그해 봄, 올트먼과 시보는 인공 지능을 전공하는 젊은 컴퓨터 과학 조교수로, 자율 비행 헬리콥터를 개발 중이던 앤드루 응 밑에서 여름 펠로십에 참여하면서 비로소 친해졌다. 응이 올트먼에게 시보를 공식적으로 소개하려고 보낸 이메일은 제목이 〈납땜질〉이었다. 응은 올트먼이 〈스탠퍼드 전기 자동차 프로젝트(그리고 정신 의학 연구, 컴퓨터 보안 연구 등)에서 일하고〉 있으니 둘이 만나서 회로 몇 개를 납땜해 보라고 요청했다. 그해 여름에 스탠퍼드의 여름 연구 칼리지 프로그램에서 두 사람은 주로 다른 프로젝트에서 공부했지만, 헬리콥터 프로젝트를 통해 위치 정보와 GPS(글로벌 위치 결정 시스템)가 작동하는 방식에 깊이 빠져들었고, 수업이 끝난 뒤 함께 여러 프로젝트를 해킹하기 시작했다. 그리고 2004년 12월, 둘은 연인이 되었다.

그해 가을, 두 사람은 스탠퍼드에서 최대한 서로 멀리 떨어진 방으로 들어갔다. 스탠퍼드는 거대한 목장 자리에 세워진 광활한 캠퍼스였다. 올트먼은 캠퍼스 동쪽의 조용한 아파트형 기숙사인 미릴리스에서 4인용 방에 들어갔고, 시보는 캠퍼스 서쪽 외곽에 사람이 거의 살지 않아 근처 언덕에서 내려오는 퓨마를 조심해야 할 정도인 프로소코 기숙사에 입사했다. 올트먼은 미릴리스의 생활이 사회적으로 고립되고 우울하다고 느꼈다. 「미릴리스는 힘들었죠.」 몇 년 뒤 『월 스트리트 저널』 인터뷰에서 한 말이다. 「신입생 때 느꼈던 친밀감을 전혀 느낄 수 없었으니까요.」

그는 캠퍼스 밖에서 더 많은 시간을 보냈고, 특히 산호세의 허름한 도박장인 베이 101에서 포커를 쳤다. 당시 포커가 인기를 끌면서 평균 실력 수준이 크게 낮아진 덕에 올트먼은 이득을 보았다. 「형편없는 참가자들이 한 다발이었어요. 당시에 베팅 한도가 낮은 게임에서 조금씩 꾸준히 따러 가면 아주 수익이 좋았고, 재미도 굉장했죠.」 게임에서 그는 리스크 관리 방법을 배웠지만, 〈그건 내가 포커에서 배운 것 중에 제일 재미없는 것〉이었다. 「포커에는 각기 다른 전략들이 층층이 겹쳐 있어요. 실력만 제대로 키우면 아주 복잡한 게임이죠. 뭐랄까, 놀랄 만큼 복합적이에요. 항상 배울 게 많고, 살펴볼 것도 많고, 새로운 시도를 할 수 있거든요.」 큰돈을 딸 때마다 애플 주식을 조금씩 샀다. 대학 시절 친구들은 올트먼이 주가를 강박적으로 확인하던 모습을 기억한다. 「나는 정말 엄청난 애플 팬이었거든요. 컴퓨터도 전부 애플이고, 애플하고 아주 탄탄한 관계였죠.」 올트먼의 말이다.

캠퍼스로 돌아와서는 신입생 때 만난 친구들과 계속 어울렸다. 그중 가장 눈에 띄는 친구인 알록 데시판데는 멀쑥한 체격에 진지한 성격, 활짝 웃는 모습이 인상적인 컴퓨터 과학 전공으로, 기숙사 바로 옆방에 살았다. 인도 공대에서 만난 부모님은 애틀랜타에서 그와 누이들을 키웠는데, 그는 사립 학교를 다니고 수학 경시대회에서 두각을 나타내며 성장했다. 「그 애는 줄곧 수학과 과학, 물리학을 잘했어요.」어머니 셰일라 데시판데의 말이다. 「가끔 선생님이 몸이 아프면 우리 아이한테 수업을 진행하라고 했답니다.」그와 올트먼은 거의 만나자마자 친구가 되었고, 신입생이 되고 몇 달 지나 양쪽 가족이 같이 식사하기도 했다. 셰일라 데시판데는 올트먼이 가끔 약간 멍한 표정이기는 해도 친절했다고 기억한다. 「이따금 보면 거기 있으면서도 없는 것처럼 느껴졌거든요.」

올트먼과 데시판데는 위치 정보와 휴대 전화를 가지고 할 수 있는 일에 관해 이야기를 한 바 있었다. 휴대 전화 제조업체들은 처음에는 전화에 어떤 종류든 추적 장치를 설치하는 것에 저항했지만, 1999년 의회는 구조대원이 911 전화의 발신지를 알아내는 방법을 강구하라는 법안을 통과시켰다. 초기에 싱귤러 같은 통신사들은 기지국 간 전파 신호를 삼각 측량하는 방식으로 대응했다. 전화 통화에 사용하는 것과 동일한 방식이었다. 하지만 다른 통신사들, 특히 2005년에 합병한 스프린트와 넥스텔이 자사 휴대 전화에 GPS 칩을 심는 방식을 택했다. 비용은 비싸지만, 150미터가 아니라 15미터 범위에 있는 사용자의 위치를 찾을 수 있는 한결 정확한 방식이었다. 무선 통신사들은 비용 때문에 새로운 법을 준수하는 속도가 더뎠지만, 연방 통신 위원회가 강제하는 투자를 정당화하기 위해 〈위치 정보 기반 서비스〉 사업을 빠르게 진행하려고 필사적으로 노력했다. 한편 전자 프런티어 재단 같은 프라이버시 옹호론자들은 부당한 시도라고 항의했다. 2000년 전자 프런티어 재단의 상근 변호사는 〈당신들은 감시 시스템을 구축하고 있다〉고 지적했다. 「이건 정부가 사람들의 움직임을 당사자의 인지 여부와 상관없이 추적할 수 있는 또 다른 방식입니다.」³ 연방 통신 위원회는 시행 기한을 여러 차례 뒤로 미뤘지만, 결국 2005년을 모든 휴대 전화가 위치 정보를 전송할 수 있도록 의무화하는 해로 정했다.

기한이 점점 다가오는 가운데 올트먼은 캠퍼스 창업 행사에서 무대에 올라 극적인 방식으로 자기 플립폰을 공중에 치켜들었다(한편 아버지는 2005년에 로버츠 형제가 스프린트 PCS 계열사인 앨러모사 홀딩스를 스프린트에 매각하는 과정을 돕게 된다). 그는 모든 휴대 전화가 조만간 위치 추적이 가능해진다는 사실을 얼마 전에 알았으며, 이제 이 새로운 역량을 중심으로 모종의 서비스를 구축하는 게 좋겠다고 선언했다. 이 사업에 합류하고 싶은 사람은 누구든 연락을 달라고 권유했다. 행사의 네트워킹 시간에 올트먼은 피터 데밍과 전화번호를 주고받았다. 골드만삭스에서 일을 시작하기 전에 요트 시즌을 마무리하려고 캠퍼스를 어슬렁거리던 경영학 전공 4학년생이었다.

요트를 모는 사람은 누구나 지도를 사랑하는데, 데밍도 예외는 아니었다. 그는 전에 스타트업을 창업해서 자금을 모은 경험이 있었다. 프로그래밍은 하지 못했지만 시장 조사, 시장 규모 측정, 피치 데크(사업 소개 자료) 작성 같은 일을 도울 수 있었다. 몇 주 뒤 올트먼과 데시판데, 데밍은 팰로앨토에 있는 피에프 창 식당에서 브레인스토밍 겸 저녁 식사를 하러 모였다. **휴대 전화 위치 정보 데이터로 할 수 있는 제일 유용한 일이 무엇일까?** 구글 지도 같은 게 가장 뻔한 답이었지만, 그 앱은 이미 몇 주 전에 가동 준비가 되어 있었고, 올트먼 팀은 그건 어쨌든 너무 어렵다고 판단했다. 세 사람은 뭔가 커뮤니티적 요소가 있어야 한다는 데 뜻을 모았다. 결국 올트먼이 가장 명쾌한 아이디어를 내놓았다. 위치 정보 서비스에 기반한 소셜 네트워크를 만들면 친구끼리 찾는 데 도움이 된다는 것이었다.

시보는 처음에는 합류하려 하지 않았다. 그와 올트먼은 이제 막 연애를 시작한 상태였고, 그는 일을 복잡하게 만들고 싶지 않았다. 하지만 두 사람은 계속 프로젝트 일을 같이했고 결국 협력 관계를 형성했다. 시보는 이후 피에프 창의 저녁 식사 모임에 결합했고 네 사람은 공동 창업자가 되었다. 데시판데의 제안으로 그들은 제품 이름을 비엔도Viendo라고 지었다. 친구를 본다는 아이디어에 관한 일종의 리프로 〈보기seeing〉라는 뜻의 스페인어 단어를 딴 것이다.

실리콘 밸리는 이제 막 닷컴 버블 폭발 사태의 트라우마를 떨쳐 내고 있었다. 증권 시장에서 5조 달러가 증발하면서 5년 동안 테크 투자자들이 안전성이 증명된 사업 모델과 입증 가능한 수익을 좇아 빠져나간 사태였다. 스타트업 자체, 그리고 그 펀더멘털과 상관없이 자금을 대는 벤처 자본가들은 폭락 사태의 주범으로 여겨

졌기 때문에 몇몇 동급생은 올트먼이 스타트업 초년생 일을 하려고 한다고 말하자 비웃었다.[4]

하지만 폭락 사태 이후 엔론과 월드컴의 회계 스캔들로 미국 주식회사에 대한 미국인들의 신뢰가 잠식되면서 기술 분야에서 조용한 혁명이 일어나고 있었다. 모든 게 더 빨라지고 저렴하고 연결성이 높아짐에 따라 소수의 하버드 학생들이 기숙사 방에서 페이스북을 창업할 수 있었다.

올트먼과 공동 창업자들은 스탠퍼드 BASES(스탠퍼드 창업 학생 사업 협회)에서 주최하는 학부생 사업 모델 경진 대회에 참가하기로 결정했다. 세계에서 가장 큰 규모로 학생들이 운영하는 창업 단체인 BASES는 최우수상으로 상금 2천 달러를 내걸었다. 데밍은 이후 몇 주간 경영 대학원 도서관에 틀어박혀서 자신들의 예상을 뒷받침할 수 있는 데이터를 찾는 한편, 벤처 자본가가 실제로 만든 피치 데크를 방불케 하는 프레젠테이션을 만들었다. 데모는 없고, 그냥 슬라이드 데크(슬라이드 자료)와 올트먼의 사업 소개 기술로 승부를 볼 생각이었다.

경진 대회 날이 되자 공동 창업자 네 명은 봄비를 뚫고 붉은 타일 지붕을 인 올드쿼드에 있는 건물로 걸음을 재촉했다. 올트먼은 차분했다. 몇 달 뒤 회사에 합류하는 마크 제이컵스틴의 말을 빌리자면, 〈샘 올트먼을 만난 사람은 누구나 그의 똑똑한 머리에 매료됐지만, 정말로 샘을 돋보이게 하는 것은 초자연적인 정도의 자신감〉이었다.

「그 친구는 그런 현실 왜곡장reality distortion field*을 갖고 있었죠.」 올트먼은 원래 〈RDF〉를 구사하는 인물인 스티브 잡스를 숭배했다. 사업 소개를 위해 그는 거의 애플 같은 단순한 형태로 자신의 메시지를 갈고닦았다. 휴대 전화에서 가장 흔하게 던지는 질문이었다. 「지금 어디야?」

올트먼과 데시판데는 올드쿼드의 나무 패널 강의실에서 진행된 무대를 이용해서 비엔도를 소개했다. 올트먼이 선두에 섰다. 비엔도는 이용자의 친구들이 현재 있는 위치를 지도상에서 보여 주는 식으로 〈지금 어디야?〉라는 질문에 답할 것이었다. 어떤 친구가 너무 멀리 있어서 그날 자전거를 타고 나오지 않았다면 점심을 같이 먹자고 하기 어려운지, 또는 가까이 있어서 도서관에서 커피 한잔하자고 잽싸게 문자를 보내도 되는지 자동적으로 알 수 있었다. 지금 와서 보면, 이 앱은 전체 인구 중에 극히 일부 집단만이 경험하는 문제에 대한 솔루션이었다. 그러니까, 꼭 해야 하는 일이 많지 않고 말도 안 되게 거대한 캠퍼스에서 생활하면서 누군가 항상 자신의 정확한 위치를 안다고 해도 크게 거리낄 게 없는 젊은이들을 위한 앱이었다.

그렇다 해도 비엔도는 대회에서 우승했고, 더 중요한 건 심사 위원 중 한 명이 이게 진짜 사업이 될 수 있겠다는 확신을 느꼈다는

---

* 1981년 애플 직원 버드 트리블이 애플 창업자 스티브 잡스가 구사하는 능력이라고 한 말로 원래 「스타트렉」에 나오는 개념이다.

점이다. 당시 패트릭 청은 미국 최대의 벤처 기업인 뉴엔터프라이즈 어소시에이츠NEA에서 초급 전문가로 막 경력을 시작한 지 몇 달째였는데, 이 회사는 유망한 인재와 투자 기회를 미리 살펴보기 위해 경진 대회를 후원하고 있었다. 그는 무대에 오른 10대들과 나이 차이도 별로 없었다.

타이완에서 이민 온 핵물리학자와 재무 임원 부모 밑에서 토론토에서 자란 그는 엄격한 영국식 남자 예비 학교인 어퍼 캐나다 칼리지를 다녔고, 그 시절 특유의 약간 딱딱한 억양이 있어서 가볍게 말하는 캘리포니아주의 캐나다 출신들 사이에서 눈에 띄었다. 하버드에서 학부를 졸업하고 옥스퍼드에서 석사를 마친 뒤, 매킨지에 취직했다. 하지만 매킨지의 업무에 금세 질려 버렸다. 1년 약간 넘게 버틴 뒤 회사를 나와 역시 매킨지를 그만둔 고등학교 친구와 스타트업 인생에 도전했다. 제퍼라는 이름의 컨설팅 회사는 버거킹이나 질레트 같은 고객사들을 위해 〈e-비즈니스〉를 구축하면서 1억 달러의 수입을 올렸고, 2000년에 상장에 도전했다. 하지만 버블이 터지면서 IPO(기업 공개)가 취소되었고, 꽤 수익 좋게 매각한 뒤 청은 학교로 돌아갔다. 이번에는 법학 박사와 MBA를 받기 위해 하버드에 들어갔다. 이 과정에서 그는 자신이 인생에서 무엇을 하고 싶은지 알아냈다. NEA의 멘로 파크 사무실에 채용됐을 때, 처음에는 회의적이었다. 웨스트코스트로 이사하는 건 꿈에도 생각지 못한 일이었기 때문이다. 「캘리포니아주는 매력적으로 느껴지지 않았지요. 영화계 스타들과 콤부차와 컨버터블 정도만 떠올랐으니까요.」 하지만 NEA에 노벨상 수상자를 비롯해서 〈여지껏 만나 보지 못한 멋지고 성공한 사람들〉이 우글거리는 걸 보고 놀랍고 들뜬 마음으로 채용에 응했다.

경진 대회가 끝난 뒤, 청이 공동 창업자들에게 다가와 물었다. 「이거 진짜로 해볼 생각이 있나요?」

「〈진짜로〉라니 무슨 말이에요?」 올트먼이 대꾸했다.

청은 그들이 원하는 위치 정보를 확보하려면 싱귤러(조만간 AT&T로 바뀐다)나 버라이즌, 스프린트 같은 이동 통신사와 거래를 체결해야 한다고 설명했다. 다행히도 그는 이미 스프린트의 최고 기술 책임자와 관계가 있었고 캔자스시티로 비행기를 타고 가서 올트먼을 그에게 직접 소개해 주겠다고 제안했다. 회사에 자금을 지원하는 수표에 서명하기도 전의 일이었다. 한 가지 문제가 있기는 했다. 만약 스프린트가 관심을 보이고 NEA의 파트너들이 투자를 결심하면 이 아이디어를 내버려두고 시간을 허비할 수는 없었다. NEA 파트너들은 아직 학교에 정식 등록된 학생들이 운영하는 회사에는 투자하려 하지 않았다. 학교를 자퇴해야 했다.

받아들이기 어려웠지만 올트먼은 지금 당장 그 문제를 걱정할 시간이 없었다. 결국 드러난 것처럼, 경진 대회는 그날 일정 중에서 두 번째로 중요한 일이었을 뿐이다. 가장 중요한 일은 그날 저녁 예약해 둔 대로 Y 콤비네이터라는 새로운 유형의 투자 회사가 주최한 첫 번째 여름 창업자 프로그램SFP에 참가하기 위해 인터뷰를 하러 샌프란시스코 국제공항에서 보스턴행 야간 항공편을 타는 것이었다. 프로그램을 운영하는 프로그램을 가리키는 수학 용어에서 딴 Y 콤비네이터는 스타트업 구루인 폴 그레이엄과 그의 여자 친구 제시카 리빙스턴, 그레이엄의 첫 번째 스타트업 시절부터 공동 창업자인 로버트 태펀 모리스와 트레버 블랙웰의 발명품이었다.[5] 그들의 구상은 대학원을 모델로 삼아 스타트업을 위한 3개월짜리 프로그램을 진행하는 것이었다. 케임브리지의 치열한 환경에서 생활하는 여름 인턴십 기회를 제공하면서 소액의 투자와 조언을 해주는 프로그램이었다. 투자금은 전체 회사의 약 6퍼센트에 창업자당 6천 달러였는데, 그레이엄이 MIT가 대학원생에게 여름에 지급한 액수라고 들은 뒤 정한 액수였다.

그레이엄은 개인 웹사이트에 프로그래밍 언어 리습Lisp에서부터 부의 본성에 이르기까지 광범위한 주제에 관해 쓴 에세이 덕분에 기크geek들 사이에서 유명 인사였다. 구글 초창기에 그는 〈Paul〉을 검색하면 맨 먼저 나오는 인물로, 비틀스(폴 매카트니)나 사도 바울보다도 앞에 나왔다. 지금까지도 그레이엄이 쓴 에세이는 〈essays〉라고 검색하면 상위권에 나온다.「그가 하는 거의 모든 행동이 컴퓨터 세계의『뉴욕 타임스』라고 할 만한『슬래시닷』에 대서특필돼죠. 다들 그걸 읽거든요.」그해 봄 애런 스워츠가『스탠퍼드 데일리』에 한 말이다.[6] 올트먼과 마찬가지로 스워츠도 스탠퍼드 출신의 열아홉 살 창업자로, 이 프로그램에 참여하는 길이었는데, 다만 스워츠는 열네 살에 인기 있는 RSS-피드 포맷을 만드는 데 조력해서 이미 테크 세계에서 유명했다. 투자는 제쳐 두고라도 그레이엄의 멘토십이 소중한 기회였다.

올트먼은 친구 블레이크 로스에게 이 기회에 관해 들은 적이 있었다. 그가 페이스북에 신청 기한 하루 전에 소식을 올린 걸 본 것이다. 로스는 지난 가을에 푸 캠프에서 그레이엄을 만났다. 영향력 있는 테크 출판업자이자 회의 조직가인 오라일리 미디어의 팀 오라일리가 노스캐롤라이나주에서 소집한 연례 해커 회합인 캠프(푸Foo는 오라일리의 친구들Friends of O'Reilly의 약자인 동시에 컴퓨터 프로그래밍에서 변수에 임시로 지정하는 이름이다)에서 만나 계속 연락을 유지하고 있었다. 10대 시절 파이어폭스 웹 브라우저를 만드는 데 기여한 테크 신동인 로스는 스타트업 창업자들을 다룬 『세상을 바꾼 32개의 통찰』의 저자 제시카 리빙스턴과 인터뷰한 적도 있었다. 올트먼은 그런 개인적 연줄이 없었지만, 후에 자신도 그레이엄이 쓴 에세이의 〈광팬〉이라고 말했다.[7]

하지만 타이밍이 썩 좋지는 않았다.[8] 비엔도의 공동 창업자들은 이미 여름 프로젝트를 정해 놓은 상태였다. 데시판데는 인도에서 스탠퍼드 대학교가 진행하는 프로그램에 참여하고, 시보는 아버지가 운영하는 테크 회사에서 경험을 쌓고, 올트먼은 골드만삭스의 테크 일을 할 예정이었다. 「거기는 기술 관련 인터뷰가 빡센 걸로 유명했어요.」 올트먼의 설명이다. 「CS과(컴퓨터 과학)한테는 사실 아주 멋진 마케팅이었죠.」 항해자 데밍은 졸업하고 몇 주 안 되어 골드만에서 진짜 직장인으로 첫발을 떼고 있었다.

그렇다 해도 폴 그레이엄의 사업 설명은 물리치기 어려웠다.

「SFP는 연봉 대신 친구들과 함께 직접 회사를 차리기 위한 종자 자금을 주는 것을 제외하면 여름 일자리 같은 겁니다.」 그레이엄이 소개한 말이다. 「여름을 칸막이 사무실에서 일하며 보내는 것보다 흥미로워 보인다면, 신청할 것을 권합니다.」[9] 올트먼은 투자 은행에서 일하는 것보다는 이 프로젝트에 참여하는 게 훨씬 재미있겠다고 마음먹었다.[10]

공동 창업자들에게 인턴십 기회를 포기하라고 설득하지 못한 올트먼은 그들에게 이메일로 일부 도움을 받으면서 32개 질문으로 구성된 신청서를 직접 작성했다. 그레이엄에게 케임브리지에서 진행되는 인터뷰에 초청된 스타트업 20개 중 하나로 선정되었다고 답장받았을 때는 타이밍이 훨씬 좋지 않았다. 인터뷰 일정이 사업 계획 경진 대회와 같은 주말이었기 때문이다. 올트먼은 경진 대회에 참여하기 위해 일정을 미뤄 보려고 하면서 케임브리지 생활관에 자기만 갈 수 있을 거라고 설명했다.

폴은 그에게 답장을 보내며 말했다. 〈샘, 알다시피 당신은 지금 신입생일 뿐입니다. 스타트업을 시작할 시간이 많이 있어요. 나중에 신청하면 어떨까요?〉 리빙스턴이 『세상을 바꾼 32개의 통찰』에서 설명한 내용이다. 올트먼도 답장을 보냈다. 〈저는 2학년이고, 인터뷰에 가려고 합니다.〉[11]

올트먼은 일요일 아침 케임브리지에 도착해서 곧바로 MIT에서 컴퓨터 과학과 전자 공학을 공부하는 고등학교 친구 릭 퍼니코프가 있는 남학생 클럽 하우스로 갔다. 올트먼이 다짜고짜 찾아가서 재빨리 샤워를 하자 퍼니코프는 지하철을 타고 하버드 스퀘어로 데리고 갔다. 역에서 내린 둘은 나무가 줄지어 선 구불구불한 거리를 따라 걸었다. 화창한 봄날이었고, 케임브리지에는 사람들이 와글거렸다. 가든 스트리트에 접어들자 눈앞에 현대적인 로프트 모양의 건물이 서 있었다. 고상한 빅토리아 양식 건물들이 가득한 주거용 블록에서 눈길을 끄는 연한 녹색의 공장 같은 건물이었다. Y 콤비네이터는 창립자의 괴짜다운 성격을 고스란히 반영하는 이 건물에 자리 잡고 있었다. 그레이엄은 몇 달 전 이 건물을 개인 사무실로 쓰려고 구매하여 고요한 분위기에서 그림을 그리려고 방음문과 이중 유리창이 달린 조용한 공간으로 개조했다. 그러고는 친구인 건축가 케이트 코토에게 공간 디자인과 현대식 가구 디자인을 맡겼는데, 기다란 흰색 테이블과 다리가 가운데로 몰려 있어서 한쪽 끝에 앉으면 넘어지기 쉬운 벤치도 그의 작품이었다.[12] (그레이엄은 간혹 아무것도 모르는 투자자가 벤치 끝 쪽에 앉으려고 하면 서둘러 달려가서 막아야 했다.) 탁 트인 공간과 주방, 그리고 위층 온실이 있었다. 전체적인 분위기는 현대 미술관과 군대 병영이 묘하게 섞인 모습이었다. 다른 스타트업 창업자들이 어슬렁거리고 있었는데, 올트먼으로서는 처음 보는 유형들이었다.

「그냥 〈여긴 뭐지? 이 사람들은 누구야?〉 같은 느낌이었죠.」 올트먼이 그때 기억을 떠올렸다. 「그때까지만 해도 스타트업 하는 사람들을 본 적이 없었으니까요. 당시에는 스타트업이라는 게 꽤 비주류였거든요.」 Y 콤비네이터 공동 창업자 네 명을 앞에 두고 한 인터뷰는 일종의 〈첫눈에 반한 사랑〉 같은 순간이었다. 「그를 만나고 3분쯤 지나자 이런 생각이 들었어요. 〈아, 빌 게이츠가 열아홉 살 때 이런 느낌이었겠구나.〉」 그레이엄이 훗날 회고하며 한 말이다.[13] 인터뷰는 25분 만에 끝났다. 〈네 명 다 샘에게 넋이 나갔다. 침착한 태도와 지적 능력, 그냥 사람 자체에 매혹되었다. 우리가 볼 때 그 친구는 뭔가 특별한 게 있었다.〉[14] 리빙스턴이 나중에 한 말이다.

올트먼도 비슷한 감정을 느꼈다. 「그때 처음으로, 그래, 이제야 내가 어울리고 싶은 사람들을 찾았구나, 하는 느낌이 들었죠.」[15]

그날 저녁 7시, 그레이엄이 올트먼에게 전화를 걸었다. 비엔도가 합격했다는 것이었다. 올트먼은 후에 자기 회사가 Y 콤비네이터의 자금 지원을 받은 첫 번째 스타트업이라는 걸 알게 된다.[16]

올트먼은 그날 밤 퍼니코프의 클럽 하우스 바닥에서 잠을 잤다. 이제 커리어가 시작되었지만 아직은 실감이 나지 않았다. 일주일 만에 그는 자기 스타트업에 투자를 할 뿐만 아니라 동료 벤처 캐피털 기업인 세쿼이아 캐피털의 투자도 설득하는 데 도움을 주는 투자자를 만났고, 이 인연은 오늘날까지 이어진다. 그리고 그는 실리콘 밸리에서 가장 중요한 동문 네트워크의 일원이 되었고, 이 네트워크는 10여 년 뒤 오픈AI라는 작지만 대담한 연구 프로젝트를 탄생시키게 된다.

4
〈너드 중의 너드들〉 사이에서

폴 그레이엄은 너드 같은 외모가 아니다. 잘생긴 얼굴에 몸이 탄탄하고 중년에 접어든 나이에도 소년 같은 외모다. 노란 갈색 머리에 보조개가 움푹하고 프레피 폴로셔츠를 좋아해서 적어도 상반신만 보면 골프를 즐기는 은행 임원처럼 보인다. 물론 그는 글에서 그런 사람들에 대해 경멸을 숨기지 않지만 말이다. 허리 아래로는 항상 구겨진 카고 반바지에 샌들 차림으로 유명하다. 스타트업을 성공적으로 마무리해서 다시는 어느 누구에게도 좋은 인상을 남길 이유가 없는 인물임을 보여 주는 궁극적인 신호다. 이런 점을 잘 아는 후배들은 그가 Y 콤비네이터에서 퇴직할 때 이별 선물로 사인을 한 카고 반바지를 줄 정도였다.[1]

핵 원자로를 연구하고 마라톤을 80회 이상 달리고, 여가 시간에 체스에 관한 책을 여러 권 쓴 영국인 수학자의 아들로 태어난 그레이엄은 영국 출신이지만 피츠버그에서 자랐다. 규제 기관들이 원자력 산업을 서서히 질식시키면서 아버지가 일자리를 찾아 북반구 곳곳을 옮겨 다녔기 때문이다.[2] 그레이엄은 머리가 좋으면서도 장난기가 많았다. 「말썽꾸러기였죠. 우리 동네의 애들 절반은 나하고 놀지 말라는 금지령을 받았습니다. (……) 1학년에서 12학년까지 최소한 1년에 한 번씩은 정학을 당한 것 같아요.」 그레이엄이 2014년 블룸버그 통신에 한 말이다. 당시 학교에서는 컴퓨터가 정식 과목이 아니었지만 그레이엄은 열다섯 살에 코딩을 시작했다.[3] 코넬에 진학한 그는 처음에는 철학을 전공하다가 곧 인공 지능으로 바꿨고, 그다음에는 하버드의 컴퓨터 과학 박사 과정으로 옮겼다. 돈을 벌거나 학자가 되는 대신 이후 다시 학교를 다녔는데 이번에는 회화를 전공하고 뉴욕시로 옮겼다. 본인의 말마따나 〈배고픈 예술가〉가 되려는 생각이었는데, 최소한 〈배를 곯는〉 데는 성공했다. 생계를 유지하기 위해 그는 소프트웨어 엔지니어링 컨설턴트로 프리랜서 일을 했다.

Y 콤비네이터의 수입원이자 아이디어의 바탕이 된 것은 다름 아닌 회화였다. 1995년 1월, 돈이 필요했던 그레이엄은 제일 친한 친구인 로버트 태펀 모리스를 설득해서 아틱스라는 회사를 설립했다. 웹상에 미술 갤러리를 만드는 회사였다. 모리스는 하버드 대학원생으로 컴퓨터 사기·남용법으로 유죄 판결을 받은 최초의 인물이라는 점에서 흠잡을 데 없는 해커 경력자였고, 고의는 아니었지만 최초의 웜 바이러스를 퍼뜨린 장본인이었다. 새로운 회사의 코드는 완벽하게 작동했다. 하지만 얼마 지나지 않아 본인들이 깨달은 것처럼 사업 아이디어 자체는 터무니없는 시도였다.

미술 갤러리들은 자기네 상품을 온라인에 올려서 누구든 볼 수 있게 하려는 마음이 전혀 없었다. 갤러리들은 자신이 진열하는 상품이 몇 년째 창고에 묵혀 둔 재고가 아니라 작은 일부분조차 특별한 작품이라는 환상을 지키고 싶어 했다. 갤러리 대표들은 미술 시장의 비효율성과 불투명함이 버그가 아니라 장점이라고 생각했다. 아틱스는 심지어 자사의 서비스를 갤러리들에 **무료로 제공**할 수도 없었다.

〈지금 와서 보면 그렇게 멍청한 일에 어떻게 시간을 허비했는지 모를 일이다. 필요성도 느끼지 못하는 사람들을 위해 웹사이트를 만들려고 노력하는 대신 원하는 사람들에게 사이트를 만들어 주어야 한다는 생각이 서서히 떠올랐다.〉[4] 훗날 그레이엄이 한 말이다.

6개월 만에 그들은 아틱스 아이디어를 접고 새로운 회사인 비아웹을 설립했다. 최초의 웹 기반 애플리케이션인 비아웹은 명칭 그대로 사람들이 브라우저를 통해 직접 웹사이트를 만들게 해주려는 시도였다. 3년 뒤 그들은 4천9백만 달러를 받고 비아웹을 야후에 팔았고, 이는 야후 스토어로 변신했다.[5]

이 경험을 통해 그레이엄은 그의 스타트업 복음 중 하나가 되는 중요한 원칙을 배웠다. 창업자 대부분은 생각의 크기가 너무 작다는 것이다. 몇몇 미술 갤러리를 온라인에 올리는 기술적 작업을 할 수 있다면, 그런 작업을 이용해서 **모든 것**을 온라인에 올리는 제품을 만들지 못할 이유가 없다. 또 다른 교훈은 여름 창업자 프로그램의 모토가 되었는데, 티셔츠에 새겨진 문구다. 〈사람들이 원하는 물건을 만들자.〉 (그해 여름에 프로그램에서 자두색 티셔츠에 인쇄한 또 다른 문구는 〈베짱을 키우자〉였다.)

하지만 그레이엄은 또한 회화를 통해 훨씬 더 근본적인 교훈을 얻었다. 그림을 통해 그는 자신이 어떤 종류의 컴퓨터 프로그래밍을 하고 싶은지를 이해하는 틀을 얻었다. 그것은 대학에서 〈컴퓨터 과학〉이라고 지칭하는 이론적이거나 순수 수학적인 것과 구분되는, 자신이 고등학교 시절부터 〈해킹〉이라고 부르면서 해온 그저 코드 자체를 위한 코드 만들기였다.

새로 얻은 부 덕분에 여유 시간이 생긴 그는 2001년부터 에세이를 써서 자신의 웹사이트 PaulGraham.com에 올리기 시작했다.

〈해커와 화가의 공통점은 둘 다 제작자라는 것〉이라고 그는 한 저서에 실린 표제 에세이에서 말했다.* 〈작곡가, 건축가, 작가와 나란히 해커와 화가가 하려고 하는 것도 좋은 물건을 만드는 일이다.〉 그는 좋은 소프트웨어를 만드는 한 가지 방법은 스타트업을 하는 것이라고 주장했다. 스타트업은 규모가 작고 민첩해서 컴퓨터 프로그래머들이 코드를 〈스케치〉하면서 실시간으로 무엇을 만들지를 결정할 수 있기 때문이다. 이를 통해 경쟁사들보다 뛰어난 결과물을 만들 수 있었다. 〈위대한 소프트웨어를 만들려면 아름다움에 광적으로 집착할 필요가 있다.〉[6]

2005년 3월, 그레이엄은 하버드 컴퓨터 학회에서 강연을 해달라는

* 폴 그레이엄, 『해커와 화가』, 임백준 옮김(서울: 한빛미디어, 2014).

초청을 수락했다. 주제는 〈스타트업을 시작하는 방법〉으로 정했다. 그레이엄은 자기 웹사이트에 강연 소식을 올렸는데, 전국 각지에서 해커들이 흡사 순례자들처럼 강당으로 몰려들었다. 그중 두 명은 스티브 허프먼과 알렉시스 오해니언이라는 버지니아 대학교 룸메이트였다. 허프먼은 리습에 관해 그레이엄이 쓴 책을 사인받으려고 가져왔다. 그레이엄은 프로그래머를 위한 프로그래밍 언어로 여기는 리습에 거의 종교적으로 몰두하여 단지 계속 리습으로 프로그래밍을 하려고 첫 번째 스타트업을 만들기도 했다.[7]

그레이엄이 특유의 거침없는 스타일로 진행한 강연은 청중 가운데 야망으로 똘똘 뭉친 수많은 젊은이에게 바치는 일종의 격려사였다. 그가 던진 메시지는 스타트업이 그들이 생각하는 것처럼 어렵거나 신비한 게 아니라는 것이었다. 그의 메시지는 결국 이렇게 요약할 수 있다. 「사람들이 뭘 하려고 하는지 보고, 후지지 않은 방식으로 그걸 하는 방법을 알아내야 합니다.」

하지만 어떻게 이런 일을 할 것인지에 관한 그의 비전은 무척 협소했다. 23~38세 남자 중에 4년 동안 일주일에 7일간 저녁을 먹고 즐거운 마음으로 다시 일터로 가서 새벽 3시까지 해킹을 할 사람이 최선의 후보다. 케임브리지나 팰로앨토, 버클리 같이 최상위 대학 근처에 걷기 좋은 멋진 장소가 이상적이다. 아, 창업 팀에는 컴퓨터 프로그래머가 있어야 한다. 이 마지막 자격이 필수적이다. 해킹은 전문 기술이 필요한 일이라 그런 기술이 없는 창업자는 유능한 프로그래머와 형편없는 프로그래머를 절대 구별하지 못하기 때문이다. 해커는 고객 서비스를 할 수 있지만, 해커가 아닌 사람은 절대 해킹을 할 수 없다고 그는 주장했다. 여자로 말하자면, 스타트업에서는 전통적인 회사에 비해 여성이라는 비효율적인 생물학적, 문화적 짐을 피하기가 더 쉽다. 스타트업 공동 창업자의 선택에서는 차별 금지법이 적용되지 않기 때문이다. 〈예를 들어, 나는 어린 자녀가 있거나 조만간 아이를 가질 가능성이 있는 여자와 스타트업을 시작하는 건 내키지 않을 것이다. 하지만 잠재적인 직원에게 조만간 아이를 가질 계획이 있는지 묻는 것은 허용되지 않는다.〉[8] (Y 콤비네이터가 성장하자 이런 발언과 여성 창업자 비율이 낮다는 사실이 집중 포화를 받았다. Y 콤비네이터의 여성 창업자 비율은 첫해에 0퍼센트였고, 최근 몇 년에도 10퍼센트 수준에 머물렀다.[9] 그레이엄은 Y 콤비네이터가 벤처 캐피털 기업 대부분보다 여성을 더 많이 고용하고 투자한다고 주장했고, 테크 분야에서 여성이 부족한 현상은 어느 한 기관이 해결할 수 있는 수준을 넘는, 심층적인 사회적 문제라고 주장했다.)[10]

강연이 끝나자 팬들이 그레이엄 주위로 몰려들었다. 허프먼과 오해니언 — 두 사람은 그날 저녁 그레이엄과 식사를 했고, 그 후 올트먼과 나란히 첫 번째 여름 창업자 프로그램에 참여하는데 여기서 레딧을 차렸다 — 외에도 또 다른 팬이 다가와서 그레이엄에게 스타트업을 만들고 있는데 어떻게 자금 투자를 받을 수 있는지 물었다. 그레이엄은 테크 분야 배경을 가진 부자를 찾아보라고 대답했다. 잠깐 어색한 침묵이 흐른 뒤 그는 자기가 정답을 내놓았음

을 깨달았다.[11]

비아웹을 매각한 뒤 7년 동안 그는 언제나 이른바 에인절 투자에 발을 들여놓을 생각이었다. 에인절 투자란 스타트업 초기에, 그러니까 실질적 가치 평가나 무슨 사업을 할지에 관한 아이디어 같은 게 전혀 없을 때 친구와 가족 등에게 받는 돈을 의미한다. 하지만 거기까지는 관심을 쏟지 못하고 있었다.

강연을 하고 며칠 뒤, 그레이엄은 하버드 스퀘어에서 리빙스턴과 저녁을 먹고 집으로 걸어가는 중이었다. 리빙스턴과는 1년쯤 데이트하는 사이였다. 리빙스턴은 한때 예비 학교 운동선수였던 만큼 꾸밈없는 고상함이 묻어났다. 그녀는 똑똑하고 유능하며 호기심이 많았지만, 아직 자기의 길을 완전히 찾지는 못한 상태였다. 소규모 투자 은행에서 일하면서 벤처 캐피털 분야의 마케팅 자리에 지원서를 넣고 결과를 기다리고 있었고, 집착하다시피 몰두하는 주제, 즉 그레이엄 같은 스타트업 창업자들에 관한 책을 집필 중이었다.[12,13]

뉴잉글랜드 명문가 출신인 리빙스턴은 어머니가 갓 태어난 아기를 두고 그녀 말대로 〈집을 떠난〉 뒤 아버지와 할머니 손에서 자랐다.[14] 어머니 루신다 폴리는 웰즐리 대학교에서 영문학을 공부하던 중에 약혼한 데뷔탕(사교계에 처음 나가는 상류층 여성)이었다.[15] 1971년 첫 아이를 낳고 몇 달 만에 가족을 떠난 뒤 의식적 공동체에서 살면서 〈지구 치유〉에 관해 글을 쓰고 이름도 센으로 바꾸며 수십 년을 보냈다.[16] 아버지 데이비드 리빙스턴은 MBA 출신으로 질레트에서 직장 생활을 했고, 결별 당시 살던 미니애폴리스를 떠나 딸을 데리고 고향 보스턴 지역으로 돌아왔다. 그의 집안은 웰즐리 칼리지의 후원자였던 고조부 H. H. 허니웰까지 거슬러 올라가는 명문가였다.[17] 그곳에서 그는 주말마다 딸을 돌보았고, 주중에는 할머니 이사벨라 허니웰 리빙스턴이 손녀를 봐주었다. 이사벨라는 예술가 기질에 독립적 성격, 영화배우 같은 외모를 지닌 여성으로, 5년간 아이 넷을 낳은 뒤 1945년에 이혼했다. 웰즐리에서 이사벨라는 겨울마다 앞마당에 쌓인 눈더미 위에 용과 공룡, 유니콘 같은 정교하고 거대한 〈슬러시 조각상〉을 만드는 것으로 이름을 날렸다.

리빙스턴은 운동도 잘하는 우수생이었는데, 어느 날 원정 축구 경기를 하러 찾은 매사추세츠주 앤도버의 필립스 아카데미(미국에서 손꼽히는 명문 예비 학교) 캠퍼스가 자신에게 딱 맞는 곳이라는 걸 깨달았다. 깊은 인상을 받은 그녀는 그 학교에 보내 달라고 가족을 졸랐다. 결국 그곳에 들어갔지만, 갑자기 자기보다 훨씬 똑똑하고 운동도 잘하는 사람들에 둘러싸인 경험 때문에 스스로 〈암흑기〉라고 부르는 자기 불신에 빠졌다. 성인이 되어서야 그 시기를 극복할 수 있었다. 영문학 학위를 받고 버크넬 대학교를 졸업한 다음 날, 할머니가 암으로 세상을 떠났고, 리빙스턴은 무슨 일을 하고 싶은지 종잡을 수도 없는 채 상실감에 빠졌다.

리빙스턴은 자신이 싫어하는 피델리티 인베스트먼트에서 전화받는 일자리에 취직한 뒤 이리저리 궁리했다. 투자자 대상 홍보 업무, 자동차 컨설팅 기업, 『푸드 앤드 와인』 잡지, 심지어 웨딩 플래너도 알아보았다. 2003년 무렵 보스턴의 투자 은행인 애덤스 하크니스 앤드 힐에서 마케팅 관리 업무를 하던 중에 그레이엄의 자택에서 열린 파티에서 그를 만났다.

그레이엄과 친구들은 리빙스턴에게 스타트업 세계를 소개했고, 이 세계에 매혹된 그녀는 그들의 이야기를 담은 책을 쓰기로 계약을 맺었다. 자신이 본업에서 다루는 굼뜬 상장 기업들보다 한결 흥미로운 세계였기 때문이다. 스타트업과 가까워지기 위해 그녀는 어느 벤처 캐피털 기업의 마케팅 직에 지원했다.

하지만 리빙스턴과 그레이엄이 저녁을 먹고 하버드 스퀘어를 가로질러 집으로 걸어가던 밤, 그 기업은 그녀를 채용할지를 놓고 시간을 끌고 있었고, 이에 자극받은 그레이엄은 즐겨 입에 올리는 주제 중 하나에 관한 의견을 늘어놓았다. 벤처 자본가들이 후진 이유에 대해 열변을 토했다. 사실 그는 같은 달에 에세이 「벤처 캐피털이 후진 이유에 관한 통합 이론」을 발표했다. 여기서 그는 벤처 캐피털이 〈비겁하고, 탐욕스럽고, 교활하고, 고압적〉이라고 설명했다.[18]

제2차 세계 대전 이후 미국 산업이 호황을 누리는 가운데 진가를 발휘한 사모 투자 형태인 벤처 캐피털은 대학 기금이나 연기금 같은 〈유한 책임 투자자limited partner〉로부터 자금을 모아서 사업에 대한 지식을 활용해서 여러 스타트업에 분산 투자한다. 어미 물고기가 수백 개의 알을 산란하는 것과 같은 이유다. 스타트업 대부분은 실패하지만, 성공하는 소수 — 특히 제품을 추가로 판매하는 데 드는 한계 비용이 0에 수렴하는 테크 산업에서는 — 는 대성공을 거두는 경향이 있어서 나머지 모든 실패한 타자의 비용을 메우고도 남는다.[19] 1957년 벤처 자금의 지원을 받은 첫 번째 스타트업인 페어차일드 반도체부터 실리콘 밸리의 테크 산업은 주로 벤처 캐피털의 자금 투자를 받았다. 애플부터 구글, 페이스북에 이르기까지 오늘날 우리가 들어 본 적이 있는 모든 스타트업이 마찬가지다.

그레이엄이 볼 때, 주요한 문제는 벤처 캐피털이 보상받는 구조였다. 보통 매년 운용하는 자금의 2퍼센트를 수수료로 받고 여기에 〈성과 보수carried interest〉, 일명 〈캐리〉라는 이름으로 수익의 20퍼센트를 받는다. 투자한 자산 규모에 따라 보수를 받기 때문에 최대한 많은 자금을 운용하려는 동기가 생긴다. 개별 벤처 캐피털은 그런 자금을 투자하기 위해 거래 건수를 늘려야만 하므로 각 투자에 최대한 많은 자금을 투입하려는 동기가 생긴다. 이 과정에서 스타트업의 가치 평가가 최대한 부풀려지는 까닭에 상장을 제외하면 스타트업을 사들일 수 있는 기업이 무척 적어지게 된다. 1990년대 말 닷컴 버블이 파괴력을 발휘한 주된 이유가 여기에 있다. 각각의 투자에 너무 많은 돈이 걸려 있기 때문에 벤처 캐피털은 피해망상에 빠지게 되고, 자신이 투자한 기업의 이사회에 간섭하고 종종 창업자를 밀어내고 자신이 선호하는 비즈니스 마인드를 가진 최고 경영자를 꽂아 넣는다. 그레이엄은 이런 최고 경영자를 〈뉴스 앵커〉라고 불렀는데, 〈그들은 깔끔한 머리에 자신감 있는 중후한 목소리로 말하지만, 보통 텔레프롬프터 화면에서 읽는 내용 이상을 알지 못하기〉때문이다. (비아웹은 이런 뉴스 앵커의 볼모가 될까 두려워한 나머지 결국 벤처 캐피털 자금을 전혀 받지 않고 그 대신 에인절 투자자에게만 의존해서 스타트업 자금을 마련했다.)

벤처 캐피털을 내부에서부터 바꿔야 한다고 리빙스턴을 설득하려 하다가 그레이엄은 갑자기 다른 아이디어가 떠올랐다. 〈그냥 우리가 직접 만들자.〉[20] 벤처 캐피털을 만들면 그레이엄은 마침내 에인절 투자에 진출하는 기회를 얻을 테고, 리빙스턴은 자기 마음에 맞는 스타트업과 함께 일한다는 꿈을 좇을 기회가 생길 터였다.

〈폴은 그전부터 에인절 투자를 하고 싶어 했다. 하지만 그는 에인절 투자자에게 따라붙는 모든 요건을 정말로 원한 건 아니었기에 이 모든 걸 스스로 처리할 수 있는 조직을 만들어야겠다고 생각했다.〉[21] 리빙스턴의 서술이다. (그레이엄은 하버드 강연에서 비아웹은 〈국세청과 관련된 다양한 문제〉 등 기업 창업과 관련된 모든 관료적 절차를 무시했다고 뻐긴 적이 있었다. 그 후 충분한 자금을 모아 최고 재무 책임자CFO를 영입했고, 그가 모든 문제를 소급해서 처리했다.)[22] 리빙스턴도 같은 생각이었다. 다음 날, 그레이엄은 비아웹 공동 창업자인 모리스와 블랙웰을 설득해서 끌어들였다. 그레이엄이 10만 달러, 모리스와 블랙웰이 각각 5만 달러를 투자하고 리빙스턴은 직장을 그만두었다.

〈초기의 계획은 그 사람들이 스타트업을 선정해서 조언을 하고 나는 나머지 업무를 전부 처리하는 것이었다. 전통적인 벤처 캐피털이 하듯이 소수의 탄탄한 스타트업에 거액의 돈을 투입하는 대신, 우리는 다수의 초기 단계 스타트업에 소액의 자금을 투입했고, 그런 다음 많은 도움을 주었다.)[23] 훗날 리빙스턴이 설명한 내용이다.

그들은 맡은 일이 많지 않은 유망한 젊은 프로그래머들을 선발해서 케임브리지 여름 생활관에서 버틸 수 있는 충분한 돈을 지급했다. 신생 기업들의 성공 가능성을 높이기 위해 법적 서류 작업을 도와주고, 질의응답 시간과 화요일 저녁마다 집에서 만든 칠리나 스튜를 같이 먹는 식사 자리를 통해 멘토링을 제공했으며, 성공한 창업 경험을 공유할 수 있는 강연자를 초청하고, 마지막 〈데모 데이〉 행사에서 진짜 에인절 투자자들과 벤처 자본가들을 앞에 두고 사업 계획을 발표해서 세상에 첫발을 디디는 시도를 밀어주었다. 그레이엄과 리빙스턴, 공동 창업자들이 에인절 투자자가 되는 법을 신속하게 배우는 것을 돕기 위해 그들은 〈배치batch〉라는 이름의 그룹별로 사업을 진행하기로 결정했다. Y 콤비네이터의 가장 두드러진 특징이 되는 혁신적 방식이었다. 그해 여름에 여정이 시작되었다.

그레이엄은 자기만의 고전적 방식으로 거의 밤을 새가면서 웹사이트를 구축하고 32개 질문으로 구성된 프로그램 신청서를 만든 다음, 이를 자신의 블로그와 연동했다. 질문은 특유의 장난기가 있어서 신청자가 얼마나 〈짐승〉인지를 증명하라는 것도 있었다. 짐승은 거절을 받아들이지 않는 사람을 가리키는 그레이엄 특유의 용어다. 또한 어떤 시스템을 스스로 유리하게 해킹한 사례를 말해 보라는 질문도 있었다.[24] (앞의 질문에 대한 인상적인 답변은 다음과 같다: 언젠가 저스틴은 45분짜리 럭비 경기 반 게임을 뛰고 나서야 얼굴을 맞아서 코피가 났다는 걸 깨달았다.)[25] 신청서가 쏟아져 들어오기 시작했고, 언론이나 홍보는 전혀 필요하지 않았다.

「좋은 글쓰기가 얼마나 힘이 센지를 보여 주는 사례죠.」 NEA의 파트너로 올트먼과 비엔도를 처음 발견한 패트릭 청이 경탄하며 말했다. 「폴은 도움이 되는 솔직한 글을 썼고, 사람들은 그걸 읽고 존중했습니다. 그는 우리가 하는 일, 그러니까 스타트업 수백 개를 샅샅이 뒤지면서 투자처를 찾지 않았어요. 창업자들이 그의 글의 힘과 진실에 매료되어 자기를 찾아오게 만들었죠.」

그레이엄은 이 프로그램이 벤처 자본가들이 하는 일과는 근본적으로 다른 일을 하는 것이라고 보았다. 「후기 단계 투자자들은 제로섬 게임을 하고 있죠. 투자 거래 총액은 정해져 있고, 그 안에서 좋은 스타트업을 찾으려고 할 뿐입니다. 반면 Y 콤비네이터는 더 좋은 스타트업이 생겨나도록 장려하려고 합니다. 이게 가능하다는 걸 깨달은 이유는 우리 자신이 스타트업을 창업하는 문제에 대해 얼마나 양가감정을 가졌는지 알았기 때문이죠. 우리는 창업자들이 어떤 면에서는 얼마나 미숙한지, 그리고 그럼에도 불구하고 성공할 수 있다는 걸 알았습니다.」

2005년 첫해 여름 첫 번째 화요일 저녁 식사 모임에 참석하러 가면서 올트먼은 135 가든 스트리트의 방음문을 들어서자마자 묘한 냄새에 휩싸였다. 훗날 〈베지테리언 죽〉이라는 애정 어린 이름으로 불리게 되는 음식이 크록포트 압력솥에서 끓는 냄새였다. 인터뷰 때문에 잠깐 머물렀을 때 이미 유대감을 갖게 된 슈퍼너드 사람들과 다시 만나게 되어 흥분한 상태였다. (가령 그와 블랙웰은 세그웨이라는 이름의 균형을 잡고 타는 스쿠터를 좋아한다는 이유로 이미 친해졌다. 블랙웰은 자기만의 세그웰이라는 모델을 디자인해서 Y 콤비네이터 본사 주변을 타고 다녔다.)[26]

올트먼은 프로그램에 선발된 다른 창업자들을 살펴보았다. 몇몇 경우는 그레이엄과 그의 파트너가 창업자는 좋아하면서도 그의 아이디어는 마음에 들어 하지 않았다. 스티브 허프먼과 알렉시스 오해니언도 그런 경우였다. 버지니아 대학교 룸메이트인 두 사람은 그레이엄의 하버드 강연을 들은 뒤 휴대 전화에 기반한 음식 주문 시스템을 아이디어로 제출했었다. 마이모바일메뉴, 줄여서 MMM이라는 시스템이었다. 그레이엄과 리빙스턴은 두 사람이 마음에 들었지만—리빙스턴은 둘을 귀여워해서 〈머핀들〉이라는 별명까지 붙였다—식당과 무선 통신사 양쪽과 거래를 맺는 능력이 있는지는 회의적이었다. 스마트폰이 나오기 전에는 그런 능력이 필요했다. 그레이엄은 그 대신 딜리셔스 같은 링크 북마크 사이트와 비슷한 아이템을 만들어 보라고 제안했다. 그레이엄 자신이 딜리셔스의 〈인기popular〉 페이지를 블로그 에세이에 종종 링크하곤 했다.[27]

둘 다 스물두 살인 에밋 시어와 저스틴 칸 또한 이런 부류였다. 시애틀에 있는 에버그린 영재 학교에서 만난 두 사람은 판타지 카드 게임인 매직 더 개더링과 수학에 대한 열정 때문에 친해졌다.[28] 온라인 달력 앱 Kiko.com을 만든다는 두 사람의 아이디어도 처음에 그레이엄과 그의 공동 창업자들에게 퇴짜를 맞았지만, 시어와 칸은 대면 인터뷰를 통해 액셀러레이터 파트너들을 설득했다. 다만 모든 당사자는 구글이 비슷한 앱을 출시해서 〈우리를 개미처럼 밟아 버릴 수 있다〉는 사실을 알았고, 실제로 지원서에도 적어 두었다.[29]

인기 블로그 운영자이자 그레이엄과 몇 달 동안 연락을 주고받던 스워츠는 웹사이트를 구축하는 웹 기반 툴을 사업 아이템으로 내놓았다. 후에 인포가미라는 이름을 붙이는 사업이었다. 「자네한테 더 좋다고 생각하는 다른 아이디어가 있는데.」 그레이엄은 스워츠를 인터뷰하면서 이렇게 대답하고 방 안을 서성거리기 시작했다.[30] 하지만 스워츠는 자신의 아이디어를 밀어붙였고, 온라인에서 뽑은 덴마크 출신 공동 창업자와 함께 툴을 만들었다. 그레이엄이 부추기자 스워츠는 결국 인포가미를 레딧과 합병했다. 하버드 박사 과정생으로 동료 대학원생 잭 스톤과 함께 데스크탑 검색 회사인 미맴프를 공동 창업한 크리스 슬로 또한 그해 여름 말에 레딧에 합류하게 된다.

올트먼은 그레이엄에게 이런 방향의 비판은 거의 받지 않았다. 4월에 인터뷰를 한 뒤 몇 달간, 올트먼의 회사는 레이디에이트

―데시판데가 제안한 이름이다― 로 이름을 바꿨다. viendo.com 의 소유자가 도메인 명칭값으로 30만 달러를 불렀기 때문이다. 하지만 휴대 전화에 새로 생긴 위치 정보 기능을 활용해서 사람들을 친구와 연결해 주겠다는 전망은 계속 밀고 나갔다.

올트먼은 마침내 자신이 어울리고 싶은 사람들을 찾았다는 사실에 전율을 느꼈다. 하지만 그래도 여전히 약간 거리감이 있었다. 칸과 시어, 허프먼, 스워츠, 슬로, 스톤 등은 곧바로 친한 무리를 이루어서 AIM 메신저로 농담을 지껄이는 흐름으로 연결됐지만, 올트먼은 그 흐름에 전혀 녹아들지 못했다.

〈샘은 다른 사람들과 분위기가 좀 달랐다〉고 허프먼은 말한다. 「친구들 대부분― 저스틴, 에밋, 애런, 크리스, 잭 ― 은 뭐랄까 너드 중의 너드였죠. 테크놀로지를 정말 사랑하고 세상에 대해서는 거의 초연했으니까요. 우리는 이후 한동안 사업가로 성장해야 했어요. 샘은 남들보다 훨씬 비즈니스에 밝고 성공을 추구하는 사람으로 각인됐습니다.」 그러면서 한마디 덧붙였다. 「그 친구는 서둘러서 온 사람 같았죠. 그리고 어딘가 다른 데로 갈 사람 같았고요.」

어느 날 배치는 케임브리지를 가로지르는 도보 소풍에 나섰다. 온라인 광고 사기를 근절하는 회사인 클릭팩츠의 창업자 미하일 구레비치가 올트먼의 주머니가 불룩한 것을 보고 그게 뭐냐고 물었다. 올트먼은 카고 반바지의 깊숙한 주머니에서 〈초코바〉 스타일의 소니 에릭슨부터 〈조개껍데기〉 스타일의 모토로라 레이저 플립폰까지 줄줄이 꺼내면서 전부 운영 소프트웨어가 달라서 레이 디에이트도 각 핸드폰에 맞는 다른 앱을 만들어야 한다고 설명했다. 「그 친구는 그러니까 핸드폰을 여덟 개 들고 다니더라고요. 내가 말했죠. 〈이봐 친구, 그러다 고환암 걸리겠어.〉」 구레비치의 말이다.

구레비치는 올트먼이 씨름하고 있는 기술적 문제가 얼마나 복잡한지를 알고 깜짝 놀랐다. 〈그날 대화를 한 뒤 그 친구가 천재 같다고 생각했다〉고 구레비치는 말한다. 「그는 말투가 약간 독특했어요. 혹시 이 친구 무슨 스펙트럼 아냐, 하는 생각이 들었죠. 뭐 그렇지만 애런도 그랬고, 다른 친구들도 몇 명 비슷했어요.」

올트먼은 실제로 고환암에 걸리지는 않았지만, 그해 여름 케임브리지 아파트에서 12시간 동안 코딩에 몰두하면서 라멘만 너무 많이 먹어서 괴혈병에 걸렸다고 사람들에게 말했다.[31] 그는 또한 그해 여름에 NEA와 자금 조달 대화를 계속했고, 스프린트에서 일하는 청의 지인을 만나러 갈 생각이라고 말해서 Y 콤비네이터의 동료들을 놀라게 했다.

「그 친구가 하는 스타트업은 현실화된 느낌이 많았죠. 진짜 벤처 자본가들한테서 자금을 조달한다? 우리는 아무도 그런 성과가 없었거든요. 우리는 벤처 자본가들하고 어떻게 얘기하는지도 몰랐고, 게임이 어떻게 돌아가는지 몰랐죠. 사실 폴 본인만 그런 걸 조금 알았어요. 폴이 초청한 연사들은 벤처 자본가 반대 세력에 가까웠죠. 당시 Y 콤비네이터는 그런 분위기였어요. 벤처 자본가를 좀처럼 믿지 않았습니다.」허프먼의 말이다.

올트먼은 그런 거리낌이 전혀 없었다.

「샘은 게임의 규칙을 알았는데, 다른 사람들은 다 몰랐죠.」역시 허프먼의 말이다.

스프린트 본사는 한참 떨어진 지역에, 캔자스시티 교외의 부촌인 오버랜드 파크에 있었다. 80만 제곱미터 규모의 광활한 캠퍼스는 붉은 벽돌 건물과 분수, 잘 다듬은 잔디밭으로 이루어져 있었다. 1990년대 중반 공사가 시작됐을 때 중서부에서 가장 규모가 큰 건설 프로젝트였다. 건축가들이 지은 다른 프로젝트로는 스코틀랜드 의사당도 있었는데, 실제로 시계탑과 3천 석 규모의 원형 극장, 하이킹과 자전거 전용 도로까지 갖춘 본사는 단순한 기업이 아니라 한층 중요한 주거지의 인상을 풍겼다. 물론 그 기업은 미국에서 세 번째로 큰 이동 통신사이자 캔자스시티에서 가장 많은 직원을 고용했지만 말이다.

사업 계획 경진 대회가 끝나고 몇 달 뒤, 청은 약속한 대로 올트먼과 스프린트 최고 기술 책임자와의 미팅을 주선해 주었다. 청이 비서에게 항공편과 렌터카를 예약하게 했지만, 올트먼은 법적으로 차를 렌트할 나이가 되지 않아 케임브리지에서 세인트루이스까지 비행기로 가서 가족의 차를 빌려야 했다. 본사에 도착한 두 사람은 본부 건물로 들어가 비서실 몇 곳을 잇달아 통과하고서야 엄청나게 거대한 사무실에 도달했다. 바닥부터 천장까지 뚫린 통창으로 천변과 녹지가 내려다보였다.

윙 리가 활짝 웃으며 청을 맞이했지만 올트먼을 힐끗 보고는 놀란 표정을 감추지 못했다. 그의 눈에는 열아홉이 아니라 열두 살에 가까워 보였기 때문이다.

「데려온다던 창업자는 어디에 있나요?」 리가 청에게 물었다. (나중에 그는 당시 일을 해명하면서 이렇게 말했다. 「그 친구는 약간 자그마한 젊은이였습니다. 다른 사람이 또 온다고 생각했죠.」)

힙스터식 올백 스타일에 새치 몇 가닥이 나기 시작한 30대 후반의 리는 10년 넘게 스프린트에서 재직 중이었다. 미국 최초의 광섬유 네트워크를 고안한 인물이었다. 캔디스 버겐이 출연해 전통적인 장거리 통신사보다 소음이 덜하다고 선전한 〈무소음 네트워크 pin drop network〉였다. 이 네트워크는 미국에서 가장 오래된 기반 시설에 근원이 있었다. 1860년대에 부설된 서던퍼시픽 철도와 나란히 이어진 전신선을 기반으로 생겨난 것이었다. 통신사 명칭인 스프린트는 사실 1970년대에 사용되던 서던퍼시픽 철도 인터널 네트워킹 텔레포니의 머리글자를 따서 만들었다.[32]

하지만 1990년대 말 스프린트 PCS(개인 휴대 통신 Personal Communications Services)를 출범하면서 스프린트를 무선 데이터 시대로 인도한 리는 2G 모바일 데이터 요금제의 느린 네트워크 속도 때문에 이용자들이 실망할 수 있음을 깨달았다. 연결 속도가 훨씬 빠른 데스크톱 컴퓨터가 제공할 수 없는 이점을 제공해야 했다. 〈근본적으로 새로운 이용자 경험을 제공해야 했다〉고 그는 말한다. 그는 일종의 쿨헌터*로 변신했다.

리는 해마다 팀을 이끌고 리틀 보핍처럼 차려입은 하라주쿠 아가씨들과 세계 최첨단 전자 제품의 본거지인 도쿄 중심부의 아키하바라 지역으로 성지 순례를 떠났다. 「이 일본 아가씨들이 플립폰의 작은 카메라를 이용해 사진을 찍는 모습이 점점 눈에 들어오더군요.」 그리하여 스프린트는 라이트서프라는 스타트업과 파트너십을 맺었고, 이 회사의 독점 소프트웨어를 휴대폰에 설치해서 주소록에 있는 모든 사람에게 사진을 전송할 수 있었다. 스프린트 PCS는 〈사진 메일〉 요금이 5달러였지만, 이용자가 이를 사용하려면 15달러짜리 모바일 데이터 서비스에 가입해야 했다.

「이게 킬러 앱이었죠. 실제로 역사상 어떤 모바일 앱보다도 ARPU, 그러니까 가입자당 평균 매출이 높았습니다.」 리의 말이다. 구독 기반 사업에서 핵심적인 지표인 ARPU를 기준으로 볼 때, 〈이건 게임 체인저〉였다.

그런 성공을 등에 업고 스프린트는 팰로앨토의 유명한 샌드힐 로드에서 바로 길 위쪽에 있는 벌링게임 사옥을 활용해서 벤처 캐피털과 좋은 관계를 쌓았다.

이제 리는 청이 차기 킬러 앱을 안겨 주기를 기대하고 있었다. 처음에는 당혹스러웠지만, 올트먼이 이야기를 시작하자 리는 그 자리에서 얼어붙었다. 페이스북은 이미 센세이션을 일으키고 있었

---

* 젊은 층을 비롯한 주요 소비층의 소비 성향과 제품 관련 의식을 민감하게 포착하는 마케팅 전문가.

고, 올트먼은 자기 회사가 〈약간 변형된 형태의 모바일 페이스북〉이라고 소개했다. 페이스북은 이용자의 IP 주소를 통해 전반적인 위치 정보를 대략적으로 추측할 뿐인 반면, 레이디에이트는 이동 통신사의 정확한 위치 데이터를 활용해서 리가 가장 필요로 하는 정보를 제공할 수 있었다. 오직 모바일 데이터만이 제공할 수 있는 새로운 경험이었다.

〈샘이 제시한 아이디어는 아주 매력적이었다〉고 리는 말한다. 「우리도 모바일 이용을 강화할 방법을 찾고 있었거든요. 이런 생각이 들었죠. 〈그래, 이거 테스트해 볼 가치가 있겠군.〉」

점심을 먹으면서 리는 올트먼에게 레이디에이트가 프라이버시 문제를 어떻게 처리할 생각인지 물었다. 올트먼은 아주 사려 깊은 대답을 내놓으면서 이 서비스가 위치 정보를 〈존중하는〉 방식을 취하고 이용자들이 자신의 위치 정보 공유를 직접 선택하게 해야 한다고 말했다. 그럼에도 불구하고 리는 프라이버시 문제를 대단히 걱정했기 때문에 스프린트가 레이디에이트를 부스트에서 우선 시작해야 한다고 결정했다. 젊은 층 중심의 혁신적인 하위 브랜드인 부스트에서는 그의 말마따나 〈이용자들이 정보 공유를 크게 걱정하지 않는 사람들과 연동되어 있을 가능성이 높았다〉.

이 미팅을 계기로 청과 올트먼은 이 아이디어가 전망이 밝다는 걸 분명히 깨달았다. 그들은 NEA가 레이디에이트에 투자할 수 있는 조건을 진지하게 논의하기 시작했다.

올트먼은 여름이 끝날 무렵까지 프로토타입을 완성하기로 마음먹고 케임브리지로 돌아와서 스프린트 망에서 작동하는 산요 플립폰에 사용할 애플리케이션을 코딩했다. 화요일 저녁 식사 모임에 빠짐없이 참석했는데, 울프램 리서치의 창업자 스티븐 울프램과 트립어드바이저의 회장이자 공동 창업자인 랭글리 스타이너트 같은 연사들이 크록포트 압력솥에서 아무 음식이나 끓는 가운데 장황하게 말을 이어 갔다. 언젠가 그레이엄은 전에 야후에서 같이 일한 동료들을 한 무더기 데려와서 강연하게 했다. 「그러고는 예전 동료들한테 Y 콤비네이터 스타트업을 사들여야 한다고 설득했죠.」 올트먼이 그때 기억을 떠올렸다. 교사의 총애를 받는 모범생인 레이디 에이트는 특별히 관심을 끌었다. 8월에 올트먼은 다시 캘리포니아주로 날아가서 두 차례 미팅에 참석했다. 한 번은 야후와 인수 조건에 관해 논의했고 — 견적이 너무 낮고 특별히 진지한 제안이 아니었다 — 또 한 번은 어떤 투자든 승인해야 하는 NEA 파트너들에게 회사 소개를 했다. 청이 새로운 일자리에서 사업 소개를 한 첫 번째 투자였다.

「나는 샘과 함께 회의실로 들어갔는데, NEA 파트너들이 나를 바라보는 눈빛이 묘했죠. 〈아, 안 돼, 이 청이란 친구를 채용한 건 실수였나 봐. 이게 첫 번째 투자 건이라고? 아직 대학도 졸업하지 않은 열두 살짜리하고?〉 그런데 샘이 다시 입을 열자 파트너들의 입이 쩍 하고 벌어졌죠. 〈아, 알겠어. 그래 그런 거군.〉 그래서 결국 표를 얻었죠.」

그리하여 투자를 위한 기본 조건을 놓고 협상이 시작되었다.

여름 창업자 프로그램은 그레이엄이 원래 에인절 데이라고 명명한 사업 설명회로 끝이 났다. 참가자들이 벤처 자본가가 아니라 〈에인절〉 투자자들과 어울리기를 바라는 마음에서 지은 이름이었다.

〈그 지역에서 우리가 아는 모든 부자와 접촉했는데, 자리가 만석이 되기를 기도했다〉고 리빙스턴은 말한다.[33] 결국 투자자가 15명쯤 와서 Y 콤비네이터 사무실을 돌며 설명을 들었다. 맥아더 〈천재 지원금〉을 받은 최연소 출신으로 젊은 인재에 관해 잘 아는 스티븐 월프램은 열 살짜리 아들을 데리고 왔는데, 사업 설명에 관한 점수표를 기록한 뒤 키코 캘린더가 가장 유망한 아이디어라고 판단하면서도 올트먼이 〈참가자 중 가장 사업가다운 인물〉이라는 점에 주목했다.[34]

레딧은 여름을 거치면서 이용자 기반을 구축한 상태여서 Y 콤비네이터 배치 동료들과 그레이엄은 함께 레딧을 그레이엄의 블로그에 우선 연동시켰다. 그레이엄은 레딧 사업에 흥분해서 부자 친구들이 레딧에 자금 지원을 거절하자 자신이 7만 달러를 제공했다. 〈폴 그레이엄 스페셜〉이라고 알려지게 되는 조치였다.[35] (홍보에 정통한 오해니언은 그해 9월 『와이어드』에 레딧이 에인절 데이에서 한 투자자를 낚아서 다시 1년 동안 회사에 자금을 지원받기로 했다고 말했다. 엄밀히 말하면 거짓말은 아니었다.)[36] 다음 해에 『뉴요커』와 『와이어드』, 『보그』를 발행하는 콘데 나스트 출판사가

1천만 달러에 레딧을 인수했다. 금융계의 기준으로 보면 쥐꼬리만 한 액수에 불과했지만, 허프먼과 오해니언, 슬로, 스워츠는 〈닷컴 백만장자〉가 되기에 충분했고 Y 콤비네이터도 이름을 알리는 계기가 되었다.

같은 배치에 속했던 다른 창업자들은 이후 한층 더 큰 성공을 거두었다. 칸과 시어가 만든 캘린더 앱은 일찍이 Y 콤비네이터 지원서에서 경고한 것처럼 거인 구글의 발에 개미처럼 밟혔다. 둘은 캘린더 앱을 25만 달러에 이베이에 팔았고, 계속해서 그레이엄에게 받은 종자 자금으로 다른 회사를 창업했다.

저스틴.tv는 칸이 머리에 카메라를 붙이고 자신의 생활 전체를 생중계하는 방송이었는데, 이 회사는 트위치로 발전했다. 2014년 아마존은 이 비디오 게임 스트리밍 회사를 거의 10억 달러에 사들였다. 실리콘 밸리의 폐쇄성과 Y 콤비네이터 동문 네트워크의 절대적 패권을 보여 주는, 그야말로 비현실적인 반전 속에 올트먼을 해임했던 바로 그 이사회가 몇 년 뒤 그의 후임으로 시어를 잠깐이나마 채용했다.

같은 배치에 속했던 또 다른 창업자인 필 윤은 자신의 스타트업 텍스트페이미를 아마존에 매각했고, 잭 스톤은 이후 구글 브레인에서 일했다. 구레비치의 클릭팩츠는 웨스트코스트 투자자들에게 약 16만 달러에 팔렸는데, 본인 생각에는 Y 콤비네이터에 약 〈열 배〉 수익을 안겨 준 셈이었다. 총금액은 크지 않았지만, 당시 그는 긍정적으로 생각했다. 〈컵라면을 얼마나 많이 살 수 있겠어!〉

하지만 그해에 Y 콤비네이터가 투자한 이 모든 스타트업 가운데 그레이엄이 가장 유망하다고 생각한 건 레이디에이트였다.[37]

2부

2005~2012

5
〈일시 중단〉

가을이 다가오면서 세 공동 창업자는 스탠퍼드에서 2학년을 보낼 준비를 했다. 시보는 상주 컴퓨터 관리자에 지원해서 캠퍼스 기숙사로 이사했다. 올트먼은 캠퍼스 밖에 있는 아파트를 마운틴뷰에서 구했다. 데시판데가 인도에서 돌아와 세 사람은 같이 수강 신청을 했지만 올트먼의 마음은 수업에 있지 않았다. 케임브리지에서 다른 사람이 되어 돌아왔다. PG, 즉 그레이엄이 불어넣어 준 자신감으로 가득 차 있었다. 심지어 PG 스타일로 Sama라는 이메일 주소 별명도 만들었다.

2005년 8월 31일, 레이디에이트는 NEA로부터 기업 평가 600만 달러에 160만 달러의 투자 계약서 초안을 받은 상태였는데, 10대 창업자들에게는 이제 변호사가 필요했다. 올트먼은 실리콘밸리에서 가장 유력한 로펌인 윌슨 손시니 굿리치 앤드 로사티에서 일하는 페이지 메일리어드 변호사에게 연락했다. 스탠퍼드 캠퍼스 근처에 로펌 사무실이 있었다. 스티브 잡스부터 구글 창업자인 래리 페이지와 세르게이 브린에 이르기까지 모든 사람의 법률 고문을 지낸, 과묵하면서도 무시무시한 래리 손시니가 이끄는 윌슨 손시니는 샌드힐 로드에 자리한 벤처 캐피털 기업들에 투자받는 스타트업들이 선호하는 로펌이었다. 백금색 머리에 선명한 파란색 눈이 돋보이는 메일리어드는 그녀 말마따나 〈팰로앨토가 별 볼 일 없는 촌스러운 동네〉이던 1980년대 이래 이 로펌에서 일했다. 그녀는 스탠퍼드에서 영문학을 공부한 뒤 하버드 로스쿨에서 법학 박사를 받았다. 「법은 결국 언어를 논하는 분야예요. 사람과 언어를 다루는 분야죠.」 메일리어드의 말이다.

메일리어드는 사람과 언어 둘 다를 사랑했고, 9월 어느 날 청바지와 티셔츠 차림으로 NEA의 투자 계약서 처리 과정에 관해 자문을 구하러 사무실을 찾아온 스탠퍼드 대학생 셋이 특히 마음에 들었다. 더군다나 올트먼은 〈아주 똑똑하고 전혀 잘난 체하지 않았다〉. 메일리어드는 세 사람을 로펌 회의실로 데려가서 동료인 캐럴린 레비와 함께 만났다. 레비는 회사를 차리는 데 필요한 법률 서류 작업을 간소화하는 것을 도와줄 예정이었다. 그들은 일반적인 법인 기업이 무엇인지 같은 세부 사항을 함께 검토하기 시작했다.

메일리어드 앞에 있는 세 젊은이는 그녀의 세 아들과 나이 차이가 별로 없었다. 그들의 이야기를 듣다 보니 우선 모성 같은 충동이 생겨서 조언했다. 「대학 교육을 포기하면 안 돼요.」 하지만 NEA 투자 계약서 건을 밀어붙이기로 마음먹는다면, 다른 투자자들하고도 대화를 나누라고 권고했다. 「처음 받은 투자 계약서 초안을 그대로 받아들이지 마세요.」

그녀는 세 사람에게 세쿼이아 캐피털의 그렉 매캐두를 소개해 주겠다고 제안했다.

매캐두는 맨해튼에서 흑인 민권 운동가이자 학자인 아버지 밑에서 자랐다. 아버지는 피트 시거와 앨범을 녹음한 적도 있고, 그 후 스토니브룩 대학교에서 아프리카학과를 개설한 인물이었다.[1] 예전에 네 살일 때 매캐두는 아버지에게 달 위를 걷고 싶다고 말했다. 아버지는 그러려면 우선 나는 법을 배워야 한다고 대답했다. 그 순간부터 줄곧 매캐두는 비행기에 강박적으로 매달렸고, 우주 비행 시뮬레이션을 비롯한 컴퓨터 그래픽 소프트웨어를 만들었다. 처음 사용한 컴퓨터는 TRS-80이었고, 나중에 삼촌 농장의 회계 소프트웨어를 만들어 준 대가로 애플 Ⅱ 플러스와 호환되는 프랭클린 에이스 컴퓨터를 받았다. 대학을 마친 뒤 자가용 조종사 면허를 받았다. 처음에 뉴욕 소재 은행에서 소프트웨어 엔지니어로 일한 뒤, 한동안 야간 화물기 조종 일을 했지만, 금세 소프트웨어 엔지니어링으로 복귀했다. 「직업 조종사는 보수가 많지 않았거든요.」 파란색 터틀넥에 색깔을 맞춘 돌 부적을 목에 건 매캐두가 샌프란시스코의 러시안 힐 동네에 있는 아파트에서 최근 한 인터뷰에서 한 말이다. 「소프트웨어 엔지니어는 돈을 많이 벌었죠.」

엔지니어에 이어 테크 임원이 된 매캐두는 업계를 두루 경험했다. 임원으로 일한 초기 회사인 소스컴은 초고속 인터넷 접근성을 확대한다고 약속했지만 파산법 11장의 파산 보호 절차를 밟았다. 투자자들을 만나 투자금이 사라진 이유를 설명해야 하는 경험을 하면서 작은 〈흉터〉 이상의 상처가 생겼다. 하지만 이후 그가 최고 경영자로 이끌게 된 센티언트 네트웍스는 닷컴 버블이 터지기 직전에 시스코에 매각되어 그는 벤처 자본가로 탄탄한 자리를 잡았다. 센티언트 네트웍스와 시스코 둘 다 실리콘 밸리의 걸출한 벤처 캐피털 회사인 세쿼이아 캐피털로부터 투자받았는데, 세쿼이아의 파트너 더그 리온이 매캐두에게 입사를 권유했을 때 이를 냉큼 수락하고 그 일을 좋아한다는 걸 깨닫고는 스스로도 놀랐다. 「창업자라면 집중해야 합니다. 회사를 만들기 위해 얼마나 높은 수준의 집중력이 필요한지는 말로 설명하기 어렵죠.」 이런저런 스타트업을 이끌면서 그는 정신의 조리개를 다시 조감도 수준으로 확대해서 새로운 것들의 풍경 위를 비행하다가 다시 몇 년간 조리개를 당길 예리한 아이디어를 찾았다. 투자자로서 그는 〈항상 시야를 넓게 갖고 살아야 한다〉고 말했다.

세쿼이아 캐피털은 1972년 돈 밸런타인이 창립한 회사다. 밸런타인은 팀스터 조합원의 아들로 페어차일드 반도체를 비롯한 여러 테크 기업에서 영업직을 두루 거치며 성장했다. 그는 벤처 캐피털 투자를 시장의 관점에서 보았다. 「내 입장은 언제나 큰 시장을 찾아서 그 시장에 여러 회사를 만들라는 거였죠.」 그는 또한 개인적 네트워크가 중요하다고 치열하게 믿었다. 페어차일드의 인맥을 통해 아타리를 알게 됐는데, 그 회사가 세쿼이아의 첫 번째 투자를 받았다. 그리고 스티브 잡스가 엔지니어로 일한 아타리를 통해 애

플을 알게 되어 애플 이사회에 들어갔다.[2]

매캐두가 시스코를 떠날 준비가 된 2000년 무렵, 세쿼이아는 리온과 마이클 모리츠(잡스에 관한 첫 번째 책을 쓴 전직 언론인)가 이끌었는데, 야후와 구글 같은 기업들에 성공적으로 투자해서 기세가 대단했다. (구글이 얼마 전 기업 공개[IPO]를 하면서 세쿼이아는 1천2백만 달러의 투자로 40억 달러 이상을 벌어들였다.)[3] 하지만 매캐두는 먹잇감을 찾아 들판을 살피기에는 좋지 않은 시기를 고른 셈이었다. 닷컴 버블이 터진 뒤의 몇 년간은 〈지옥〉이었다고 말한다. 「처음 2, 3년은 젠장, 아무 일도 되지 않았죠.」 주변에서 아수라장이 펼쳐졌고, 몇 년간 이사로 일했던 파트너들이 이제 자기 회사가 파산하는 것을 속절없이 지켜보았다. 그는 파티에 너무 늦게 온 게 아닌지 궁금했다. 모리츠는 그렇지 않다고 안심시켜 주었다. 「타이밍을 딱 맞춰 온 겁니다.」

살아남기 위해 그와 짐 고츠, 룰로프 보타 같은 새로운 동료 파트너들은 전도유망한 스타트업을 남들보다 일찍 찾아내는 새로운 방법을 생각해 내려고 애썼다. 〈새로운 투자 제안 흐름을 찾아내려고 무척 공세적으로 접근하면서 남들은 보지 않는 분야를 살펴보았다〉고 그는 말한다. 한 가지 기법은 스타트업 창업자들이 회사를 만들기 위해 찾아가는 변호사들과 관계를 쌓는 것이었다. 「알잖아요. 변호사들하고 점심이나 저녁을 먹으러 가는 거죠. 아예 업무 시간 시작부터 변호사를 만나서 이렇게 말하곤 했습니다. 〈어떤 일을 하는 회사인지는 상관없어요. 필터 같은 건 없고, 당신하고 같이 하는 젊은 창업자라면 기꺼이 20분의 시간을 내주겠습니다.〉」 매캐두가 정기적으로 점심을 같이 먹으면서 관계를 쌓은 한 변호사가 메일리어드였다.

올트먼과 만난 직후에 메일리어드는 매캐두와 늘 그렇듯 점심을 먹고 있었다. 「소개할 곳이 하나 있어요.」 메일리어드가 운을 뗐다. 하지만 그녀는 이 창업자들이 아직 스탠퍼드 학생이라고 경고했다. 「우린 스탠퍼드 자퇴생들 덕분에 돈을 많이 벌었어요. 아직 졸업하지 않은 게 문제가 될 거라고 생각 안 해요.」 매캐두는 대답했다. 「아, 아뇨. 세르게이나 래리가 박사 과정을 자퇴한 경우랑은 달라요. 이 세 창업자는 미성년자라고요.」 매캐두는 한층 흥미를 보였다. 메일리어드는 회사 대표인 샘 올트먼은 지금껏 만나 본 창업자 중에 제일 흥미로운 인물이라고 말했다. 「어떤 일이 있어도, 설령 그 아이디어가 당신한테 맞지 않더라도 샘을 만나야 해요.」

레이디에이트는 세쿼이아가 신봉하는 예상, 즉 바야흐로 휴대 전화가 기업이 소비자에게 손을 뻗는 주요한 수단으로 부상하고 있다는 예상에 들어맞았다. 메일리어드가 양쪽을 주선했고, 매캐두가 올트먼과 동료 창업자들을 코치해서 세쿼이아 파트너들을 상대로 사업 설명을 진행하게 했다. 슬라이드 수는 10개 안팎으로 줄이게 했다. 하지만 창업자들이 세쿼이아 수뇌부와 가진 미팅에서 설득을 성공시킨 요인은 올트먼이 늘어놓은 여담이었다. 올트먼은 여러 주제를 오가며 조금 횡설수설했는데, 각 주제마다 잠깐씩 현실을 건드리며 전문 지식을 조금씩 설명했다. 「올트먼은 어떤 문제든 간에 깨달음과 통찰을 제시하는 리더십의 놀라운 원천입니다.」 레이디에이트의 한 전 직원의 말이다. 「모리츠 같은 사람한테는 진짜 대박이죠.」 그들은 세쿼이아 파트너들에게 투자 지분을 팔았다. 「우리는 샘하고 사랑에 빠졌고, 그 아이디어에 흠뻑 취했죠.」 매캐두의 말이다.

2005년 10월 7일, 최종 투자 계약서가 준비되었다. NEA와 세쿼이아가 500만 달러의 투자금을 반씩 내고 그 대가로 회사 지분 50퍼센트를 받기로 했다. 친구와 가족 들한테 받은 5만 달러 정도를 포함해서 이 거래로 회사는 1천만 달러가 약간 넘는다는 평가를 받았다.

「그는 첫날에 50퍼센트를 포기했어요.」 NEA의 패트릭 청이 한 말이다. 이와 대조적으로, 세쿼이아가 같은 펀드로 투자한 유튜브는 첫 번째 투자 라운드에 이어 규모가 비슷한 시리즈 A에서 지분의 30퍼센트만 내주었다. 당시 온라인 동영상 포털인 유튜브의 가치는 1천5백만 달러였는데, 그런 초기 단계에서 넘기는 지분 비율로는 한결 전형적인 수준이었다. 어떻게 보면, 이런 차이는 레이디에이트의 이론적으로 막대한 잠재력과 그 순간 그 증거를 보여 주는 능력 사이의 간극을 반영한 결과였다. 유튜브는 그 플랫폼이 셀프서비스 방식이고 온라인이기 때문에 고객 확보 역량이 있음을 투자자들에게 보여 줄 수 있었던 반면, 레이디에이트는 사용자 확보를 하기 전에 우선 통신사와 계약을 체결해야 했다.

공동 창업자들 가운데 올트먼이 대부분의 지분을 소유했다. 처음에 그와 데시판데, 시보는 지분을 3등분하는 방안을 논의했지만, 올트먼이 Y 콤비네이터로 가고 둘은 그 대신 여름 인턴십을 하면서 올트먼이 40퍼센트를 갖기로 합의했다.

메일리어드는 올트먼이 그렇게 많은 지분을 선뜻 포기하는 걸 보고 깊은 인상을 받았다고 기억한다.「그는 겸손한 태도로 접근했고, 서로 윈윈하기를 원했어요. 처음부터 그는 지분을 가졌지만 100퍼센트 지배권을 고집하지는 않았습니다.」

몇 안 되는 조언자들도 지분을 받았다. 오랫동안 테크 임원으로 일하다가 얼마 전에 마이크로소프트에 자기 스타트업을 매각한 데이비드 와이든도 그중 하나였다. 그는 벤처 기업 매트릭스 파트너스에 채용되어 레이디에이트에 투자하는 방안을 놓고 정밀 실사를 담당했다. 하버드 출신으로 짧게 깎은 머리에 산악자전거로 산을 타는 걸 삶의 낙으로 여기는 와이든은 회의적인 태도를 숨기지 않았다. AT&T와 합병한 초기 무선 통신사인 매코 셀룰러에서 테크 경력을 시작한 그는 무선 통신 산업을 잘 알아서 올트먼이 이 분야를 잘 모른다는 걸 정확히 간파했다.

「샘을 만났는데, 그 친구와 회사가 마음에 들더군요. 저는 워낙 좋아하는 게 별로 없어서 좀처럼 드문 일이었죠.」와이든이 몇 년 뒤 회고한 말이다. 올트먼은 이동 통신사와 계약을 체결하는 역량에 전적으로 의존하는 회사의 최고 경영자가 될 자격이 없다고 와이든은 결론지었다. 하지만 그러면서도 매트릭스에 투자를 권하기도 했다.

「샘은 아주 보기 드문 친구예요. 그를 만나자마자 곧바로 와, 이 친구 정말 탐구심이 많고, 사려 깊고, 통찰력이 있고, 편견이 없고, 현명하고, 카리스마가 있다고 생각했죠. 바로 그 순서대로 말이죠. 샘을 만나자마자 즉석에서 그를 일론이나 빌 게이츠, 패트릭 콜리슨, 스티브 잡스 같은 반열에 올려놓고 싶었어요.」 와이든의 말이다.

와이든은 올트먼에게 매트릭스가 투자하려 하지 않더라도 자기는 하고 싶다고 말했다. 결국 매트릭스는 투자하지 않았고, 올트먼은 와이든에게 고문 자격으로 주식 일부를 주었다.

스탠퍼드 인공 지능 연구소의 앤드루 응, 그리고 스탠퍼드의 스타트업 액셀러레이터인 스타트X가 주최한 행사에서 올트먼을 만난 아마존의 수석 과학자이자 스탠퍼드 강사인 안드레아스 바이겐트 또한 고문 자격으로 주식을 받았다.

로펌 윌슨 손시니도 처음 경험을 했다. 테크 스타트업 고객들의 전략적 파트너를 자처한 이 로펌은 고객이 펀딩 라운드 기회를 얻을 때까지 법률 수수료를 받지 않는 지급 구조를 선구적으로 만들어 냈다. 그 대가로 윌슨 손시니는 펀딩 라운드에서 만들어진 선호하는 주식에 명목적 액수인 2만 5천 달러 정도를 다른 모든 이와 같은 조건으로 투자할 수 있는 기회를 요구했다.

투자 계약서의 일부로 청과 매캐두는 이사가 되고, 메일리어드도 이사회에 참석하기로 했다. (윌슨 손시니의 〈예우 할인〉은 자사가 지분을 가진 스타트업의 이사회에 변호사들이 참석하는 시간에 대해 비용 청구를 하지 않는다는 의미였다.) 청의 이사 자리는 어렵게 따낸 결과물이었다. NEA에서 청 같은 어소시에이트(중간급 관리자)는 대체로 자사가 투자하는 회사의 이사 자리를 차지할 만큼 고위급으로 여겨지지 않았다. 그런 영예는 파트너의 몫이었다. 하지만 올트먼은 NEA가 청을 이사로 지명하지 않으면 계약서에 서명하지 않겠다고 버텼다. 올트먼은 청의 단축 번호에서 어머니와 남자 친구에 이어 세 번째 자리를 차지했다.

단서 조항 중에는 공동 창업자 전원이 대학을 중퇴해야 한다는 내용도 있었다.

올트먼은 이런 상황이 닥칠 것을 예상하고 있었다. Y 콤비네이터 인터뷰를 끝내고 릭 퍼니코프의 남학생 클럽 하우스 바닥에서 하룻밤 자고 몇 주 뒤, 올트먼은 고등학교 친구에게 전화를 걸어 제안을 했다. 「너도 학교 자퇴하고 나하고 같이 일하자.」 하지만 부모님과 이 문제를 이야기할 때가 되자 그는 〈자퇴〉라는 단어를 애써 피했다. 그와 공동 창업자들은 누가 묻지도 않았는데 학생이 2년간 휴학할 수 있게 해주는 스탠퍼드의 너그러운 정책을 거론하면서 자신들의 결정을 〈일시 중단〉이라고 규정했다.

데시판데의 부모님은 이해심이 많았지만 어머니 셰일라는 지금도 아쉬워한다. 「그저 학부 과정이나 마치고 스탠퍼드에서 더 많은 걸 배웠으면 하는 마음이 남아 있죠.」 시보의 부모님은 아마 아버지가 소프트웨어 업계에서 일했기 때문일 텐데, 아들보다도 오히려 흥분하는 모습이었다. 그들은 1학기 등록금을 그냥 용돈으로 쓰라고 하면서 자동차도 보내 주었다. 올트먼의 어머니인 코니 깁스타인은 아들이 1년을 휴학하겠다고 말했지만, 〈계속 휴학을 연장하고 끝내 복학할 생각이 없는 게 분명했다〉고 회고한다. 일부 가족과 친구들이 수군거리긴 했지만, 결국 올트먼의 부모님은 마음을 내려놓았다. 「사람들은 말했죠. 〈아들이 대학을 중퇴하기를 바라진 않잖아.〉 그러면 이렇게 넘겼어요. 〈알다시피 난 샘은 걱정하지 않아. 그 애가 뭐 자퇴하고 산에 들어가서 평생 명상이나 할 것도 아닌데 뭐. 걔는 그런 애가 아냐. 워낙 욕심이 많잖아.〉」

그 후 몇 년 동안, 올트먼은 같은 꿈을 계속 꾸게 된다. 「스타트업 일을 하느라 수업을 빼먹거나 수업에 들어갔다가 스타트업의 중요한 미팅을 빼먹거나 하는 꿈이었죠. 실제로 그런 일이 벌어지지는 않았지만 30대가 되고 한참이 지나서도 그 꿈을 많이 꿨습니다.」 올트먼의 말이다.

릭 퍼니코프의 부모님은 그만큼이나 열정적이지 않았다. 릭은 MIT 3학년 때 자퇴했다. 전공은 컴퓨터 과학과 전기 공학이었다. 퍼니코프는 또한 형 톰도 데려왔는데, 그는 이제 막 브랜다이스 경제학과를 졸업해서 코딩을 배우기 시작한 참이었다. 퍼니코프 부부는 아들들의 야심을 지원하고 올트먼이 똑똑하다는 걸 알았지만, 릭이 MIT 경험을 포기하는 것은 걱정했다.

매캐두는 공동 창업자들을 팰로앨토에 있는 아시아 퓨전 레스토랑 타마린에 데려가서 축하 턱을 냈다. 그는 새로운 파트너들에게 건배하고 싶다며 와인을 한 병 주문하라고 했다. 약간 당황한 올트먼이 자기들은 아직 술을 마실 나이가 아니라고 조심스럽게 말렸다.

NEA는 좀 더 연령에 맞는 방식으로 최신 투자를 축하했다. 최종 계약서에 사인하고 며칠 뒤, 올트먼과 시보는 청과 그의 파트너 매튜 버트를 스탠퍼드 캠퍼스의 메인 쿼드에서 열리는 파티에 데려갔다. 메모리얼 교회의 붉은 타일 지붕 위로 이제 막 보름달이 떠오르고 있었다. 500명이 넘는 학생들이 안마당에 모여 들었는데, 많은 사람이 보디 페인팅만 했을 뿐 나체였다. 완벽한 콘서트 조명과 비디오 화면 아래 록 밴드들이 무대 위에서 연주했다.[4] 이 행사에서는 공식적으로 알코올이 금지였지만, 파티 시작 전에 진탕 마신 술 냄새와 구강 청정제 냄새가 사방에 진동했다. 한 구역에서 키스병이나 더 나쁜 전염병이 캠퍼스에 퍼지는 걸 막기 위해 콘돔과 리스테린을 잔뜩 늘어놓은 것을 발견한 청은 거의 패닉 상태였다. 〈내가 여기 있는 거 들통나면 안 되는데〉. 후에 그는 이런 생각이 떠올랐다고 기억했다. 〈난 벤처 캐피털 기업에서 일한다고!〉

이윽고 자정 몇 분 전에 카운트다운이 시작되었다. 「10, 9, 8······.」〈쿼드의 풀문〉이라는 파티는 수십 년 묵은 스탠퍼드의 전통으로, 학기 첫 번째로 뜬 보름달 아래서 4학년생이 신입생에게 키스를 해주는 일종의 입문식이다. 초창기에는 4학년 남학생이 1학년 여학생에게 키스하는 좀 오싹한 형태였는데, 철저하게 관리되고 체계적으로 조직되는 청소년 관람가 수준의 스킨십 파티로 변모되었다. 사정이 되자 전통에 충실하게 〈모든 사람이 키스하고 있었다〉고 청은 기억을 떠올렸다. 「〈아 세상에, 지금 내가 여기서 뭘 하고 있는 거지?〉란 심정이었죠.」

사실 그가 하던 일은 올트먼에게 스탠퍼드 학생으로 누리는 마지막 기회를 주는 것이었다. 결정은 내려졌다. 올트먼이 4학년으로 돌아올 가능성은 희박했다. 결정적인 순간이었다. (청과 버트는 그날 저녁이 생생하게 기억난다고 말하지만, 올트먼은 두 사람을 그날 행사에 데리고 간 것도, 3학년을 다닌 것도 기억이 나지 않는다고 말한다.)

처음에 공동 창업자들은 샌드힐 로드에 자리한 세쿼이아 본사에 출근하며 일했다. 불교 사찰과 공공 도서관의 중간쯤 되는 외양의 모던한 회갈색 건물이었다. 레디에이트는 세쿼이아의 인큐베이션 공간을 유튜브 공동 창업자 세 명과 같이 썼다. 세 명 모두 웹 1.0 시대의 결제 회사인 페이팔 출신이었다. 또 다른 페이팔 전 직원은 세쿼이아의 파트너로, 유튜브에 대한 투자를 이끌어 낸 룰로프 보타였다. 세쿼이아는 2005년 11월에 유튜브에 350만 달러를 투자한다고 발표했는데, 같은 달에 레디에이트에도 250만 달러를 투자했다. 1년 안에 구글은 유튜브를 16억 5천만 달러에 사들이게 된다. 레이디에이트의 한 직원은 훗날 유튜브 창업자들과 나란히 해킹한 일을 〈저절로 겸손해지는〉 경험이었다고 설명한다.

　레이디에이트와 유튜브에 대한 투자는 실리콘 밸리가 닷컴 버블이 터진 이후 자본이 얼어붙은 시기를 지나 이제 거대한 해동기에 들어섰다는 증거였다. 「사람들이 수익과 수입이 낳지 못할지도 모르는 새로운 아이디어에 눈길을 주기 시작하는 첫 단계에 불과했습니다.」 메일리어드의 말이다. 윌슨 손시니의 또 다른 고객인 유튜브는 딱 들어맞는 사례였다. 「인터넷에 올라온 자작 영상이 어떤 종류의 사업 계획이 될 거라는 걸 누가 알았을까요? 수입이 전혀 생기지 않았는데, 수년간 실패를 겪은 상황에서 사람들이 이를 보고 충분한 가치가 있다고 느끼려면 미래에 대한 전망이 있어야 했죠.」 한 은행가는 구글이 설득력 없는 사업 설명에서 유튜브 인수에 대해 주주들에게 설명하는 모습을 우스갯거리처럼 상상했다. 「좋은 소식입니다: 유튜브는 수입이 전혀 없어요. 나쁜 소식입니다: 들어 본 적도 없는 회사입니다.」[5]

　벤처 자본가들이 다시 스타트업에 투자하는 모습을 보면서 ― 그리고 누군가 실리콘 밸리에서 Y 콤비네이터의 복제판을 만들 수 있다는 피해망상에 사로잡힌 ― 그레이엄은 베이 에어리어에서 겨울 세션을 열어야 한다고 목소리를 높였다. 처음에는 케임브리지와 가장 가깝고 비슷하다고 생각한 버클리에서 세션을 열려고 했다. 하지만 준비 시간이 빠듯했던 터라 블랙웰의 로봇 공학 회사인 애니봇이 여유 공간을 조금 갖고 있는 마운틴뷰로 옮길 수밖에 없었다. 이 공간을 정신없이 개조하느라 2006년 1월 Y 콤비네이터의

두 번째 배치 성원들이 도착했을 때는 아직 벽에 페인트도 마르지 않은 상태였다.[6]

준비 작업의 일환으로 그레이엄과 리빙스턴은 올트먼에게 메일리어드를 소개해 달라고 요청했는데, 그녀는 윌슨 손시니의 회의실에서 그들을 반갑게 맞이했다. 몇 주 전에 레이디에이트 창업자들이 방문했던 바로 그 회의실이었다. 메일리어드는 그레이엄의 〈예술을 위한 예술〉식의 코드 작성법과 그것을 바탕으로 비즈니스를 만들어 내는 사고방식에 금세 매료되었다. 「그냥 돈이나 투자만 노리는 게 아니었죠. 그가 정말로 사랑해서 하는 일이라는 게 바로 느껴졌어요.」

그레이엄과 리빙스턴은 최종 계약서를 작성하는 법과 투자자를 평가하는 법, 그리고 궁극적으로 그런 비밀 지식을 알고 싶은 모든 사람에게 웹사이트를 통해 공개하는 법을 알고 싶어 했다. 「그 사람들은 실리콘 밸리에 관해 더 많은 걸 배우는 데 정말 관심이 많았죠.」 메일리어드와 동료 캐럴린 레비는 마운틴뷰에 있는 Y 콤비네이터 사무실을 자주 들러서 최종 계약서와 투자 구조를 논의하게 된다. 메일리어드는 이런 행사를 〈토론회 teach-in〉라고 불렀다. 레비와 남편 존(그도 윌슨 손시니의 변호사 출신이었다)은 결국 Y 콤비네이터에 합류한다(존은 2008년에, 레비는 2012년에). 그레이엄이 붙인 별명대로 하면 〈C-레비〉는 그곳에서 스타트업이 주식 발행 대신 활용하는 표준형 조건부 지분 전환권을 만들어 냈다. 이 방식을 활용하면 창업자들이 자금을 한꺼번에 조달하는 게 아니라 점진적으로 조달할 수 있었다. 레비는 계속해서 SAFE(조건부 지분 인수 계약)라는 유형의 조건부 지분 전환권을 만들어 낸다. 초기 단계의 스타트업이 기업 평가를 받지 않고도 투자자에게서 신속하게 자금을 확보할 수 있는 창업자 친화적인 방식이다. Y 콤비네이터는 SAFE 법률 서류를 자사 웹사이트에 오픈 소스 방식으로 공개했는데, 이는 순식간에 업계의 표준이 되었다.[7]

그레이엄과 리빙스턴은 또한 올트먼을 통해 매캐두도 만났다. 그는 결국 Y 콤비네이터의 여러 배치에 대한 세쿼이아의 투자를 이끌었는데, 이로써 세쿼이아는 아직 검증되지 않았지만 전도유망한 새로운 스타트업들을 평가하는 데서 유리한 지위를 점하게 되었다. 자금 조달을 노리는 스타트업을 확보하려고 경쟁하는 벤처 캐피털 업계에서 〈거래 흐름deal flow〉이라고 알려진 너무도 중요한 개념이다.

자기 스타트업을 본격적으로 시작하기도 전에 올트먼은 없어서는 안 될 스타트업 연결자임이 증명되었다. 〈그 친구는 모르는 사람이 없다〉고 그레이엄은 2012년에 설명했다. 〈그는 동문들을 수없이 많은 곳에 소개를 했을 뿐만 아니라 Y 콤비네이터 자체를 위해서도 실리콘 밸리에서 첫 번째 연결을 대부분 도맡았다. (……) Y 콤비네이터는 이제 하루가 멀다 하고 많은 사업을 주선하지만, 그 나무의 첫 단계까지 거슬러 올라가면 샘이 그 출발점에 있다.〉[8]

그해 겨울 Y 콤비네이터가 실리콘 밸리에 안착하면서 테크 부문에서 낙관주의의 경주 속도가 빨라졌다. 올트먼과 공동 창업자들은 거의 완벽한 타이밍을 포착한 셈이었다. 「그 친구들은 바로 그 초기 물결의 일부였어요. 그 물결은 거대한 파고로 바뀌었는데, Y 콤비네이터가 많은 이바지를 했습니다.」 메일리어드의 말이다.

레이디에이트는 팰로앨토 3250 애시 스트리트에 있는 수수한 황갈색 2층 건물에 사무실을 얻었다. 엘 카미노 레알과 페이지 밀 로드가 만나는 혼잡한 교차로 근처로, 스탠퍼드 캠퍼스에서 자전거로 갈 수 있는 거리였다. 주요한 특징은 메인 룸 안쪽으로 위험하게 튀어나온 나선형의 계단이었다. 「젊은 남자들이 조심하지 않고 걷다가 이마를 부딪히곤 해서 사람들이 수영장 폼 튜브로 감싸려고 했습니다.」 회사 오피스 관리자인 니니 탕의 회고다. 「일종의 해저드였죠.」 탁구대가 하나 있고 평면 TV도 하나 있었는데 주로 1인칭 슈팅 게임 「할로 3」를 하는 용도였다. 퍼니코프 형제는 기타와 프렌치 불도그 브루노를 데려왔는데, 엔지니어들이 걸핏하면 밤을 새워 코딩하고 사무실에서 잠을 자서 가뜩이나 냄새가 나는데 브루노가 진한 냄새를 더했다. 「대학교 남학생 클럽하고 다를 게 없었어요.」 나중에 마케팅 책임자로 합류한 민 리우의 회고다. 토미 차이 — 루프트의 엔지니어링 책임자 출신의 똑똑한 프로그래머로, 아침이면 컴퓨터 앞에서 기절한 모습으로 발견될 가능성이 가장 높은 엔지니어였다 — 가 앓아 누웠을 때, 탕은 대신 병원 예약을 해서 의사에게 태워다 주어야 했다. 「사무실에서 엄마 역할을 한 거죠.」 탕 본인도 스탠퍼드를 졸업한 지 얼마 되지 않았는데도 그런 사정이었다.

당시에 펠로앨토는 테크 세계의 중심지였다. 테크 업계가 아직 샌프란시스코로 옮겨 가지 않은 상태였다. 어느 날 밤이든 페닌슐라의 섬뜩한 핑크빛 하늘 아래 스타트업과 벤처 기업이 주최하는 사교 모임과 행사가 여럿 열렸다. 주로 모바일이나 가입형 소프트웨어의 차기 주자가 무엇이 될지가 대화의 주제였다. 이런 모임이 끝나면 레이디에이트 팀은 안토니오 너트 하우스로 향하곤 했다. 싸구려 맥주와 바닥에 버려진 땅콩 껍질 냄새가 진동하는 허름한 단골 술집이었다.

동료 스타트업 창업자들이 주최하는 파티에도 가곤 했다. 애런 레비와 딜런 스미스가 임대한 특이한 주택 겸 사무실에서도 이따금 레이디에이트 사람들을 볼 수 있었다. 대학을 중퇴하고 곧바로 클라우드 저장 회사 박스를 공동 창업한 두 사람은 테이블 축구 게임과 비어 퐁 게임을 즐기는 파티를 곧잘 열었다. 박스의 주택 겸 사무실에 있는 로프트 공간에는 바닥에 매트리스가 몇 장 깔려 있어서 술에 취한 손님들이 바로 뻗을 수 있었다. 초창기 레이디에이트의 엔지니어인 에번 태나의 집에도 자주 갔다. 룸메이트인 마크 슬리는 페이스북의 초기 엔지니어 중 하나였는데 간혹 사장인 마크 저커버그를 초대하기도 했다. 저커버그는 두 사람보다 겨우 한 살 위였다. 초창기 레이디에이트의 어느 직원은 〈페이스북 사람들하고 파티에 가는 게 참 재밌었다〉고 회고한다.

젊음이 넘치는 에너지가 난무하는 가운데 세쿼이아는 자사가 투자한 회사의 직원들이 〈사무실의 어른들〉이라고 부르는 사람들을 두는 것을 선호했다. 2005년 9월 세쿼이아의 동료 파트너들에게 유튜브에 투자해야 한다고 설득하려고 적은 메모에서 보타는 이렇게 말했다. 「우리는 이 회사가 최고 경영자와 사업 개발/판매 담당 부사장을 신속하게 영입하는 걸 도와줘야 합니다.」[9] 몇 달 뒤 유튜브에 투자한다고 발표하는 보도 자료에서 세쿼이아는 자신이 나스닥 가치 총액의 10퍼센트를 차지하는 회사들에 자금을 투자했을 뿐만 아니라 〈조직 구성〉도 책임졌다고 자랑했다.[10]

세쿼이아는 레이디에이트에도 비슷한 각본을 활용했다. 이 벤처 기업은 아직 자사 사무실에서 레이디에이트를 인큐베이팅하는 동안 매캐두와 파트너들이 젊은 창업자들에게 멘토 역할을 할 만하다고 기대한 고위 임원을 몇 명 영입하는 것을 도와주었다. 그중 한 명인 브라이언 마르치니아크는 조지아주 출신의 40대 중반에다 경험 많은 테크 판매 임원으로, 1990년대 초 이래 판매 담당 부사장으로 일하는 인물이었다. 「일부 통신업계 사람들한테는 경험 많은 어른이 필요했죠. 브라이언은 골프를 즐기고, 적당한 긴팔 니트를 입는 컨트리클럽 회원이었습니다.」 매캐두의 말이다. 머리는 희끗했지만 마르치니아크는 자신이 영입된 게 다른 후보자들에 비해 거만하지 않은 인상이었기 때문이라고 생각한다. 올트먼은 〈자신에게 이래라 저래라 하는 판매 담당 부사장을 원하지 않았〉다. 어쨌든 누가 최고 판매 책임자인지는 의문의 여지가 없었다. 마르치니아크는 올트먼에 관해 이렇게 말한다. 「그 친구는 항상 뭐든지 다 아는 것처럼 말하죠. 사실은 모르면서요. 그 친구가 아는 수준은 3 정도인데, 10을 아는 것처럼 말한다니까요.」 마르치니아크는 올트먼이 친절하고 협업에 능한 사람이라고 보았고, 그가 회의 때마다 내내 멀티태스킹을 해도 신경 쓰지 않았다. 올트먼은 늘 노트북을 열어 놓고 팜 파일럿을 감으로 조작했는데, 너무 많이 써서 키보드 페인트가 벗겨져 있었다.

세쿼이아가 영입한 또 다른 〈어른〉인 마크 제이컵스틴은 하버드 컴퓨터 과학과 출신에 30대 중반이 된 사근사근한 연쇄 창업가였다. 그가 최근에 일렉트로닉 아트의 창업자 트립 호킨스와 함께 세쿼이아의 지원을 받아 만든 기업은 휴대 전화 게임 회사 디지털 초콜릿이었다. 이 경험을 통해 그는 모바일 기기가 단순한 게임보다 훨씬 용도가 다양하다고 확신하게 되었다. 하지만 역사상 가장 상징적인 비디오 게임 회사로 손꼽히는 기업의 창업자가 운영하고 있었기에 그런 가능성을 탐색할 기회가 많지 않았다. (호킨스는 애플의 초창기 직원으로 세쿼이아에 투자받아 일렉트로닉 아트를 설립했고, 이후 「더 심즈」와 「레지던트 이블」 등을 만들었다.)

세쿼이아 본사 2층에 있는 소규모 8인 회의실에서 제이컵스틴은 이제 퍼니코프 형제까지 낀 공동 창업자 5명과 만났는데, 올트먼과는 처음부터 죽이 잘 맞았다. 두 사람은 모바일 기기가 그저 화장실에 앉아 있거나 은행에서 줄을 설 때 재미로나 보는 게 아니라 현실 세계의 사람들을 하나로 묶어 주는 힘을 갖고 있다고 굳게 믿었다. 올트먼은 대학 시절 시간이 좀 남거나 수업이 시작되기 전에 캠퍼스에서 친구를 찾고 싶었던 기억이 있다고 말하며 자기 회사는 〈뜻밖의 발견을 할 기회를 향상시키려고〉 노력하는 기업이라고 소개했다. 나중에 어머니한테 이 사업 설명에 관해 이야기하자 어머니는 이렇게 대답했다. 「아, 외로운 사람을 치료해 주는 거구나, 그렇지?」

마르치니아크와 달리, 제이컵스틴 영입은 매캐두의 말에 따르면 〈소명〉을 따른 것이었다. 〈샘에게 부족한 부분을 메워 주기 위해 영입〉했다는 것이었다. 제이컵스틴의 기억에 따르면, 〈나는 저크한테 셰릴 같은 존재〉였다. 페이스북의 최고 운영 책임자COO 셰릴 샌드버그와 열다섯 살 연하의 최고 경영자 마크 저커버그의 오랜 성공적 관계를 가리키는 말이다.

제이컵스틴은 기업 발전과 마케팅 담당 총괄 부사장 직함을 받았는데, 무선 통신사나 규제 담당자와 만날 때 진지한 대화 상대로 대접받지 못할 경우를 대비해 아직 10대인 올트먼의 매니저 역할을 맡는다는 뜻이었다. 두 사람은 자사 앱을 둘러싼 프라이버시 관련 우려를 누그러뜨리기 위한 방법을 함께 고안했다. 전자 프런티어 재단이나 미국 시민 자유 연맹, 가정 폭력 피해자 쉼터, 전국 실종·학대 아동 방지 센터 등 불만을 제기할 가능성이 있는 사람에게 먼저 적극적으로 다가가서 제품 디자인과 결정 과정에 참여시키는 방법이었다. 〈그들을 과정에 포함시키면서 우려를 완화하는 데 도움이 됐다〉고 제이컵스틴은 말한다.

올트먼은 훗날 이 교훈을 흡수하고 활용해서 오픈AI에서 놀라운 효과를 발휘하게 된다. 한편 무선 통신사들과 계약을 따내는 일에서는 그다지 많은 도움을 필요로 했던 것 같지 않다.

6
〈지금 어디?〉

2000년 오스트레일리아에서 서핑에 열광하는 젊은이들을 겨냥한 브랜드로 설립된 부스트는 넥스텔 통신망을 기반으로 운영되는 최초의 〈가상〉 모바일 네트워크(업계에서는 모바일 가상 네트워크 운영자MVNO라고 불린다)였다. 넥스텔은 일찍부터 트럭 운전사들을 틈새 시장으로 개척하기로 결정해서 모든 휴대 전화 제조사에 GPS 칩을 제품에 내장하도록 요구했다. 부스트는 미국 서핑 문화의 중심지인 캘리포니아주 어바인에 사무실을 열고 젊은 서퍼들과 도시 청년층을 대상으로 선불 요금제를 마케팅하기 시작했다.

「도시의 많은 어린아이가 직접 계약할 수 없었기 때문에 선불 기기가 필요했죠.」 당시 부스트에서 혁신 및 사업 개발 책임자였던 로웰 와이너의 설명이다. 「솔직히 말하자면 마약상들도 부스트를 많이 이용했죠. 계약서를 쓸 필요가 없어서 이름을 남기지 않았으니까요.」

젊은 층을 끌어들이기 위해 부스트는 서퍼, BMX 라이더, MC, 래퍼, UFC 선수 등을 대거 영입해서 브랜드 메시지를 퍼뜨렸다. 그들은 이따금 맥주가 제공되는 금요일 오후마다 부스트의 스트립 몰 스타일 사무실 2층에 얼굴을 비췄는데, 어떤 이는 사무실 계단을 모터크로스 바이크로 올라가기도 했다. 부스트의 모회사인 스프린트의 캔자스시티 본사와는 극명한 대조를 이루는 분위기여서 부스트 직원들은 본사를 〈쇼생크 교도소〉라고 부르기도 했다.

2006년 초, 와이너는 부스트가 GPS 역량을 활용해서 경쟁사들과 차별화해야 한다고 확신했고, 레이디에이트와 아주 흡사한 아이디어에 관한 제안 요청을 내놓았다. 근처에 친구가 있을 때 알려 주는 〈친구 찾기〉 기능이었다.

「우리가 이 아이디어를 현실화하는 데 도움을 줄 만한 회사를 찾아 온 세상을 샅샅이 뒤졌죠.」 와이너가 그때 기억을 떠올렸다. 돌아온 대답은 무선 통신사 대부분이 기업들에 특별한 기능을 제공하는 데 도움을 주기보다는 플랫폼을 구축하기를 원하는 기업들이 보낸 것이었다. 와이너가 이미 자신이 원하는 것과 무척 흡사한 회사를 선정해서 최종 서류 작업을 마무리하던 중에 올트먼에게서 전화가 왔다.

앞서 올트먼은 부스트의 제안 요청을 접하고는 레이디에이트가 부스트가 원하는 사업을 구축할 수 있다고 생각했다. 와이너는 부스트가 이미 다른 경쟁 업체와 계약을 마무리하는 중이라고 설명했다.

올트먼은 가슴이 철렁했다. 「부스트와 협력 관계를 맺으면 스프린트하고도 협력할 수 있죠. 그리고 스프린트하고 협력하면 버

라이즌과 AT&T와도 협력하게 될 테고요.」¹

하지만 한 가지 작은 틈새가 있었다. 경쟁 업체는 부스트가 정말로 원하는 한 가지 기능을 만들지 못할 것 같다고 말한 바 있었다. 가령 약 8킬로미터 이내에 친구가 있을 때 알림을 보내 주는 상태 메시지 기능이 그것이었다. 레이디에이트 팀은 밤을 꼬박 새면서 그 기능을 구축했다.

「새벽 4시에 잠이 들어서 6시까지 잔 거 같아요. 7시에 부스트가 있는 오렌지 카운티행 비행기를 탔습니다.」 올트먼이 그때 기억을 떠올렸다.²

올트먼은 예고도 없이 와이너의 사무실에 나타나서 10분만 시간을 내달라고 요청했다. 와이너는 그를 회의실로 안내해서 살펴보았다. 카고 반바지 차림으로 몸에 비해 너무 큰 것 같은 의자에 〈양반다리를 하고 앉은〉 올트먼은 금세 회의실의 분위기를 압도했다. 「땀에 흠뻑 젖은 그 친구는 아마 몸무게가 50킬로그램 정도였을 텐데, 중년 어른들이 둘러앉아 그가 말하는 걸 복음처럼 듣고 있었죠. 그는 사방에 자신감을 뿜어냈어요.」 와이너가 그때를 회상했다.

한 시간 정도가 지난 뒤, 와이너는 회의실을 나와 부스트의 제품 담당 부사장인 닐 린지의 사무실로 갔다. 그는 다짜고짜 이제 방향을 바꿔야 하고, 〈이제 막 우리 사무실에 나타난 어떤 친구〉하고 동행해야 한다고 설명했다. 레이디에이트 팀은 와이너가 원하던 기능을 구현할 수 있었기에 〈이 친구들은 민첩하고, 뭐든지 제대로 처리할 줄 안다〉는 걸 입증해 보였다. 와이너는 세쿼이아에 전화를 걸어 올트먼의 됨됨이와 재정적 신뢰도를 확인한 뒤, 이 신생 회사에 첫 번째 무선 서비스 계약을 맡기기로 결정했다.

올트먼은 이 계약을 통해 근본적인 교훈 하나를 배웠다. 「무슨 일이든 하려면 무조건 끈질기게 매달려야 한다는 거였죠.」[3]

많은 세월이 흐른 뒤에도 와이너는 올트먼과 처음 마주친 순간을 뚜렷이 기억한다. 「당시에 그 친구를 만난 사람이라면 누구나 그가 가진 재능을 일부라도 갖기를 바랐죠. 무슨 일이든 할 수 있다는 느낌이 있었어요. 그는 무척 낙관적이었어요. 결단력에 낙관적 태도까지 갖췄죠. 어떤 일이든 회의적인 경우가 거의 없었습니다.」

부스트와 계약을 체결한 것은 레이디에이트의 미래에 워낙 중대한 일이었기에 회사는 명칭을 바꾸기로 결정했다. 사명 변경이 가능했던 한 가지 이유는 모든 당사자가 회사를 〈스텔스 모드〉로 유지하기로 정한 바 있었기 때문이다. 무선 계약을 성사시키고 통신사들이 필요로 하는 기술을 구축하는 데 시간이 필요하다는 걸 알았던 터라 시리즈 A 투자 확보 건에 관한 보도 자료를 내보내지 않았다. 〈플립트〉라는 이름을 잠깐 검토하기도 했지만 상표권 문제에 부딪혔다. 그때 페이스북이 이제 막 인기를 끌고 있었고, 〈o〉를 두 개 넣으면 행운이 오는 것 같았다. 페이스북Facebook, 구글Google, 야후Yahoo!, 그리고 HBO의 풍자 작품인 「실리콘 밸리」에 등장하는 가공의 회사 훌리Hooli까지 전부 〈o〉가 두 개였으니까. 레이디에이트 사람들은 수많은 이름을 검토하다가 가장 가깝고 더없이 소중한 협력사인 부스트의 연장선에 있는 것 같은 이름으로 정했다. 이후 9개월 동안 개발하는 제품의 명칭은 메아리 같이 울리는 이름이었다. 부스트 루프트Boost Loopt. 그리고 회사는 레이디에이트에서 루프트로 이름을 바꾸었다.

2006년 11월 기이할 정도로 따뜻한 어느 화요일, 올트먼은 타임스 스퀘어에서 래퍼들로 둘러싸인 가운데 첫 번째 제품을 출시했다. 청바지에 피가 튄 만화 디자인의 후드 티를 걸친 그는 도시 축제장 한가운데에 세운 가설무대 위에 서서 오랜만에 다시 플립폰을 치켜들었다. 이번에는 맨해튼 미드타운의 실시간 지도를 보여 주었는데, 작게 색칠된 동그라미가 그와 동료들의 위치 정보를 알려 주고 있었다. 그들 뒤로 휴대 전화의 작은 픽셀 지도를 확대한 거대 배경막은 지나가는 관광객과 통근자 들에게 제품의 주요 특징을 소개해 주었다. 무대 위에는 루프트의 공동 창업자들과 초기 인재들 — 데시판데, 퍼니코프 형제, 에번 태나, 제이컵스틴 — 거의 전부에 부스트 마케팅 팀과 계약을 맺은 디제이 케이 슬레이와 패볼러스도 있었다. 시보는 늘 그렇듯 무대에는 오르지 않았다.

9개월 전, 부스트와 루프트는 앞으로 4년간 루프트에서 개발한 앱을 부스트의 모든 휴대 전화에 탑재하기로 계약을 체결했다.[4] 이후 몇 달간 부스트와 루프트는 이 서비스를 구축하고 마케팅하기 위해 협력했다. 올트먼은 회사의 생존이 달린 문제처럼 여기며 부스트와의 관계를 관리했다. 실제로도 생존이 걸린 문제였기 때문이다. 「내가 전화하자 그가 전화를 받았죠.」 와이너가 그때 기억을 떠올렸다. 공교롭게도, 올트먼을 만나기 한참 전에 부스트는 올트먼이 처음 한 제안과 놀랍도록 비슷한 슬로건을 선정한 적이 있었다. 2004년 〈부스트 모바일 앤섬〉이라는 부스트 모바일의 광고에서 카니예 웨스트와 루다크리스, 더 게임이 〈지금 어디?〉라고 한목소리로 랩을 했다. 최고 인기 힙합 가수를 내세운 부스트 모바일 광고 중 첫 스타트를 끊은 광고였다.[5]

「카니예 웨스트가 첫발을 뗀 광고죠.」 부스트의 최고 마케팅 책임자CMO인 대릴 코빈이 그때 기억을 떠올렸다. 코빈은 광고에서 힙합을 활용한 최초의 브랜드 중 하나인 스프라이트 마케팅을 도우면서 코카콜라에서 긴 경력을 쌓은 뒤 무명에 가까운 브랜드인 부스트에 합류한 상태였다. 루다크리스가 여기 낀 건 그 직전에 펩시에서 계약을 해지했기 때문이다. 뉴스 앵커 빌 오라일리가 방송에서 〈지역마다 난잡한 여자를 두고 있다〉는 그의 랩 가사를 들먹이며 여성 혐오라고 비난한 게 계기였다.[6] 더 게임으로 말하자면 〈콤턴 밖에서는 아무도 그를 알지 못했다〉. 광고에서 세 래퍼는 서로 대화하며 자기가 어디에 있는지 설명하면서 카니예 웨스트에게 비트를 달라고 했다.

1년이 지난 지금, 더 게임은 타임스 스퀘어를 돌아다니고 있었다. 선명한 녹색 트레이닝복 상의를 걸치고 그를 에워싼 젊은 여자들은 〈boost loopt〉라는 앙증맞은 소문자 문구가 적힌 녹색 풍선을 들고 있었다. 후에 올트먼의 시그니처가 될 글씨체였다. 「루프트는 말 그대로 〈지금 어디?〉라는 질문을 실체로 드러낸 거였죠.」 코빈의 설명이다.

부스트는 제품 출시를 기념해서 텔레비전 광고를 공개했는데, 루프트 친구 찾기 지도에 뜨는 깜빡이는 색색의 점들을 연상시키듯, 비치 볼처럼 빵빵해진 젊은 친구들 무리가 휴대 전화로 서로 묻고 있었다. 「야, 지금 어디?」 캘리포니아주에 있는 본사 사무실에서는 루프트 팀이 하던 일을 멈추고 눈을 동그랗게 뜬 채 화면을 응시했다. 광고가 처음 텔레비전에 나오는 순간이었다. 아직 부자가 된 건 아니었지만 이미 유명해진 셈이었다.

부스트는 가입자 수를 확보하기 위해 2006년 9월에 무료로 서비스를 제공하기 시작했고, 그해 말까지 무료 정책을 계속하게 된다. 그 후에는 월 2.99달러 유료 요금제가 시행될 예정이었다. 출시 시점에 루프트의 이용자 수는 3만 5천 명이었다.[7]

시보를 제외하고 무대에 오르지 않은 핵심 인사는 한 명뿐이었는데, 부스트의 사업 개발 책임자인 와이너였다. 그는 출시 직전에 암 진단을 받고 치료 중이었다. 그리하여 동료인 부가 서비스 책임자 크레이그 톨이 부스트를 대표해 발언을 했다. 「소셜 네트워킹은 현재 가장 뜨거운 공간이고 사람들은 모바일 공간에서 소셜 네트워킹을 기대하고 있습니다.」 그와 인터뷰한 『오렌지 카운티 레지스터』는 부스트 루프트의 기능이 〈강력하게 업그레이드된 이동형 마이스페이스 같은 커뮤니티〉라고 결론지었다.[8]

올트먼은 그런 수준을 훨씬 넘어선다고 말했다. 「이건 더 깊은 소통을 위한 겁니다.」 그가 같은 신문에 이야기했다. 「사람들을 정말로 한데 모으는 서비스죠. 소셜 네트워킹이라는 가상 세계 대신 인간적인 연결을 되살리는 거거든요.」 서비스의 핵심 타깃층인 14~25세 젊은이들 가운데 얼마나 많은 수가 실제로 요금을 내면서 루프트를 이용하게 될지 묻는 질문에 올트먼은 낙관적인 답변만 내놓았다. 「많은 사람이 계속 쓸 겁니다.」 이미 다른 이동 통신사들과도 협의 중이라고 자랑하면서 젊은 층의 향방을 예상했다. 「이 서비스가 전화번호부 대신 기본 앱이 될 잠재력이 있습니다.」[9]

올트먼이 예상한 것처럼, 루프트가 부스트와 맺은 계약은 무선 통신사들과의 잦은 미팅으로 이어졌다. 2006년 가을에서 겨울로 접어들면서 루프트에서 무선 통신업계와의 연계를 담당하는 고문인 데이비드 와이든은 싱귤러 무선 통신과 회의 자리를 마련했다. 조만간 AT&T에 통합되는 회사였다. 와이든은 싱귤러 최고 경영자와 직접 연락하는 사이였고, 이런 관계를 활용해서 올트먼이 가장 중요한 임원과 독대하는 자리를 마련해 주었다. 무선 통신사의 모바일 위치 데이터를 기반으로 사업을 구축하려는 회사라면 누구나 만나고 싶어 하는 데이터 담당 부사장이었다. 「데이터 담당 부사장은 신적인 존재였죠.」 와이든의 말이다. 회의는 싱귤러 본사가 있는 애틀랜타에서 열릴 예정이었는데, 그곳은 사람들이 대부분 정장을 입고 다니는 분위기였다. 「청바지 입은 사람은 아예 건물에 들어오지 못하는 곳이었어요.」 와이든이 그때 기억을 떠올렸다. 하지만 그는 올트먼에게 이런 언질을 주지 않았고, 회의 시작 10분 전인 8시 50분에 딱 맞춰 도착한 올트먼은 12월 한겨울에 티셔츠와 반바지 차림이었다고 와이든은 기억한다. (올트먼은 칼라가 있는 셔츠에 청바지를 입었다고 말한다. 데이터 담당 부사장 짐 라이언은 와이든의 기억이 더 정확하다고 믿지만, 본인은 회의실에 있던 사람들이 〈어안이 벙벙했다〉는 것만 기억할 뿐이다.) 하지만 결국 밝혀진 것처럼 라이언은 이 작은 반란을 마음에 들어 했다.

올트먼은 사업 설명으로 복장에 관한 우려를 말끔히 지워 버렸다. 「초기의 개념은 아주 급진적인 아이디어였어요.」 라이언이 회상하는 말이다. 그는 싱귤러의 모바일 데이터 인프라를 기반으로 음악과 영상 제품을 개발하는 일을 주도하고 있었지만, 고객의 위치 정보를 어떻게 활용할 것인지를 알아내는 것은 까다로운 문제였다. 그를 비롯한 싱귤러 임원들은 고민이 많았다. 〈우리가 고객의 위치 정보를 알고 있다는 걸 어느 정도까지 말해야 할까?〉 프라이버시 우려 때문에 반발이 생기는 것은 현실적인 위험이었다. 하지만 올트먼은 이런 우려를 가볍게 무시했다. 〈나는 그렇게 아무것도 신경 쓰지 않는 사람들을 좋아했다〉고 라이언은 말한다. 「그런 사람들은 그냥 할 수 있는 일에만 집중하니까요.」

올트먼은 모바일 회사들이 위치 데이터를 가지고 할 수 있는 일에 대해 한층 더 과감한 비전을 제시했다. 루프트 사용자는 15~20분마다 친구들에게 위치 좌표를 보낼 수 있는 옵션이 있었는데, 이는 2005년 구글이 인수한 과거 이 분야의 선두 주자인 다지볼보다 한층 앞선 방식이었다. 다지볼은 사용자가 자신의 위치를 공유하려면 〈친구 신호Buddy Beacon〉 버튼을 수동으로 눌러야 했다. 프라이버시 우려에 대한 올트먼의 해법은 〈믿을 수 있는 좋은 친구들〉만 실시간 이동을 볼 수 있게 하고, 초대받은 모든 사람이 〈이 친구한테 집 열쇠를 맡기고 강아지 밥을 부탁할 수 있습니까?〉 같은 질문에 답하도록 요구하는 것이었다.

올트먼이 사업 설명을 진행하던 시기에 싱귤러는 AT&T에 흡수되는 중이었는데, AT&T는 결국 테스트를 진행하는 데 동의했고 루프트에 투자하는 계약서에도 서명했다. 루프트 이사회에 대표를 파견한 버라이즌도 계약서에 서명했다. 올트먼은 일찍이 어바인에서 부스트와 만난 첫 번째 회의에서부터 이미 알고 있었다. 무선 통신사 한 곳을 뚫으면 전부를 뚫을 수 있다는 걸.

부스트가 마케팅 캠페인을 벌인 덕분에 루프트는 출시 석 달 만에 10만 명이 넘는 이용자를 확보할 수 있었다. 2007년 중반 무렵 루프트는 부스트의 〈서브 브랜드〉에서 벗어나 처음으로 미국의 주요 무선 통신사인 스프린트와 손잡게 되었다.[10] 하지만 또한 바로 그 무렵에 『월 스트리트 저널』을 비롯한 언론들이 1월에 무료 가입이라는 혈당 상승 효과가 끝난 이후 이용자 수 업데이트를 중단한 것을 눈치채기 시작했다.[11]

「다운로드는 늘어나고 있었지만 문제는 해지율도 아주 높았다는 겁니다. 90일 만에 이용자의 70퍼센트가 떨어져 나가고 있었거든요.」 루프트의 판매 담당 부사장 마르치니아크의 말이다. 문제는 이용자의 프라이버시에 대한 욕구를 근본적으로 잘못 이해했다는 데 있었다. 다지볼 같은 경쟁사들은 사용자가 자신의 위치를 공유하려면 직접 동의해야 했던 반면, 루프트는 〈항상 켜져 있는〉 상태를 기본으로 설정해서 차별화했다. 사용자가 맵에서 자신의 위치 점을 없애려면 서비스를 완전히 꺼야 했다. 〈사람들은 다른 사람의 위치를 보는 건 좋아했지만, 자기 위치를 공개하는 데는 신중했다〉고 마르치니아크는 말한다.

올트먼은 프라이버시 문제를 정면 돌파하는 식으로 해결하기로 결정했다. 우려를 가볍게 무시하는 대신 오히려 누구에게든 적극적으로 이야기하는 것을 즐기는 듯했다. 「말하자면 그런 거죠. 생각하면 할수록 불쾌한 사람이 이걸 악용할 수 있는 방법이 많이 떠오른다고요.」 2008년 『월 스트리트 저널』에 그가 한 말이다. 「사람들도 텔레마케터 전화는 귀찮을 수는 있어도 위치 기반 서비스는 실제로 물리적인 안전 위협이 될 수 있는 걸 다 알죠.」[12] 그는 루프트가 특별히 안전에 민감하며 오용을 방지하기 위한 철저한 보호 장치를 갖췄다는 점을 적극적으로 내세우는 식으로 이런 공포를 오히려 활용했다.

이런 안전 관련 아이디어 중 일부는 스프린트의 법무 책임자 렌 케네디와 대화를 나눈 긴장감 감도는 회의에서 나왔다. 케네디는 2005년 8월 스프린트가 넥스텔과 합병한 뒤 취임한 인물이었다. 〈스프린트의 법무 팀에서 이 방안을 승인받는 건 진짜 힘든 일이었다〉고 와이너는 기억한다. 올트먼은 넥스텔의 본사가 있는 버지니아주 레스턴으로 날아가서 이사회실의 널찍한 직사각형 테이블에 와이너와 나란히 앉았다. 맞은편에 앉은 케네디는 루프트가 무선 통신사인 스프린트 전체를 무너뜨릴 수 있는 데이터 유출 사태를 일으키지 않을 거라는 걸 어떻게 보장할 수 있는지 두 시간 동안 닦달하듯 질문을 퍼부었다. 「우리는 걱정이 많았어요. 그때는 사업 초창기라 지금보다 프라이버시 관련 사항들이 조금 모호했거든요.」 케네디의 말이다. 올트먼은 몇 가지 문제를 양보하는 데 동의했다. 사용자가 친구 네트워크 바깥을 배회하면서 위치 정보가 보이는 다른 사용자를 찾아볼 수 없도록 소프트웨어를 수정하기로 했다. 루프트는 새로운 사람을 찾는 게 아니라 기존 친구들과 소통하는 서비스로 만들기로 했다.[13] 또한 서비스 안전성을 높이기 위해 몇 가지 규칙을 추가하는 데도 동의했다. 14세 미만은 가입할 수 없고, 새로운 이용자에게는 첫 2주 동안 자신의 위치가 추적되고 있음을 상기시키는 메시지를 지속적으로 보내기로 했다. 가입 과정에서는 몇 쪽에 걸친 프라이버시 안내문과 면책 조항을 확인해야 했다. 케네디도 이 정도에 만족했다. 세쿼이아의 최종 참고 체크를 받은 뒤, 케네디는 앱을 승인했고, 올트먼의 복음을 받아들이는 개종자 대열에 새롭게 합류했다.

루프트가 스프린트에서 공개되자마자 올트먼과 제이컵스틴은 프라이버시 교육 프로그램을 워싱턴 DC로 옮겨서 의회 인터넷

코커스가 주최한 포럼을 후원했다. 포럼에서 제이컵스틴은 현재의 위치 기반 서비스 규제 상황을 〈서부 개척 시대〉라고 규정했다.[14] 그가 염두에 둔 과제는 의원들에게 지금 이 산업을 규제할 수 있으며, 그 규제를 어떤 식으로 만들지를 결정하는 과정에서 루프트가 파트너로 도움될 수 있다고 제안하는 것이었다. 이후 몇 년간, 루프트의 최고 운영 책임자인 브라이언 냅은 하원 에너지·상업 위원회 산하 통신·기술·인터넷 소위원회에서 증인으로 나와 루프트가 자사 서비스의 안전성을 높이기 위해 자문을 구한 기관들의 긴 목록을 제시했다.[15] 올트먼도 냅과 함께 자주 워싱턴 DC를 방문해서 의회와 백악관, 연방 통신 위원회, 비영리 단체들과 만났다. 올트먼의 말에 따르면, 목표는 〈규제 입법 때문에 사업을 접는 일이 없도록 하는〉 것이었다.[16]

의원들을 설득하는 문제에서 올트먼은 대체로 성공을 거두었다. 지금까지 미국에는 기업이 시민의 디지털 데이터를 어떻게 다뤄야 하는지에 관한 통일된 규정이 전혀 없다. 하지만 소비자들은 친구에게조차 자신의 위치를 공유하는 것에 대해 여전히 불안해했다. 「우리는 실시간 위치 정보 공유에 굉장히 매달렸죠. 이 서비스는 무척 멋지고 흥미로운 제품이어서 이용자들이 실제로 무엇을 원하는지 제대로 간파하지 못할 정도였으니까요. 이용자들은 위치 추적을 겁나 섬뜩하게 생각했죠.」 루프트의 전 직원 민 리우의 말이다.

그렇다 하더라도 루프트는 확장을 계속했다. 2007년 여름에 이르러 루프트는 직원이 30명이 넘어서 공간을 넓힐 필요가 있었다. 회사는 마운틴뷰의 엘 카미노 레알 번화가에 자리한 붉은색 타일 지붕의 전 법률 사무소 건물로 이사했다. 실리콘 밸리의 많은 사람이 점심 시간에 커리와 부리토를 먹으러 내려오는 카스트로 스트리트에서 모퉁이를 돌면 나오는 곳이었다. 루프트 엔지니어들은 위층에 앉아서 일했고 ― 종종 잠도 잤다 ― 마케팅과 제품 관리 부서는 올트먼과 나란히 아래층을 썼다. 루프트 블로그에 게시된 초창기의 새로운 사옥 사진을 보면 올트먼의 책상 위에 아무것도 보이지 않는다. 두통약 엑시드린 한 통이 덩그러니 있을 뿐이다.[17]

스트레스받을 일이 넘쳐났다. 올트먼은 사업 설명에는 일가견이 있었지만, 회사는 더 많은 무선 통신사를 끌어들이는 데 어려움을 겪었다. 회사가 여는 회의 중에는 제이컵스틴이 나중에 붙인 별명처럼 〈좋은 미팅 증후군〉으로 고생하는 경우가 많았다. 「〈야, 정말 흥미롭군요. 좀 더 얘기해 봐요.〉 이런 반응은 계약서에 서명하는 것과는 전혀 다르죠.」 제이컵스틴의 말이다. 임원들은 올트먼의 비전과 아이디어를 듣는 데는 아주 만족하면서도 이를 자사 제품에 적용했을 뿐이다. 「우리는 그 사람들한테 많은 걸 가르쳐 줬어요.」 루프트가 처음 무선 제품을 출시하고 거의 1년이 지났지만, 이 서비스는 아직 무선 통신사 한 곳에서만 제공되고 있었다. 3위의 통신사 스프린트는 시장 점유율이 줄어들고 있었다. 제이컵스틴은 자신을 영입한 것이 때이른 결정이었을지도 모른다는 생각이 들기 시작했다. 루프트는 여전히 스타트업 세계에서 즐겨 말하는 〈제품-시장 궁합)을 찾는 중이었다. 한편 거의 동시에 출범한 트위터는 몸집을 불리고 있었다. 상황이 이렇게 되자 루프트 내에서 불만의 목소리가 나오기도 했다. 제이컵스틴은 회상한다. 「실제로 이런 대화가 오갔습니다. 〈저거 재미있지 않아? 저 정도는 우리도 주말에 만들 수 있겠는데.〉 거의 경멸하는 분위기였어요. 〈뭐 저렇게 단순한 걸 만들었지.〉 그런데 그게 핵심이었죠. 그들은 주말 며칠 동안 뚝딱 만들 수 있는 걸 만든 거예요.」 이와 대조적으로, 루프트는 무선 통신사마다 위치 정보에 접근할 수 있는 맞춤형 애플리케이션 프로그래밍 인터페이스API를 구축하고, 더 나아가 각각에 대해 접근 권한을 부여하는 협상도 해야 했다. 지루한 업무에 자기만의 확장 기술을 써먹지도 못하던 제이컵스틴은 결국 회사를 떠나기로 결정했다.

「지금 와서 보면, 정말 흥미로운 질문 한 가지는 도대체 어떻게 그렇게 유능한 사람들이 도저히 해결책이 없는 그런 어려운 문제에 그토록 오랫동안 매달릴 수 있었나, 하는 겁니다. 이 서비스, 루프트가 구축하던 제품에 대한 수요가 아예 보이지 않았거든요. 스마트폰이 등장하기 전에는 애당초 가능성이 없었죠. 이 서비스를 사용하는 사람들을 충분히 많이 확보할 수 있다는 발상 자체가 돌이켜보면 말도 안 되는 거였어요. 5~7개 이동 통신사의 각기 다른 기기들, 말 그대로 100가지 기기에 이 서비스를 탑재해야 했으니까요.」

그렇다 해도 제이컵스틴은 루프트를 떠나면서도 올트먼에 대한 깊은 경외심은 버리지 않았다. 한 장면이 그의 마음속에 뚜렷이 남아 있었다. 제이컵스틴이 루프트에 합류하고 1년쯤 됐을 때, 와이든이 그와 올트먼을 점심 식사에 초대해서 지혜를 구하던 중에 올트먼에게 루프트 말고 어떤 문제를 생각하느냐고 물었다. 올트먼은 탈모 치료제와 핵융합 두 가지를 생각하는 중이라고 대답했다. 그 순간 제이컵스틴은 피식 웃었다. 「융합에 관해 뭐 알기는 해? 열아홉 살짜리 컴퓨터 과학 2학년 중퇴생에 핵물리학 박사도 아니면서.」 하지만 그로부터 20년 뒤 올트먼은 결국 실제로 핵융합 기술을 구현할 가능성이 있는 스타트업 중 한 곳에 투자하게 된다. 제이컵스틴은 만약 올트먼이 어떤 일이 실현되리라는 가능성을 상상할 수만 있어도 스스로 할 수 있다고 믿고, 또 다른 사람들 — 특히 투자자들 — 을 설득할 수 있음을 깨달았다.

「〈어쩌면 이걸 할 수 있겠는데〉라는 생각과 〈이걸 이미 해냈어〉라는 생각 사이에는 모호한 경계가 있어요. 가장 유독한 형태가 되면 테라노스 사태*로 이어지지만, 건전한 형태가 되면 사람들이 정말로 야심 찬 일을 시도하게 되는 거죠.」

제이컵스틴은 올트먼이 이런 건전한 사례에 해당한다고 보았지만 루프트의 모든 사람이 그렇게 생각한 건 아니었다. 제이컵스

* 2003년, 당시 19세의 엘리자베스 홈즈가 설립한 테라노스는 혁신적인 혈액 검사를 고안했다고 주장하며 벤처 자본가와 개인 투자자로부터 7억 달러 이상을 투자받아 2014년에 기업 가치가 100억 달러로 폭등했다. 하지만 모든 질병을 간단하게 검사할 수 있다는 소형 자동 혈액 검사 장치는 실체가 없음이 드러났고, 2018년 회사는 문을 닫고 관련자들은 형사 처벌되었다.

틴이 떠난 뒤, 고위 경영진 대다수가 이사회에 접촉해서 올트먼 대신 제이컵스틴을 최고 경영자에 임명하라고 압박했다. 그들의 불만 사항 가운데는 올트먼이 간혹 사실이 아닌 말을 하고, 직원들에게 가혹하다는 것도 있었다. 이사회는 그들의 불만을 묵살하고 가서 일이나 하라고 일침을 놓았다. 「그러니까, 저는 열여덟이나 열아홉 살 때는 같이 일하기 어려운 사람으로 악명이 높았죠.」 몇 년 뒤 팟캐스트에서 올트먼이 투자자 리드 호프먼에게 한 말이다. 「만약 당신이 회사 창업자인데 일주일에 100시간을 일하면서 초집중해서 생산성을 발휘하면 그건 좋죠. 하지만 당신이 고용한 다른 사람들은 대부분, 특히 회사 몸집이 커지면, 일 말고도 다른 생활이 있잖아요. 그런 걸 이해할 필요가 있죠.」[18]

올트먼의 베이비시터라는 제이컵스틴의 역할은 브라이언 냅이 떠맡았다. 냅은 황금색 프리우스를 몰고 루프트 주차장을 끼익하는 타이어 소리를 내며 빠져나가는 외향적 인물이었다. 그는 법무 책임자와 최고 운영 책임자를 겸임하는 역할을 맡았다. 윌슨 손시니의 기술 이전 부서에서 지적 재산권 담당 변호사로 몇 년 전부터 루프트와 함께 일했는데, 2007년 5월 고객사인 루프트로 넘어왔다. 냅은 무선 통신사와 접촉하면서 연방 의회에서 유리한 프라이버시 규제를 만들기 위해 로비를 벌이는 데 많은 시간을 쏟아부었다. 하지만 사무실에 있을 때면 당시 서른 살이던 그는 젊은 직원들과 구별할 수 없을 정도였다.

루프트 팀은 점점 고조되는 긴장을 풀기 위해 「할로 3」 게임을 자주 했고, 레슬링을 하기도 했다. 비슷한 체격끼리 짝을 지어 레슬링을 했는데, 체구가 작은 올트먼은 루프트의 첫 번째 서버 엔지니어이자 모바일 엔지니어였던 샘 얌과 맞붙었다. 언젠가는 톰 퍼니코프가 냅에게 도전했다가 결국 가벼운 뇌진탕을 입기도 했다. 베이비시터에 걸맞게 냅은 우두머리 개가 누구인지 분명히 서열을 정리했다.

7
〈별로던데〉에서 〈쿨하군요〉로

올트먼이 무선 통신사와의 계약 체결에 의존하는 제품을 개발하느라 시간을 보낸 그 시절 내내 스티브 잡스가 도로 바로 밑에 애플 본사에서 무선 통신업계를 폭발적으로 성장시킬 기기를 비밀리에 개발하고 있었던 사실을, 그는 꿈에도 몰랐다.

2007년 1월 맥월드 콘퍼런스에서 잡스가 아이폰을 공개하기 전에 휴대 전화 제조업체들은 이동 통신 산업의 볼모였다. 유력한 무선 통신사들 — 싱귤러, 버라이즌, 스프린트, T모바일 — 은 휴대 전화업체들에 어떤 제품을 만들지 지시하고 어떤 앱을 사전에 탑재할지를 결정했다. 무선 통신사에 가입하면 휴대 전화를 공짜로 주는 경우도 많았다. 「우리는 폐쇄적인 시스템을 유지했어요. 우리 네트워크에 들어오려면 정말 혹독한 과정을 거쳐야 했죠.」 당시 스프린트에서 위치 기반 서비스를 집중으로 관리하는 팀의 운영자였던 차른신 툴라사이엔의 말이다. 잡스는 싱귤러 와이어리스(후에 AT&T로 변신)와 계약을 체결하면서 기존의 역관계를 바꿔 놓았다. 이 계약으로 애플은 아이폰의 제조와 마케팅에 대한 전권을 갖는 대신, 5년간 싱귤러에 독점 공급하고 아이폰 판매와 아이튠즈 수익의 일부를 내주었다.[1] 계속해서 잡스는 2007년 10월 업계를 싹 쓸어버리는 발표를 했다. 애플이 소프트웨어 개발 키트SDK를 공개해서 누구든 아이폰 앱을 만들 수 있게 하겠다는 발표였다. 「그때 속으로 생각했던 기억이 나요. 〈와, 애플이 내가 몸담아 온 업계 전체를 완전히 박살 내려고 하는구나.〉」 툴랴사티엔이 그때 기억을 떠올렸다.

제임스 하워드는 오직 무언가를 만드는 데만 정신을 쏟고 있었다. 애플 팬이자 맥 개발을 취미로 즐기는 개발자였던 그는 워싱턴 대학교를 다니면서 시애틀 인텔 연구소에서 연구 조교로 일했는데, 이곳은 인텔이 여러 대학에 설립한 여섯 개 연구소 중 하나였다. 연구소에서 같은 학생인 프레드 포터를 만나 공동 연구 논문을 썼다. 「두 발로 투표하기: 장소 방문 행동과 선호의 관계에 관한 조사 연구」는 이제 막 첫발을 내딛는 모바일 위치 기반 산업을 위해 어둠 속에 빛을 비추려는 시도였다.[2] 포터가 루프트에서 이 아이디어를 상업화하려는 시도를 시작했을 때, 하워드는 연구실 책임자에게 자기도 그를 따라가도 되냐고 물었다. 풋볼에서, 그리고 이따금 학문적으로도 스탠퍼드와 강력한 경쟁 관계였던 캘리포니아 대학교 버클리로 옮겨 간 책임자는 좋지 않은 생각이라고 조언했다. 〈스탠퍼드 애들은 코딩을 못한다〉는 것이었다. 하워드는 어쨌든 가고 싶었다. 루프트가 아이폰용 진짜 앱을 만들 수 있는 곳이라고 확신했기 때문이다. 포터는 2007년 5월에 그를 위해 면접 기회를 주선해 주었다.

　면접 중에 하워드는 올트먼에게 아이폰에 대해 어떻게 생각하느냐고 물었다. 올트먼은 아이폰이 대단한 물건이라는 데 동의했다. 하워드는 애플이 가능성 여부를 발표하지 않았는데도 아랑곳하지 않고 아이폰용 앱을 개발하는 방법을 알아내고 싶다고 말했다. 올트먼도 그의 아이디어에 동의했다. 하워드는 몇 주 뒤 루프트에 합류했는데, 마침 애플이 많은 기대를 받는 연례 세계 개발자 콘퍼런스를 개최한 시점이었다. 회의에 참석한 개발자들은 잡스가 이 마법 같은 기기를 위한 소프트웨어를 만드는 방법을 공개하기를 기대하고 있었다. 하지만 잡스는 거의 모든 것을 통제하는 데 주력했기 때문에 몇 달 동안 불가피한 과제에 맞서 싸웠다. 회의 석상에서 그는 개발자들이 애플의 사파리 브라우저에서 웹용 앱을 만들 수 있다면서 이를 〈달콤한 해결책〉이라고 설득력 없이 강변했다. 몇 사람이 어색하게 기침했을 뿐, 박수갈채는 거의 들리지 않았다. 하워드는 의기소침했다. 자신이 구상한 앱을 브라우저상에서 만들 방법이 없었기 때문이다.

　루프트의 다른 사람들은 눈치도 채지 못했다. 그해 여름, 그들은 마침내 첫 번째 주요 이동 통신사인 스프린터와 손을 잡게 되었다. 클라이언트 팀을 이끌던 데시판데는 더 많은 통신사와 계약을 맺고 그들을 만족시키는 기능을 개발하는 데 집중했다. 하워드는 루프트 시스템이 돌아가는 서버들 사이에서 바쁘게 일했고(그 시절에는 아직 아마존 웹 서비스 같은 클라우드 플랫폼이 널리 사용되기 전이었다), 시간이 남으면 개인용 맥 컴퓨터로 루프트 서비스와 연동되는 작은 앱을 만들었다. 그는 애플이 진정한 아이폰용 소프트웨어 개발 키트를 공개하는 순간을 손꼽아 기다리고 있었다. 하지만 2007년 6월 말 아이폰이 판매를 시작하고 얼마 지나지 않아 진취적인 개발자들이 기기를 〈탈옥〉*해서 온라인에 그 코드를 공유하기 시작했다. 여름이 끝날 무렵, 하워드는 제대로 실행되는 아이폰용 루프트 앱 버전을 만들어 냈다. 올트먼은 하워드의 사무실에 죽치고 앉아 시간을 보내면서 그가 만든 데모를 지켜보았다. 결국 그는 하워드가 만든 탈옥 앱 중 일부를 자기 아이폰에 설치했고, 루프트 앱을 아이폰에 깔 수 있도록 최선을 다하겠다고 하워드에게 약속했다.

초기에 잡스는 탈옥 현상을 차단하려고 했다. 「스티브가 성이 잔뜩 나서 내 사무실로 달려왔죠.」 애플에서 아이폰용 소프트웨어 개발 팀을 이끌던 스콧 포스톨의 말이다. 잡스는 포스톨에게 즉시 소프트웨어 업데이트를 배포해서 외부 개발자가 아이폰용 앱을 만드는 법을 알아내지 못하게 차단하라고 지시했다. 하지만 2007년 10월 무렵, 탈옥을 통해 만들어지는 앱들의 품질이 점점 좋아지자 잡스도 마음을 바꾸기 시작했다. 그는 포스톨에게 겨우 두 달 앞으로 다가온 크리스마스에 맞춰 앱 스토어를 만들라고 지시했다. 하지만 포스톨은 대신에 애플이 이듬해 3월에 열리는 키노트 행사에서 계획을 발표하고, 6월에 아이폰 2가 출시되는 시점까지 개발자

* 시스템의 보안 장치나 사용 제한을 우회하는 것을 가리키는 표현.

들과 협력해서 앱 스토어에 수백 개의 앱을 올리자고 제안했다.

세쿼이아의 창립자 돈 밸런타인이 애플 이사회의 일원이었던 점을 감안하면, 루프트가 그 과정에 끼어드는 게 그렇게 어려울 것 같지 않았다. 하지만 상대가 스티브 잡스라면 쉬운 일이 하나도 없었다. 올트먼은 매캐두에게 도움을 요청했고, 매캐두는 우선 밸런타인을 찾아가서 조언을 구했다. **루프트에 대해 잡스에게 접근하려면 어떤 방식이 가장 좋을까요?** 70대 나이의 밸런타인은 잠시 멈칫하더니 한숨을 내쉬었다. 「자네도 알겠지만, 사실 나도 모르네. 마이크를 찾아가서 얘기해 보게.」 당시 더그 리온과 함께 세쿼이아를 이끌던 마이클 모리츠는 『타임』 통신원으로 초기 경력을 쌓던 시절에 1980년대 애플의 역사를 정리한 책을 써서 호평받은 적이 있었다. 하지만 그의 보도를 바탕으로 작성된 『타임』의 한 기사 때문에 잡스가 격분하면서 둘의 관계는 거의 단절되었다. (기사에는 당시 잡스가 친자임을 부인하던 딸 리사의 어머니와의 인터뷰가 들어 있었는데, 후에 모리츠는 자신의 보도가 〈가십에 가까운 벤젠 냄새로 오염됐다〉고 말하며, 이를 록 음악 기사를 다루는 데 익숙한 뉴욕 편집자의 소행으로 돌렸다.[3] 나중에 잡스는 리사와 화해했고, 리사는 리사 브레넌잡스로 개명했다.) 그렇다 하더라도 모리츠는 회사에서 잡스를 속속들이 아는 사람으로 여겨졌는데, 그는 자신들이 직면한 도전이 만만치 않다는 것을 숨기지 않았다. 잡스는 소셜 네트워크를 싫어했기 때문이다. 「샘을 팔아야 해요.」 모리츠가 매캐두에게 말했다. 모리츠는 잡스에게 루프트를 소개했고, 매캐두는 이메일 대화에 자연스럽게 끼어들면서 올트먼의 개인적 이야기를 은근슬쩍 덧붙였다. 「세쿼이아가 투자한 창업자 중에 가장 어린 친구예요. 스탠퍼드 중퇴생이고, 알다시피 스티브가 어울릴 수 있는 친구죠.」 매캐두가 리드 칼리지 중퇴생으로 애플을 운영했던 잡스에게 이 이야기가 통할 거라고 제대로 추측하면서 운을 뗐던 기억을 떠올렸다. 잡스는 루프트를 한번 살펴보겠다고 말했다. 그런데 몇 주가 지나도 답장이 없었다. 결국 매캐두가 잡스를 슬쩍 재촉하면서 루프트에 대해 어떻게 생각하느냐고 물었다. 잡스는 단 한 마디로 답장을 보냈다. 〈별로던데.〉 매캐두는 노트북을 챙겨서 복도를 따라 모리츠의 사무실로 가서 화면을 보여 주었다. 「이거 어떻게 해야 할까요?」 그가 모리츠에게 물었다. 밸런타인에게 메모를 받아 적고 있던 모리츠는 고개를 저었다. 「나도 모르겠군요.」

루프트 시절에 올트먼과 하워드는 잡스의 평가에 기가 꺾이지 않았다. 두 사람은 루프트의 현재 버전이 자신들이 할 수 있는 역량을 충분히 보여 주지 못한다는 걸 알았다. 〈별로던데〉는 오히려 그들에게 동기를 부여하는 문구가 되었다.

잡스는 루프트를 좋아하지 않았을지 몰라도 제품 팀과 엔지니어링 팀의 20대 성원들은 이 서비스를 사랑했다. 2007년 11월, 올트먼은 아이폰 개발 팀이 보낸 아리송한 이메일을 받았다. 루프트가 한번 찾아와서 애플이 아이폰 소프트웨어 개발 키트로 루프트를 작동할 수 있는지 협의해 보자는 내용이었다. 회의의 모든 사항을 극비에 부쳐야 했다. 올트먼은 자신과 하워드, 차이, 시보 ― 두 사람은 여전히 연애 중이었지만 회사 사람 대부분은 그 사실을 몰랐다—등 소규모 팀을 직접 꾸렸고, 회사의 다른 사람들에게는 아무 말도 하지 않았다. 두 차례 회의가 진행되면서 이 소규모 팀은 아이폰 마케팅 팀과 개발자 관계 팀을 만났고, 소프트웨어 개발 키트 팀의 엔지니어들도 만났다. 엔지니어들은 모든 내용을 꼼꼼하게 메모했다.

2007년 11월 두 차례 회의가 진행되고 2008년 3월에 마침내 아이폰의 소프트웨어 개발 키트가 공개됐지만, 루프트는 어떤 특별한 혜택도 받지 못했다. 하지만 애플은 루프트에게 선물을 주었는데, 이 선물은 훗날 무척 값진 것으로 밝혀졌다. 루프트가 만든 아이폰 앱을 내부적으로 테스트하고 피드백을 준 뒤, 그해 6월에 애플이 개최하는 세계 개발자 콘퍼런스에서 키노트 발표의 일원이 될 기회를 준 것이다. 이 제안에는 시간 압박이 조금 있었고, 아이폰 화면에서 루프트가 눈에 띄는 위치를 차지할 것이라는 보장은 전혀 없었다. 하지만 잠깐의 논의 끝에 올트먼과 매캐두는 애플의 피드백을 받기 위해 소프트웨어를 개발하는 데 투자할 가치가 있다는 데 동의했다. 「한때 아이폰에 루프트 앱을 깔고 사용하는 애플 직원이 100명은 넘었던 것 같아요.」 매캐두의 말이다. 루프트 팀은 포스톨과 만나 앱 경험을 개선하기 위한 아이디어를 얻었다. 포스톨이 기억하는 것처럼 〈우리는 그 앱에 흠뻑 빠졌다〉.

하지만 애플 개발자 회의라는 누구나 탐내는 무대에 서기 위해 올트먼은 직접 잡스를 설득해야 했다. 애플의 개발자 관계 팀은 올트먼과 하워드가 프레젠테이션 대본을 만드는 것을 도와주고 리허설까지 지켜보았다. 결국 그들은 두 사람을 애플의 쿠퍼티노 캠퍼스에 있는 한 건물까지 데려갔다. 올트먼과 하워드는 로비에서 기다렸는데, 잡스가 최초의 매킨토시 팀에 영감을 주기 위해 구입한 뵈젠도르퍼 그랜드 피아노가 있었다. 애플이 아름다움을 얼마나 강조하는지를 보여 주는 상징과도 같은 물건이었다. 곧바로 강당으로 향했다. 좌석 중앙에는 잡스가 보좌진 몇 명과 함께 앉아 있었는데, 올트먼과 하워드가 예상한 대로 검은색 터틀넥이 아닌 반바지에 티셔츠 차림이었다. 긴장한 두 사람은 입이 바짝 말랐다. 무대에 오른 올트먼이 말하는 동안 하워드가 아이폰으로 데모를 실행했는데, 그 화면이 대형 스크린에 미러링되었다. 발표가 끝나고 두 사람은 그냥 멍하니 서 있었다. 잠깐 정적이 흐른 뒤, 잡스가 한 마디만 했다. 「쿨하군요.」

〈별로던데〉에서 〈쿨하군요〉로 격상된 평가에 두 사람은 흥분했지만, 그 말이 정확히 어떤 의미인지 확신할 수는 없었다. 곧이어 애플 개발자 팀의 한 대표자가 전화를 걸어 애플이 요청한 대로 앱을 수정하고 리허설도 잘한다면 발표에 참여할 수 있다고 알려 주었다. 두 사람은 애플 쪽 사람들과 함께 연습하며 일주일을 보냈다. 휴식 시간마다 하워드는 코드를 수정하거나 시보나 차이에게 전화를 걸어 서버 쪽에서 수정을 도와 달라고 요청했다. 애플이 요구한 대로 소수의 핵심 인사들 말고는 루프트에서도 아무도 콘퍼런스 건을 알지 못했다. 「출시 이틀 전이 되어서야 회사 내부에서도 이런 일이 진행되고 있다는 사실이 알려졌습니다.」루프트의 마케팅 임원이었던 리우의 말이다.

대규모 프레젠테이션 전날 밤, 올트먼은 집에서 하워드에게 전화를 걸었다. 올트먼은 내심 불안해했다. 잡스는 그가 숭배하는 영웅이었다. 어떤 옷을 입어야 할지 마음을 정하지 못했고, 프레젠테이션을 견뎌 내고 싶은지 확신하지 못했다. 하워드도 패닉에 빠졌다. 결국 두 사람은 올트먼이 전에 파티에서 장난삼아 입은 것처럼 폴로셔츠를 두 개 껴입기로 했다. 사람들의 기억에 남을 만한 패션이었기 때문이다.

그해 6월 열린 개발자 콘퍼런스는 전 좌석이 매진된 첫 번째 콘퍼런스였다. 올트먼은 샌프란시스코의 모스콘 센터 웨스트에 있는 무대에 올랐다. 형광 핑크 폴로셔츠를 겉에, 형광 초록 폴로셔츠를 안에 입고 마치 꽃잎처럼 칼라를 세운 차림으로 풋볼에서 공을 잡을 준비를 하듯 다리를 한껏 벌리고 섰다.「이 제품은 우리가 지금껏 만든 것 중에 가장 좋은 버전이고, 이제까지 우리가 협력할 기회를 얻은 것 중에 최고의 기기입니다.」아이폰 맞춤형 기능을 과시하기 위해 리뉴얼한 루프트의 새로운 앱을 소개하며 그가 입을 열었다. 이용자들은 이제 손가락을 움직여서 지도를 축소할 수 있고, 앱에서 클릭 한 번으로 전화할 수도 있었다. 그가 앱을 시연하자 근처에 있는 친구가 몇 명 화면에 나왔고, 한 여자 친구는 그녀가 〈세상에서 제일 귀여운 카페〉라고 태그해 둔 곳 가까이에 있었다. 올트먼은 앱을 통해 그녀에게 문자를 보내 시간 있으면 점심 같이 먹자고 물었다. 「위치 정보에 연락처 목록, 그리고 멋진 장소에 관한 정보까지 있으니까 이제 후진 식당에서 혼밥을 할 필요가 없어요.」 프레젠테이션은 아이폰 사용자는 루프트 출시 시점에 무료로 이용할 수 있다는 안내로 끝을 맺었다.[4] 루프트는 아이폰의 위치 기반 기능을 잘 보여 주는 수단으로 애플에 엄청난 가치가 있었기 때문에 애플은 아이폰에서 어떻게 루프트를 작동하는지를 보여 주는 전국 TV 광고까지 직접 비용을 대주었다.[5]

2008년 6월 프레젠테이션 직후 스물두 살의 올트먼은 테크 업계의 스타로 부상했지만, 또한 대담한 패션 선택으로 테크 블로그 세계에서는 웃음거리가 되기도 했다. 세상이 아직 그의 이름을 분명하게 알지는 못했지만 적어도 이제 사람들은 〈칼라 두 개를 겹쳐 세워 입은 남자〉는 기억하게 되었다.

애플 내부에서 루프트는 대박 상품이었다. 다운로드 건수가 급증했고, 몇 달 뒤 애플이 해외 출시를 준비할 무렵 잡스는 자신이 아이폰 출시 예정일을 공개적으로 발표한 모든 나라와 언어에서 루프트의 위치 기반 기술이 제대로 작동할지 확인받고 싶어 했다. 당시 기술 상태를 감안하면 이는 어려운 주문이었다. 어느 회의에 도착해서 루프트가 그가 기대하는 만큼 광범위하게 서비스를 제공할 수 없다는 소식을 들은 잡스는 올트먼에게 분노를 쏟아 냈다.

그날 저녁, 올트먼은 매캐두와 만나기로 한 단골 초밥집에 갔는데, 그때까지도 잡스와 맞붙은 충격에 몸을 떨고 있었다. 「방금 잡스하고 정말 힘든 미팅을 하고 왔어요.」 (매캐두와 청은 올트먼이 잡스가 자기 머리로 펜을 던졌다고 말한 것으로 기억한다. 올트먼 본인은 뭔가를 맞은 일이 없다고 말한다.)「스티브는 항상 에너지가 넘치고 절대 만족하지 않는 사람이었죠. 그래서 우리는 엄청난 작업을 하고 훌륭한 제품을 만들기도 했고요. 그 친구가 사람들한테 물건을 던지는 걸 본 **적이 있어요**.」포스톨의 말이다.

매캐두는 그 시절을 돌이켜보면 잡스와 같이 일한 몇 달의 시간이 올트먼에게 큰 영향을 주었다고 말한다. 「그 시기에 애플과 함께한 경험 덕분에 샘은 확실히 아주 긍정적으로 바뀌었어요. 사업가로서나 큰 성과를 내는 사람들을 거느리는 리더로서나 말이죠. 이 업계에서는 사람들이 프리마돈나 행세를 한다고 내치지 않습니다. 그런 일은 없죠. 그 수준에서 일하는 사람들은 절반 정도가 어떤 식으로든 프리마돈나 대접을 받으니까요. 그 사람들을 활용하는 법을 배워야 합니다. 그리고 샘은 아이폰 초기 시절에 애플 내부에서 어떻게 움직이는지를 지켜본 덕분에 그런 능력이 크게 향상됐어요.」

잠시나마 애플은 루프트를 소셜 미디어 왕국의 영토 가까이로 끌어올렸다. 루프트를 앞세운 애플의 TV 광고 덕분에 아이폰에서 루프트 다운로드 수가 급증해서 페이스북과 마이스페이스를 앞지를 정도였다.[6]

하지만 타이밍이 절묘하게 어긋났다. 2008년 가을, 리먼 브라더스가 붕괴한 뒤, 세쿼이아는 자사의 포트폴리오 기업들의 최고 경영자를 샌드힐 로드로 불러 모아 비상 회의를 열면서 적어도 예상 가능한 당분간은 시장 점유율을 장악하기 위해 벤처 자금으로 잔치를 벌이는 시대는 끝났다고 말했다. 그러면서 살아남으려면 힘겹더라도 수익성을 높이라고 조언했다. 슬라이드에는 다음과 같은 묘지명이 크게 적혀 있었다. 〈호시절이여 고이 잠드소서 RIP Good Times.〉[7] 2008년 11월, 루프트는 투자 은행 앨런 앤드 컴퍼니와 계약을 맺어 회사를 매각하거나 더 많은 투자를 끌어오기로 했다.[8] 금융계의 분위기로 볼 때, 매각 가능성이 특별히 높아 보이지 않았다.

그보다 몇 달 전 세계 경제가 완전히 무너지기 전에 페이스북은 루프트를 약 1억 5천만 달러에 인수하겠다는 구두 제안을 했다. 결국 실제로 팔리는 금액보다 세 배 많은 액수였다. 세쿼이아의 마이클 모리츠가 올트먼에게 어떻게 할 계획이냐고 묻자 그는 그냥 거절할 생각이라고 답했다. 올트먼은 몸집이 큰 독립적 회사를 만들고 싶었다. 「바로 그거야.」 모리츠가 대꾸했다.

하지만 2008년 11월, 앨런 앤드 컴퍼니는 투자자들과 적절한 인수 후보들에게 루프트를 소개하기 시작하면서 회사 가치를 5억 달러 이상으로 평가했다. 그러자 테크 언론에서 요란한 웃음이 터졌다. 〈지금은 나도 루프트를 많은 사람처럼 좋아하고, 결국 위치 기반 서비스가 성공할 거라고 낙관하지만, 이 시장에서 아직 자리도 잡지 못한 네트워크가 5억 달러라니 말이 되나?〉 『벤처 비트』가 비꼬듯 한 말이다. 〈작작 좀 하길 바란다.〉[9]

2009년 봄에 이르러 루프트는 기업 가치가 1억 5천만 달러로 평가받으면서 새로운 투자를 유치했다. 금융 위기 전 지난번 투자 라운드 때와 같은 수준이라는 점에서 아직 위기가 심각한 상황을 고려하면 꽤 괜찮은 성과였다. 750만 달러의 투자 라운드는 DAG 벤처가 주도했는데, 중기 단계 투자 펀드인 DAG는 종종 세쿼이아와 공동으로 투자를 하는 회사였다. 이 투자에는 향후에 루프트를 매각할 때 DAG가 더 많은 수익을 챙길 수 있는 유리한 조건이 포함돼 있었다. 세쿼이아와 NEA도 조용히 투자에 참여했다.

그로부터 몇 년 뒤, 모리츠는 당시 올트먼에게 했던 조언을 여전히 지지했다. 「루프트의 여정에는 미래가 정말, 정말 유망해 보이는 순간이 있었고, 그러니 이른 시점에서 매각하는 건 때이른 판단이었을 거예요.」 그러면서 한마디 덧붙였다. 「투자자들은 항상 일찌감치 손을 떼려고 한다는 오명을 얻지만, 내 경험으로 보면 확실히 장기 투자자보다 오히려 창업자가 조기 매각을 선호하는 일이 많아요.」

올트먼은 지나가는 말 한마디로 세쿼이아가 가장 중요하게 여기는 테스트를 통과한 셈이었다.

8
찌질한 놈 배지

스티브 잡스의 현실 왜곡장이 제공한 보호막은 1년을 가지 못했다. 2009년 3월, 미국의 테크 엘리트들이 음악, 영화, 테크를 테마로 한 연례 페스티벌인 사우스 바이 사우스웨스트SXSW를 즐기러 텍사스주 오스틴에 모여들었다. 트위터 같은 스타트업들이 영향력 있는 얼리어답터가 모인 행사를 등에 업고 대중의 이목을 집중시키던 축제였는데, 분위기가 뭔가 묘했다. 바비큐와 맥주를 사려고 거칠게 떠미는 인파가 예년보다 많았다. 지역 AT&T 통신망은 아이폰 사용량이 급증해서 속도가 느려졌다. 모두들 새로 나온 멋진 위치 기반 앱을 입에 올렸다. 하지만 그것은 루프트가 아니라 포스퀘어였다.

포스퀘어는 공동 창업자 데니스 크롤리가 위치 기반 앱에 도전한 두 번째 시도였다. 마른 체격에 헝클어진 머리 때문에 이따금 머리가 더 난장판이 되면 소닉 유스의 서스턴 무어를 닮은 그는 동부 해안 출신 분위기가 뚜렷한 인물이었다. 그는 뉴욕 대학교 시절에 첫 번째 위치 기반 앱인 다지볼을 만들어서 2005년 구글에 매각했다. 하지만 플립폰 시대에 무선 통신사의 유통망을 확보하는 문제 때문에 가로막힌 다지볼은 구글에서 거의 고사했다. 2009년 1월 구글이 다지볼 서비스를 종료하겠다고 발표하자 크롤리와 공동 창업자 알렉스 라이너트는 아이폰 시대에 맞게 새로운 버전을 만들기 시작했다. 게임 장치에 배지, 자학 개그식 문구까지 갖춘 버전이었다. 새로 나온 앱의 핵심은 식당이나 바 같은 장소에 〈체크인〉을 하는 아이디어였는데, 이 때문에 단골 술집의 〈시장mayor〉이 되기 위한 경쟁이 생겨났다. 포스퀘어는 또한 루프트가 위치 정보가 항상 켜져 있는 것과 달리 자신의 위치를 직접 공유하는 보수적이고 수동적인 방식을 택했다. 「사람들은 항상 위치가 추적되는 걸 원하지 않거든요. 이 두 모델은 뚜렷한 차이가 있죠.」 크롤리의 말이다. 오스틴에서 SXSW가 열린 어느 날 밤, 라이브 음악 공연장 모호크에서 열린 파티의 인파 속에서 크롤리는 옆에 있는 잔뜩 취한 두 사람이 그날 SXSW 행사에서 받은 배지를 서로 비교하는 모습을 보았다. 「바로 그 순간, 우리가 진짜 멋진 걸 만들었군, 하는 생각이 들었죠.」 뉴스 사이트 『매셔블』은 포스퀘어를 페스티벌 최고의 앱으로 선정했다.[1]

「포스퀘어가 나왔을 때 정말 배에 정통으로 한 방 맞은 느낌이었죠. 개네는 번개를 병에 가둔 셈이었는데, 그놈의 사우스 바이 사우스웨스트 열풍까지 올라탄 거예요. 그전에는 우리가 제일 핫한 앱이었는데 말예요. 문제는 우리 앱이 시류에 맞는 제품이었나 하는 거였어요.」 어느 루프트 전 직원의 말이다. 루프트 직원들 사이에서 포스퀘어와 비슷한 신상 앱을 만들어야 하는지, 아니면 항상 위치 정보가 켜져 있는 루프트의 핵심 기능을 고수해야 하는지를 놓고 논란이 벌어졌다. 한 가지 문제는 아이폰에만 집중하는 전략이 한편으로 역효과를 낳는다는 것이었다. 아이폰은 외부 앱이 백그라운드에서 실행되는 걸 막았기 때문에 루프트의 항상 켜져 있는 위치 서비스는 앱을 실행할 때에만 작동했다. 루프트는 통신사 대부분에서 앱 이용료로 월 몇 달러만 받았는데, 이렇게 모인 200~300만 달러의 수입은 — 중간에 다른 소모 비용으로 사라지지 않더라도 — 위치 기반 서비스를 가동하는 막대한 인프라 비용에 날아가 버렸다. 아마존 웹 서비스가 등장해서 스타트업의 서버 비용이 줄어들기 전의 일이었다. 「루프트의 핵심 앱이 과연 수익을 창출할 수 있는지 자체가 문제였습니다.」 매캐두의 말이다.

앞서 올트먼은 페이스북의 소셜 그래프를 기반으로 한 루프트 스타라는 새로운 앱으로 방향을 전환하자고 제안한 바 있었다. 이용자들이 포스퀘어처럼 체크인할 수 있고, 그루폰처럼 할인 쿠폰도 주는 방식이었다. 올트먼은 회사의 최고 엔지니어들을 일부 투입해서 이 아이디어를 실현하게 했는데, 엔지니어링 담당 부사장 스티브 레먼은 이에 실망했다. 그는 회사의 엔지니어링 과정을 전문화하고 버라이즌이나 스프린트, AT&T 같은 협력사들을 만족시키기 위해 영입된 인물이었기 때문이다. 「샘은 변화 속도를 따라잡기 위한 비전을 가진 사람이었고, 사람들이 자신을 지연시키거나 미래로 나아가는 걸 막는다고 느끼면 독자적으로 밀어붙이기 시작했죠. 그는 제가 만난 사람 중에 가장 빠르게 생각하는 사람이에요. 특히 사람들 때문에 진행 속도가 느려진다고 생각하면 기다려 주는 법이 없었죠.」 어느 전 직원의 평이다.

이런 경향을 보여 주는 사례가 이미 있었다. 지난해 올트먼은 내부에서는 〈게이 데이팅 앱〉이라고 부르지만 공식적으로는 루프트 믹스라고 이름 붙인 프로젝트를 추진했다. 이용자들이 가까이에 있는 새로운 사람을 만날 수 있는 앱이었다. 이 앱을 개발하느라 많은 엔지니어가 핵심 제품에서 손을 뗀 탓에 일부 직원이 분노했다. 이 앱은 나중에 독자적인 앱으로 분리해 나갔다. 루프트의 전 고참 직원 한 명은 올트먼이 〈반짝이 병〉에 걸렸다고 꼬집었다.

이제 포스퀘어가 시장을 지배한 듯 보이자 고위 경영진과 엔지니어들은 점점 불안과 걱정에 사로잡혔다. 회사에서 확실하게 수익을 창출하는 부문은 내부에서 〈플랫폼〉 비즈니스라고 부르는 서비스뿐이었다. 위치 정보 기술 담당 부사장 에릭 카가 이끄는 이 서비스는 휴대폰의 위치 조회 비용을 줄여 주는 기술을 무선 통신사에 제공했다. 루프트는 퀄컴의 자회사로부터 일부 기술을 라이선스받아서 이 서비스를 제공했는데, 위치 조회 비용을 충분히 낮춰서 통신사들이 진정한 위치 정보 기반 광고 사업을 구축할 수 있게 만들려는 구상이었다. 이 서비스는 1년에 몇백만 달러의 수익을 벌어들였다.[2] 몇몇 고위 엔지니어는 이 플랫폼을 기반으로 버젓한 사업을 구축해서 회사를 1억 달러에 매각하려고 했지만, 올트먼이나 루프트 투자자들은 이 정도에 만족하지 못했다. 「샘이 직면한 문제는 그런 사업으로는 정말로 큰 회사를 만들 수 없다는 거였어요. 그 팀이 이해하지 못한 건 우리가 통신 사업을 전략적 목표로 삼지 않았다는 점이죠.」 매캐두의 말이다. 엔지니어들은 수익성을 확보할 통로가 전혀 없다는 사실을 우려했고, 설상가상으로 올트먼이 수익성을 강화하는 데 별로 신경 쓰지 않는다고 걱정했다. 「샘이 그 친구들의 걱정을 공감하는 것처럼 보이지는 않았죠.」 매캐두가 솔직하게 말했다. 루프트의 어느 전 직원은 〈세쿼이아는 안타 정도에 관심이 없다〉고 말했다.

2009년 봄 이런 긴장이 전면에 대두되었다. 회사 고위 간부 10여 명이 세쿼이아 본사 2층 회의실에서 이사진과 이른바 〈회사의 운명이 걸린〉 회의를 소집해서 최고 경영자 올트먼을 교체할 것을 요구한 것이다. 올트먼을 비롯한 공동 창업자 전원에다가 최고위 간부인 카, 태나, 레먼, 넵, 마케팅 책임자 샤리 요더까지 참석한 회의였다. 회의에서 엔지니어들은 올트먼의 〈반짝이 병〉 때문에 회사가 피해를 보고 있고 자신들이 루프트의 핵심 앱을 확장하지 못한다면서, 또한 유일하게 수익을 내는 사업 부문을 추구하지도 못한다고 지적했다. 올트먼은 이 회의가 본질적으로 전략 문제를 논하는 자리라고 보았다. 「전략을 둘러싸고 심각한 견해차가 있었는데, 정말로 좋은 기업 차원의 사업을 구축하기를 바라는 사람은 소수에 불과했죠.」 올트먼의 말이다.

하지만 올트먼의 리더십에 대한 우려는 기업 차원의 사업 문제를 한참 넘어서는 것이었다. 회의가 열리기 몇 달 전, 루프트 직원 두 명이 퇴사해서 애드휠이라는 모바일 광고 네트워크 회사를 차렸다. 세쿼이아가 투자한 모바일 광고 네트워크 회사로 시장을 선도하던 애드몹은 신생 회사가 자사에서 공개한 소프트웨어 개발 키트를 분해하는 식으로 자사 서비스 약관을 위반하며 코드를 가져갔다고 비난했다. 이 직원들이 루프트에 재직할 당시 애드몹의 소프트웨어 개발 키트를 사용한 적이 있었기 때문에 의혹은 그럴 듯하게 보였다. 당시 애드몹은 구글에 인수되는 막바지 협상 단계에 있었는데, 이는 세쿼이아에 막대한 수익을 안겨 줄 거래였다. 결국 세쿼이아는 애드몹이 제기한 의혹을 듣자마자 루프트 직원 몇 명을 보내 사태의 진상을 철저히 파악해서 보고하게 했다. 올트먼과 얌, 애드휠의 다른 공동 창업자가 모인 회의는 한 참석자가 말한 대로 〈고성이 오가는 회의〉로 격해졌지만, 애드휠은 절대 잘못을 인정하지 않았다.

결국 세쿼이아는 구글이라는 대어가 두 물고기를 다 집어삼키기 직전에 애드몹이 애드휠을 매입하도록 손을 쓰는 식으로 문제를 해결했다. 올트먼은 애드휠이 코드를 어떻게 손에 넣었는지 사전에 알지 못했다고 주장했지만, 애드휠의 공동 창업자인 샘 얌과 가까운 사이였기 때문에 많은 루프트 직원은 그의 말을 쉽게 믿지 못했다. 이 사건을 계기로 올트먼에 대한 직원들의 신뢰가 꺾였다.

루프트의 고위급 직원들이 최고 경영자인 올트먼의 교체를 요구한 회의 내내 그는 옆자리에 앉아 묵묵히 비판을 받아들였다. 매캐두와 청, 동료 이사인 마이크 램지 ─ 티보의 전 최고 경영자이자

NEA의 벤처 파트너로, 청이 샘의 리더십 코치를 돕기 위해 영입한 인물이다 — 는 임원들의 우려에 귀를 기울이면서 문제를 제기한 것에 감사를 표했다. 그러고는 올트먼을 해임하는 대신 다른 방식으로 문제를 해결하기 위해 팔을 걷어붙였다. 「샘이 가진 몇 가지 맹점에 관해 그와 진지하게 대화하는 자리이기도 했고, 동시에 팀을 어떻게 보강할 수 있는지에 관한 논의이기도 했습니다. 분명 샘의 리더십에 대한 우려가 있었죠. 하지만 내가 생각할 때 그를 교체하는 건 절대 답이 아니었어요. 벤처 사업의 역사나 창업자 겸 최고 경영자를 교체한 뒤의 기업들을 보면, 특히 비상장 단계에서는 아주 참담한 결과가 뻔하니까요.」 매캐두의 말이다.

매캐두로서는 올트먼을 보호할 다른 이유도 있었다. 거의 같은 시점에 그는 세쿼이아가 전에 올트먼이 소개한 Y 콤비네이터의 몇몇 배치에 투자하는 문제를 협상하는 중이었다. 매캐두가 Y 콤비네이터의 존재를 처음 안 것은 세쿼이아가 초기 투자를 저울질하면서 루프트의 소유 구조를 조사할 때였다. 「Y 콤비네이터라는 조직을 위한 특별한 조건의 희석 방지 조항이 붙은 6퍼센트 지분이 있었어요.」 매캐두의 설명이다. 그는 메일리어드에게 전화를 걸어 물어보았다. 「도대체 이 친구들 누구예요?」 메일리어드는 아직 그들을 만난 적이 없었던 터라 올트먼을 소개해 주었고, 올트먼은 폴 그레이엄을 만나 보라고 간단히 대답했다. 매캐두는 전에 해마다 MIT와 하버드에서 강연했기 때문에 다음번에 케임브리지로 갔을 때 올트먼에게 소개를 부탁하고는 직접 폴 그레이엄과 리빙스턴을 만나러 갔다. Y 콤비네이터의 케임브리지 사무실을 방문한 그는 창업자들의 질문에 답해 주느라 몇 시간을 머물렀다. Y 콤비네이터가 마운틴뷰로 이전했을 때에는 화요일 저녁 모임의 게스트 연사를 맡았고, 결국 질의응답 시간을 통해 창업자들에게 조언해 주고, Y 콤비네이터가 스탠퍼드와 버클리에서 진행하는 스타트업 스쿨에서 강의도 맡았다. 세쿼이아의 동료 파트너들이 요즘 무슨 일을 하느냐고 물었을 때, 그는 이렇게 답했다.「중요한 기준점은, 샘이 바로 여기 출신이라는 겁니다.」

2008년 말 글로벌 시장이 붕괴하기 시작했을 때, 매캐두는 데자뷔가 밀려오는 것을 느꼈다. 닷컴 버블이 터진 뒤의 암울했던 시절뿐 아니라 한때 조롱거리였던 데이터 저장 회사 아이실론에 대한 투자로 이후 수십억 달러를 번 경험을 떠올리면서 이번에도 바닥일 때 투자하라는 모리츠의 조언에 따라 행동할 기회라고 확신했다. 블랙 먼데이 이후 시스코 같은 세쿼이아의 위대한 투자 사례를 조사한 다음, Y 콤비네이터 스타트업 스쿨에서 발표할 자료를 만들었다.「바로 지금이 회사를 창립할 때입니다. 물론 자금을 조달하기가 점점 어려워질 거예요. 하지만 지금 투자하는 벤처 투자자들이야말로 좋을 때나 나쁠 때나 여러분 곁을 지킬 진짜 벤처 투자자예요.」

발표가 끝난 뒤 그레이엄이 그를 따로 불러냈다.「굉장한 발표였어요. 조금 놀랐지만, 논리는 이해했습니다. 그런데 당신도 알다시피 Y 콤비네이터 연계 회사들에 투입되는 돈은 전부 나하고 제시카, 트레버, 그리고 RTM[로버트 태펀 모리스]의 은행 계좌에서 나오는 겁니다. 그리고 이제 우리는 돈이 없어요.」

매개두가 미소를 지었다. 「세쿼이아는 돈이 있거든요.」

Y 콤비네이터는 1천만 달러 정도가 필요했지만, 매개두는 바로 직전에 〈호시절이여 고이 잠드소서〉 슬라이드를 내걸었던 세쿼이아의 파트너들을 통과하기는 어려울 거란 사실을 알고 있었다. 그래서 그해 겨울의 창업자 배치를 지원하기 위해 폴 그레이엄은 200만 달러 투자 라운드를 구성했다. 세쿼이아가 주도한 투자 라운드에는 구글과 페이스북의 초기 투자자인 론 콘웨이와 G메일을 만든 폴 부케이트 등 소수의 에인절 투자자가 참여했다. (그해 겨울 클래스에는 결국 매개두가 세쿼이아의 투자를 주도한 에어비앤비도 포함되었다. 에어비앤비는 Y 콤비네이터가 배출한 최고의 성공작으로 손꼽힌다.)

나머지 자금을 확보하기 위해 매개두는 Y 콤비네이터를 세쿼이아의 엄격한 정식 투자 과정에 맞추면서 예상 수익 규모를 포함한 포트폴리오 구성 모델을 만들어야 했다. 「그 모델을 가동하려면 1년에 수백 개의 회사를 Y 콤비네이터로 데려와야 했습니다.」 그레이엄의 야심에는 맞지만 그의 통장 잔고에는 맞지 않는 규모였다. 이 계획이 세워지자 세쿼이아는 다음 해에 Y 콤비네이터의 여러 배치에 800만 달러의 투자 라운드를 이끌 수 있었다. 매개두처럼 헝그리 정신으로 성장한 벤처 자본가에게는 최고의 묘수였다. 세쿼이아는 결국 Y 콤비네이터의 수익 지분뿐만 아니라, 에어비앤비와 드롭박스, 스트라이프 등 Y 콤비네이터 최고의 성공을 이룬 스타트업들의 초기 직접 투자에 참여한 기회 포착 능력으로 큰돈을 벌게 된다.

올트먼은 또한 다른 방식으로도 세쿼이아에 기여했다.「그는 루프트 사무실에서 끊임없이 스타트업들과 회의를 했어요.」어느 직원의 말이다. 2009년 무렵 세쿼이아는 올트먼의 네트워킹 재능을 활용하기로 결정해서 그를 비공개 〈스카우트〉 프로그램에 발탁했다. (「나는 〈비공개〉라는 단어를 좋아하지 않아요.」 2015년 세쿼이아의 스카우트 프로그램 책임자 룰로프 보타가 『월 스트리트 저널』에 처음으로 명단과 세부 사항을 공개하면서 한 말이다.「우리는 그냥 프로그램 내내 신중을 기하려고 했을 뿐이에요.」) 세쿼이아 스카우트는 보통 세쿼이아의 투자를 받은 회사의 젊은 창업자들로, 벤처 캐피털 회사를 대신해서 투자할 수 있는 일정한 자금을 받았다. 투자가 성공하면 수익 대부분은 스카우트와 세쿼이아의 유한 책임 투자자들이 나눠 가졌고, 다른 스카우트들과 세쿼이아 파트너들도 수익 일부를 배분받았다. 윌슨 손시니에 의뢰해서 스타트업 전문 변호사들을 육성한 것처럼, 세쿼이아는 항상 독점적인 계약 흐름을 주도하기 위해 주시했다. 스타트업 창업 비용이 줄어들고 창업자 연령대도 낮아짐에 따라 또래들에게 추천받는 게 좋은 방법처럼 보였다.[3]

 올트먼은 곧바로 세쿼이아의 대표 스카우트가 되었다. 1년 전,

그레이엄이 올트먼을 빨간 머리에 파란 눈인 세 살 연하의 Y 콤비네이터 창업자 패트릭 콜리슨에게 소개했는데, 이른 나이에 업계에 발을 들여 생소한 것 투성이인 콜리슨을 그가 이끌어 줄 것으로 기대했기 때문이다. 콜리슨은 아일랜드 시골에서 자랐는데, 둘 다 엔지니어인 부모님은 휴양지 호텔을 운영했다. 부모님의 격려 속에 집에서 코딩을 배웠고, 고등학교 중에는 허락을 받아 1년을 통째로 쉬면서 코딩 공부만 했다. 열일곱 살에는 프로그래밍 언어 리습을 사용한 프로그램으로 전국 과학 경진 대회에서 우승하기도 했다. 경진 대회 당시 그레이엄과 연락을 주고받았는데, 그레이엄이 쓴 리습 교재는 테크 분야의 최고 인재들 사이에서 등대 같은 책이었다. 리습이 처음 개발된 MIT에 진학했지만, 1년 뒤 동생 존과 함께 자퇴하고 Y 콤비네이터에서 경매 추적 소프트웨어 스타트업 창업을 준비했다. 이 스타트업은 2007년에 창업했고, 2008년에 500만 달러에 팔렸다.[4] 콜리슨은 그레이엄의 총애를 받는 제자가 되었고, 그레이엄은 또 다른 총아인 올트먼에게 그를 소개했다. 올트먼이 남들은 모르지만 콜리슨이 좋아하는 프로그래밍 주제에 관한 지식을 드러내자 둘은 그 자리에서 바로 친해졌다. 1980년대에 리습 프로그래밍 언어로 만든 대규모 인공 지능 프로그램을 작동하기 위해 설계된 컴퓨터인 리습 머신이 둘의 첫 대화 주제였다.

「샘은 많은 것에 대해 많이 알죠. 그때도 그랬고요. 나는 당시 남들은 모르는 프로그래밍 주제들에 관심이 많았는데 — 지금도 그런 것 같지만요 — 그는 이런 주제들에 관해 놀라울 정도로 아는 게 많았죠. 그래도 나만큼 그런 취미를 즐기지는 않았을 걸요.」콜리슨의 말이다.

2009년 2월, 콜리슨은 팰로앨토에 있는 그레이엄의 집 주방에서 시간을 보내면서 바로 전에 블로그에 쓴 글에 관해 이야기하고 있었다. 인터넷에 은행을 만들어서 사람들이 오프라인 은행의 수수료나 마찰 없이 돈을 주고받을 수 있게 해야 한다는 글이었다. 일론 머스크가 X.com에서 처음 추진한 비전과 비슷한 이 아이디어는 페이팔로 통합되었다. 그레이엄은 반사적으로 투자하겠다는 뜻을 밝혔다. 몇 분 뒤 우연히 올트먼이 집에 오자 그레이엄은 그에게도 투자를 권하며 기회를 나누자고 말했다. 두 사람은 1만 5천 달러짜리 수표를 작성하고 〈수신인〉란은 비워 두었다. 회사가 아직 이름도 없었기 때문이다. 올트먼은 이름을 제안했다. 「그 선배는 아주 복고풍의 미국식 이름으로 내셔널 아메리칸 뱅크 컴퍼니 같은 이름으로 하자고 했죠.」콜리슨의 말이다. 결국 앞서 페이팔이 그러했듯, 그들은 인터넷 은행이라는 아이디어를 포기했다. 현실화하기가 너무 어려웠기 때문이다. 그 대신 웹사이트가 단 9줄의 코드만으로 신용 카드 결제를 할 수 있게 해주는 우아한 API를 이용한 결제 회사를 만들기로 했다. 1년 뒤 콜리슨과 동생 존은 공식적으로 회사를 설립하고 스트라이프라는 이름을 붙였다.

올트먼은 1만 5천 달러 투자로 현재 가치가 700억 달러에 달하는 스트라이프의 2퍼센트 지분을 받았다. 스트라이프는 미국에서 가장 가치가 높은 스타트업으로 손꼽히며 올트먼의 경력에서 가장 성공한 투자다. 스트라이프는 세쿼이아의 스카우트 프로그램을 통한 투자였으므로 올트먼은 수익의 절반 정도를 직접 갖게 되었다. 세쿼이아는 계속해서 2010년에 스트라이프에 시드 투자를 진행했고, 2011년에는 피터 틸을 비롯한 투자자들과 함께 시리즈 A 투자도 했다. 「샘은 투자를 진행하는 데 아주 도움이 됐습니다. 우리는 아일랜드 출신의 열정적이고 순진한 젊은이였는데, 거의 신처럼 떠받드는 피터 틸이나 마이클 모리즈를 상대해야 했죠. 샘은 늘 그렇듯 이런 사람들한테 전혀 위축되지 않고 겁먹지 않았어요. 그의 조언은 정말 도움이 많이 됐습니다.」콜리슨의 말이다.

올트먼이 세쿼이아에 많은 기회의 문을 열어 준 터라 — 그리고 그 문 너머에는 돈다발이 쌓여 있었던 터라 — 매캐두는 루프트에서 그를 교체할 생각이 없었다. 그는 루프트에서 놓치지 말아야 할 몇몇 고참 리더를 사적으로 만난 뒤 올트먼에게 피드백을 주었는데, 젊은 최고 경영자는 이를 잘 받아들이는 것 같았다. 올트먼과 이사회 모두 그가 최고 경영자로서 일상적인 운영자 역할에서 손을 떼는 데 열의를 보였다. 대신에 좀 더 노련한 임원을 찾아서 회사의 일상적 운영을 맡기고 올트먼은 자금 조달에 집중하는 임원 겸 이사회 의장 같은 역할로 한발 물러나기로 합의했다.

하지만 2010년 가을 세쿼이아가 모바일 부문 베테랑인 스티브 붐을 사장으로 영입할 무렵, 루프트 직원들은 회사의 전략 전환이 실패하고 있음을 분명하게 느꼈다. 회사는 루프트 스타를 앞세워 업계의 트렌드를 따라잡으려고 했는데, 포스퀘어 같이 이용자가 〈체크인〉을 하면 그루폰 식으로 할인 쿠폰을 주는 제품이었다. 하지만 이미 이용자에게 선물을 제공하는 위치 기반 앱이 숱하게 많은 상황에서 차별성이 없었다. 포스퀘어의 배지를 베낀 것은 특히 형편없는 짓이었다. 가령 이용자가 영화관에 자주 체크인하면 〈영화광〉 배지를 주는 식으로 체크인을 포인트처럼 게임화한 방식이었다.

포스퀘어는 아주 포스퀘어다운 방식으로 복수했다. 2008년 애플 콘퍼런스에서 올트먼이 입은 옷차림을 은근히 조롱하는 식으로 형광 핑크와 초록색 폴로셔츠를 박은 〈찌질한 놈〉 배지를 내놓은 것이다. 최신 유행의 호텔이나 레스토랑에 체크인해야 해제할 수 있는 배지였다.[5]

선불형 직불 카드 회사인 그린닷이 상장한 지 얼마 지나지 않은 2010년의 어느 날, 라디오 디제이에서 벤처 자본가로 변신한 최고 경영자 스티브 스트라이트는 이사회에서 불만을 토로했다. 10년 된 회사의 엔지니어들을 코드 작성의 최신 트렌드에 발맞추게 만드는 게 쉽지 않다는 불만이었다. 패서디나에 본사를 두고 월마트에서 파는 충전식 선불 카드를 만드는 그린닷은 개발자들이 연쇄적으로 각자 맡은 코드를 만들어 결합하는 〈워터폴waterfall〉 방식을 채택하고 있었다. 하지만 스트라이트는 사람들이 휴대 전화로 은행 업무를 할 수 있는 기술을 만들겠다는 자신의 꿈을 현실화하려면 〈애자일agile〉이라는 실리콘 밸리식 소프트웨어 개발 방식을 모방해야 한다는 걸 깨달았다. 애자일은 그레이엄이 원칙으로 내세워 설파하는 대로 속도와 사용자 피드백에 초점을 맞추는 방식이었다. 세쿼이아의 그린닷 투자를 주도한 뒤 이사회 성원까지 된 마이클 모리츠가 입을 열었다.

「우리 투자를 받은 회사 중에 놀라운 인재와 기술을 갖추고 자기네 일을 정말 잘 아는 회사가 있습니다. 하지만 아직 나이가 정말 어려서 인간적으로나 금융 서비스 분야의 큰 조직에서 일하는 문제에서나 멘토가 필요할 겁니다. 그런데 참, 스티브, 당신이 그런 스타일의 사람이잖아요. 아마 당신이 잘할 수 있을 겁니다.」 모리츠가 말했다.

물론 이 합병은 세쿼이아에도 도움이 되는 일이었다. 「당시에 루프트는 정말 고군분투하면서 인수자를 찾고 있었죠. 그래서 스티브한테 제안한 거죠.」 훗날 모리츠가 한 말이다.

모리츠는 스트라이트에게 올트먼을 소개해 주겠다고 제안했다. 다만 처음 설명할 때는 일부러 말하지 않은 게 있는데, 당시 루프트의 상황이 상당히 절망적으로 보였다는 사실이다. 2010년 하반기쯤 되면 루프트는 이용자 수가 줄어들고 있었다. 「그들은 경주마를 너무 혹독하게 다뤄서 이제 달릴 힘이 없었어요. 그 시점이면 페이스북 같은 회사들이 소셜 미디어 경주에서 승리한 상태였죠.」 스트라이트의 말이다.

모리츠가 중매 역할을 해서 스트라이트가 팰로앨토에 있는 루프트 사무실을 찾아갔고, 그 자리에서 올트먼은 그린닷의 조직 문화에 관해 질문 공세를 퍼부었다. 스트라이트가 그때 기억을 떠올렸다. 「그는 케케묵은 테크 회사와 힘을 합치는 게 아닐까 걱정했죠.」 반면 스트라이트는 전혀 주저할 게 없었다. 「나는 항상 젊은 인재를 좋아했고 그가 천재라는 걸 알았죠. 이 친구가 나를 도와줄 수 있다는 깊은 확신이 들었습니다.」 그는 알록 데시판데한테도 깊은 인상을 받았다. 그 친구는 〈사람들과 협력하는〉 법을 알았고 〈에고가 강한 이들을 간파하고 또 정말 코드를 잘 다뤘〉다.

 2012년 3월, 두 회사는 그린닷이 루프트를 현금 4340만 달러에 사들인다고 발표했다. 루프트 직원 30명에 대해 따로 책정된 잔류 보너스 980만 달러가 포함된 금액이었다. 「일종의 인수-고용이었죠.」 스트라이트의 설명이다. 루프트 제품은 모두 판매 종료될 예정이었다. 협상 과정에서 올트먼이 주로 초점을 맞춘 건 자기 팀을 지키는 일이었다. 그들은 팰로앨토 사무실에 남아서 그린닷으로 리브랜딩할 예정이었다. 「그 친구는 충성심과 옳고 그름에 대한 감각이 아주 깊고, 도덕적 확신도 대단했죠.」

 하지만 올트먼이 지키지 못한 한 가지는 연인과의 관계였다. 루프트가 매각되는 동안 올트먼과 시보는 헤어졌다. 「그 사람하고 결혼하려고 생각했어요. 사랑에 푹 빠졌었죠.」 올트먼이 『뉴요커』와의 인터뷰에서 한 말이다. 루프트의 실패에 대해서는 사람들이 디지털 기술을 어떻게 사용할지 제대로 읽지 못한 탓이라고 인정했다. 「우리는 위치 정보가 무엇보다 중요해질 거라고 낙관적으로 생각했어요. 반면 비관적인 관점은 사람들이 소파에 누워서 그냥 콘텐츠나 소비할 거라는 예상이었죠. 그런데 그게 현실이 된 겁니다. 사람들이 원하지 않는 걸 억지로 하게 만들 수는 없다는 걸 깨달았죠.」[6]

3부

2012~2019

9
〈로켓에 올라타다〉

루프트가 매각된 뒤, 피터 틸이 사람들로 빼곡한 스탠퍼드 강당에 들어섰다. 그가 맡기로 한 수업인 〈CS183: 스타트업〉은 금세 정원인 250명을 채웠고, 일찌감치 수강 신청에 성공한 학생들이 통로를 가득 메우고 바닥에도 앉았다. 스탠퍼드에서 학위 두 개를 받은 틸은 페이팔을 공동 창업해서 벌어들인 막대한 자산으로 페이스북의 초기 투자자가 되었다. 수강 편람에서는 그를 성공한 사업가 겸 투자자로 소개하면서 친구들을 특강 연사로 데려와 영광스러운 스타트업 세계의 생생한 경험을 들려줄 것이라고 안내했다.

하지만 그가 염두에 둔 수업은 이런 소개보다 훨씬 도발적이었다. 어린 시절 체스 신동이었던 틸은 스탠퍼드에서 철학을 전공하면서 프랑스의 역사학자이자 문학 비평가인 르네 지라르 밑에서 공부했다. 지라르의 모방 이론은 우리가 욕망으로 경험하는 것이 실은 다른 사람의 욕망을 모방하는 것일 뿐이라고 가정했다. 틸의 전기를 쓴 맥스 채프킨에 따르면, 리버럴 성향의 동기들에게 괴롭힘을 당한 경험과 지라르 밑에서 배운 공부가 결합되어 타고난 역발상 경향이 가속화되었다. 학부생 시절 이런 경향은 보수 성향의 학생 신문 『스탠퍼드 리뷰』를 창간하는 결과로 나타났다. 서른 살에는 대학의 다문화주의를 비난하는 책을 출간하기도 했다. 이후 투자자로서 이런 역발상 성격 덕분에 금융 위기를 정확하게 예측할 수 있었다(다만 이 위기를 활용해서 수익을 보지는 못했다). 이 과정에서 틸은 대단히 실험적인 여러 아이디어를 받아들였는데, 공해상에 떠 있는 초자유주의 유토피아에 자금을 지원하고, 기술 진보가 인간이 개입할 필요 없이 스스로 가속화하는 순간을 앞당기려고 노력하기도 했다.

이제 그는 가장 급진적인 역발상 캠페인의 중심에 서 있었다. 미국의 젊은이들에게 대학을 자퇴하라고 설득하는 캠페인이었다. 지난해에 그는 틸 펠로십을 출범해서 전도유망한 젊은 사업가들에게 10만 달러를 제공하면서 명문 대학을 포기하고 기업을 차리라고 권유한 바 있었다. 하지만 지금은 모교인 스탠퍼드 연단에 서서 단순히 돈을 버는 것보다 훨씬 거대하고 한결 괴짜 같은 내용을 강의하고 있었다.[1]

수업은 센세이션을 일으켰다. 블레이크 매스터스라는 학생은 강의 노트를 작성해서 온라인에 올렸는데, Y 콤비네이터의 인터넷 게시판인 〈해커 뉴스〉에서 입소문이 자자했다. 이 노트는 결국 2년 뒤인 2014년 틸과 매스터스가 공저한 베스트셀러 『제로 투 원』의 밑바탕이 된다. 『뉴욕 타임스』의 데이비드 브룩스는 칼럼 전체를 할애해서 매스터스의 강의 내용 요약본을 소개했다.[2] 하지만 칼럼의 주된 메시지 — 경쟁은 사실 파괴적이며, 기업은 기존 시장에서 끝까지 싸우기보다는 새로운 시장에서 미니 독점을 만들기 위해 노력해야 한다 — 는 사실 수업의 주요 메시지가 아니었다. 오히려 강의는 계속해서 틸의 인생에서 핵심을 차지하는 실망감으로 돌아가곤 했다.

「기술의 미래에 관한 낙관주의가 정점에 다다른 건 아마 1960년대였겠죠. 그 시절에 사람들은 미래를 **믿었습니다**. 미래에 관해 **생각했고요**. 많은 이가 향후 50년이 전례 없는 진보의 시대가 되리라고 자신만만해 했죠. 하지만 컴퓨터 산업을 제외하면 그런 진보는 없었습니다.」[3] 1967년생인 틸이 첫 수업 시간에 학생들에게 한 말이다. 그 대신 그는 지금까지 사는 내내 실질 임금이 정체했다고 지적했다. 그가 보기에, 부모 세대가 꿈꾸던 멋진 미래상 중에 실제로 실현된 것은 거의 없었다. 「하늘을 나는 자동차는 잊으세요. 지금도 교통 정체 때문에 고생하잖아요.」[4] 틸이 나중에 한 강의에서 한 말이다.

이런 불만은 틸이 세운 벤처 기업인 파운더스 펀드가 전해에 발표한 선언문에도 고스란히 담겨 있었다. 선언문은 벤처 캐피털 업계가 반도체 같은 〈혁명적 기술〉에서 멀어져 〈누적되는 문제나 심지어 가짜 문제(가령 코즈모닷컴이 사무실로 킷캣 초코바를 배달해 주는 것)〉를 해결하는 회사들에 관심을 옮긴다며 개탄했다. 선언문을 작성한 브루스 기브니는 나사NASA가 40년 동안 달에 가지 않았다는 사실, 대서양 횡단 시간이 오히려 늘어났다는 점(콩코드 여객기가 퇴역한 덕분에), 인간 수명 증가 속도도 느려진다는 점, 인류가 더 값싼 에너지를 만드는 법을 알아내는 데 거의 진전을 이루지 못한다는 점에 대해 분노를 표현했다.「우리는 분명 일반 인공 지능에 가까운 어떤 성과도 없습니다. 30년 전의 많은 미래학자가 안다면 놀라워할 만한 현실이죠.」[5]

틸은 투자자와 학생 모두에게 목소리를 높였다. 테크 분야의 정체를 해소하는 답은 무리의 흐름을 거스르는 것, 점진적 수익 향상을 기록하는 데 연연하는 출세주의자 쪼다 짓을 멈추는 것, 홈런 한 방을 노리고 크게 휘두르는 것이라고. 어떻게 보면 폴 그레이엄의 에세이를 그 나름으로 해석한 버전이었다. 틸의 논리에 따르면, 사명감으로 무장한 창업자들을 투자에 끌어들이는 유일한 방법은 자신이야말로 사명감으로 무장한 최고의 투자자임을 보여 주는 것이었다.

스탠퍼드 강의를 둘러싸고 언론이 떠들썩한 관심을 보이는 가운데서도 틸이 마운틴뷰에 있는 Y 콤비네이터 사무실에서 참여하는 대화는 별로 주목받지 못했다. 당시 올트먼이 많은 시간을 보내는 곳이었다. 그는 루프트에서 퇴사하기 한참 전인 2011년 6월 Y 콤비네이터의 파트타임 파트너로 공식 임명된 상태였다. 랩 지니어스 — 이후 지니어스로 사명을 바꿈 — 같은 회사들을 상대로 데모 데이에 투자자를 대상으로 한 사업 설명을 준비하는 요령을 가르쳐 주었다. (『론치 패드: Y 콤비네이터의 내막*The Launch Pad: Inside Y*

Combinator』의 저자 랜들 스트로스에 따르면, 올트먼은 랩 지니어스 창업자들에게 이렇게 말했다. 「이 그래프를 보여 줄 때는 꼭 요점을 말해야 해요. 〈자자, 주목하세요. 사용자 그래프를 보여 드리겠습니다. Y 콤비네이터 스타트업은 대부분 이 자리에 서서 누적 가입자 수를 보여 줍니다. 그거 아무 짝에도 소용없어요. 우리는 실제로 사용하는 이용자를 보여 드리겠습니다.〉 흔한 방식은 아니죠. 이런 식으로 공정하게 숫자를 집계하는 겁니다.」[6, 7]

올트먼은 루프트를 떠나면서 충격과 슬픔에 빠졌지만, 500만 달러 정도의 돈이 있었다. 계약 조항에 따라 그는 그린닷의 이사회에 참여하고 모바일 뱅킹 앱 개발에 힘을 보탤 예정이었다. 그린닷의 가장 중요한 고객인 월마트를 상대로 한 재앙과도 같은 미팅에도 참여했다. 회사 수익의 70퍼센트를 차지하는 월마트는 당시 계약을 해지하겠다고 위협하는 중이었다. 회의가 끝나고 아칸소주의 주차장에서 올트먼은 스트라이트에게 조용히 말했다. 「와, 정말 뭐 이런 미팅이 다 있죠.」 하지만 대체로 그는 인생을 다시 생각해 볼 자유를 누리고 있었다.

「회사를 새로 차릴지, 투자를 할지 생각이 많았어요.」 올트먼의 말이다. 세쿼이아는 그를 자사가 세운 벤처 캐피털 제국으로 깊숙이 끌어들이려고 했지만, 그는 제안을 거절했다. 배낭여행으로 유럽을 돌고 동남아시아를 여러 차례 여행했고, 일본도 들렀다. 어느 아슈람(힌두교 수도원)에 틀어박혀서 시간을 보내기도 했는데,

『뉴욕』 매거진에 농담한 것처럼 〈전형적인 테크 브로* 밈〉 같았지만 이 경험으로 인생이 바뀌었다고 말한다. 「물론 지금도 여러모로 불안이 많고 스트레스도 받지만, 제 **인식** 안에서는 아주 편안하고 행복하고 고요한 느낌이에요.」 (동생 애니 올트먼의 말에 따르면, 그녀가 명상에 푹 빠져서 터프츠 대학교 불교 마음 챙김 승가회 회장이 됐을 때 오빠들이 놀랐지만, 몇 년 뒤 샘이 집에서 명상 모임을 열고 있다는 걸 알게 됐다. 현재 그녀는 샘이 실제로 인도 아슈람에서 얼마나 머물렀는지 궁금해한다.) 아마 올트먼의 인생에서 가장 큰 변화가 찾아온 계기는 멕시코에서 가이드와 함께 주말 내내 환각제를 흡입한 일종의 피정 체험이었을 것이다. 「제 인생에서 가장 큰 변화를 가져온 일 중 하나였죠.」 『샌프란시스코 스탠더드』에서 진행하는 팟캐스트 〈7곡의 노래로 말하는 인생〉에서 한 말이다.[8] 그는 대체로 바닷가의 레드우드 숲 한가운데에 자리한 빅서에서 많은 시간을 보냈다. 지구상에서 가장 좋아하는 풍경에 틀어박혀 책을 읽었다. 「세상 모든 것에 대해 조금은 아는 것 같았고, 불가능이 없다는 느낌이었죠. 모든 게 불확실했지만 아주 좋았어요.」

올트먼과 틸은 서로 알게 된 지 몇 년째였다. 올트먼이 처음에 나이 많은 투자자에게 다가간 건 핵에너지에 대한 공통의 관심 때문이었다. 「제가 에너지에 관해 본격적으로 생각하기 시작했을 때 누군가 말하더라고요. 〈지금 원자력에 대해 생각하는 투자자는 그 사람이 유일할걸. 그러니 그 사람을 만나서 대화를 나눠 봐.〉」

* 테크 업계에 종사하는 젊은 남성.

올트먼은 모든 종류의 핵에너지에 관심이 있었지만, 특히 핵융합에 끌렸다. 한 세기 가까이 과학자들의 꿈의 대상이던 태양 연료가 되는 강력한 반응이었다. 올트먼이 태어나기 전부터 세계 각국 정부가 막대한 비용을 투입해서 공동 연구를 진행하고 있었다. 수소 동위 원소를 충분히 가열하고 강한 압력에서 유지해서 그 원자핵이 헬륨으로 융합되게 만드는 연구였다. 이 과정에서 기존 원자력 발전소에서 작동하는 핵분열보다 약 네 배 많은 에너지가 방출된다. 핵융합이 성공한다면 바닷물에 존재하는 분자들로부터 값싼 청정 에너지원을 얻을 수 있다. 탄소 배출이 없고 핵분열에 비해 방사성 폐기물도 훨씬 적다.

틸에게 핵에너지는 미국이 1960년대 이래 기술적 마력을 잃어버렸음을 보여 주는 궁극적 상징이었다. 그가 볼 때, 미국이 원자력 발전소 건설을 중단한 주된 이유는 1979년 제인 폰다가 주연을 맡은 스릴러 영화 「차이나 신드롬」이 개봉하면서 나타난 충격파에서 생긴 히스테리였다. 영화는 가공의 핵 비상 상황을 묘사했는데, 실제로 영화 개봉 12일 뒤 펜실베이니아주 해리스버그 근처의 스리마일섬 원자력 발전소에서 부분적 멜트다운 사고가 발생했다. 이 사고로 반핵 운동이 활기를 띠었고, 틸이 주장하는 것처럼 결국 약 100곳의 원자로 건설이 취소되었다. 이 사고는 또한 실리콘 밸리에서 일종의 신화로 자리 잡기 시작했다. 민주주의 사회에서 인간은 위험을 제대로 평가하고 장기적 미래에 관한 합리적 선택을 할 수 없다는 암울한 증거가 된 것이다. 다음은 틸이 쓴 글이다. 〈체르노빌 사고로 사망했다고 보고된 사람은 50명도 되지 않는다. 이와 대조적으로, 미국 폐 학회는 석탄 화력 발전소에서 나오는 연기로 연간 약 1만 3천명이 사망한다고 추산한다.)[9] 틸의 초기 사도인 엘리에저 유드코스키는 이렇게 말한다. 〈실리콘 밸리에서 인류를 사랑하는 모든 이의 마음에 가장 크게 남은 상처는 핵 원자로에서 벌어진 사태다.〉 이 상처는 결국 실리콘 밸리가 인공 지능에 접근하는 방식에도 영향을 미치게 된다. 인공 지능의 경우에도 진보와 안전 사이에서 도덕적 균형을 잡는 행동이 요구되었기 때문이다. 〈그들의 관점에서 보면, 기술은 공정한 대우를 받지 못한다. 만약 어떤 기술이 인류에게 이롭다고 생각한다면, 인류에게 이로운 이 기술을 주장해서는 안 된다. 먼저 박차고 나가서 누군가 그걸 막기 전에 직접 개발해야 한다. 이런 진영 싸움에 패배하기 때문이 아니라 정당하게 평가받지 못하기 때문이다.〉 테크 업계에서 일하는 이 상주의적 엔지니어들이 볼 때, 20세기 말 이래 핵 원자로가 맞은 운명은 〈유대인의 홀로코스트처럼 거대한 비극〉이라고 유드코스키는 말한다.

    틸은 정부가 이 문제를 해결하지 않는다면 자신이 직접 벤처 캐피털을 통해서 하겠다고 마음먹었다. 새로운 세대의 원자력 기술에 투자하는 것은 더 좋은 세상을 만들 수 있는 대담한 시도에 투자하는 행동일 뿐만 아니라 진보 자체를 위협하는 소름끼치는 세력에 맞서 직접 싸우려는 시도였다. 후에 올트먼이 핵융합을 현실화하는 암호를 푸는 것을 목표로 삼는 헬리온 에너지를 발굴해서 Y

콤비네이터에 합류시킨 뒤, 틸은 자신의 기업인 미스릴 캐피털을 통해 회사의 시드 라운드에 투자했다. 올트먼도 개인 자금으로 투자했다.[10]

올트먼과 틸은 원자력 에너지에 대한 공통의 관심 외에도 결국 스트라이프의 시드 투자자로도 참여했다. 결제 회사인 페이팔의 공동 창립자라는 틸의 배경 덕분에 젊은 패트릭 콜리슨에게 유용한 조언자가 될 것이라고 여긴 폴 그레이엄이 다리를 놓았다. 결국 스트라이프가 — 세쿼이아와 틸, 페이팔 공동 창립자 맥스 레브친, 개인 투자자 엘라드 길로부터 — 1천8백만 달러의 시리즈 A 투자를 유치했을 때, 콜리슨에게 결정적인 조언자 역할을 한 것은 다름 아닌 올트먼이었다. 자금 조달 과정 내내 종종 콜리슨이 매일 팰로앨토를 가로질러 출퇴근할 때마다 수십 통의 전화를 하면서 이야기를 나누었다. 결국 이 라운드에서 신생 결제 회사 스트라이프는 1억 달러의 가치가 있는 것으로 평가받았다.

2012년 봄까지 올트먼은 실리콘 밸리에서 가장 주목받는 스타트업들과 연줄이 있고 Y 콤비네이터와 가까운 인물로 유명해졌고 — 이 둘은 점차 동의어가 되었다 — 그가 직접 모으는 벤처 자금에 투자하려는 유한 책임 투자자들도 줄을 섰다. 세쿼이아의 투자 제안을 물리친 뒤 올트먼은 틸과 동행했는데, 틸은 그들이 하이드라진 캐피털이라고 명명한 벤처 펀드에 필요한 2천1백만 달러의 대부분을 출자했다. 로켓 연료에서 발견되는 화학 물질에서 따온 명칭이었다. 올트먼은 지난해에 프린스턴에서 경제학 전공으로 졸업하고 뉴욕의 투자 은행에서 일하던 동생 잭을 벤처 펀드에 영입했다. 다른 동생 맥스도 몇 년 뒤 합류해서 형제들은 샌프란시스코의 한 아파트에서 같이 살게 된다.

틸은 올트먼이 〈굉장히, 굉장히 똑똑할〉 뿐만 아니라 〈원칙에 충실하고, 엄격하며, 아주 균형이 잡혀 있고〉, 〈아마 조금 지나치게 낙관적〉이라고 평가했다. 그의 매력은 무엇보다도 그가 아는 **지식**이 아니라 아는 **사람**이었다. 프롤로그에서 언급한 것처럼, 틸에게 올트먼은 실리콘 밸리 자체가 아니라 〈단지 실리콘 밸리 시대정신의 정중앙을 차지하고 있었〉다. 틸은 페이스북의 첫 번째 외부 투자자가 된 뒤 멘토 역할을 한 최고 경영자 마크 저커버그와 숱하게 많은 대화를 나누었다. 저커버그는 좋든 나쁘든 간에 밀레니얼 세대의 대표자로 여겨졌지만, 실은 완벽하게 들어맞는 인물은 아니었다. 틸의 말을 들어 보자. 「밀레니얼 테크 인사를 대표하는 한 사람을 꼽아야 한다면 그건 올트먼일 겁니다.」

2007년 고커 미디어의 「밸리웨그Valleywag」 블로그에서 원치 않게 아우팅당한 틸은 당시 테크 업계에서 가장 이름을 날린 공공연한 게이 투자자였다. 지금 와서 보면, 올트먼이 멘토로서 틸에게 끌린 것은 놀랄 일이 아니며, 그 역시 가장 유명한 공공연한 게이 최고 경영자 중 하나가 되는 길을 밟고 있었다. 하지만 틸의 기본적인 역발상 세계관은 사람들에게 행복을 주고 싶은 올트먼의 성향과는 상충한다. 그러나 올트먼이 틸에게서 무엇보다 존경하는 부분은 올트먼이 동의하든 않든 간에 기존 질서를 거스르면서 새로운 사고를 창조하려는 성향이다. 「그는 이렇게 전혀 제약받지 않는 방식으로 세계에 대해 생각합니다.」 올트먼이 최근에 어느 팟캐스트에서 한 말이다.[11] 다른 인터뷰에서는 독창적 아이디어야말로 세상에서 가장 희귀한 상품이라고 말했다. 바로 그것이 틸이 풍부하게 공급하는 자원이다.

하이드라진은 계속해서 오클로라는 핵분열 마이크로 원자로 스타트업에 투자했다. 2013년 올트먼이 알게 된 오클로는 이듬해에 Y 콤비네이터에 발탁되었다. 그리고 앞서 언급한 것처럼, 올트먼과 틸은 헬리온에 공동으로 시드 투자를 했다. 하지만 대체로 하이드라진은 결국 역사적인 테크 호황으로 밝혀지는 흐름에 올라탔다(틸의 전형적인 역발상과는 정반대되는 전략이었다). 「만약 아무도 믿지 않는 아주 큰 호황 속에 있다면, 그냥 모든 사람이 좋다고 여기는 곳에 투자하고 싶어지죠. 만장일치라고나 할까요.」 틸의 말이다. 그는 닷컴 버블과 금융 위기를 신호탄으로 한 변동성 때문에 투자자들이 겁을 먹었고, 결국 테크 업계에 투자가 부족해졌다고 보았다. 2012년에 이르러 「이제 테크 업계는 전속력으로 달리고 있고, 이 모든 회사는 성장하고 기하급수적으로 몸집을 불리고 있었는데, 다만 투자할 사람이 아무도 남지 않은 것 같았죠. 그렇게 심하게 투자가 부족하다면, 전혀 역발상을 할 필요가 없죠. 그냥 시대정신을 따라가면 되는 겁니다. 샘이 그걸 아주 잘했다고 봐요.」 틸이 당시 상황을 떠올렸다.

하이드라진은 기업용 소프트웨어에서부터 고급 식료품에 이르기까지 뚜렷한 기준 없이 잡다한 산업에 돈을 쏟아부었다. 이런 투자들을 연결하는 한 가지 공통점은 대부분이 Y 콤비네이터를 통해 이루어졌다는 것이다. 인적 자원 관리 스타트업인 제네핏, 공급망 물류 플랫폼 플렉스포트, 화상 채팅 언어 학습 서비스 버블링, 디지털 건설 마켓 플레이스 빌드줌, 식사 대용품 회사 소일런트, 온라인 이혼 서비스 위보스 등이 대표적이다. 예외적인 사례인 페이트리언은 동영상 모금 플랫폼으로, 올트먼의 루프트 시절 친구인 샘 얌이 공동 창업한 회사였다. 하이드라진은 사실상 Y 콤비네이터 인덱스 펀드였는데, 이는 틸 스스로가 극구 피한다고 정의한 〈멍청할 정도로 단순한〉 투자 방식이었다.

「가끔은 그냥 로켓에 올라타고 싶을 때도 있는 거죠.」 틸의 말이다.

바야흐로 Y 콤비네이터는 성층권을 뚫고 올라가고 있었다. 세쿼이아의 도움을 받아 2011년 여름 배치에서는 스타트업이 60개 이상으로 늘어났다. 그해에 에인절 투자자 론 콘웨이와 러시아 출신 억만장자 유리 밀너가 그레이엄을 찾아와 Y 콤비네이터의 모든 스타트업에 투자하게 해달라는 제안을 했다. 투자자들은 결국 Y 콤비네이터의 모든 스타트업에 15만 달러 상당의 조건부 지분 전환권을 제공했다(사실상 회사가 벤처 투자를 유치해서 기업 가치를 산정하면 주식으로 전환되는 일종의 대출이었다). 이 거래는 창업자에게 대단히 유리한 방식이었다. 창업자는 이렇게 초기 단계에서 기업 가치가 어느 정도인지 걱정하거나, 실패하는 경우에 상환해야 할 걱정 없이 현금을 받을 수 있었기 때문이다. 그해 여름 데모 데이는 거의 축제 분위기였다. Y 콤비네이터는 200명이 넘는 벤처 자본가를 비롯해 데미 무어와 애슈턴 커처 등의 투자자가 몰려드는 바람에 강당 지붕에 에어컨 두 대를 새로 설치해야 했다. 강당 바깥에 간이 화장실까지 주문해서 설치했다.[12]

2012년 여름 배치에는 스타트업 84곳이 참여해서 파트너들도 누가 누구인지 제대로 알아보지 못할 정도였다. 「그게 바로 모든 사람이 골머리를 앓게 만든 유명한 배치였죠.」 Y 콤비네이터의 최고 재무 책임자 커스티 나투가 『와이어드』에 한 말이다. 그 후 Y 콤비네이터는 배치를 사실상의 클래스 형태로 나누었고, 데모 데이 행사장도 훨씬 넓은 컴퓨터 역사 박물관으로 옮겼다. 마운틴뷰에 있는 널찍한 캠퍼스인 박물관은 제2차 세계 대전 시절의 이니그마 암호 해독기와 최초의 컴퓨터 마우스(공교롭게도 마운틴뷰에 많이 자라는 레드우드 나무를 깎아 만든 것이었다) 같은 현대 유물을 소장한 곳이었다.[13] 2013년에는 창업 지망 기업 수를 합리적인 수준인 47개로 유지했지만, 데모 데이 초대 손님은 450명으로 늘어났다. 드롭박스(당시 기업 가치 40억 달러)나 에어비앤비(13억 달러), 스트라이프(5억 달러) 같은 막대한 부를 벌어들일 수 있다는 약속에 매료된 이들이었다. 『뉴욕 타임스 매거진』은 Y 콤비네이터의 2013년 데모 데이를 다룬 기사에서 〈골드러시 정신이 지배하고 있다〉고 표현했다.[14]

하이드라진은 Y 콤비네이터 회사 몇 곳에 투자했지만, 틸의 파운더스 펀드는 올트먼이 해마다 Y 콤비네이터 최고의 스타트업으로 꼽는 곳에 투자했다. 2012년에는 그 회사가 에어비앤비였다. 「세상은 모멘텀을 저평가하지만, 어쩌면 우리는 1년에 한 번 Y 콤비네이터 최고의 회사를 고르기만 하면 됩니다.」 틸은 이렇게 Y 콤비네이터를 극찬했다. 파운더스 펀드는 에어비앤비 가치가 25억 달러로 평가될 때 투자했는데, 지금은 약 2천억 달러에 달한다. 이듬해에는 기업 가치가 17억 5천만 달러로 평가받는 스트라이프에 투자했는데, 지금은 650억 달러 전후로 평가받는다. 「당시 샘과 주로 나눈 대화는 이런 거였죠. 〈어디가 최고일까?〉」

「2014년 말에 이르러, 이런 경험 법칙이 더는 작동하지 않게 됐어요. 많은 사람이 똑같이 행동하기 시작했거든요.」 틸과 올트먼은 제네핏이 Y 콤비네이터의 새로운 보물임을 확인한 바 있었다. 제네핏은 의료 보험 중개업체로, 중소기업에 인적 자원 관리 소프트웨어를 무상으로 제공했는데, 이후 중소기업에 의료 보험을 판매해서 수수료를 벌 수 있었기 때문이다. 맥스 올트먼이 제네핏에 입사해서 2014년부터 2016년까지 제품 분야에서 일했다. 파운더스 펀드는 기업 가치가 20억 달러일 때 투자 제안을 했는데, 공격적인 공동 창업자 파커 콘래드는 40억 달러를 상회하는 가치 평가를 내세우며 협상했다. 틸이 볼 때는 그 수치가 너무 높아서 파운더스 펀드는 더 적은 돈을 투자했다. 몇 년 만에 이런 가치를 인정받기 위해 필요한 낙관적인 성장 목표를 달성하지 못한 채 보건 의료업계와의 관계에서도 악전고투한 제네핏은 결국 폭락했고, 투자금은 사실상 제로가 되었다. (틸의 대학 시절 친구이자『스탠퍼드 리뷰』의 동료 필진이며 페이팔 동기인 데이비드 색스가 회사가 망한 뒤인 2016년 임시 최고 경영자로 취임했다.)

이미 일종의 최고점에 도달한 것처럼 보였다.

틸이 한 또 다른 투자는 결국 올트먼의 경력과 인공 지능의 미래에 가장 의미심장한 영향을 미쳤다. 올트먼처럼 틸도 언젠가 컴퓨터가 인간보다 똑똑해지고 기하급수적인 기술 진보의 자기 강화 사이클을 촉발시킬 가능성이 있다는 사실에 몰두했다. 흔히 〈특이점 singularity〉이라고 말하는 SF 소설의 오래된 비유다. 이 용어는 수학자이자 맨해튼 프로젝트 자문 위원인 존 폰노이만이 1950년대에 처음 소개한 뒤, 1980년대에 널리 호평받는 SF 작가 버너 빈지가 대중화했다. 빈지의 친구 마크 스티글러는 미래주의 소설의 초고를 쓰는 한편 국방 고등 연구 계획국 같은 기관을 위해 사이버 안보를 연구했는데, 어느 날 SF 작가 총회장 앞의 레스토랑에서 빈지와 오후 시간을 보낸 때를 상기했다. 「너무 끔찍하면서도 실현 가능성이 높아서 우리가 절대 쓰고 싶지 않은 이야기에 관해 대화를 나눴죠. 어떤 미친놈이 그중 하나를 알게 되어 실제로 행동에 옮길까 봐 너무 두려웠습니다.」

빈지의 소설에 영향을 받은 많은 사람 가운데는 엘리에저 유드코스키도 있었다. 1979년 시카고의 정통파 유대인 가정에서 태어난 유드코스키는 어머니는 정신과 의사이고 아버지는 물리학자였는데, 이후 벨 연구소와 인텔에서 음성 인식 관련 일을 한 아버지도 열정적인 SF 팬이었다. 유드코스키는 일곱 살에 SF를 읽기 시작해서 아홉 살에는 직접 썼다. 열한 살에 SAT 시험에서 1,410점을 받았다. 7학년이 되자 그는 부모님에게 더는 학교생활을 견딜 수 없다고 말했다. 결국 고등학교에 진학하지 않았다. 열일곱 살이 되자 그는 자신이 남들과 다른 사람이라는 점을 고통스럽게 깨달았고, 자기가 〈천재〉이기는 해도 〈나치는 아니〉라고 선언하는 웹 페이지를 만들었다. 그는 〈10대 청소년〉이라는 정의를 거부하면서 대신 자신을 〈앨저넌〉으로 분류하는 것을 선호했다. 대니얼 키스의 유명한 단편에 등장하는, 지능이 향상된 실험용 쥐에서 따온 이름이다. 빈지 덕분에 그는 삶의 의미를 발견했다. 〈이 웹 페이지의 유일한 목적, 이 사이트의 유일한 목적, 내가 앨저넌으로서 하는 모든 활동의 유일한 목적은 특이점을 가속화하는 것〉이라고 그는 말했다.[15]

그 무렵 유드코스키는 엑스트로피언들이라고 자처하는 어느 협회의 정체불명의 메일링 리스트를 발견했다. 1994년 『와이어드』 기사에서 협회를 다뤘는데 말미에 우연히 이메일 주소가 포함되어 있었다. 1980년대 철학자 맥스 모어가 창시한 엑스트로피어니즘은 모든 영역에서 엔트로피 — 만물은 분해되며 모든 것은 혼돈과 죽음으로 향하는 경향이 있다는 보편 법칙 — 에 맞서 싸우려는 일종의 친과학적 초낙관주의다. 현실적으로 이 이념은 사망한 뒤 애리조나주 스코츠데일에 있는 알코어 생명 연장 재단에서 화씨 마이너스 321도(섭씨 약 마이너스 196도)에서 주검(또는 최소한 머리)을 냉동한다는 계약서에 서명하는 것을 의미했다. 인류가 기술을 충분히 발전시킬 수만 있다면 다시 부활할 수 있기 때문이다. 철학적인 면에서 보자면, 엔트로피에 맞서 싸운다는 것은 5개 원칙을 준수하는 것을 의미했다. 무한 확장, 자기 변형, 동적 낙관주의, 지능 기술, 자생적 질서가 그것이다. (예를 들어 동적 낙관주의에는 주어진 상황에서 긍정적 측면에만 집중하는 선별적 초점이라는 기법이 포함된다.)

이 운동에 참여한 뒤 예측 시장이란 분야를 창시해서 유명세를 떨친 로빈 핸슨은 당시 팰로앨토의 대규모 저택들에서 여러 층에서 열린 엑스트로피언 파티에 참여한 경험을 설명했다. 「나는 그 사람들 덕분에 에너지를 얻었어요. 그들은 온갖 흥미로운 아이디에 관해 이야기를 했거든요. 아내는 그 사람들한테 진절머리를 쳤는데, 무엇보다 옷차림이 깔끔하지 않고 약간 기묘했으니까요. 우리는 모두 자신이 미래가 어떻게 될지 안다고 생각했고, 남들은 그걸 모른다고 여겼죠. 결국, **결국** 우리가 옳겠지만 그때가 정확히 언제일지는 누가 알겠나요.」

맥스 모어와 저널 『엑스트로피』를 공동 창간한 톰 벨, 일명 T. O. 모로(벨은 모로가 별개의 인격이며 단순히 필명이 아니라고 주장한다)는 정부 간섭에서 자유로운 행위자들 간의 자발적 거래에서 유기적으로 생겨날 수 있는 〈다중심 법률〉 체계, 그리고 엑스트로피언들이 공해상에 떠 인공 섬에 정착해서 세우는 〈자유 오세아나〉 체계에 관해 쓴 바 있다. (벨은 결국 몇 년 뒤 틸이 시드 자금을 제공한 시스테딩 연구소를 위해 재능 기부 활동을 하게 된다.) 이 모든 게 약간 초자유주의처럼 들린다면 실제로 그렇기 때문이다. 『와이어드』 기사의 첫머리에 나오는 엑스트로피언 회합에서 한 참석자는 〈국가〉 같은 옷차림으로 등장한다. 비닐로 된 뷔스티에에 미니스커트, 체인 하네스 상의 차림에 손에는 승마용 채찍을 든 그 사람은 엉금엉금 기는 〈납세자〉인 또 다른 참석자의 목줄을 잡고 있다.[16]

메일링 리스트와 그보다 규모가 큰 엑스트로피언 공동체의 성원은 몇백 명에 불과했지만, 그들 가운데는 유명인도 다수 있었다. 핸슨 외에도, 1970년대에 MIT 인공 지능 연구소를 창설한 튜링상 수상 과학자 마빈 민스키, 〈특이점〉이라는 용어를 흔히 쓰는 단어로 격상시킨 컴퓨터 과학자이자 미래학자 레이 커즈와일, 인공 지능이 제기하는 이른바 〈실존적 위험〉과 동일한 글을 쓴 스웨덴의 철학자 닉 보스트롬, 위키리크스를 창설하기 10년 전의 줄리언 어산지, 그리고 비트코인의 창시자 나카모토 사토시 본인이거나 가까운 인물이라는 소문이 자자한 세 사람 — 닉 자보, 웨이 다이, 핼 피니 — 등이다. 언론인 존 에번스는 이 운동의 역사를 다룬 글에서 이렇게 말했다. 〈엑스트로피언 문서고(웨이 다이가 관리했다)를 대충 통독하기만 해도 10대의 엘리에저 유드코스키가 이 기이한 불협화음에서 두드러진 목소리로 부상했음을 분명히 알 수 있다.〉

1996년 열일곱 살의 유드코스키는 초지능이 인간보다 훨씬 뛰어난 존재가 될 것이며 2020년 무렵 도래할 것이라고 주장했다.[17]

엑스트로피언 공동체의 두 성원인 인터넷 사업가 브라이언 앳킨스과 서빈 앳킨스 부부 ─ 두 사람은 1998년 엑스트로피언 메일링 리스트에서 만나서 곧바로 결혼했다 ─ 는 이 메시지에 심취한 나머지 2000년에 유드코스키를 위한 싱크 탱크인 인공 지능을 위한 특이점 연구소의 재정을 지원했다.[18] 스물한 살이 된 유드코스키는 애틀랜타로 옮겨 가서 연 2만 달러 정도의 비영리 재단 급여를 받으면서 인자한 초지능에 관한 메시지를 설파하기 시작했다. 「나는 아주 똑똑한 것이라면 자동적으로 선할 것이라고 생각했습니다.」 하지만 8개월 만에 그는 자신이 틀렸음을, 그것도 크게 틀렸음을 깨닫기 시작했다. 인공 지능은 재앙이 될 수 있었다. 「다른 사람의 돈을 받고 있던 터라 그랬는데, 나는 나를 도와주는 사람들에 대해 아주 깊은 의무감을 느끼는 사람입니다.」 유드코스키의 설명이다. 「원래 〈만약 초지능이 자동적으로 옳은 일을 판단해서 실행하지 않는다면, 옳고 그름이란 사실 존재하지 않는 거고, 그러면 누가 신경이나 쓰겠어?〉라고 생각했는데 어느 순간 다른 생각이 들더군요. 〈글쎄, 그래도 브라이언 앳킨스는 인공 지능 손에 죽는 걸 좋아하진 않을 텐데.〉」 그는 앳킨스도 〈대비책〉이 있으면 좋아할 거라고 생각했지만, 실제로 자리에 앉아 대비책을 세우려 하자 그건 불가능하다는 공포에 휩싸였다. 「그때를 계기로 실제로 근본적인 문제들과 대결하게 되었고, 그러자 내가 모든 것을 완전히 오판하고 있었다는 걸 깨달았어요.」

애킨스 부부는 그의 주장을 이해했고, 결국 연구소의 사명은 인공 지능을 만드는 것에서 **우호적인** 인공 지능을 만드는 것으로 전환되었다. 「우리가 우호적인 인공 지능 문제를 해결해야 한다는 점은 당장 인공 지능 연구자를 채용하는 과정에서 장애물이 되었죠. 하지만 사실 우리에겐 그럴 만한 자금도 없었어요.」 대신에 그는 〈합리주의〉라고 명명한 새로운 지적 틀을 고안했다. (표면상 합리주의는 인간이 이성을 활용해서 올바른 해답에 도달할 수 있다는 믿음이지만, 시간이 흐르면서 이 개념은, 유드코스키의 지적 상속자인 스콧 알렉산더의 말처럼, 〈환원주의, 유물론, 도덕적 비실재론, 공리주의, 반(反)죽음주의, 트랜스휴머니즘〉을 아우르게 된다. 알렉산더는 진정한 답은 〈엘리에저 유드코스키가 정통 칼리프〉라는 믿음일 것이라고 농담하기도 하지만.)[19]

2004년 논문 「일관된 추정 의지」에서 유드코스키는 단지 인간이 지금 인공 지능에게 바라는 것이 아니라 인간에게 최선의 이익이 되는 것에 기반해서 우호적인 인공 지능을 개발해야 한다고 주장했다. 〈공학적인 목표는 인류가 무엇을 원하는지, 다른 말로 하자면, 인간이 더 많이 알고 더 빠르게 사고하며, 우리가 지향하는 존재에 가깝게 되고 함께 더 많이 성장하면 어떤 결정을 내릴 것인지를 묻는 것이다.〉 논문에서 그는 또한 인공 지능이 어떻게 잘못될 수 있는지에 관한 인상적인 비유를 구사했다. 만약 인공 지능이 종이 클립을 생산하도록 프로그램하면서 신중을 기하지 않으면,

인공 지능은 태양계를 종이 클립으로 채워 버릴지도 모른다는 것이다. 몇 년 뒤, 보스트롬은 이 사례를 인공 지능을 인간의 의지에 〈맞출〉 필요성을 보여 주는 궁극적인 상징으로 활용하게 된다.[20]

2005년, 유드코스키는 1980년대에 나노 기술을 발전시키기 위해 창립된 기술 싱크 탱크 포사이트 연구소가 샌프란시스코의 어느 레스토랑에서 연 비공개 저녁 식사 자리에 참석했다. (초기 성원들 대다수가 지구와 달 사이를 선회하는 우주 식민지 창설을 촉구하는 데 전념하는 L5 협회 출신이었다. 협회는 천체를 거주 가능한 곳으로 만드는 것을 금지하는 조항을 근거로 미국 정부에 로비를 벌여 1979년 유엔 달 협정을 조인하는 것을 막았다.) 틸도 참석했는데, 어떤 친구 이야기로 좌중을 웃게 만들고 있었다. 시장 선도자 같은 그 친구가 어떤 투자 종목이 유망하다고 말할 때마다 곧바로 폭락했기 때문이다. 틸이 누군지 알지 못하던 유드코스키는 저녁 식사가 끝난 뒤 그에게 다가갔다. 「만약 당신 친구가 어떤 자산이 하락하는 시점을 보여 주는 믿을 만한 신호라면, 그 주식의 하향과 확실하게 상관관계를 맺기 위해 효율적 시장을 이기는 인지 능력을 발휘해야 할 텐데요.」 유드코스키의 말은 사실상 틸에게 효율적 시장 가설을 상기시킨 셈이다. 시장에는 모든 위험 요소가 이미 가격으로 반영되어 있기 때문에 내부 정보 없이 돈을 버는 것은 불가능하다는 이론이다. 틸은 유드코스키에게 매료되었다.

그 후 틸과 유드코스키는 가끔 만나 저녁을 먹는 사이가 되었다. 유드코스키는 틸을 〈멘토 같은 인물〉로 여기게 되었다. 2005년 틸은 유드코스키의 특이점 연구소에 자금을 지원하기 시작했고, 이듬해에 둘은 베스트셀러 『특이점이 온다』의 저자인 레이 커즈와일과 손을 잡고 스탠퍼드 대학교에서 특이점 서밋을 개최했다. 그 후 6년간 이 행사는 점점 확대되어 미래학자와 트랜스휴머니즘 주창자, 엑스트로피언, 인공 지능 연구자, SF 작가 들이 모이는 유명한 포럼이 되었다. 보스트롬, 모어, 핸슨, 스탠퍼드의 인공 지능학 교수 세바스천 스런, 엑스프라이즈 창립자 피터 디아만디스, 그리고 결국 인류가 노화를 극복할 수 있다고 주장하는 노인학자 오브리 드 그레이 등이 대표적 인물이다. 행사에 참가한 스카이프 공동 창립자 얀 탈린은 유드코스키에게 영감을 받아서 인공 지능으로 인한 실존적 위험을 줄이기 위한 연구의 주요 기부자가 되었다. 처음에는 오픈AI에 기부했고, 그 후에는 방향을 바꿔 오픈AI의 경쟁자인 앤스로픽을 지원했다. 역시 서밋에 참가한 물리학자 맥스 테그마크는 이후 미래 생명 연구소를 창설한다.

    버너 빈지 본인도 모습을 드러냈는데, 「브레이킹 배드」의 월터 화이트 같은 안경에 깔끔하게 다듬은 은색 턱수염으로 공립 학교 화학 교사 같은 모습으로, 특이점이 오면 〈우리는 이제 더는 운전석에 앉은 주인공이 아니〉라고 청중에게 상기시켰다.[21]

    2010년, 유드코스키가 서밋 연사로 초청한 인공 지능 연구자 중 한 명은 셰인 레그였다. 뉴질랜드 출신의 수학자 겸 컴퓨터 과학이자, 발레리노인 그는 10년 전 유드코스키에게 초지능 개념을 접한 뒤 이를 구축하는 데 몰두한 인물이다.[22] 레그는 컴퓨터 과학자

벤 괴르첼이 세계 최초의 인공 지능을 개발하기 위해 창립한 뉴욕 소재 스타트업인 인텔리제네시스에서 일한 적이 있었다. 이 회사가 만든 가장 유명한 제품인 웹마인드는 주식 시장의 추세를 예측하려고 시도한 야심 찬 소프트웨어 프로젝트였다. 수학 박사인 괴르첼은 수년간 엑스트로피언 메일링 리스트에 적극적으로 글을 올리면서 트랜스휴머니즘과 초자유주의에 관해 유드코스키와 애정 어린 입씨름을 벌였다. (그는 트랜스휴머니즘에는 찬성했지만 초자유주의에는 그다지 찬동하지 않았다.)[23] 그에 앞서 2000년, 유드코스키는 괴르첼 회사를 찾아 강연했다(회사는 1년 만에 파산한다). 레그는 그 강연을 계기로 영화에 등장하는 과장된 인물들을 넘어 초지능 개념을 진지하게 받아들이게 되었다고 말한다.[24] 괴르첼과 레그는 초지능 개념을 〈일반 인공 지능〉이라고 지칭하기 시작했다.

레그는 계속해서 기술이 실존적 위협이 될 수 있다고 언급하는 〈기계 초지능〉에 관한 논문으로 박사 학위를 받은 뒤 유니버시티 칼리지 런던의 개츠비 전산 신경 과학 연구소 박사후 과정으로 옮겼다. 신경 과학과 기계 학습, 인공 지능을 아우르는 연구소였다. 여기서 그는 런던에서 싱가포르인 어머니와 그리스계 키프로스인 아버지 사이에서 태어난 게임 천재 데미스 하사비스를 만났다. 한때 14세 이하 세계 2위의 체스 선수였던 하사비스는 이제 인간 두뇌에 영감받아 인공 지능을 구축하는 데 집중했다. 레그와 하사비스는 완전히 외면받는 비전을 공유했다. 「그건 기본적으로 비웃음을 받는 분야였죠.」레그가 언론인 케이드 메츠에게 한 말이다.「누구에게든 일반 인공 지능에 관해 이야기하면 기껏해야 괴짜 취급받거나 최악의 경우에는 망상에 빠진 비과학적 인간 대접을 받았어요.」[25] 레그는 대학에서 일반 인공 지능을 구축할 수 있다고 생각했지만, 이미 스타트업을 시도해서 실패한 경험이 있는 하사비스는 그렇게 순진하지 않았다. 일반 인공 지능을 구축하는 유일한 길은 산업을 통한 것이었다. 그리고 그 첫 출발점으로 분명한 투자자가 한 명 있었다. 피터 틸이 그 주인공이었다.

물론 레그와 하사비스는 2010년 특이점 서밋에 발표자로 나섰지만, 종종 서밋 참가자들을 샌프란시스코에 있는 타운하우스 자택으로 초청하는 틸을 만나는 것을 내심 염두에 두었다. 하사비스는 샌프란시스코 시내의 호텔로 개최지를 옮긴 서밋 첫날에 강연하면서 인공 지능이 어떤 식으로 인간의 뇌에서 영감받을 수 있는지 전망을 소개했다. 다음 날에는 인공 지능이 발전하려면 측정 가능해야 한다는 내용의 발표를 했다. 발표 후 두 사람은 틸의 마리나 디스트릭트 자택에서 열린 칵테일파티로 갔다. 금문교와 팰리스 오브 파인 아트가 훤히 보이는 집에서 테이블 위에 놓인 체스판을 본 두 사람은 반가운 마음이 들었다. 사람들을 헤집고 다니다 만난 유드코스키는 그들에게 틸을 소개해 주려고 앞장섰다. 차분하게 행동하려고 애쓰는 하사비스는 강하게 호소하기보다는 체스를 대화 주제로 삼았다. 틸이 체스를 좋아한다는 걸 알았기 때문이다. 하사비스는 체스가 오랜 시간 사람들의 사랑을 받은 이유는 나이트와 비숍이 흥미로운 긴장 관계이기 때문이라고 말했다(가치는 동등하지만 강점과 약점은 전혀 다르기 때문이다). 틸은 그들에게 다음 날 다시 와서 스타트업 얘기를 해달라고 했다.[26]

다음 날 아침, 두 사람은 운동을 막 끝낸 틸과 다이닝 룸 식탁에 마주 보고 앉아 자신들의 사업을 소개했다. 하사비스는 자신들이 인간의 뇌에 영감받은 일반 인공 지능을 만들고 있다고 말했다. 우선 게임 진행을 훈련시키는 식으로 발전 속도를 측정할 계획인데, 컴퓨팅 성능이 발전하면 돌파구가 열릴 것이라고 자신한다고 설명했다. 틸은 처음에는 머뭇거렸지만, 몇 주간 숙고 끝에 225만 달러를 투자하는 데 동의했다. 아직 이름도 정하지 않은 스타트업의 첫 번째 대규모 투자자가 된 것이다.[27] 그로부터 몇 달 뒤, 하사비스와 레그, 둘의 친구인 사업가 무스타파 술레이만은 공식적으로 디프마인드를 공동 창업했다. 신경망의 층위를 활용하는 기계 학습 방식인 〈디프 러닝deep learning〉과 실제 신경 과학을 결합하려는 회사의 구상을 담은 명칭이었다. 처음부터 그들은 투자자들에게 회사의 목표는 일반 인공 지능을 개발하는 것이라고 밝혔다. 언젠가 이 인공 지능이 인류의 존재 자체를 위협할 수 있다는 건 자신들도 충분히 우려하는 바였다.[28]

디프마인드가 틸의 페이팔 시절 동료인 일론 머스크를 투자자로 영입한 것도 그의 인맥을 통해서였다. 머스크의 로켓 회사인 스페이스X에 투자한 바 있는 틸의 파운더스 펀드는 2012년 열린 회의에 하사비스를 연사로 초청했고, 머스크도 참석했다. 하사비스는 디프마인드를 위해 세운 10개년 계획을 소개하면서 이를 인공 지능을 위한 〈맨해튼 프로젝트〉라고 홍보했다. 후에 올트먼도 이 문구를 사용한다. 틸은 회의장을 나서는 길에 투자자 중 한 명이 연설이 인상적이기는 한데, 인류를 구하기 위해서는 하사비스를 쏴 죽여야 하는 것 같다고 농담 삼아 말한 기억을 떠올렸다.

이듬해 페이팔과 파운더스 펀드의 공동 창업자로 머스크와 친구이자 스페이스X의 이사인 루크 노섹이 하사비스를 머스크에게 소개했다. 머스크는 하사비스를 데리고 로스앤젤레스에 있는 스페이스X 본사 곳곳을 소개했다. 회사 카페테리아에서 점심을 먹으려고 앉은 두 사람은 어마어마한 대화를 나누었다. 하사비스는 머스크에게 자신이 세상에서 가장 중요한 것, 즉 초지능을 가진 인공지능을 개발하는 중이라고 말했다. 머스크는 실은 자기도 세상에서 가장 중요한 일을 하고 있다고 대답했다. 화성에 식민지를 만들어서 인간을 행성을 오가며 사는 종으로 만들려는 구상이었다. 하사비스는 그거 참 대단한 시도이긴 한데, 악당 인공 지능이 머스크를 따라 화성까지 가서 인류를 몰살할 수도 있다고 경고했다. 그러자 머스크가 과묵해졌다. 그런 상황은 생각한 적이 없었기 때문이다. 머스크는 일단 디프마인드의 기술에 투자를 하고 계속 지켜보기로 마음먹었다.[29]

2013년 12월, 하사비스는 타호 호숫가에 지리한 하라 리조트에서 열린 기계 학습 회의의 무대에 서서 디프마인드가 처음 이룬 중대한 진전을 소개했다. 인간에게서 어떤 교육도 받지 않은 채 아타리의 고전 비디오 게임「브레이크아웃(벽돌 깨기)」을 플레이하는 법을 배워 금방 숙달할 수 있는 AI 에이전트였다. 디프마인드는 심층 신경망과 강화 학습을 결합해서 이런 성과를 이루었는데, 그 결과에 깜짝 놀란 구글은 한 달 뒤 6억 5천만 달러로 추정되는 액수로 회사를 사들였다.[30, 31]

하지만 디프마인드가 이룬 업적 — 자신을 둘러싼 혼돈스러운 세계를 지각하고 목표를 향해 나아갈 수 있는 범용 지능으로 나아가는 중요한 일보였다 — 에 담긴 함의가 널리 알려진 것은 아니다. 『네이처』 저널이 1년 여 뒤 연구 결과에 관한 논문을 발표한 뒤에야 사람들이 그 함의를 이해하게 되었다. 하지만 디프마인드의 투자자인 틸은 이를 잘 이해했고 올트먼과 머리를 맞대고 논의했다. 구글이 디프마인드를 사들이고 한 달 뒤인 2014년 2월, 올트먼은 개인 블로그에 〈AI〉라는 제목의 포스트를 올려서 사람들이 충분한 관심을 기울이지는 않지만 이 기술이야말로 테크 생태계에서 가장 중요한 흐름이라고 선언했다.

〈명확히 말하자면, 인공 지능(일반적인 과학적 정의에 따르면)은 아마 작동하지 않을 것이다. 어떤 신기술에도 이런 말을 할 수 있고 대체로 맞는 말이기도 하다. 하지만 사람들 대부분은 그 가능성에 대해 지나칠 정도로 비관적이다.〉 계속해서 한마디 덧붙였다. 〈일반 인공 지능은 작동할 수도 있고, 만약 그렇게 된다면 기술 역사상 가장 거대한 발전이 될 것이다.〉[32]

10
〈샘 올트먼을 대통령으로〉

스타트업 창업자들이 칠리 스튜 그릇을 앞에 두고 옹기종기 모여 있는 가운데 티셔츠에 카고 반바지 차림의 삐쩍 마른 젊은이가 무대에 오르자 사람들이 웅성거리기 시작했다. 2014년 늦겨울, 폴 그레이엄은 Y 콤비네이터 수장에서 물러나며 샘 올트먼이라는 28세의 스타트업 창업 실패자에게 대권을 넘긴다고 발표해서 실리콘밸리를 깜짝 놀라게 했다. 이제 그레이엄은 마운틴뷰에 있는 밝은 오렌지색 벽의 Y 콤비네이터 본사에서 최근 구성된 창업자 배치를 앞에 두고 서서 기쁨과 존경이 뒤섞인 표정으로 후계자를 소개하고 있었다. 그 앞에 늘어선 많은 사람이 이 기회를 잡기 위해 직장을 그만두고 가족도 남겨 놓고 온 이들이었는데, 어리둥절한 표정으로 눈을 깜빡이며 정중하게 그를 응시했다.

「샘이 누군지 아무도 몰랐죠.」 휴대 전화 충전 스타트업 도블릿의 창업자인 닥터 거슨도 그 배치의 일원이었다. 「몇몇은 약간 실망한 기색이었어요. 폴 그레이엄하고 함께 일하기를 학수고대하던 이들이었으니까요.」 Y 콤비네이터의 이례적인 성공에 관한 질의응답 시간을 갖기 위해 그레이엄 맞은편에 앉은 올트먼이 짧으면서도 함축적인 답을 하고 폭넓은 호기심을 과시하자 거슨은 깊은 인상을 받았다. 하지만 수장의 교체가 도블릿의 성공 가능성을 높일 수 있을 거라고는 생각조차 하지 못했다. 실제로 그는 그레이엄과 함께 일할 기회를 놓쳤다는 생각에 당황한 나머지 그날 밤 전설적인 해커를 앞에 두고 도블릿의 발전 전망에 관해 장황한 설명을 늘어놓았다.

「샘 올트먼에 관해서는 전혀 들어본 적이 없었어요.」경력 조회 자동화 회사인 체커의 창업자로 그해에 Y 콤비네이터에 참여한 대니얼 야니스가 그때 기억을 떠올렸다. 「그의 경력에 관해 찾아보고 깜짝 놀랐죠. 그 정도의 경험이 없는 친구였으니까요. 나이가 꽤 젊었고 그의 회사인 루프트도 인수되기 전에는 그렇게 큰 곳이 아니었거든요. 그냥 궁금했어요. 이 친구가 어떤 특별한 재능과 기술을 가지고 있는지 말예요. 그걸 알아보는 데 좀 시간이 걸렸습니다.」 올트먼은 질의응답 시간에 내향적이고 기술적이며 때로는 무뚝뚝한 인상을 풍겼고, 사교상의 대화를 건너뛰고 곧바로 자신이 도울 수 있는 일이 무엇인지 묻곤 했다.

하지만 그레이엄은 올트먼의 재능과 기술에 대해 전혀 의심하지 않았다. 〈그 친구는 무서울 정도로 유능하면서도 근본적으로 선량한 보기 드문 사람 중 하나다. 사람들은 잘 알지 못하지만, 초기 단계 투자에서는 이런 자질이 필수적이다.〉 〈샘 올트먼을 대통령으로〉라는 익살스런 제목을 붙인 블로그 게시 글에서 그가 한 말이다. 〈샘은 내가 아는 사람 중 가장 똑똑한 축에 속하고, 나 자신을 포함해서 어떤 사람보다도 스타트업을 잘 이해한다.〉[1] 그는 〈Y 콤비네이터가 더 성장해야 하는데, 나는 성장을 이끌 적임자가 아니기 때문에〉 바통을 넘기는 것이라고 말했다. 그레이엄은 Y 콤비네이터를 진두지휘한 9년 동안 열 배 정도 성장시켰는데 — 첫 번째 배치에는 8개 기업이 있었는데, 지금은 거의 80개에 달했다 — 이 과정에서 스트라이프와 에어비앤비, 드롭박스 등 여러 유니콘 기업을 배출했다. 무엇보다도 그는 실리콘 밸리의 세력 균형을 투자자 중심에서 스타트업 창업자에게 유리하게 바꿔 놓았고, 자신의 복음을 널리 효과적으로 설파해서 해마다 점점 많은 열정적 눈초리의 사업가와 투자자가 Y 콤비네이터의 문을 두드리게 되었다. 금융 위기가 훑고 간 직후에 갑자기, 예전 같으면 골드만삭스나 매킨지에 입사했을 사람들이 이제 컴퓨터 과학을 공부하고 기업을 창업했다. 그레이엄은 쓰나미처럼 밀려오는 인재들을 경외의 눈길로 응시했다. 〈나는 일하는 방식이 근본적으로 바뀌고 있다고 확신한다〉고 그는 말했다. 〈바야흐로 스타트업을 창업하는 게 정상 경로가 되고 있다. 10년 뒤에는 지금보다 훨씬 많은 스타트업이 존재할 테고, Y 콤비네이터가 그들을 지원하려면 우리도 그만큼 몸집을 키워야 한다.〉[2]

문제는 실리콘 밸리식으로 말하자면, 그레이엄이 일하는 방식이 〈확장 가능〉하지 않는다는 것이었다. G메일 창시자로 Y 콤비네이터의 초창기에 가장 열정적인 에인절 투자자이자 파트너가 된 폴 부케이트가 말한 것처럼, 〈PG(폴 그레이엄)는 정말 위대한 원맨쇼를 벌인다. 그는 모든 걸 직접 관리한다〉. 그는 Y 콤비네이터의 모든 소프트웨어를 만들었고, 인기가 점점 높아지는 전자 게시판인 〈해커 뉴스〉를 관리했으며, 지원자 면접을 보면서 질의응답 시간에 조언을 해주었다. 부케이트의 말처럼 〈네 가지 직무〉에 해당하는 업무량이었다. 〈그는 인생 전체를 갈아 넣고 있었다.〉 그레이엄과 리빙스턴에게 자녀가 생기기 시작하면서 그는 자녀들에게 더 많은 시간을 할애하고 싶어 했다. 또한 Y 콤비네이터가 대성공을 거두기 전부터 하던 리습 프로그래밍 언어의 변형 버전과 에세이 작성 같은 개인적 프로젝트에도 욕심이 있었다. 그는 거의 루프트가 매각된 순간부터 줄곧 올트먼에게 구애를 하고 있었고, Y 콤비네이터가 세쿼이아의 자금을 받아 확장하면서 성장통이 심해지자 더욱 절박한 심정이었다. Y 콤비네이터에서 오래 일한 한 직원이 왜 올트먼을 후계자로 선택했느냐고 묻자 그레이엄은 이렇게 답했다. 「그 친구가 가장 야망이 큰 게 분명하니까.」 그레이엄은 올트먼이 어떤 식으로든 원하는 것을 손에 넣는 인물이라고 믿었고, 따라서 Y 콤비네이터의 성공을 보장하는 최선의 길은 올트먼이 그 성공을 원하게 만드는 것이라고 생각했다.

 올트먼은 그의 요청에 우쭐해 하면서도 처음에는 확신을 갖지 못했다. 「멘토에게서 회사가 당신이 그 일을 맡기를 원한다는 말을 듣는 건 좋은 일이죠. 하지만 한동안은 정말 그 일이 하기 싫었어요.」 에인절 투자 — 특히 다른 사람의 돈으로 하는 투자 — 는 굉장히 좋았고, 조언을 해주고 부탁을 들어주는 일은 그의 말마따나 〈쓸모 있는 존재〉라는 뜻이었으며, 이런 기술 덕분에 그는 실리콘 밸리 전체에서 충성도가 무척 높은 인맥을 쌓는 데 도움이 되었다. 하지만 그는 여전히 이 모든 게 남을 가르치기보다는 스스로 일하는 데 도움이 될 것이라고 생각했다. 「나는 회사를 운영하고 싶었어요. 결국은 투자자 역할에 아주 적합하다는 걸 알게 됐죠. 하지만 당시 나는 나 자신이 투자자라고는 거의 생각하지 않았습니다.」 특히 그는 핵분열 스타트업을 만들고 싶었다.

올트먼은 이 결정을 두고 고민이 많았다. 「여러모로 숙고가 필요한 일이었죠.」 당시 올트먼과 사귀던 테크 사업가이자 투자자인 라키 그룸의 말이다. 그 단계에서 올트먼은 투자자란 벤처 캐피털 기업을 만들려는 사람이며, 자신이 책임져야 하는 유한 책임 투자자들이 있고, 그들이 투자하는 회사들과 항상 이해관계가 일치하지는 않는 존재라고 생각했다. 「내가 관여하든 안 하든 간에 성공할 만한 기업을 찾은 다음, 다른 사람의 자금 대신 내 자금을 싼값에 받으라고 설득하는 존재죠. 나는 기업가와 정반대 편에 서는 게 마음에 들지 않았어요.」[3] 올트먼이 『뉴요커』에 한 말이다. 올트먼은 주로 틸의 돈을 투자하고 있었지만, 자신이 벤처 자본가라기보다는 에인절 투자자라고 생각하는 편이 좋았다. 「에인절 투자자는 투자자라는 호칭보다는 스스로 에인절이라고 부릅니다. 샘은 정말 그랬어요. 투자 회사를 만들려고 하지 않았고, 투자자 역할에서 특별히 스릴을 느끼지도 않았어요. 그는 창업자들과 같이 일하는 걸 좋아하고 그냥 우연히 자금을 대주는 거죠.」그룹의 설명이다.

결국 창업자들과 함께 일하는 것을 좋아하는 올트먼의 성향이 다른 것을 압도했고, 그는 Y 콤비네이터라는 거인을 넘겨받았다. 새로운 테크 버블이 생기고 있다는 이야기가 실리콘 밸리에 감돌기 시작하던 시점이었다. 「가격 수준이 높고 가치 평가도 높습니다.」그레이엄이 후임자 발표 직후에 한 회의에서 한 말이다.[4] 드롭박스와 에어비앤비가 이제 기업 가치 100억 달러를 상회하고 스트라이프가 20억 달러에 육박한 것만 문제가 아니었다. Y 콤비네이터가 자금을 대는 스타트업의 평균 가치는 이제 2천2백만 달러를 넘어섰고, 최근 배치 과정을 졸업한 한 회사는 5천만 달러로 평가받았다.[5] 샌프란시스코의 사무실들이 스타트업들로 가득 채워지자, 테크 노동자들이 미션 디스트릭트 같이 예전의 멋진 동네로 몰려들면서 도시의 중위 주택 가격이 100만 달러 이상으로 치솟았다. 사상 처음으로 샌프란시스코가 로스앤젤레스보다 최소 3천만 달러의 자산을 보유한 〈초부유층ultrarich〉 수가 많아졌다.[6]

가격이 무척 높다고 느껴지긴 했지만, 올트먼과 틸은 그레이엄이 Y 콤비네이터를 떠날 때 그의 지분을 일부분 사들이기로 뜻을 모았다. (틸은 그레이엄이 보유한 Y 콤비네이터 지분의 3분의 1 정도를 샀다고 말했고, 올트먼은 7퍼센트 수준이라고 말했다.) 올트먼은 이 과정 내내 틸을 도와주어야 했다. 「샘은 굉장히 낙관적인 사람이었는데, 이런 사업에 투자하려면 그런 자질이 중요했죠. 전부 가치가 완전히 반영된 것 같았으니까요.」프롤로그에서 언급한 것처럼 틸이 말했다.

올트먼이 Y 콤비네이터를 확장하기 위해 품은 비전은 테크 산업이 정체 상태라고 보는 틸의 불만에서 깊은 영향을 받았다. 이 직책으로 옮기기 전 1년간, 올트먼은 폴 그레이엄 방식으로 개인 블로그에 개인적이고 철학적인 에세이를 올리고 있었다. 초기에 쓴 한 에세이에서 그는 가장 깊고 일관된 신념을 펼쳐 보였다. 〈경제 성장이 이루어지지 않으면 민주주의는 작동하지 않는다. 유권자들이 제로섬 상태에 빠지기 때문이다.〉 인간에게 공유를 가르치는 것은 불가능했다. 성장은 그런 딜레마에서 빠져나오게 만드는 일종의 정신 해킹이었다. 이런 주장을 뒷받침하는 역사적 증거도 몇 개 있었다. 아테네 민주주의는 채 200년도 지속되지 않았지만, 인근의 은광에서 주로 노예를 통해 막대한 부를 추출하지 못했더라면 아마 아예 등장하지 못했을 것이다. 은 매장 층이 점점 줄어드는 것과 거의 동시에 민주주의가 쇠퇴한 것은 우연의 일치가 아닐 것이다. 하지만 올트먼은 그렇게 먼 과거 역사에 주목한 게 아니다. 그 대신 그는 미국이 수백 년간 놀라울 정도로 꾸준히 성장할 수 있었던 주요 원천 두 가지를 지적했다. 프런티어, 그리고 프런티어의 잠재력이 소진된 뒤로는 기술 진보가 그것이다.

〈미국은 아주 오랜 시간 동안 경제 성장이라는 축복을 누렸다. 처음에는 천연자원과 막대한 규모의 땅 덕분에 팽창이 가능했고, 뒤이어 인류 역사에서 유례가 없는 기술 진보 시기가 이어졌다. 그 시기는 대략 우리가 핵폭탄이 실제로 얼마나 위험한지를 깨닫고 신기술의 공포에 사로잡힐 때까지 지속되었다. 하지만 프런티어는 오래전에 사라졌고, 컴퓨터와 인터넷 분야에서 기술 혁신이 눈부신 속도로 계속되고 있지만, 다른 대부분의 산업에서는 속도가 느려진 것 같다.〉7

올트먼이 구상한 계획은 Y 콤비네이터를 통해 다른 산업 분야가 소프트웨어의 폭발적 성장률을 따라잡게 만든다는 것이었다. 그레이엄보다 한층 광범위한 스타트업들에 문호를 활짝 개방했는데, 여기에는 정부가 자금을 지원하다가 이제 중단했다고 올트먼이 주장하는 〈하드 테크〉 분야도 포함되었다. 〈우리는 Y 콤비네이터가 혁신적인 돌파구를 여는 기술 기업들에 자금을 지원하고 싶다. 중요한 문제를 해결하고, 아주 긴 시간이 필요하며, 근본적인 기술이나 과학적 돌파구에 기반한 회사들이 주요 대상이다.〉 수장이 되고 두 달 뒤 블로그에 쓴 글에서 일론 머스크의 회사인 스페이스X와 테슬라를 잠재적 가능성의 예시로 들며 한 말이다. 〈전에는 정부가 혁신적 기술을 개발하는 데 많은 자금을 댔다. 나쁜 소식은 이제 정부가 그런 지원을 대부분 중단했다는 것이고, 좋은 소식은 기술의 레버리지가 높아져서 이제 소규모 스타트업도 과거에 국가 차원의 자원이 필요했던 일을 할 수 있다는 것이다.〉

친구들의 말에 따르면, 이 무렵 핵에너지는 올트먼이 강박적으로 매달리는 분야 중 하나였는데, 그는 자신이 이끄는 Y 콤비네이터가 자금을 지원할 희망 목록의 최상단에 에너지를 적어 두었다. 그는 틸이 2011년 선언에서 밝힌 것처럼 자신의 목표를 단순히 저렴한 에너지라고 규정했다. 〈에너지 비용과 삶의 질 사이에는 뚜렷한 상관관계가 존재〉한다고 지적하면서도 자세한 내용을 일부 공개하기도 했다. 〈핵에너지는 적정한 가격에 팔릴 수 있고, 재생 에너지도 마찬가지지만 가격 매기는 게 가장 근본적인 문제다.〉[8]

인공 지능이 목록에서 두 번째를 차지했다. 앞서 인공 지능에 관해 개인 블로그에 쓴 글에서 올트먼은 이 기술에 관한 낙관적 전망이 내부 정보에서 나온 것이라고 시사한 바 있었다. 〈현재 일반 인공 지능에서 인상적인 진전을 보이는 비상장(또는 최근에 인수된) 기업들이 다수 있고 대규모 상장 기업도 몇 곳 있다. 하지만 좋은 기업들은 비밀 유지에 무척 신중하다.〉Y 콤비네이터 수장이 되기 직전 쓴 글에서 그는 구글이 최근에 디프마인드를 사들인 사례를 넌지시 거론했다.[9] 몇 달 뒤, Y 콤비네이터 대표로 쓴 글에서는 이에 관해서 회사가 어떤 일을 할 수 있는지에 관한 계획이 분명하지 않았다. 〈잠재적 파급력에 비해 이 분야를 연구하는 머리 좋은 사람들이 많아 보이지 않는다.〉

올트먼이 구상한 새로운 Y 콤비네이터의 비전에는 로보틱스, 생명 공학, 보건 의료, 교육, 인터넷 인프라, 과학, 그리고 새로운 프로그래밍 언어나 동력 외골격 장치, 교통과 주거, 식품과 물 같은 〈지렛대〉 분야가 있었다. 식품과 물 문제에 대해 그는 종말 준비론자처럼 접근하는 것 같았다. 〈언젠가는 식량과 물 공급에 문제가 생길 것이다. 기술이 거의 확실하게 이 문제를 개선할 수 있다.〉 몇 년 뒤, 그는 합성 바이러스든 악당 인공 지능이든 어떤 원인에서든 간에 인류 종말에 대비하는 것이 자신의 취미 중 하나라고 공개적으로 선언한다. 〈나는 총기, 금, 요오드화 칼륨(방사능 피폭 예방용), 항생제, 배터리, 물, 이스라엘 방위군용 방독면[원문 그대로], 비행기로 피신할 수 있는 빅서의 넓은 땅이 있다〉고 그는 『뉴요커』 인터뷰에서 밝혔다.[10]

공항 교통편 공유 서비스나 인적 자원 관리 소프트웨어를 약간 개선하는 데 몰두하는 회사들은 올트먼의 불안정한 주의력을 붙잡아 둘 수 없었다. 「그는 약간 미친 짓을 하고 싶어 안달이 난 영향력이 큰 사람이죠. 그는 언제나 굉장히, 굉장히 지적인 사람이에요. 내가 볼 때 그건 그가 중요한 목표를 추구하기 때문이죠. 그만큼 똑똑한 사람이 소비자가 사용하는 소셜 앱 같은 거에 계속 관심을 갖기는 어려워요.」 그룹의 말이다.

올트먼은 자신의 하드 테크 비전에 몰두한 탓에 직접 발로 뛰면서 선제적으로 항공 및 에너지 스타트업을 발탁해서 Y 콤비네이터에 합류시켰다. 이미 지원서가 산더미처럼 밀려들어서 압도당하던 예전 체제에서는 생각조차 할 수 없는 행동이었다.

그레이엄처럼 올트먼도 Y 콤비네이터의 몸집을 불리기를 원했다. 각 배치당 수십 개에서 수백 개 회사로 한층 확장하려면 훨씬 많은 파트너를 멘토로 영입해야 했다. 이런 성장의 재원을 마련하기 위해 올트먼은 Y 콤비네이터와 투자 집단의 관계를 정리할 필요가 있었다. 수년간 Y 콤비네이터는 벤처 기업과 잇따라 손을 잡으면서 세쿼이아나 앤드리슨 호로위츠 같은 기업들이 배치에 자금을 지원하는 걸 돕고 수익을 챙기도록 해주었다. 지난 몇 년간 이 프로그램에 YCVC라는 이름이 생겼다. 하지만 Y 콤비네이터가 성장함에 따라 갈등이 벌어지고 공정하지 못하다는 느낌이 생겨났다. 바로 이 기업들이 데모 데이에서 투자를 놓고 경쟁했기 때문이다. (한 예로, 세쿼이아의 그렉 매캐두는 에어비앤비가 데모 데이에 발표를 하기도 전에 선제적으로 60만 달러의 시드 라운드 투자를 주도하겠다고 제안해서 Y 콤비네이터의 다른 파트너들과 벤처 자본가들이 불만의 목소리를 높인 일로 유명하다.) 그래서 올트먼은 자신의 새로운 역할이 공개되기 몇 달 전부터 기관 투자자들을 끌어들이기 시작했다. 연기금과 대학 기금 같은 기관 투자자는 대개 세쿼이아 등의 벤처 캐피털 기업을 앞세운 후원자이거나 〈유한 책임 투자자〉다. 이런 두 기관 투자자 — 스탠퍼드 대학 기금, 마이클 블룸버그의 자선 자산을 관리하는 윌릿 어드바이저 — 가 Y 콤비네이터의 모든 스타트업에 각각 10만 달러를 공동 투자하기로 약정하면서 Y 콤비네이터는 스타트업 투자금을 1만 7천 달러에서 12만 달러로 끌어올릴 수 있었다. 하지만 올트먼은 이 반가운 소식을 Y 콤비네이터 성원들에게 전하면서 자금의 출처에 관한 내용은 밝히지 않았다. (올트먼은 언론에서 유한 책임 투자자의 **존재**조차 밝히지 않기 위해 극도로 노력하며 그들의 이름은 더더욱 감춘다.) 그 대신 그는 혼란스럽기 짝이 없는 재정 구조를 설명했다. 〈Y 콤비네이터 자체에는 유한 책임 투자자가 없지만(그런 식으로 우리는 비영리 조직에 자금을 지원하는 등의 유연성을 발휘할 수 있지만), 이번 투자의 일부는 Y 콤비네이터가 관리하는 펀드에서 나온 것이며, 여기에는 유한 책임 투자자들이 있다.〉[11]

그렇지만 두 기관 투자자를 유치한 것은 Y 콤비네이터에 대대적인 변화였다. 각 배치가 올트먼을 더 잘 알게 되면서 그들은 그의 진정한 천재성이 바로 그런 독창적인 금융 활용에 있다는 걸 깨달았다. 체커가 데모 데이를 향해 돌진하면서 탄탄한 이용자 수 증가세를 보이는 가운데 올트먼은 그들에게 전형적인 시드 라운드를 건너뛰고 곧바로 규모가 큰 시리즈 A 라운드를 시작하라고 조언했다. 보통 그런 식의 노력을 하면서 시리즈 A 투자자에게 이사 자리를 부여하기에 앞서 〈제품-시장 궁합〉을 찾아야 한다는 일반적인 통념에 정면으로 거스르는 조언이었다. 「그때 비로소 샘이 원초적으로 지닌 재능과 자금 조성과 스타트업에 관한 그의 미친 듯한 경험을 알아보았죠. 그렇게 해서 몇 년의 시간을 아꼈을 겁니다.」 야니스의 말이다. 현재 체커는 기업 가치가 46억 달러에 달한다.

올트먼의 간결한 말투와 허튼소리를 참지 못하는 성격에도 불구하고, 창업자들은 또한 그의 개방적이고 사람을 편하게 대하는 태도에도 놀랐다. 어린 시절 올트먼 집에서 가까운 동네에서 자란 워커 윌리엄스는 티스프링이라는 티셔츠 제작 스타트업을 운영 중이었는데, 형이 올트먼과 연결해 주기 전까지 Y 콤비네이터에 대해서 생각도 해보지 않았다. 회사는 초기에 대학 시장에 집중하면서 빠르게 성장했다. 올트먼이 꿈꾸는 하드 테크 분야와는 거리가 멀었지만, 그래도 관심이 있었다. 「샘이 인상적인 점 한 가지는 이야기 할 때 상대방에게 온전히 집중한다는 겁니다.」 윌리엄스의 평가다. 올트먼은 지원 마감 기한이 약간 지나긴 했지만 신청해 보라고 그들에게 제안했고, 회사는 2013년 겨울 배치에 들어갈 수 있었다. 당시 아직 Y 콤비네이터의 파트너이던 올트먼은 본사 앞의 막다른 골목을 오르락내리락 걸으며 질의응답 시간을 진행하게 된다. 티스프링의 수익이 급증하자 올트먼은 첫 번째 투자자가 되었다.

2013년 11월, 아직 남들은 거의 모르지만 올트먼은 자신이 Y 콤비네이터를 넘겨받게 될 것임을 알았을 때, 지난 2년간 하이드라진에서 일한 동생 잭이 사업 개발 담당 부사장으로 티스프링에 합류했다. 이듬해 1월, 다른 동생 맥스도 Y 콤비네이터의 같은 배치에 속한 제네핏에 합류했다. 세쿼이아가 지원하는 초단타 주식 매매 기업인 올스턴 트레이딩에서 트레이더로 일하던 시카고에서 옮겨 온 것이다. 동생들은 처음에 잠시 같이 살기로 하고 올트먼의 집으로 들어왔는데, 결국 그가 Y 콤비네이터를 이끄는 5년 동안 거의 내내 샌프란시스코의 형 집에서 살게 된다.

올트먼은 연애도 Y 콤비네이터 가족 안에서만 했다. 처음 시작은 그해에 초창기 스트라이프의 직원이던 열아홉 살의 그룹과 만나면서부터였다. 그룹은 2012년 고등학교를 졸업하고 곧바로 스트라이프에 합류했다. 고향 오스트레일리아에서 스타트업 세 개를 창업해서 매각한 이력이 있는 그는 최고의 창업자는 대개 가장 젊은 사람이라는 폴 그레이엄의 지론을 상징하는 듯 보였다.[12] 둘의 관계는 꽤나 진지해서 올트먼은 그룹을 가족에게 소개했는데, 몇몇은 스물여덟의 그가 10대와 교제한다는 사실에 우려를 나타냈다.

상호 신뢰로 똘똘 뭉친 네트워크에서 모든 게 가장 잘 작동한다는 — 또는 나중에 동생 잭과의 공개 대담에서 구사한 표현대로 〈자기와 맞는 부족을 찾는 것〉의 중요성에 대한 — 올트먼의 믿음을 가장 분명하게 보여 주는 사례는 아마 그가 Y 콤비네이터 대표가 된 직후에 구성한 감독 위원회일 것이다.[13] 하버드 같은 여러 대학에 설치된, 이사회보다는 자문 기능이 강하고 운영 권한이 적은 조직을 본보기로 삼은 이 위원회는 거의 한 가지 일만 맡았다. 〈감독 위원회는 Y 콤비네이터 대표를 임명하고 해임하는 책임이 있으며, 가끔 전략적 방향 수립을 도울 것〉이라고 올트먼은 적었다. 〈바라건대 자주 모이는 일이 없었으면 한다.〉 올트먼의 많은 친구가 위원회에 이름을 올렸다. 브라이언 체스키(에어비앤비 창업자이자 올트먼의 세쿼이아 스카우트 동료), 어도라 청(Y 콤비네이터 출신인 홈조이 창업자), 존 콜리슨, 패트릭 콜리슨, 드루 휴스턴(Y 콤비네이터가 배출한 슈퍼스타 드롭박스 창업자), 제시카 리빙스턴, 데이비드 루센코(Y 콤비네이터 출신인 위블리 창업자), 에밋 시어(올트먼과 같은 배치 출신이자 저스틴.tv와 트위치 창업자) 등 쟁쟁한 멤버였다. 올트먼도 위원회 성원이었다.[14] 거의 전부가 올트먼에게 투자받았거나 그에게 투자했거나 어딘가의 참호전에서 동료 군인으로 복무한 이들이었다. 어떻게 보면 위원회는 Y 콤비네이터가 실리콘 밸리 전체에 확산시키는 데 기여한 최고 경영자 친화적 이사회의 완벽한 그림을 보여 주었다.

올트먼은 자신이 바라는 방식으로 Y 콤비네이터를 확장하기 위해 더 많은 현금이 필요했는데, 이를 확보하기 위해 액셀러레이터 기업을 창립 정신과 정면으로 어긋나는 존재로 변모시키게 된다. Y 콤비네이터가 벤처 캐피털 펀드로 변신한 것이다. 그는 Y 콤비네이터 출신 회사들에서 후속 단계 투자를 하기 위한 새로운 펀드 조성을 탐색하기 시작했고, 그 과정에서 벤처 캐피털 펀드가 벌어들이는 정도의 수수료를 책정하게 된다. 연간 운용 자산의 2퍼센트 정도에 수익의 약 20퍼센트에 해당하는 성과 보수를 받는 방식이다.

펀드를 운영하기 위해 올트먼은 샌드힐 로드에 폐쇄적으로 모여 있는 벤처 캐피털 집단 바깥에서 사람을 찾기로 마음먹었다. 「진짜 회사를 운영하는 사람을 원했죠. Y 콤비네이터를 겨냥한 비판 가운데 하나가 초기 단계 스타트업에는 좋은 조언을 해주지만, 스타트업의 규모를 키우는 문제에 관해서는 전혀 모른다는 거였거든요. 물론 사실이긴 했지만 내가 볼 때 벤처 캐피털 기업들도 대부분 마찬가지예요. 그래서 그런 경험이 있는 사람을 찾고 싶었죠.」

Y 콤비네이터 대표로 첫 번째 여름을 보내던 어느 날 올트먼은 알리 로가니와 저녁 식사를 했다. 픽사 임원 출신인 로가니는 트위터의 수익 증대가 부진하다는 이유로 4년간 투자자들의 압박에 시달린 끝에 얼마 전에 최고 운영 책임자 자리에서 물러난 상태였

다. 올트먼과 로가니는 초밥을 먹으면서 물리학 이야기를 나누었다. 몇 주 뒤 올트먼은 Y 콤비네이터 파트너 자리에 관심이 있느냐고 문자를 보냈다. 이란계 미국인으로 스탠퍼드를 졸업한 뒤 매킨지에서도 오래 일한 로가니는 제약 조건이 있는지 알고 싶었다. 유일한 조건은 경쟁 벤처 캐피털 기업에 몸을 담지 않는다는 것이었다. 로가니는 애초에 그럴 생각이 없었고, Y 콤비네이터에 영감받은 터라 흔쾌히 수락했다. 그해 겨울 그는 파트너로서 코인베이스와 스트라이프 같은 회사들의 멘토 역할을 했다. 얼마 지나지 않아 올트먼은 더 큰 질문을 던졌다. Y 콤비네이터 기업들에 후속 단계에서 투자할 새로운 펀드를 이끌 생각이 있느냐는 것이었다.

이 아이디어는 몇 년 전부터 Y 콤비네이터 내에서 논의된 주제였다. 특히 폴 그레이엄과 직원들은 세쿼이아나 앤드리슨 호로위츠 같은 벤처 펀드가 Y 콤비네이터가 키운 성공작들로부터 큰 수익을 올리는 것을 지켜보며 이 문제를 논의했다. 올트먼이 대표가 된 뒤 한 블로거는 세쿼이아가 Y 콤비네이터 자체보다 Y 콤비네이터를 통해 더 많은 돈을 벌었다고 추정했다. 세쿼이아는 Y 콤비네이터의 슈퍼스타 삼총사인 에어비앤비, 드롭박스, 스트라이프의 시리즈 A 투자자였기 때문이다. (시리즈 A 투자자는 보통 회사 지분의 25퍼센트를 받는 데 비해 Y 콤비네이터는 원래 7퍼센트만 보유한다.) 〈세쿼이아는 가장 빠르게 성장하는 회사에 집중할 수 있지만 Y 콤비네이터는 그럴 수 없다〉고 부동산 투자자 로힌 다르는 적었다. 〈현재 Y 콤비네이터의 구조상 에어비앤비나 드롭박스 같은 압도적 성공작에 후속 투자를 해서 더 많은 지분을 확보할 수 없다(Y 콤비네이터의 일부 파트너는 개인적으로 후속 투자를 하기도 한다). 만약 Y 콤비네이터가 《성공작》들에 후속 투자를 시작하면, 후속 투자를 진행하지 않은 회사들에게 아주 좋지 않은 신호를 보내는 셈이다. 《패자》로 간주될 것이기 때문이다. 이 회사들은 다른 투자자로부터 자금을 조달하는 데 어려움을 겪을 것이다.)[15] (올트먼의 생각을 잘 아는 소식통들은 세쿼이아가 Y 콤비네이터보다 스타트업들로부터 더 많은 수익을 챙겼다는 평가에 반박한다.)

올트먼과 로가니는 이런 제약을 어떻게 피할 수 있는지 머리를 짜냈다. 한 가지 아이디어는 Y 콤비네이터를 졸업한 회사 중 기업 가치가 3억 달러 이상인 모든 곳에 펀드를 통해 투자한다는 것이었다. 그들은 유한 책임 투자자를 영입하기 위해 발 벗고 나섰다. 스탠퍼드와 윌릿 어드바이저 외에도 예일과 워싱턴 대학교, 펜실베이니아 대학교의 기금까지 투자자 풀을 확장했다. 루프트 시절에 무선 통신사를 상대한 것처럼, 올트먼은 이런 회의에서 분위기를 주도하면서 기이한 발언도 서슴지 않았다. 권위적인 그의 발언에 유한 책임 투자자들은 그가 미래를 내다볼 능력이 있다고 확신했다. 그런 다음 로가니가 들어와서 세부 사항을 정리하곤 했다. 둘이 합쳐서 7억 달러를 끌어모았는데, 이는 나중에 YC 컨티뉴이티 펀드라는 명칭이 붙었다. 펀드는 실리콘 밸리에서 공황 상태를 야기하기도 했다. 벤처 캐피털 기업들이 Y 콤비네이터가 자기들 밥

그릇을 점점 더 빼앗아 갈 것으로 예상했기 때문이다.

올트먼은 Y 콤비네이터가 직접 후속 투자를 하는 경로를 준비하면서도 Y 콤비네이터 파트너들이 후속 투자를 하는 통로는 엄격하게 차단했다. 데모 데이까지 기다리거나 시리즈 A의 일원으로 참여해야 한다는 새로운 규정을 만든 것이다. 그가 생각한 목표는 정실주의라는 겉모습을 반박하는 것이었다. 또한 이메일 리스트를 만들어서 Y 콤비네이터 회사들이 데모 데이 이외에 투자 라운드를 진행할 때 관심 있는 모든 투자자에게 소식을 알렸다. 의도적으로 어떤 투자자를 배제한다는 비난을 피하기 위한 조치였다. 올트먼이 보낸 이메일에는 나이트클럽 보안 요원이나 스타트업 투자 경찰 같은 경직된 어조가 담겨 있다. 〈회원 자격 규정은 간단합니다. Y 콤비네이터 기업에 총 5건 이상 투자하거나 대규모 투자 2건을 한 투자자, 우리 졸업생들 사이에서 평판이 좋은 투자자, 특별한 이유 없이 투자 계약서를 파기하거나, 다른 투자자들과 함께 라운드 투자에 참여하는 것 외에 창업자에게 자문 지분을 압박하는 등 좋지 않은 전력이 없을 것.〉[16]

올트먼은 이런 상황이 진이 빠진다고 느꼈다. 「항상 실리콘 밸리의 3분의 2하고는 적대적인 관계라고 할 수 있죠. 결국 경찰 행세를 하는 겁니다. 이 투자자가 이 창업자를 나쁘게 대하니까 전화를 걸어 소리를 질러야 해요. 이 창업자가 잘못된 일을 하면 또 전화해서 소리를 질러야 하죠. 다른 투자자들은 Y 콤비네이터에 대해 엄청나게 질투심을 품었어요. 지금은 좀 덜하지만 한동안은 이런 식이었죠. 〈Y 콤비네이터를 어떻게 무너뜨릴까?〉」 그가 말했다.

실제로 올트먼은 Y 콤비네이터 관련 회사가 도움이 필요할 때마다 개입했다. 레딧은 항상 Y 콤비네이터의 마스코트 같은 존재였다. 초기 배치에서 탄생했고, 창업자들이 원래 가져온 음식 주문 아이디어 대신 그레이엄의 야심처럼 인터넷의 첫 페이지를 차지하겠다는 열망으로 처음부터 방향성을 잡았다. 그레이엄의 블로그에 붙은 링크로 시작된 초기의 성공은 당시 아직 소규모로 레딧의 첫 번째 사용자 집단이던 Y 콤비네이터 네트워크에 성공 방식의 증명과도 같았다. 그리고 Y 콤비네이터가 아직 초창기일 때 세계 최고의 화려한 미디어 회사 콘데 나스트에 인수되면서 레딧은 주류 미디어 지도에 본격적으로 올라섰다. (물론 콘데 나스트가 지급한 1천만 달러는 터무니없이 싼 가격으로, 아마 회사의 검은색 차량과 생화 구입 예산 정도였을 것이다.) 하지만 혼란스러운 쿠키 틀 모양부터 10대 소녀 사진에 이르기까지 온갖 것을 공유하는 자율적 공동체를 기반으로 해서 처음부터 아나키즘 성향이었던 레딧은 『보그』와 『배너티 페어』, 『뉴요커』를 거느린 회사에는 어울리지 않는 존재였다.

레딧은 실리콘 밸리의 많은 이가 질시한 것처럼 모회사의 너그러운 무관심 속에서도 성장을 계속했지만, 수익을 낸 적은 없었다. 몇 년 만에 공동 창업자들은 모두 다른 사업으로 옮겨 갔다.* 콘

---

* 그레이엄이 집전한 일종의 강제 결혼에서 공동 창업자로 레딧에 가세한 애런 스워츠는 기업 생활에 적응하려고 분투한 끝에 2007년 해임되었다. 이후 그는 저작권 개혁

데 나스트도 미련을 버렸다. 「그 회사 안에서 자연스럽게 어울리는 존재가 아니었고, 더 나은 인재와 더 많은 자본, 그리고 확실히 자체적인 플랫폼이 필요했습니다.」 당시 최고 경영자이던 보브 사워버그의 말이다. 「콘데 나스트의 플랫폼에 통합된다는 구상은 말도 안 되는 거였어요. 그래서 회사를 분리하면 우리를 도와줄 사람들과 함께 자금을 모을 수 있고, 이 사업에 딱 맞는 팀을 영입할 수도 있다고 생각했죠.」 2011년 콘데 나스트의 모회사 어드밴스 퍼블리케이션은 레딧을 독립 자회사로 전환하고는 페이팔과 페이스북의 베테랑인 이샨 윙을 최고 경영자로 영입했다. 새로운 구조에서 윙은 실리콘 밸리의 여느 스타트업처럼 레딧을 위한 자금을 모을 수 있었다. 그리하여 그는 서둘러 Y 콤비네이터를 찾아갔다.

레딧을 다룬 크리스틴 라고리오채프킨의 책 『우리는 너드 *We Are the Nerds*』에 따르면, 2014년 봄, 윙이 파란색 테슬라 차를 타고 Y 콤비네이터의 마운틴뷰 주차장에 들어서는 것과 동시에 올트먼이 자신의 파란색 테슬라 차에서 내렸다. 두 사람은 금세 친해졌다. 둘 다 레딧을 사랑했고 실리콘 밸리를 속속들이 잘 알았다. 윙은 원래 자금 조달에 관한 전반적인 상을 살펴보러 간 길이어서 올트먼이 펀드를 운영하고 있다는 것도 알지 못했다. 이틀 뒤, 올트먼이 윙에게 전화를 걸어 Y 콤비네이터의 하이드라진 펀드가 레딧의 투자

과 오픈 액세스를 주장하는 활동가가 되었고, MIT에서 방대한 양의 학술 논문을 다운로드한 해킹 혐의로 연방 정부에 기소되어 수십 년 징역형을 받을 상황에 처하자 목을 매 자살했다—원주.

라운드를 주도하고 싶다고 말했다. 그 후 올트먼은 몇 주 동안 전화기를 붙잡고 자레드 레토나 스눕 독 같은 할리우스 스타뿐만 아니라 틸, 앤드리슨, 세쿼이아의 앨프리드 린, 스라이브 캐피털의 조시 쿠슈너 같은 쟁쟁한 벤처 자본가들에게도 투자를 권유했다.[17] 그해 9월, 총 5천만 달러의 투자금을 모았고 ─ 하이드라진이 2750만 달러를 투자했다 ─ 올트먼이 이사회에 합류했다. 투자 발표에 따르면, 투자자들은 지분의 10퍼센트를 레딧 콘텐츠를 만드는 사용자 공동체를 위해 남겨 두기로 했다. 〈레딧 같은 사이트에서 사용자들이 막대한 가치를 창출하면서도 아무 소유권이 없다는 게 늘 신경이 쓰였다〉고 올트먼은 투자 라운드를 발표하는 블로그 글에서 설명했다. 〈그래서 시리즈 B 투자자들은 우리 주식의 20퍼센트를 레딧 커뮤니티 사람들에게 제공하기로 했다. 앞으로 커뮤니티의 소유권을 계속 늘릴 수 있기를 기대한다. 이런 소유 구조에 관해 몇 가지 창의적인 생각이 있기는 하지만 모든 쟁점을 정리하는 데는 시간이 좀 걸릴 것이다.〉[18] 이 아이디어를 처음 내놓은 웡은 『테크크런치』와의 인터뷰에서 더 직설적으로 말했다. 「우리한테 말도 안 되는 계획이 하나 있는데, 그 주식들을 기반으로 암호 화폐를 만들자는 겁니다. 그런 다음 커뮤니티에 기여한 비중을 반영하는 상당히 공정한 방식으로 이 화폐를 커뮤니티에 나눠 줄 겁니다.」[19] 그가 개인 블로그에 이 문제에 관해 쓴 글에는 전부 대문자로 된 경고문이 있었다. 〈경고: 이 계획은 완전히 실패할 수 있음.〉[20]

계획은 실제로 완전히 실패했다. 몇 주 만에 웡은 사임했다. 사무실을 샌프란시스코에서 매력 없는 데일리 시티 교외로 이전하려는 그의 계획에 회사가 반기를 든 것도 한 이유였다. 피트 시거가 히트를 친 말비나 레이놀즈의 노래에 영감을 준 〈싸구려 재료로 만든 작은 상자들〉로 이루어진 도시였다.[21] 그리하여 올트먼은 8일 동안 최고 경영자를 맡은 뒤 엘런 파오에게 직을 넘겼다. 전 직장인 벤처 회사 클라이너 퍼킨스를 젠더 차별로 고소해서 유명세를 떨쳤지만 최고 경영자 자격은 차고 넘치는 레딧의 임원이었다. 혼돈의 와중에 레딧의 공동 창업자 알렉시스 오해니언이 임원 겸 이사회 의장으로 복귀했고, 올트먼은 이제 다소 소원해진 관계의 공동 창업자 스티브 허프먼에게 조언을 구하기 위해 연락하기 시작했다. 올트먼과 허프먼은 10년 전 Y 콤비네이터 배치 동료 시절과 달리 이제 우정을 쌓았다. 당시 올트먼은 카고 반바지 주머니에 휴대전화를 가득 넣은 채 케임브리지 주변을 혼자 쏘다녔고, 허프먼은 AOL 인스턴트 메신저에 관해 아슬아슬한 농담을 늘어놓았다. 레딧에서 혼돈이 계속되는 가운데 — 파오와 오해니언은 잘 어울리지 못했고, 회사는 여전히 해커들이 유출한 대량의 셀럽 누드 사진을 공유하는 역할 때문에 동요하고 있었다 — 사워버그와 올트먼은 허프먼에게 점점 다급하게 복귀하라고 압력을 가했다. (사워버그, 그리고 여러 세대에 걸쳐 콘데 나스트를 지배해 온 집안의 일원이자 레딧의 열정적 지지자인 스티브 뉴하우스는 허프먼과 수년간 대화를 이어 오고 있었다.)

허프먼은 유혹을 느꼈지만, 앞서 레딧을 떠난 뒤 공동 창업한 여행 검색 회사 힙멍크를 떠나는 것은 상상도 할 수 없었다. 어느 순간 레딧이 엔지니어링 인재만이 아니라 새로운 지휘부도 필요하다는 걸 알게 된 그는 그냥 레딧이 힙멍크를 인수하라고 제안했다. 몇 주간 허프먼과 올트먼은 인수 가능성을 논의했고, 레딧 투자자들은 〈인수-고용〉에 개방적이었다. 결국 허프먼의 힙멍크 공동 창업자는 이 제안에 동의할 엄두를 내지 못했다. 하지만 이 과정을 거치면서 허프먼은 처음 만든 회사로 복귀해서 망가진 회사를 고치고 싶은 마음이 얼마나 큰지 깨닫게 되었다. 2015년 7월, 레딧 사용자들이 인기 직원 한 명이 해고된 사건을 두고 거의 폭동을 일으킨 가운데 파오가 사임하자 허프먼이 레딧을 이끌기 위해 복귀했다. 이 과정 전체는 혼란스러웠지만, 올트먼은 레딧이 거대한 인터넷 사이트로 성장할 것이라는 믿음을 결코 굽히지 않았다. 「그는 언제나 백 배 성장을 생각하고, 항상 우리가 계속 집중하게 만들죠. 〈그래프는 무조건 우상향해야 해.〉」 사워버그의 말이다.

거의 10년 뒤, 레딧은 뉴욕 증권 거래소에 상장했고, 올트먼의 하이드라진이 시리즈 B와 후속 매입을 통해 획득한 지분 8.7퍼센트는 가치가 6억 달러를 넘었다.[22] (기업 공개[IPO]는 오래 지연되다가 레딧이 오픈AI 같은 인공 지능 모델을 훈련시키는 데 자사 데이터를 사용하는 것을 허가하는 계약에 서명한 뒤에야 이루어졌다.)

「샘이 가진 자질 중 하나는 일을 제대로 한다는 거죠. 그는 어지럽고 복잡한 거래일수록 끌리는 것 같아요. 그런 거래에 오히려 홍분하는 거죠. 내가 아는 사람 중 누구보다도 그는 복잡하게 뒤섞인 혼란한 상황에 뛰어들어서 거래를 성사시키고 관계를 만들어 내는 걸 좋아해요.」허프먼의 말이다.

올트먼이 레딧을 구하기 위해 분주하던 시기에 뜻밖의 베스트셀러가 식견 있는 일반인 사이에서 인공 지능에 대한 인식을 바꿔 놓고 있었다. 스웨덴 철학자 닉 보스트롬의 『슈퍼인텔리전스』는 수학 방정식과 논리적 증명으로 가득한 문단이 많은 밀도 높은 학술서였다. 하지만 2014년 8월 일론 머스크가 책의 전제에 동의한다는 트윗을 올린 뒤 『뉴욕 타임스』 베스트셀러 목록에 올랐다. 〈보스트롬의 『슈퍼인텔리전스』는 읽을 만한 가치가 있어요〉라고 머스크는 1천만 폴로어에게 말했다. 〈AI는 정말 조심해야 합니다. 핵무기보다 더 위험할 수도 있으니까요.〉

『슈퍼인텔리전스』는 참새 떼에 관한 우화로 시작한다. 참새들은 부엉이 한 마리를 데려다가 둥지를 짓고 고양이를 감시하는 데 도움을 받는 게 좋겠다고 결정한다. 새끼 부엉이를 데려다가 시키는 대로 키울 방법을 찾으려고 궁리하는데, 한 참새가 나서서 묻는다. 부엉이 알을 둥지로 가져오기 전에 우선 어떻게 길들일지 알아야 하지 않겠냐고. 하지만 우두머리 참새들은 부엉이 찾는 것만도 쉬운 일이 아니라고 말을 자른다. 길들이는 걱정은 나중에도 할 수 있다면서. 회의론자 참새와 몇 안 되는 서글픈 동조자들은 뒤에 남는다. 부엉이를 데리고 훈련을 연습하지 않고서 길들이는 법을 배우는 건 생각보다 훨씬 어려울 거라는 걸 알기 때문이다. 이야기는 동료 참새들이 그 방법을 알아내기 전에 알을 가지고 돌아올지 모른다고 걱정하면서 끝난다.

책에서 보스트롬은 인간이 21세기에 언젠가 이른바 〈기계 초지능〉을 만들어 낼 가능성이 있으며, 따라서 그것이 인류를 멸망시키지 못하도록 대비하는 게 좋겠다고 주장한다. 인공 지능이 어떻게 지배할 수 있는지를 설명하기 위해 그는 유드코스키의 종이 클립 비유를 빌려 와서 약간 변형한다. 종이 클립을 만들도록 프로그램된 초지능 AI는 우주의 모든 물질 ─ 지각 있는 모든 존재의 신체 포함 ─ 이 종이 클립으로 바뀔 때까지 계속 작업할 수 있다. 〈이는 인류가 이제껏 직면한 가장 중요하고 벅찬 도전이 될 가능성이 높다〉고 그는 말한다. 〈그리고 우리가 성공하든 실패하든 간에 아마 우리가 직면하게 될 최후의 도전이 될 것이다.〉[23]

보스트롬과 유드코스키는 출신 배경이 크게 다르지 않다. 스웨덴에서 자란 보스트롬은 지능이 무척 높아서 전통적인 학교 교육을 그만두고 싶어 했다. 열다섯 살이던 1980년대 말, 그는 〈인공 지능을 통해서든 인간의 생물학적 조건의 향상을 통해서든 발명하거나 아이디어를 발견하는 주체를 바꿀 가능성이 매우 중요할 수 있다는 전반적인 인식〉을 갖게 되었다고 술회했다. 그리하여 신경망을 탐구하게 되었고, 결국 대학원에서 과학 철학을 공부했다. 하지만 1990년대 중반에 인터넷이 등장한 뒤에야 〈인공 지능이나 나노 기술 같은 잠재적 미래 기술에 관심을 가진〉 다른 사람들을 발견할 수 있었다. 「정말 생소한 틈새 분야였죠. 학계에서는 아무도 관심을 갖지 않았습니다.」 엑스트로피언 리스트서브를 발견한 그는 유드코스키와 함께 적극적인 참여자가 되었다. 「이런 아이디어들에 관해 가장 진보적인 대화가 이루어진다는 점에서 가장 활발한 곳이었어요.」

(2023년, 당시 이 리스트서브에 참여해서 떠들썩하게 나누던 대화가 드러나면서 그를 괴롭히게 된다. 연구자 에밀 토레스가 1996년 런던 정경 대학교의 스물세 살 대학원생이던 보스트롬이 리스트서브 그룹에 보낸 이메일을 발견한 것이다. 〈흑인은 백인보다 멍청하다. 나는 이 문장이 마음에 들고 사실이라고 생각한다. 하지만 최근 들어 그런 식으로 말하면 대다수 사람들과 제대로 관계를 맺지 못할 거라는 생각이 들기 시작했다. 사람들은 내가 [원문 그대로] 《인종주의자》라고 생각할 테니까. 또 내가 흑인을 싫어하고, 흑인이 부당한 대우를 받는 게 공정하다고 생각한다고 여길 것이다. 나는 그렇게 생각하지 않는다. 단지 내가 읽은 자료에 따라 판단하는 것이다. 내 생각에 흑인은 인류 전체보다 IQ가 낮을 가능성이 높고, IQ는 우리가 보통 《똑똑하다》와 《멍청하다》라는 단어의 통상적 의미로 생각하는 것과 상관관계가 높다. 내가 사실 파악을 제대로 하지 못했을지 모르지만, 이 문장은 다음의 문장과 같은 의미로 보인다. 《나는 젠장할 [n-단어, 이메일에서 지우지 않음]를 혐오한다!!!!》 그러니까 요지를 말하자면, 거리낌 없는 객관성을 도발적으로 드러내며 말하는 게 나와 이 메일링 리스트에 있는 많

은 사람에게는 통할 수 있지만, 일부《외부》사람들과 소통하는 데는 효과적인 전략이 아닐 것이다.)[24] 보스트롬은 2023년에 이 이메일에 대해 사과했다.)

이듬해인 1997년, 보스트롬은 세계 트랜스휴머니즘 협회를 공동 창립했다. 엑스트로피 연구소의 작업을 기반으로 삼아 트랜스휴머니즘을 버젓한 학문의 반열에 올려놓기 위해 노력하는 기구였다. 「과학에 대한 그의 관심은 기본적으로 영생을 누리고 싶다는 자연스러운 욕망에서 생겨난 겁니다.」 친구 대니얼 힐이 몇 년 뒤 『뉴요커』에 한 말이다.[25] 2005년, 미래학자이자 자선가인 제임스 마틴에게 받은 돈으로 보스트롬이 옥스퍼드 대학교 인류 미래 연구소에 기금을 내놓자 바야흐로 트랜스휴머니즘이 학계에서 인정받은 듯했다. 연구소에 상근직으로 들어간 그는 〈21세기 인류의 거대한 도전〉을 연구하게 되었다.

『슈퍼인텔리전스』에서 보스트롬은 기계 지능이 언제 인간을 능가할 것인지에 대해 구체적인 예측을 삼가지만, 책이 출간되는 것과 동시에 디프마인드가 아타리 실험을 진행하면서 이 분야의 많은 사람이 책에 주목했다. 그가 내세우는 핵심 논점 중 하나는 중요성이다. 그가 말하는 것처럼, 그의 예측이 전부 틀릴 수도 있지만, 예측이 실현될 작은 가능성이라도 존재한다면, 그보다 중요한 문제는 없다. 인공 지능 안전성 연구자로 성장하는 한 세대가 그 책을 읽으면서 삶의 목적을 발견했다.

인공 지능에 강박적으로 매달리는 올트먼에게 이런 희박한 확률과 우주적 중요성은 무시할 수 없는 유혹이었다. 블로거 스콧 알렉산더가 자신의 블로그「슬레이트 스타 코덱스」에 쓴〈몰록 신에 관한 명상〉은 올트먼이 좋아하는 에세이로 손꼽는 글인데, 이 글은 기본적으로 보스트롬에게 보내는 답변이다. 유명한 시「울부짖음」에서 앨런 긴즈버그는 아이를 잡아먹는 고대의 신 몰록을 문명 자체의 자유와 아름다움을 파괴하는 힘으로 불러냈다. (많은 이가 긴즈버그에게 몰록은 자본주의라고 주장했다.) 알렉산더에게 몰록은 우리를 군비 경쟁 같은 자멸적 동학의 함정에 빠뜨리는 게임 이론이다.〈신의 시점에서 보면, 최선의 해법은 세계 평화이며 어떤 나라도 아예 군대를 보유하지 않는 것이다. 하지만 이 체제 안에서 보면, 어떤 나라도 일방적으로 그것을 강제할 수 없기 때문에 결국 최선의 선택은 계속 예산을 쏟아부으면서 사용하지도 않는 미사일을 사일로에 쌓아 두는 것이다.〉

알렉산더는 인공 지능이 인간보다 똑똑해진다는 보스트롬의 전망이 인류에게 몰록의 힘에 맞서 싸울 수 있는 길을 제시했다고 주장한다.〈인간의 모든 가치가 최적화-경쟁에 의해 서서히 분쇄되는 사태를 피할 수 있는 유일한 길은 우주 전체를 관장하며 인간의 가치를 위해 최적화하는《정원사Gardener》를 설치하는 것이다. 보스트롬의『슈퍼인텔리전스』에 담긴 요점 전체는 우리가 이런 정원사를 만들 수 있다는 것이다.〉

물론 인간보다 똑똑한 기계가 자기보다 똑똑한 기계를 설계할 수 있게 되어〈다수의 경쟁하는 존재가 동시에 그런 시도를 할 수 있다면〉, 우리는 〈초멸망〉 상태에 빠질 수도 있다. 하지만 만약 한 존재가 압도적으로 빠르게 초지능을 얻어서 〈모든 경쟁을 억누를 수 있다면〉, 인류의 미래를 나은 쪽으로 결정할 가능성도 있다. 〈아주 가까운 미래에 우리는 무언가를 천국으로 들어 올릴 것이다. 그게 몰록일 수도 있다. 또는 우리 편에 선 무언가일 수도 있다. 만약 그게 우리 편이라면 몰록을 죽여 없앨 수 있다. 그리고 그 존재가 인간의 가치를 공유한다면, 자연 법칙에 제약받지 않고 인간의 가치가 융성하게 만들 수도 있다.〉

이 지점에서 알렉산더는 자신의 이야기가 인류가 신을 창조하거나 대체할 기회를 얻게 될 것이라는 이야기처럼 들린다는 걸 깨닫는다. 그는 그것을 부정하지 않는다. 〈신이 당신이나 당신 개인이 추구하는 가치, 또는 당신 문명이 품은 가치에 관심을 가질 것이라고 기대하는 것, 바로 그게 오만이다. 내가 트랜스휴머니스트인 건 신을 죽이려 하지 않을 만큼의 오만함조차 갖고 있지 않기 때문이다.〉[26]

11
〈AI를 위한 맨해튼 프로젝트〉

2015년 1월, 푸에르토리코 산후안의 비치사이드 카리베 힐튼에서 열린 모임은, 회의장 문 근처에서 보안 요원 무리가 어슬렁거리는 모습이 눈에 들어올 때까지만 해도 코넬 대학교 컴퓨터 과학 교수 바트 셀먼이 보기에 전형적인 대학 시찰단 같았다. 똑같이 건장한 동료들이 참석자들을 따라 점심을 먹으러 가는 순간, 이 자리가 통상적인 회의가 아님이 분명해졌다. 학자들과 구글 직원들, 그리고 기묘하게 많은 버클리에서 온 젊은 수학 박사들에 둘러싸여 꽤 많은 억만장자가 보였다. 특히 열정적인 표정의 일론 머스크도 눈에 띄었다.

머스크는 더위 때문에 뺨이 벌겋게 달아오르고 전날 밤 테슬라 사무실 책상 밑에서 잠을 잔 듯 헝클어진 머리로 도착했다. 만화 속 우주 비행사가 그려진 검은색 티셔츠 차림이었다. 당시 그는 테슬라와 스페이스X 두 회사의 최고 경영자였지만, 세계 최초로 열리는 인공 지능 안전성에 관한 회의의 모든 부문에 열심히 참여했다. 벗겨지기 시작한 머리에 안경을 쓴 보스트롬과 무대에 같이 선

그는 똑똑한 기계가 창조자인 인간에게 관심을 기울일 거라는 확실한 보장이 없는 채 그런 기계를 만드는 건 위험하다는 보스트롬의 경고를 그대로 되풀이했다. 점심을 먹으면서 머스크는 식탁을 돌면서 그 자리에 모인 인공 지능 연구자들에게 인류가 초지능의 위험성을 어떻게 통제할 수 있는지 의견을 물었다.

「일론 머스크는 정말 실존적 위험이라고 생각했죠. 당시만 해도 기계가 인간의 자리를 넘겨받는다고 걱정하는 건 조금 터무니없어 보였어요.」 셸먼이 그때 기억을 떠올린다.

셸먼 같은 인공 지능 연구자들은 희망과 절망이 교차하는 가운데 인공 지능의 잠재력에 관해 입을 다무는 법을 배운 상태였다. 초기 세대들의 지나친 낙관과 환호 때문에 이 분야가 학계의 변두리로 밀려난 경험이 있었기 때문이다. 하지만 최근 컴퓨터 비전*과 기계 번역, 자율 주행 자동차 등에서 이루어진 개선은 눈부신 수준이었고, 보스트롬의 『슈퍼인텔리전스』는 이미 인공 지능 연구자들이 오랫동안 옹기종기 모여 있던 학계의 먼지 쌓인 귀퉁이를 훌쩍 넘어서는 하나의 운동을 출범시켰다.

회의를 주최한 미래 생명 연구소는 불과 몇 개월 전 MIT의 물리학자 맥스 테그마크가 창설한 곳으로, 스카이프의 공동 창업자이자 효과적 이타주의자인 얀 탈린에게 연간 10만 달러의 약정 기금을 받았다. 2005년 스카이프를 이베이에 매각하면서 억만장자가 된 뒤, 탈린은 이제 무엇을 할지 궁리하던 차에 유드코스키가 인

* 컴퓨터의 시각 데이터 처리를 연구하는 분야.

공 지능의 위험성에 관해 쓴 글을 접했다. 처음에는 회의적이었지만, 샌프란시스코 국제공항 근처에 있는 파네라 브레드에서 유드코스키와 네 시간 동안 앉아서 이야기를 나눈 뒤 마음이 바뀌었다. 얼마 지나지 않아 그는 인공 지능의 실존적 위험성에 관해 경고하는 손꼽히는 저명인사가 되어 실존적 위험성 연구 센터를 창설하고 디프마인드에 초기 투자를 했다.[1] 후에 학술 기관보다는 정치 세력에 가깝게 변모하게 되는 미래 생명 연구소는 금세 인공 지능의 안전성을 최우선 과제로 삼았다. 〈우리의 목표는 간단하다. 생명의 미래가 존재하고 최대한 멋진 것이 되도록 보장하는 일을 돕는 것이다.〉 테그마크가 『맥스 테그마크의 라이프 3.0』에서 한 말이다. 인류 앞에 놓인 온갖 위협에 관해 묘안을 짜낸 끝에 그는 이렇게 적었다. 〈우리가 생명 공학과 핵무기, 기후 변화에 관심을 기울여야 하지만, 첫 번째 주요 목표는 인공 지능 안전성 연구를 주류로 격상하는 데 기여하는 것이어야 한다는 데 폭넓은 합의가 이루어졌다.〉[2]

그 시점까지 인공 지능 안전성을 주창하는 두드러진 목소리의 대부분은 실제로 인공 지능을 연구하는 연구자 공동체의 일부가 아니었다. 이 운동을 이끈 보스트롬과 유드코스키 같은 인물들은 또한 그날 오후에 머스크와 셀먼과 함께 무대에 오른다. 버너 빈지와 디프마인드의 셰인 레그도 함께 한 무대는 예전에 열린 특이점 서밋이 재연되는 것 같았다. 푸에르토리코 회의의 목표는 철학자와 실행자를 한 자리에 모아 공동의 합의를 만들어 내는 것이었다. 서두르지 않으면 인공 지능 실행자들의 경제적 동기 때문에 그런 합의가 불가능해질 수 있었기 때문이다. 보스트롬이 그때를 회고했다. 「그 회의가 중요했던 건 한 가지 가능한 실패 시나리오를 막는 데 도움이 됐기 때문이죠. 그러니까 AI 위험성 전사들과 AI를 만드는 사람들이 갈라진 두 집단으로 등장하는 시나리오 말입니다. 대안 역사를 상상하자면, 이 두 집단이 각기 다른 공동체를 형성해서 대화도 하지 않으면서 그냥 상대방에게 비난만 퍼붓는 상황이 되었겠죠.」

그 대신, 대다수 참석자들 ― 과 머스크, 스티븐 호킹, 많은 인공 지능 연구자를 비롯해 모두 합쳐 8천 명이 넘는 사람들 ― 이 결국, 테그마크의 말을 빌리자면 〈목표가 불분명한 지능이 아니라 유익한 지능〉이 되어야 한다는, 인공 지능 연구의 목표를 요구하는 공개서한에 서명했다. 서한 참여자들은 인공 지능이 〈유익하게〉 유지되도록 보장하는 연구를 확대할 것을 호소하면서 한마디를 덧붙였다. 〈우리의 인공 지능 시스템은 우리가 원하는 대로 작동해야 합니다.〉 서한의 내용은 전혀 논쟁적이지 않았지만, 서한이 작성되었다는 사실 자체가 오랫동안 비주류로 여겨진 일련의 신념들이 주류로 도약하는 거대한 계기였다. 서한에 서명한 인공 지능 실행자들 가운데는 디프마인드의 데미스 하사비스와 인공 지능 연구자인 일리야 수츠케버, 다리오 아모데이도 있었다.[3] 테그마크는 회의가 영향을 미친 사실에 들뜬 마음에 농담을 던졌다. 「아마 햇살과 와인이 결합 작용을 한 때문일 거예요.」[4] 회의 막바지에 머스크는 테그마크를 조용한 방으로 데려가서 인공 지능 안전성을 높이기 위해 그의 연구소에 1천만 달러를 기부하겠다고 말했다. 며칠 뒤, 그는 트위터에 이 사실을 발표하면서 농담을 했다. 〈다 재미있는 게임이죠. 누군가 I*를 잃기는 하겠지만.〉[5]

강연이 진행되는 사이의 소규모 세션 중에 머스크는 바다가 보이는 장소에 셀먼을 비롯한 연구자를 모아 놓고 자신의 주요한 걱정거리에 대해 조바심을 내비쳤다. 구글(디프마인드와 구글 브레인을 통해)과 페이스북(명성이 자자한 인공 지능 연구원 얀 르쿤의 지휘 아래 자동 사진 태그 붙이기 같은 기능을 만들어 낸 AI 부서를 통해)이 인공 지능 분야를 완전히 지배하고 있는데, 그들은 자사의 연구를 대중과 공유할 의무가 전혀 없다는 것이었다.

셀먼이 그때를 회상했다. 「이런 상업적이고 폐쇄적인 모델에 대한 통제가 전혀 없다는 게 확실히 위험성으로 인식되었고, 아마 그에 대한 대응책을 마련해야 한다는 점에도 뜻이 모아졌죠.」

올트먼은 이 회의에 참석하지 않았지만, 다음 달에 보스트롬에게 영감받아 쓴 종말론적 에세이를 공개했다. 글에서 『슈퍼인텔리전스』를 읽어 보라고 추천하면서 이렇게 단언했다. 〈초인간 기계 지능SMI의 발전은 아마 인류의 지속 가능성에 대한 가장 큰 위협일 것이다.〉 그는 초지능 기계가 〈모두 어디에 있는가?〉라는 페르미의 역설에 대한 가장 그럴듯한 답이라는 보스트롬의 주장에 공감했다. 1950년 로스앨러모스 국립 연구소에서 이탈리아의 물리학자 엔리코 페르미가 점심 식사 자리에서 외계인 이야기가 나

* 인공 지능AI의 지능을 가리킨다.

오자 던진 질문이다. 생명체가 살 만한 행성이 존재한다는 증거가 산더미처럼 쌓여 있음에도 우리가 외계인의 증거를 본 적이 없는 이유는 아마 올트먼의 말처럼 〈생물학적 지능은 언제나 결국 기계 지능을 만들어 내기〉 때문일 것이다. 〈기계 지능은 생명체를 없애 버리고 나서 어떤 이유에서인지 자신의 정체를 숨기기로 결정한다.〉[6] 올트먼이 볼 때 그 답은 인공 지능을 규제하는 것이었다. 후속 에세이에서 그는 〈미국 정부를 비롯한 각국 정부는 초인간 기계 지능의 발전을 규제해야 한다〉고 썼다. 〈이상적인 세계에서라면 이런 규제로 악당들의 속도를 늦추고 영웅들의 속도를 높일 것이다.〉 두 번째 에세이의 말미에서야 그는 이 신기술의 잠재적인 긍정적 측면을 받아들이면서 일반 인공 지능 아이디어가 불멸을 향한 트랜스휴머니즘의 꿈에 그 뿌리가 있음을 인정한다. 〈기계 지능은 인류가 직면한 많은 심각한 문제를 해결할 수 있을 것이다. 하지만 내 견해로는, 그게 기본 시나리오는 아니다. 또 다른 거대한 긍정적 시나리오는, 기계 지능이 우리가 자신을 업로드하는 방법을 알아내는 데 도움을 줄 수 있고, 우리가 컴퓨터 속에서 영원히 살 수 있다는 것이다.〉[7]

이 글을 쓰는 데 도움을 주었다고 그가 감사를 표한 주요 인물인 다리오 아모데이는 당시 중국 인터넷 기업 바이두에서 올트먼의 인공 지능 연구소 시절 멘토인 앤드루 응과 함께 일하던 인공 지능 연구원이었다.

올트먼과 머스크는 머스크가 매주 자신의 회사들을 순회하러 베이 에어리어에 오는 수요일마다 정기적으로 저녁 식사를 함께하기 시작했다. 두 사람은 몇 년 전부터 아는 사이였는데, Y 콤비네이터의 파트너인 제프 랠스턴이 둘을 소개해 주고 올트먼이 로스앤젤레스에 있는 머스크의 스페이스X 공장을 둘러보도록 주선하면서 처음 만났다.

몇 년 뒤 올트먼은 이렇게 썼다. 〈그는 로켓의 모든 부품을 어떻게 제조하는지에 관해 자세히 이야기했지만, 지금도 기억에 남는 것은 화성에 대형 로켓을 보내는 계획에 관해 이야기할 때 그의 얼굴에 비친 절대적 확신의 표정이다. 공장을 나서면서 이런 생각이 들었다.《흠, 바로 저런 게 확신의 표정이로군.》〉[8]

2015년에 두 사람이 나눈 대화는 주로 공포에 초점이 맞춰졌다. 당시 레딧에서 올트먼과 긴밀하게 협력하던 보브 사워버그는 그가 머스크와 식사한 이야기를 듣고 놀랐던 기억이 난다고 말한다. 사워버그는 두 사람의 대화에 관한 올트먼의 설명을 다음과 같이 묘사했다. 「일론하고 나는 이야기를 나눴어요. 세상이 종말로 치닫는 중이라고. 우리는 종말이 시작될 때 안전한 곳이 빅서하고 뉴질랜드 두 곳뿐이라는 결론을 내렸죠. 나는 여기서 자리를 잡았고, 일론은 그쪽에 자리를 잡았죠. 우리는 각자 뭔가를 만들고 복제할 생각이었는데, 그러면서 인공 지능이 진짜라는 걸 깨달았어요. 정말 나쁜 것일 수도 있지만, 정말 거대하고 중요한 게 될 수도 있었죠. 그러려면 우선 안전을 확보해야 했고, 인공 지능을 뭔가 좋은 방향으로 끌고 가야 했죠.」 (머스크의 스타링크 지사가 뉴질랜드에 있긴 했지만, 올트먼이 이야기한 뉴질랜드에 자리를 잡은 사람은 아마 머스크의 페이팔 마피아 시절 동료인 피터 틸일 것이다.)

인공 지능 규제를 요구하는 에세이를 올린 그 달에 올트먼은 머스크에게 연락해서 정부에 같은 내용의 공개서한을 쓰려고 하는데 도와 달라고 했다. 머스크도 흔쾌히 동의해서 두 사람은 함께 초안을 작성했고, 결국 몇 달 뒤 서한을 공개했다. 공개서한을 발표하기 전에도 이미 소문이 퍼지기 시작해서 하사비스가 머스크에게 직접 연락해서 그게 사실이냐고 따져 물었다. 머스크의 답변을 들어 보자. 「제대로만 된다면 오히려 장기적으로는 인공 지능의 발전을 가속화할 수도 있어요. 규제 감독을 통해 대중이 안도하지 못한다면, 인공 지능이 막대한 해를 끼치는 상황이 조성돼서 인공 지능 연구가 공공 안전에 위험한 것으로 낙인 찍혀서 금지될 수도 있다고요.」[9] 머스크의 변호인들이 제출한 법적 문서에 따르면, 하사비스가 연락하고 5일 뒤, 디프마인드에서 인공 지능 윤리 위원회를 신설하겠다고 발표하면서 머스크에게도 위원회에 참여해 달라고 제안했다. 머스크가 스페이스X에서 주관한 첫 회의에서 그는 위원회가 규제 논의를 지연시키려는 시도라고 확신하게 되었다. 「일론이 내린 결론은 이 위원회가 결국 헛소리라는 거였습니다.」 머스크의 비서실장 샘 텔러가 월터 아이작슨에게 한 말이다. 「구글 친구들은 인공 지능 안전성에 집중할 생각도 없고, 자기네 권한을 제한하는 어떤 행동도 하려고 하지 않았거든요.」[10]

머스크는 이제 피터 틸이나 리드 호프먼 같은 친구들과 저녁 식사 자리를 갖기 시작했다. 구글의 힘에 대항해서 인공 지능 안전성을 확보하는 방도를 찾아내려는 노력의 일환이었다. 그해 5월 그는 오바마 대통령을 만나 인공 지능 규제 필요성을 논의했다. 「오바마도 그걸 이해했죠. 하지만 대통령이 뭔가 행동에 나설 정도로 이 문제가 격상되지 않으리란 걸 깨달았어요.」[11] 머스크가 아이작슨에게 한 말이다.

그 달에 올트먼은 머스크에게 메일을 보내 자신이 〈인류가 인공 지능 개발을 멈추게 만들 수 있는지 많은 생각을 했다〉고 말했다. 〈그 답은 거의 확실히 《불가능》인 것 같습니다. 그렇게 된다면, 아마 구글이 아닌 다른 집단이 먼저 행동에 나서는 게 좋을 것 같아요.〉 올트먼은 Y 콤비네이터가 〈인공 지능을 위한 맨해튼 프로젝트〉— 하사비스가 2010년 디프마인드를 소개하면서 사용한 바로 그 용어였다 — 를 시작하겠다고 제안했다. 그러면서 한마디 덧붙였다. 〈인공 지능 기술이 세상의 것이 되도록 어떤 형태로든 비영리 구조로 만들고, 대신에 이 프로젝트가 성공하면 거기서 일하는 사람들은 스타트업 같은 식으로 보상을 받을 수 있게 만듭시다. 물론 우리는 모든 규제에 따르고 적극적으로 지지할 거고요.〉

〈이야기를 나눠 볼 가치가 있겠군요.〉 머스크가 답했다.

6월, 올트먼은 새로운 인공 지능 연구소를 만들자는 자세한 제안서를 머스크에게 보냈다. 〈연구소의 사명은 최초의 일반 인공 지능을 만들어서 이를 개인의 역량 강화에 사용하는 것입니다. 다시 말해, 가장 안전해 보이는 분산된 형태의 미래를 만드는 거죠. 좀 더 일반적으로 말하자면, 안전성이 최우선 요건이 되어야 합니다.〉 올트먼은 마운틴뷰에 있는 Y 콤비네이터 건물을 7~10명으로 구성된 초기 팀의 사무실로 쓰자고 제안하면서 〈성공을 거두면〉 이 연구원들에게 Y 콤비네이터 지분을 주겠다고 했다. 다만 그 지분은 〈그들이 만드는 인공 지능과 직접 관련된〉 것은 아니었다. 지배 구조에 관해서는 자신과 머스크를 비롯한 5인으로 이사회를 구성하자고 제안하면서 한마디 덧붙였다. 〈어느 시점에는 팀 운영자를 구해야 하겠지만, 그 사람은 이사회에는 끼지 않아야 할 겁니다.〉

그는 머스크의 시간을 너무 많이 뺏지 않으려고 신경 썼다. 한 달에 한 번 방문하는 정도면 충분하고, 인재 영입에 도움이 되도록 공개적으로 지지해 달라고 했다. 그러면서 연구소가 본격적으로 출범할 때까지 규제를 요구하는 공개서한은 잠시 보류하자고 제안했다.[12]

한편, 올트먼은 스트라이프 출신의 오랜 친구로, 지난 몇 년간 비상장 시장에서 초기 스트라이프 주식을 처분하는 걸 도와주었던 그렉 브록먼과 인공 지능 연구소 설립에 관해 점점 진지한 논의를 시작하고 있었다.

브록먼은 노스다코타주 톰프슨 외곽의 주말농장에서 의사 부부의 네 자녀 중 셋째로 태어나 자랐다. 안과 의사 론 브록먼과 정신과 의사 엘런 펠드먼은 여가 시간에 말과 소와 닭을 키웠다. 어린 나이부터 브록먼은 수학과 과학에 적성을 보여서 어머니는 수학 캠프와 화학 경진 대회에 아들을 등록시키면서 독려했고, 아버지는 6학년 대수학을 직접 가르쳐 주었다. 브록먼은 친구 한 명과 수학 동아리를 시작했다. 고등학교에 진학할 시기에 형과 누나는 기숙 학교에 입학하며 집을 떠났지만, 그는 지역의 공립 학교가 자기한테 맞는다고 생각하여 8학년 내내 스탠퍼드 대학교의 영재 교육 프로그램에서 보내 주는 원격 학습 교과 과정을 활용해서 독학으로 공부했다. 자기만의 속도로 달린 그는 그해에 3년치 수학을 다 공부해서 1학년 때 미적분학 과목을 들을 수 있었다. 2학년 때에는 자동차를 갖게 되어(노스다코타주에서는 14세에 운전할 수 있어서 15세에 운전을 시작했다), 노스다코타 대학교까지 가서 수업을 들을 수 있었다. 하지만 레드리버 고등학교의 학적은 유지해서 연극반에 참여했고, 「역대 최고의 크리스마스 야외극」에서 찰리 역을 맡았다. 유대인 조상을 둔 아이가 맡기에는 아마 이상한 역할이었을 것이다.[13]

브록먼은 수학자가 되기 위해 노력하는 과정이라고 생각했지만, 고등학교를 졸업하자 어머니는 갭 이어*를 가지라고 권했다. 그는 화학 교과서를 쓰기로 마음먹었지만, 한 친구가 박사 학위가 없으면 절대 교과서를 출간해 주지 않는다고 충고했다. 자비로 출간하거나 웹사이트를 만들어서 공개해야 한다는 것이었다. 어느 여름에 형 매트와 함께 컴퓨터 캠프에 참가해서 컴퓨터 게임보다 프로그래밍을 하면서 여름을 보냈던 브록먼은 웹사이트를 만드는 게

* 고등학교 졸업 후 대학에 진학하기 전에 여행이나 노동을 경험하며 진로를 모색하면서 한 해를 보내는 것.

더 쉽고 비용도 저렴하다고 생각했다. 우선 테이블 데이터 정렬 위젯을 프로그래밍했다.「칼럼을 클릭하면 테이블을 정렬해 줍니다. 제게 중요한 건 머릿속에 그린 그림이 실물로 존재하게 되었다는 거였죠! 정말 놀라운 경험이었어요.」[14] 그가 노스다코타 대학교 신문에 한 말이다. 그는 앨런 튜링의「계산 기계와 지능」을 읽었다. 1950년에 쓴 논문은 〈기계는 생각할 수 있는가?〉라는 질문을 던지면서 그 답을 찾기 위해 지금은 유명한 〈튜링 테스트〉를 소개하는 글이었다. 튜링이 볼 때, 만약 사람이 컴퓨터의 응답을 인간의 대답과 구별할 수 없다면, 컴퓨터는 테스트를 통과한 것이다. 그는 몇 년 뒤 대중화하는 방식처럼 논리를 전부 하드 코딩하는 대신, 학습할 수 있는 일종의 아기 컴퓨터를 만든 다음 스스로 학습하게 내버려두면 어떻겠느냐고 제안했다. 이에 영감받은 브록먼은 챗봇을 하나 만들었는데, 이 챗봇은 복잡한 문제는 제쳐 두고 날씨에 대해 어느 정도 설득력 있게 수다를 떠는 데 성공했다.

「전에는 어느 편인가 하면 수학으로 내가 하는 일이 내 생애에 활용된다면 추상성이 부족해서 그런 거라고 생각했죠. 시간 지평이 너무 짧은 거죠.」브록먼이 19세기 수학자 에바리스트 갈루아와 카를 프리드리히 가우스의 업적을 예로 들면서 한 말이다. 두 사람의 획기적 발견은 그들이 죽고 한참이 지나서야 비로소 본격적으로 활용되었기 때문이다.「그게 참 아름답게 보였죠. 인류를 위해 장기적인 공헌을 하는 거니까요.」

하지만 자기가 만든 챗봇이 스텀블어폰 웹사이트에 소개되고 사용자가 1천5백 명에 달하자 생각이 바뀌었다. 「정말 무엇보다 멋진 기분이 들었죠. 내가 이걸 만들고 사람들이 사용하니까요. 저 랜선 너머에 진짜 사람들이 있는 겁니다.」 그는 수학을 포기하고 본격적으로 컴퓨터 과학에 뛰어들기로 결심했다.

그해 가을 하버드에 입학한 그는 곧바로 자연어 처리를 전공하는 교수를 찾아가 함께 연구할 수 있는지 물었다. 「그분이 자기가 현재 하는 작업을 보여 주었는데 파스 트리parse tree였죠. 언어 규칙 같은 걸 전부 써 넣어야 하는 전통적인 인공 지능 개발 도구였습니다.」 브록먼이 그때 기억을 떠올렸다. 「그걸 본 제 심정은 이런 식이었죠. 〈이건 절대 안 돼. 이건 앨런 튜링이 튜링 테스트 논문에서 이야기한 게 아니잖아.〉」 하버드 컴퓨터 동아리에 들어간 그는 첫해에는 선배들이 고급 주제를 토론하는 걸 들으면서 재미있게 보냈다. 하지만 2학년이 되자 선배들이 졸업하고 자신이 동호회를 이끌게 됐는데, 컴퓨터를 배울 스승이 없었다. 교양 교육을 필수로 수강해야 하는 대학의 규정도 실망스러웠다. 「금세 깊이 파고들기가 어렵다는 걸 깨달았어요. 책상에 앉아서 수학이나 컴퓨터 뭐 그런 이야기를 하면 전공 분야가 전혀 다른 친구가 끼어들죠. 그러면 대화를 중단해야 해요.」

그는 하버드 학생으로서는 자신의 욕심이 너무 협소해지고 있다는 걸 깨달았다. 「내가 정말 원한 건 최고의 프로그래머가 되고 싶다는 거였죠. 그게 나 스스로 정한 목표였습니다. 세계 최고의 프로그래머가 되자.」 그는 하버드를 자퇴하고 MIT에 입학했다. 하지만 기술 전문 성격이 강한 이 학교에서도 욕망이 채워지지 않았다. 한 달 만에 그는 스타트업들과 이야기를 나누기 시작했고, 10월에는 베이 에어리어로 날아가서 이제 막 창업한 스트라이프의 패트릭과 존 콜리슨 형제를 만났다.

패트릭 콜리슨은 비가 내리는 어느 날 밤 10시에 팰로앨토의 라모나 스트리트에 있는 좁고 지저분한 사무실에 그가 나타난 순간을 기억한다. 「문을 열자 그렉이 서 있더군요. 당시 나는 새 서버를 세팅하는 중이었는데, 그렉이 바로 옆 의자에 털썩 앉더니 바로 일을 시작하더군요.」

그 주말에 아이스 요거트를 먹으면서 제대로 된 면접을 보는데 브록먼이 물었다. 「여기는 주말에도 일하나요?」 콜리슨 형제는 잠시 망설이면서 첫 번째 직원으로 삼고 싶은 상대가 겁을 집어먹고 내빼지 않게 만들 답을 궁리했다. 「우리는 솔직하면서도 그 친구가 놀라지 않게 대답을 하려고 했죠. 〈실은 주말 내내 일하긴 하는데, 모든 직원이 꼭 휴일 근무를 해야 하는 건 아닙니다.〉 흔히 써먹는 수법이었죠.」

브록먼이 말을 끊으며 자기는 괜찮다고 했다. 「그냥 주말에도 진짜 일을 하는 진지한 사람들하고 일하고 싶어서 물어본 거예요.」 브록먼은 그렇게 팀에 합류했다.

하지만 어머니는 좀 더 확실한 약속을 원했다. 콜리슨 형제의 어머니와 통화하고 싶다고 요청했다. 「아마 우리 어머니가 제대로 대답했나 봐요. 그렉이 합류했으니까요.」 패트릭의 말이다.

2010년, 브록먼은 MIT를 자퇴하고 스트라이프에 네 번째 직원으로 들어갔다. 스트라이프는 그가 꿈꾸던 스타트업의 삶을 선사했다. 스트라이프 직원들이 아침 7시에 출근하면 브록먼이 책상 위에 널브러져 있었다. 요란한 음악 소리에 여기저기 흩어진 피자 박스들을 보면 밤새 코딩을 하다 잠든 게 분명했다. 그는 양말만 신고 사무실을 돌아다녔고, 이른바 〈코드 동굴〉에서 죽치고 앉아 있는 걸 좋아했다. 가끔은 아무도 요청하지 않은 제품을 완성된 형태로 들고 나타나기도 했다. 브록먼은 콜리슨이 모든 엔지니어의 필수 요건이라고 말한 명석한 두뇌 말고도 두 가지 면에서 남들과 달랐다. 콜리슨의 말을 빌리자면, 스트라이프의 주요 업무—신용 카드 온라인 결제—를 아우르는 전반적인 시스템에 대한 호기심을 두루 갖췄고, 〈고집과 생명력도 둘째 가라면 서러울 정도〉였다. 「그렉보다 심지가 굳은 사람은 거의 없어요.」

2015년 무렵, 브록먼은 패트릭 콜리슨과 다음 단계에 관해 이야기하기 시작했다. 당시 스트라이프는 기업 가치가 35억 달러에 달했고, 브록먼은 이제 최고 기술 책임자가 되어 점점 코딩보다는 인력 관리에 시간을 쓰고 있었다. 콜리슨에게 이제 회사를 떠날 때가 된 것 같다고 말하자, 그는 브록먼에게 올트먼을 만나 보라고 제안했다. 이런 상황에서 종종 좋은 조언을 해준다는 것이었다. 브록먼의 이야기를 들은 올트먼은 그에게 이제 한 걸음 내딛을 준비가 된 셈이라고 말했다. 「인생은 최종 리허설이 아니니까요.」[15] 그러면서 브록먼에게 무슨 일이 하고 싶은지 물었다.

브록먼은 기계 학습에 뛰어들고 싶었다. 스트라이프에 있을 때 그는 매주 「레스롱」을 읽는 모임을 만들었다. 2009년 엘리에저 유드코스키가 만든 이 블로그는 합리주의자 커뮤니티의 중심지가 되어 디프 러닝 혁명에 관한 온갖 글로 도배되어 있었다. 인간이 자신보다 우월할 수도 있는 피조물에 대해 어떻게 해야 하는지 같은 윤리적 질문이 제기되는 때였다. 올트먼은 자신도 인공 지능 프로젝트를 진행 중이라고 말했고, 두 사람은 계속 연락하자고 다짐했다. 브록먼은 5월에 스트라이프에 퇴사 통보를 했고, 6월에 뉴욕에 있는 리커스 센터라는 3개월짜리 코딩 수련회에 등록했다. 수련회가 시작하기 전에 처음으로 GPU(그래픽 처리 장치)를 주문했다. 인터넷에 연결하지 않은 채 신경망을 훈련시키는 데 필요한 고속 연산을 수행하는 데 최적화된 컴퓨터 칩이었다. GPU는 부품별로 배송되었고, 그는 수련회 전에 부품을 조립하며 3주를 보냈다. 기계 학습 엔지니어로 다시 태어날 생각이었던 그는 이후 18개월 동안 새로운 스타트업을 구상하기로 마음먹었다. 남는 시간에는 마술을 독학하기 시작했다.

당시 올트먼은 〈스타트업의 제왕〉이라는 권위 있는 지위를 활용해서 창업 후보자들에게 기존과는 다른 다소 실존적인 야심을 불어넣으려 하고 있었다. 메모리얼 데이 주말에 열린 캠프 YC — 액셀러레이터 기업 Y 콤비네이터가 해마다 멘도시노 카운티에서 북쪽으로 두 시간 거리로 떠나는 글램핑 여행 — 에 참가한 올트먼은 레드우드 나무 사이로 빛이 흐르는 가운데 나무로 만든 조잡한 연단에 올라 인류를 근본적으로 뒤바꿀 수 있는 세 가지가 있다고 선언했다. 그가 열거한 우선 과제 목록은 Y 콤비네이터 대표로 처음 블로그 포스트를 올린 이래 약간 바뀐 상태였다. 이제 기계 초지능이 1위였고, 그 뒤에 핵에너지와 팬데믹이 있었다. 「이게 내가 진행하고 싶은 전부입니다.」 연단을 마주 보고 접이식 의자에 앉아 있는 창업자 수백 명에게 그가 한 말이다. 전날 밤, Y 콤비네이터 직원들을 위해 완공된 몇 안 되는 통나무집(나머지 인원은 한쪽이 뚫린 구조물에서 잤다) 중 하나에서 Y 콤비네이터 파트너들과 카탄 보드게임을 했다. 가공의 섬에서 정착지를 짓기 위해 자원을 놓고 경쟁하는 게임이었다. 운과 전략을 결합해야 하는 게임이지만 결과는 언제나 똑같아 보였다. Y 콤비네이터에서 배출한 회사인 도블릿의 공동 창업자 닥터 거슨은 대표와 플레이할 때마다 무기력감을 느낀다고 토로하는 한 파트너의 말을 떠올렸다. 「사람들이 대표하고 게임하는 걸 포기했어요. 대표가 항상 이기거든요.」

그 무렵 올트먼은 미션 근처에 있는 자택에서 인공 지능 연구자를 비롯한 커뮤니티의 사상가들과 잇따라 저녁 식사 자리를 갖고 있었다. 그러던 2015년 7월, 그는 규모를 키우기로 결정했다. 멘로파크에 있는 로즈우드에서 비공개 만찬을 연 것이다. 280번 국도 변의 잡목이 우거진 언덕이 내려다보이는 저층 리조트인 로즈우드는 근처 샌드힐 로드에서 일하는 벤처 자본가들이 좋아하는 아지트였다. 고급 보석 매장과 27달러짜리 칵테일, 수백 년 묵은 커다란 레드우드 원목판이 늘어선 바가 있는 호텔은 페르시아만의 산유국 클럽 하우스에 캘리포니아식 에코 미니멀리즘 의상을 어설프게 걸친 분위기였다. 뒤편 테라스에는 산타크루즈 산맥의 아찔한 경치가 펼쳐졌는데, 겹겹이 포개진 능선이 안개 속으로 희미하게 물러나는 장관이었지만 고속 국도를 질주하는 출퇴근 차량의 소음이 흠이었다. 화분 속 올리브 나무 아래에서 잔잔하게 울리는 테크노 음악이 그나마 소음을 조금 줄여 주었다.

 올트먼은 레스토랑 옆에 있는 조용한 방을 선택했다. 다육 식물이 촘촘히 박힌 전용 테라스가 있어서 일찍 온 사람들이 야외 벽난로 앞에서 시간을 보낼 수 있었다. 처음에 모인 사람들은 브록먼의 MIT 시절 친구인 폴 크리스티아노, 역시 인공 지능 연구자인 다리오 아모데이와 크리스 올라였다. 아모데이는 베이 에어리어의 이탈리아계 미국인 가정에서 성장해, 처음에는 칼테크에 입학했다가 스탠퍼드로 옮겼고, 결국은 프린스턴 대학교에서 물리학 박사를 받았다. 입심이 좋고 열정적인 그는 말할 때마다 헝클어진 곱슬머리를 잡아당기곤 해서 미치광이 과학자 같은 분위기를 풍겼다. (하지만 그의 아이디어는 결국 오픈AI가 갈망하던 상업적 목표에 다가가는 데 큰 도움이 된다.) 올라는 대학 진학 대신 틸 펠로십을 선택한 신동이었다. 두 사람은 브록먼의 친구였는데, 그가 새로운 진로에 발을 내디딜 때 많은 조언을 해주었다.[16] 크리스티아노는 고등학교 수학 경시대회 출신의 동료로, 버클리 박사 과정에서 이론 컴퓨터 과학을 공부하고 있었다.

 올트먼은 다른 사람에게도 다짜고짜 이메일을 보낸 바 있었다. 온라인에서 검색하다가 인공 지능 강연을 보고 대번에 매료된 일리야 수츠케버는 이미 획기적인 연구를 여럿 내놓아 인공 지능 세계에서 상징적인 존재였다. 특히 알렉스 크리젭스키, 제프 힌턴과 공동 저술한 2012년의 〈알렉스넷AlexNet〉 논문은 신경망에 대한 관심을 다시 불러일으킨 것으로 유명했다. 이후 구글이 그들의 소규모 신경망 스타트업을 사들인 뒤, 수츠케버도 구글에서 연구를 계속했다. 구글에서 그가 진행한 획기적 연구 중에는 2024년 12월에 열린 신경 정보 처리 시스템 학회Conference on Neural Information Processing Systems에서 발표한 최근 논문도 있었다. 이 회의는 오랫동안 〈NIPS〉라는 약칭으로 불리다가 누군가 더 나은 대안을 제시해서 〈NeurIPS〉라고 바뀌었는데, 〈시퀀스 투 시퀀스〉 학습에 관한 논문은 최초로 스케일링 패러다임을 설득력 있게 설명한 내용이었다. 이 패러다임은 얼마 지나지 않아 최근의 모든 인공 지능 발전의 동력이 된다. 하지만 그는 조금도 쉬지 않았다. 수츠케버는 언제든 마음 내키면 훌쩍 모험을 떠나려는 사람처럼 항상 캠핑 의류를 좋아했다. 바람이 셀 때를 대비해 이중 끈이 달린 틸리의 세일링 모자, 바짝 위로 맨 검은색 파타고니아 힙색과 속건성 바지가 즐겨 입는 차림이었다.

소련 시절 유대인 부모 밑에서 태어난 수츠케버는 다섯 살 때 가족과 함께 이스라엘로 이주했다. 그해에 그는 자신의 의식을 갑작스럽게 자각하는 경험을 했다. 「어느 날 일어나 보니 한 사람이 된 것 같았죠. 내가 존재한다는 게 그냥 너무 거슬렸어요.」 그 순간은 오랫동안 잊히지 않았고, 나중에 그는 인공 지능이 의식의 수수께끼를 푸는 데 도움될지 궁금해하게 된다. 「나는 영혼에 관심이 있었죠. 어쩌면 영혼이 하는 일이 학습이 아닐지 궁금했죠. 컴퓨터는 학습을 못하니까요. 그런데 만약 컴퓨터가 학습을 **할 수 있다면**, 영혼은 어떻게 되는 걸까요?」 어린 시절부터 그는 학습이 진정으로 무엇인지, 그리고 컴퓨터가 학습을 할 수 있는지 등 〈거대한 미해결 문제〉에 흠뻑 빠졌다.

그는 이스라엘 공립 학교에서 뛰어난 성적을 받아서 중학교 때부터 대학 수업을 통신 교육으로 받기 시작했다. 「학교에 가는 게 싫었죠. 아무것도 배우는 게 없어서 시간 낭비 같았거든요. 그래서 항상 학교 시스템에서 벗어나려는 충동을 느꼈어요.」

열여섯 살 때 가족이 캐나다로 이민을 가서 그곳에서 한 달간 11학년 고등학생으로 수업을 듣다가 자퇴하고 토론토 대학교 3학년으로 입학했다. 고등학교 졸업장 없이 대학에 들어가기 위해 수츠케버와 부모가 치열하게 압박을 가해야 했지만, 입학에 성공하자마자 전설적인 인공 지능 연구자인 제프 힌턴의 사무실로 달려갔다. 그때 나이가 열일곱 살로, 본업은 인근에 있는 파라마운트 원더랜드 놀이공원에서 감자튀김을 파는 일이었는데, 힌턴에게 같이 기계 학습을 공부할 수 있는지 물었다. 일요일 저녁에 느닷없이 찾아온 수츠케버에게 힌턴은 다음에 약속을 잡고 와서 정식으로 이야기를 하자고 말했다. 하지만 수츠케버는 물러서지 않았다. 그래서 힌턴은 그에게 역전파backpropagation에 관한 자신의 독보적 논문을 주면서 그걸 다 읽고 나서 다시 오라고 했다. 며칠 뒤 다시 온 수츠케버가 이해가 안 된다고 말했다. 힌턴이 대답했다. 「그냥 기초 미적분이잖아요.」 수츠케버가 말했다. 「아, 아뇨. 제가 이해하지 못하는 건 왜 도함수를 그냥 뽑아내서 효율적인 함수 최적화 알고리즘에 전달하지 않는 거죠?」[17] 힌턴이 이 수준에 도달하는 데 몇 년이 걸린 작업이었다. 그는 10대 소년에게 다른 논문을 쥐어 주며 집으로 보냈고, 수츠케버는 조만간 다시 와서 비슷한 통찰을 보여 주었다. 「그 애가 말하더군요. 〈선생님은 신경망이 한 작업을 하도록 훈련시킨 다음에 다른 작업을 훈련시킵니다. 왜 두 작업을 동시에 하도록 훈련시키지 않는 거죠?〉」

「그 친구는 내 제자 중에 나보다 더 좋은 아이디어를 가진 유일한 학생이었어요.」 힌턴이 말했다. 그는 수츠케버가 정식 학교 교육에서 다른 학생보다 뒤처졌음에도 그를 자기 연구소에 합류시켰다. 수츠케버는 계속해서 토론토 대학교 수학과를 졸업한 뒤, 지도 교수 힌턴 밑에서 컴퓨터 과학 박사 과정을 밟았다.

「그 친구는 수학을 아주 잘하지만, 무엇보다도 스스로 생각하고 사고에 아주 능합니다. 지적으로 정직하고, 또한 아무 두려움이 없어요. 단지 자기가 생각해 냈다고 해서 어떤 아이디어에 집착하지 않습니다.」 힌턴이 말했다.

그런 특성들이 결합되어 그는 인기 있는 지도자가 되었다. 통찰력으로 가득하면서 또한 다른 사람의 아이디어에 무척 개방적인 사람이었기 때문이다. 하지만 그는 일찍부터 신경망의 잠재력에 대해 깊은 확신을 유지했다. 「일리야는 신경망 기반 인공 지능에 대해 무척 강한 믿음을 갖고 있으며, 또한 일찍부터 이 신경망 네트워크를 확장하면 기능이 향상될 거라고 깊이 확신했죠.」 힌턴의 말이다. 많은 이가 그런 발상은 신경망이 여전히 그렇게 제대로 작동하지 않는 이유에 대한 변명일 뿐이라고 생각했다. 「일리야는 신경망의 규모를 키우면 더 잘 작동하는 이유를 이해했고, 아마 그런 견해에 가장 심취하는 연구자였을 겁니다.」

수츠케버는 소거 과정을 통해 이런 확신에 이르게 되었다고 말했다. 자신이 실수하는 게 아님을 확인하기 위해 먼저 다른 모든 형태의 인공 지능을 신중하게 연구하는 과정이었다. 본인의 말을 들어 보자. 「결국 다른 모든 인공 지능은 가망이 없는 이유에 대해 내가 볼 때 극도로 명확하고 단순하며 설득력 있는 설명을 구성할 수 있었습니다.」

수츠케버가 볼 때, 인공 지능 연구 분야는 논문 저자들의 두뇌를 돋보이게 해주는 인상적인 정리를 갖춘 논문을 계속 발표해야 한다는 학계의 관행에 잠식된 상태였다. 그는 학자들을 몰아붙이는 이런 심리 상태에 〈수학 선망 math envy〉이라는 이름을 붙였다. 그리고 자신은 수학 학위가 있는 까닭에 이런 심리 상태에 면역이 있다고 느꼈다. 「만약 당신이 이런 충동에 따른다면 정리를 증명할 수 있는 것들만 좋아하겠지만, 신경망 기반 인공 지능은 정리를 증명할 수 없어요. 너무 복잡하니까요. 하지만 문제는, 우리가 배워야 하는 건 복잡하다는 거예요. 그러니까 인공 지능이 너무 단순하면 가망이 없어요. 절대, 전혀 작동하지 않을 겁니다. 인공 지능은 복잡해야 해요.」

수츠케버의 확신은 인간의 뇌가 실질적으로 일반 인공 지능의 지도가 된다는 믿음에 바탕을 둔 것이었다. 힌턴이 말하는 것처럼, 우리는 내가 탄 택시 운전사의 뇌 안에서 무슨 일이 벌어지고 있는지 알지 못하지만, 그래도 항상 자신 있게 택시를 타고 가고 싶은 곳으로 갈 수 있다고 기대한다. 「신경망 기반 인공 지능을 이해하기 어렵다는 점이야말로 그 성공을 이끄는 핵심적 특징이에요. 우리는 이해하기 어려운 문제에 대해 이해하기 어려운 해결책을 사용하는 겁니다.」 수츠케버의 말이다. 「하지만 무엇보다 강력한 논거는 인간의 뇌 또한 작고 단순한 뉴런으로 만들어진 신경망이라는 거예요. 뇌가 할 수 있다면, 적절하게 훈련된 신경망이라고 못할 이유가 있나요? 그렇다면 이제 〈적절하게 훈련되었다〉는 게 무슨 뜻인지 알아내려는 질문을 던져야 하죠.」

힌턴의 연구실 전체는 신경망이 작동할 수 있다는 전제 아래서 신경망이 할 수 있는 역량의 경계를 확장하려는 시도에 바탕을 두었다. 인간의 뇌는 1천억 개의 뉴런으로 구성되는데, 뉴런은 사실상 신호의 강도에 따라 한쪽 끝(수상 돌기)으로 들어오는 신호를 통과시키거나 차단하는 작은 스위치 역할을 한다. 1940년대에 처음 제안된 인공 뉴런은 이런 스위치를 조잡하게 모방한 것으로, 수상 돌기로 들어오는 신호의 강도와 유사한 개념은 〈가중치weight〉라는 숫자로 표현되었다. 1980년대에 힌턴이 이룬 거대한 돌파구인 역전파는 경험에 적응하기 위해 가중치를 훈련시키는 방법에 관한 수학적 공식이 포함된 개념이었다. 수츠케버는 역전파에 대해 〈이제 조금 뇌 같은 느낌이 들기 시작했다〉고 말한다. 「신경망이 실제로 흥미로운 것을 학습하게 만들 수 있다는 뜻이거든요.」 하지만 오랫동안 신경망은 여전히 그 주창자들이 기대했던 성과를 보여 주지 못했다.

그러다가 2010년 무렵 게임의 판도를 뒤바꾸는 새로운 기술이 등장했다. 그래픽 처리 장치, 즉 GPU가 그것이다. 원래 비디오 게임에서 그래픽을 처리하기 위해 고안된 GPU는 동시에 많은 계산을 빠르게 처리할 수 있는 독특한 능력이 있어서 연구자들은 이전보다 훨씬 거대한 신경망과 데이터 집합을 가지고 작업할 수 있었다. 마침내 GPU는 인간 뇌의 크기와 복잡성에 가까워질 수 있었다. 「이 비유를 계속 따라가 보면, 큰 GPU가 필요한 것도 당연하죠. 뇌는 수많은 뉴런이니까요.」

힌턴과 수츠케버는 신경망이 컴퓨터 비전을 해결할 수 있는 모든 조각이 맞춰졌다고 믿었다. 이를 증명하기 위해 수츠케버는 연구실 차원에서 스탠퍼드가 주최하는 연례 경진 대회에 참여하자고 제안했다. 세계 최대의 이미지 데이터베이스인 이미지넷을 구축한 스탠퍼드에서 연구자들이 이미지를 정확하게 분류하는 기계를 개발하는 대회를 연 것이다. 매년 오차율이 가장 낮은 연구 팀이 우승하는 대회였다. 힌턴은 연구실용 GPU를 구입한 뒤, 한 걸음 물러나 수츠케버의 연구실 동료인 알렉스 크리젭스키에게 바통을 넘겼다. GPU의 성능을 끌어올리는 데 능숙한 재능 있는 엔지니어인 크리젭스키가 마법을 부렸다. 모델에 사진을 입력하고, 기계가 보여 주는 대상의 이름을 맞힐 때까지 계속 모델을 조정했다. 한편 수츠케버는 기계가 쉽게 수용할 수 있도록 데이터를 다듬는 데 집중했다. 결국 그들이 만든 모델이 이미지넷 경진 대회에서 압도적으로 우승했고, 크리젭스키의 이름을 따〈알렉스넷〉이라는 별칭으로 알려지게 된 후속 논문은 신경망이 인공 지능의 유력한 발전 경로임을 보여 주었다. 물론 이 아이디어가 성공을 거두려면 엄청난 수준의 엔지니어링 역량과 컴퓨팅 역량이 필요했다.[18]

「우선 신경망이 제대로 된 유형이어야 하죠. 세부 사항 하나하나가 딱 맞아야 합니다. 그런 신경망을 구축한 다음에 규모를 키웁니다. 우리는 그걸 전부 해냈어요. 그리고 성공했죠. 인공 뉴런과 생물학적 뉴런이 어쨌든 비슷하다고 믿는다면, 인간의 뇌 크기인 신경망이 원칙적으로는 인간이 하는 모든 일을 할 수 있다는 게 분명해집니다.」수츠케버의 말이다.

2012년 논문은 인공 지능 분야와 저자들의 삶을 완전히 바꿔 놓았다. 그들이 만든 스타트업인 DNN리서치는 수많은 빅테크 기업이 참전한 인수 전쟁의 표적이 되었다. 승자는 구글이었다. 실리콘 밸리에 관해 오랫동안 글로만 접한 수츠케버는 그곳으로 이사해서 구글의 마운틴뷰 캠퍼스에서 일하기 시작하며 행운이 믿기지 않아 볼을 꼬집었다.「미래에 와 있는 기분이에요. 여기 사람들은 전부 인공 지능에 관심이 있거든요.」

그는 구글을 사랑했지만 모험을 더 사랑했기 때문에 올트먼이 이메일을 보내 로즈우드로 초청하자 흥미가 동했다. 특히 올트먼이 머스크가 만찬에 올 예정이라고 언급하자 흥분을 감추지 못했다. 「일론이 거기 온다는 걸 알자 너무 흥분되더라고요. 냉큼 만찬장으로 **달려갔죠**.」

한편 그렉 브록먼은 늦게 나타나서 본 행사를 놓칠까 걱정했지만, 머스크는 더 늦게 와서 한 시간을 더 기다려도 오지 않았다. 그동안 올트먼은 브록먼에게 수츠케버를 비롯해 아직 안면이 없는 연구자들을 소개했다. 머스크는 사람들이 실내로 이동한 뒤 나타나서 긴 테이블에 앉았고, 구글을 비롯한 테크 기업들이 선발 주자로서 막대한 이점을 누리고 있는 상황에서 인공 지능 연구소를 출범하는 게 가능한지 이런저런 의견을 내놓았다. 너무 늦은 건 아닐까? 「모두들 그게 왜 불가능한지 이유를 대려고 했는데, 아무도 충분히 설득력이 있지는 않았습니다. 확실히 성공 가능성이 아주 낮아 보였지만, 제로는 아니었어요.」 브록먼이 그때 기억을 떠올렸다.

그날 밤 올트먼은 브록먼을 시내까지 태워다 주었다. 그날 모임에서 본업이 없는 유일한 인물이었던 브록먼은 차에서 그들 모두 꿈만 꾸었던 연구소를 자신이 만들겠다고 제안했다. 다음 날 수츠케버가 올트먼에게 이메일을 보냈다. 〈제가 말한 것처럼, 당신네 연구소를 이끌 사람을 찾고 있다면 제가 꽤 관심이 있습니다.〉

브록먼과 수츠케버는 정말 손발이 잘 맞았다. 몇 주 뒤, 두 사람은 점심을 같이 먹으면서 인공 지능이 할 수 있는 일에 대해 비슷한 비전을 갖고 있고, 또한 서로 보완하는 기술적 역량을 지녔음을 깨달았다. 수츠케버는 머스크와 함께 일할 가능성에도 마음이 끌렸지만, 멘토인 힌턴은 이렇게 말했다. 「일리야는 그렉 브록먼한테 아주 깊은 인상을 받았어요. 그게 영입에서 무척 중요하게 작용했죠. 그는 아주 똑똑했고, 기술적으로 아주 탄탄했어요. 일리야가 전혀 알지 못하는 온갖 사업 문제를 다룰 수 있었고요.」

당시만 해도 기계 학습 초보자였던 브록먼은 인공 지능 연구 팀을 구성하기에 자신이 가장 적임자가 아님을 알았다. 그래서 올트먼이 제안하는 대로 그런 적임자를 접촉했다. 힌턴이나 얀 르쿤 같은 인물들과 나란히 디프 러닝 혁명을 개시하는 데 일조한 몬트리올 대학교 컴퓨터 과학 교수 요슈아 벤지오가 그 주인공이었다.[19] 벤지오는 머스크처럼 인공 지능의 위험성에 대해 우려하는 인물로, 그들이 추진하는 프로젝트에 공감했다. 수츠케버가 참여한다는 소식을 듣고 좋은 인상을 받기도 했다.

「오픈AI 창립자들이 내게 연락했을 때 이야기를 들어 보니 멋지더라고요. 비영리 조직으로 만들 예정이었고, 오픈 사이언스를 지향한다고 했죠. 그들이 추진하는 인공 지능의 방향성에 관해서도 많이 공감할 수 있었던 까닭에 그 이야기에 공감하고 거리낌 없이 조언해 주었습니다.」 벤지오의 말이다. 그는 이제 막 첫발을 내딛는 연구소에 몇 달간 자문을 해주면서 브록먼이 연락해 볼 만한 인공 지능 연구자 명단을 작성했다. 구글 브레인에서 컴퓨터 비전을 연구하다가 페이스북으로 옮긴 보이치에흐 자렘바, 그리고 디프마인드에서 여름 방학마다 일한 디프 러닝 전공 박사 과정생 더크 킹마 등이었다. 「사람들마다 다른 사람도 추천해 달라고 했습니다.」 브록먼의 말이다.

처음 한 달간 브록먼은 이 조직이 자신을 포함해 수츠케버, 다리오 아모데이, 크리스 올라 등 몇몇 핵심 인물들로 시작할 것으로 생각했다. 그들은 회사가 추구하는 가치와 문화가 어떤 것이어야 하는지를 놓고 충분히 논의하기 시작했다. 브록먼이 연락한 다른 연구자인 안드레이 카파시는 스탠퍼드에서 이미지넷 데이터 집합을 만든 페이페이 리 밑에서 이제 막 박사 논문을 마무리한 컴퓨터 비전 전문가였다. 그는 브록먼이 이 분야 출신이 아니라는 이유로 프로젝트에 회의적인 태도를 보였다. 하지만 브록먼이 카파시의 친구인 존 슐먼과 대화를 나누면서 신생 연구소로 끌어들이자 카파시도 생각이 바뀌었다. 슐먼이 신뢰를 보내면서 카파시와 자렘바도 참여하는 쪽으로 기울었다. 「전부 아는 사람들이었기 때문에 참 흥미로운 구성이라고 생각했죠. 전부 다 존경하는 이들이었고 아주 강하면서도 작은 팀이라고 생각했어요.」 하지만 영입 시도가 차츰 속도를 내던 바로 그 순간, 아모데이와 올라가 이탈했다. 이 작은 연구소가 무슨 일을 하려는지 뚜렷한 이유를 찾지 못해 확신을 갖지 못했기 때문이다. 둘 다 구글 브레인으로 갔다. 브록먼은 자신이 설득한 연구자들과 계약서를 작성해야 했다.

「그들 모두한테 긍정적인 답변을 받는 게 어려웠는데, 샘이 회사 말고 바깥에서 한번 모이자는 아이디어를 냈죠.」 브록먼이 말했다. 와인과 멋진 풍경이 있는 곳에 영입한 사람들을 모아 놓고 약속을 받아 내자는 생각이었다. 「그게 통하더군요.」 2015년 11월, 브록먼은 버스 한 대를 대절해서 예비 직원 10명을 데리고 나파 밸리 포도원으로 당일치기 여행에 나섰다. 오후 내내 포도밭을 거닐면서 첫 번째 프로젝트에 관해 머리를 맞대고 아이디어를 나눴다. AI 에이전트에게 웹 탐색 방법을 가르치는 강화 학습 환경에 관한 구상이었다. 인공 지능 분야에서 〈에이전트〉란 목표를 달성하기 위해 결정을 내리고 환경과 상호 작용할 수 있는 시스템을 의미한다. 돌아오는 길에 교통 정체가 심했지만, 모두들 이야기하느라 바빠 신경도 쓰지 않았다. 「그냥 원 없이 걷고 이야기를 나눴죠. 비전, 사명, 연구 의제, 모든 것에 대해서요. 모두들 즐거운 시간을 보냈고, 누구랄 것 없이 서로 존중했어요. 정말 좋았죠. 그 순간 정말 이 사람들과 손을 잡고 일을 해내고 싶다는 확신이 들었습니다.」 카파시가 그때 기억을 떠올렸다.

여행 막바지에 브록먼은 각자에게 3주간 시간을 갖고 결정을 내려 달라고 말했다. 당시에는 머스크의 참여 여부도 확실하지 않았다. 신생 연구소는 Y 콤비네이터가 새로 만든 비영리 부문인 YC 리서치가 독립하는 방식이었다. 올트먼은 10월에 YC 리서치의 출범을 알리면서 개인 돈 1천만 달러를 시드 자금으로 내놓았다. 올트먼은 YC 리서치가 기존의 스타트업 투자자들이 감당하기 힘든 정도로 장기적인 시간 지평을 갖고 거대한 과학적 돌파구를 열게 될 것이라고 단언했다. 「스타트업은 질문을 잘 알고 그 해답을 알 때 가장 잘 작동합니다.」 올트먼이 『인포메이션』의 제시카 레신에게 한 말이다. 그는 YC 리서치가 새로운 벨 연구소로 성장하기를 원했다. 1930년대부터 70년대까지 트랜지스터와 레이저, 유닉스 운영 체제, C 언어 같은 프로그래밍 언어를 발명한 곳이었다. Y 콤비네이터에서 만든 연구소는 전원 회사의 상근 직원인 연구원 10명으로 출발할 예정이었고, 연구원들은 급여의 일부로 일정액의 Y 콤비네이터 주식을 받기로 했다(올트먼은 빅테크 기업들이 제시하는 후한 지분 패키지와 경쟁해야 했다). 그는 또한 연구원들이 개발한 지적 재산은 안전에 위협이 된다고 판단되지 않는 이상 전부 공개해서 무상으로 사용할 수 있을 것이라고 약속했다. 「단 하나의 기업이 유전 부호를 변형하는 기술을 독점하는 건 원하지 않잖아요.」 그가 농담조로 말했다.[20]

이런 비영리 구조는 인공 지능 연구자를 영입하는 데 톡톡히 도움이 되는 요인으로 밝혀졌다. 「이런 식으로 설명하더군요. 〈인공 지능은 너무도 중요한 기술이 될 겁니다. 우리는 영리 조직이 이 기술을 도맡는 걸 원하지 않아요. 수익 추구 동기는 끝을 모르니까요.〉 그 말에 굉장히 매력을 느꼈죠.」 카파시의 말이다.

비영리에 관한 설명은 또한 결국 머스크에게도 통했다. 11월, 브록먼이 그에게 이메일을 보냈다. 〈우리는 중립적인 집단으로 이 분야에 진출하기를 기대합니다. 폭넓게 협력하면서 어떤 특정한 집단이나 기업이 아니라 인류가 승리하는 미래를 향해 대화의 방향을 바꾸려는 거죠. 〈나는 이게 선도적인 연구 기관으로 올라서기 위한 최선의 길이라고 생각합니다.〉〉 머스크는 연구소에 자금을 지원하기로 하면서 이름도 직접 지었다. 오픈AI 연구소, 줄여서 오픈AI였다.[21]

세쿼이아의 마이클 모리츠는 올트먼에게 비영리라는 발상에 반대한다는 뜻을 밝혔다. 그가 볼 때, 올트먼의 성격에도 맞지 않는다는 것이었다. 「그 친구는 딱 장사꾼 같은 성향이죠. 그는 시장에 딱 맞는 사람이에요. 그러니 내가 볼 때는 오픈AI를 비영리 기관으로 만드는 건 먼 외국 땅 풀밭에 텐트를 치는 셈이었죠.」 모리츠의 말이다.

그레이엄이 볼 때 올트먼은 오픈AI를 비영리 조직으로 만들 수밖에 없었다. 올트먼은 한 회사의 대표라는 직업이 있었다. 이미 Y 콤비네이터를 운영하고 있는데 영리 회사를 공동 창업하는 게 쉬운 일은 아니었다. 「사람들은 올트먼이 오픈AI를 비영리 조직으로 시작한 다음 영리 조직으로 전환하는 식으로 일종의 〈미끼 수법〉을 구사한다고 생각했죠. 그런데 세상에 이렇게 허접한 미끼가 있을까요! 누가 봐도 시간을 되돌려서 그가 오픈AI를 영리 회사로 시작할 수 있다면 그렇게 했을 거라고 생각하지 않겠어요?」 그레이엄이 물었다. 「그는 자금 조달의 신이에요. 그 정도 돈은 쉽게 모았을 거예요. 그가 비영리로 시작한 건 이미 대표라는 직업이 있었기 때문입니다.」

이유가 무엇이든 간에, 2015년 12월 8일, 오픈AI는 델라웨어 주에서 비영리 법인으로 설립되었다. 설립 인증서에는 다음과 같은 문구가 있다. 〈법인에서 만드는 기술은 공공에 기여할 것이며, 법인은 적절한 경우에는 언제나 공익을 위해 기술을 오픈 소스로 공개하고자 한다.〉[22] 며칠 뒤, 오픈AI 팀은 NIPS 연례 회의에서 신생 연구소를 공개하러 몬트리올로 향했다. 하지만 현지에 도착하는 순간 예상치 못한 문제에 부딪혔다. 수츠케버가 갑자기 마음이 흔들린 것이다.

수츠케버가 구글의 상관들에게 회사를 그만두고 새로운 연구소에 합류할 뜻을 밝힌 뒤, 그들은 그를 설득해서 붙잡으려고 애썼다. 시장 시세의 몇 배나 되는 연봉을 제시하고, 그냥 남으면 개인 연구소를 운영할 기회까지 주겠다고 했다. 수츠케버는 처음에 오픈AI에서 빠졌지만, 올트먼이 머스크가 이 프로젝트에 확실히 참여하기로 했다고 말해 주었다. 「와, 좋아요. 그럼 상황이 달라지죠. 그분이 끼지 않으면 아마 나도 달려들지 않았을 겁니다.」 수츠케버가 대답했다.

수츠케버는 새로운 연구소에 합류하기로 마음먹고 몬트리올에 도착했지만, 구글의 제프 딘이 그곳에서 그를 따로 불러냈다. 거대 기업 구글의 인공 지능 연구를 총괄하면서 대단히 존경받는 인물이었던 그는 600만 달러에 육박하는 연봉을 제시하면서 수츠케버의 이상주의와 구글 동료들에 대한 애정에 호소했다. 마음을 정하기 위해 시간이 더 필요했던 수츠케버 때문에 오픈AI는 발표를 며칠 미뤄야 했다. 결국 회의 마지막 날, 블로그 포스트로 창립을 발표하는 예정 시간을 몇 시간 앞둔 상황에서 수츠케버의 합류 여부와 상관없이 발표하는 수밖에 없었다.

브록먼이 수츠케버에게 연락해서 한마디 말로 합류를 결정지었다. 「봐요, 정말 당신하고 이 일을 하고 싶어요. 당신도 할 거죠?」 마지막 순간 수츠케버도 동의했다. 브록먼에 대한 존경심이 크게 작용한 결과였다. 「그렉의 재능에 정말 깊은 인상을 받았고 믿음도 아주 컸죠. 내가 가진 재능을 굉장히 보완해 준다고 느꼈거든요. 올바른 판단을 한 겁니다.」

몇 분 뒤인 12월 11일, 브록먼과 수츠케버가 공동 저자로 쓴 블로그 포스트를 통해 오픈AI의 출범이 발표되었다. 머스크와 올트먼, 브록먼, 제시카 리빙스턴, 피터 틸, 아마존 웹 서비스, 인포시스, YC 리서치 등이 10억 달러를 자금을 지원한 비영리 연구 기관이었다. 깜짝 놀랄 만한 액수는 머스크의 아이디어였다. 〈구글이나 페이스북이 쓰는 돈에 비해 가망 없어 보이지 않으려면 1억 달러보다 훨씬 많아야 해요. 10억 달러의 자금을 약속하면서 시작한다고 말해야 합니다. 정말이에요. 다른 사람이 채우지 못하면 제가 다 책임질게요.〉 머스크가 11월 22일 브록먼에게 보낸 이메일에서 한 말이다. 그는 또한 새로 영입하는 사람들에게 계약 조건으로 주는 주식을 Y 콤비네이터만 부담할 필요가 없다고 했다. 스페이스X 주식도 내놓겠다는 것이었다.

〈우리의 목표는 경제적 수익을 창출할 필요에 제약받지 않은 채 인류 전체에 이익이 될 가능성이 가장 높은 방식으로 디지털 지능을 발전시키는 것입니다. 우리는 인공 지능이 각 개인의 의지의 확장이어야 하며, 자유의 정신에 따라 최대한 폭넓고 균등하게 분배되어야 한다고 믿습니다. 이 모험의 결과는 확실하지 않고 연구는 쉽지 않지만, 우리는 이 목표와 구조가 옳다고 믿습니다. 우리는 이 분야 최고의 인재들이 이 점을 가장 중요하게 여기기를 기대합니다.〉 브록먼과 수츠케버가 쓴 글이다.

나중에 페이스북이 연 칵테일파티에서 수석 인공 지능 연구원 얀 르쿤 ─ 힌턴, 벤지오와 나란히 세 번째〈인공 지능의 대부〉─ 은 수츠케버에게 당신네는 고참급 기계 학습 과학자가 없어서 가망이 없다고 말했다.「당신들은 실패할 거예요.」[23]

12
이타주의자들

언젠가 그렉 브록먼은 일리야 수츠케버를 일컬어 〈기계 학습(과 이따금 회화)을 통해 자신을 표현하는 화가〉라고 했다.[1] 하지만 일상적 관계에서 수츠케버는 음악가에 가까웠고 가장 좋아하는 악기는 화이트보드였다. 화이트보드용 마커는 늘 새 걸로 넉넉히 챙겨 둬야 했다. 인공 뉴런 도표와 수학 공식을 끼적일 공간이 없으면, 아예 생각을 할 수 없는 것 같았다. 그런 공간이 있으면 — 반짝이는 흰색 라미네이트 위에 색색의 펠트펜을 끼익하고 그어 대면서 — 신탁을 전하는 사제로 변신했다. 〈그건 그냥 작동하고 싶어 하죠〉, 〈AGI를 느껴 봐요〉 같이 감각 중추를 늘려 주는 주문(呪文)을 읊으면서 순수한 확신을 내뿜었다.[2]

2016년 1월 4일, 오픈AI가 문을 열기 전 몇 주는 혼돈 그 자체여서 — 수츠케버의 참여 여부가 불확실했다 — 올트먼과 브록먼은 사무실 공간에 관해 미처 생각하지 못했다. 결국 디프마인드를 추격하기로 한 이 패거리는 샌프란시스코에 있는 브록먼의 아파트에서 출발했다. 조립식 소파에 털썩 앉거나 타원형 식탁을 둘러싸고 웅크려 앉거나, 간혹 안드레이 카파시처럼 브록먼의 침대에서 낮잠을 자기도 했다. 어느 순간, 수츠케버와 동료 연구원 존 슐먼이 한창 토론하던 중에 화이트보드에 뭔가를 쓰려고 벌떡 일어났는데, 화이트보드가 하나도 보이지 않았다. 브록먼은 곧바로 문제를 해결하려고 나섰다.[3]

이 초창기 시절, 올트먼과 브록먼이 모은 팀은 아직 무엇을 해야 할지 뚜렷한 구상이 전혀 없었다. 브록먼은 다른 방식으로라도 팀을 도와야겠다고 마음먹었다. 가끔 사무용품을 주문하거나 주방에 널브러져 있는 컵을 모조리 씻었다. 「우리 팀은 정말 물을 많이 마시거든요.」 그가 말했다. 스트라이프 시절인 지난 몇 년 간 그는 자신의 경력에 관해 마음을 졸이면서 이따금 장문의 심경 고백 글을 블로그에 쓰곤 했다. 거대한 야심과 내내 그냥 코딩만 하고 싶은 충동 사이에서 심적 갈등을 겪는다는 이야기였다. 본인 말을 빌리자면 〈내 역할에 관해 생각하는〉 과정이었다. (스트라이프의 한 동료는 브록먼이 회사를 나간 한 가지 이유는 스트라이프의 네 번째 직원으로서 공동 창업자로 인정받고 싶다는 욕망이었다고 말했다. 패트릭 콜리슨과 브록먼은 이를 부정하며, 콜리슨은 이 블로그 글들을 증거로 대면서 브록먼이 떠난 동기는 주식 지분이나 스트라이프에서의 직위 때문이 아니라 실존적 문제라고 설명했다.) 동기가 무엇이었든 간에 마음 졸이는 상황이 견디기 어려워졌다. 「그저 내가 너무도 관심을 쏟는 이 문제에 관해 생각하고 싶었어요. 여기에 얼마나 최대한 기여할 수 있는지만 생각하고 싶었죠. 컵을 씻는 것으로 일반 인공 지능을 구축하고 있다고 느꼈죠. 이보다 더 좋은 게 있을까요?」 자아ego에서 대의cause로 옮겨 가고 싶은 마음이 절실했다.

브록먼은 거실 소파와 다이닝 룸 식탁 사이에 화이트보드를 하나 설치했고, 팀은 미지의 안개 속으로 발을 들여놓았다. 우선 디프마인드의 아타리 게임을 하는 에이전트를 방향으로 삼았는데, 이 에이전트는 순수한 픽셀에서 직접 학습할 수 있어서 심층 신경망과 강화 학습 알고리즘의 결합 가능성을 보여 주었다. 신경망은 수많은 픽셀에서 패턴을 찾아낼 수 있었다. 알고리즘은 보상 시스템을 만들었지만, 그 보상을 얻는 방법에 대한 정보는 만들지 않았다. 보상으로 이어지는 방식으로 자기 앞에 놓인 패턴을 해독하는 것은 신경망의 몫이었다. 신경망은 더듬거리다가 이따금 우연히 보상을 받았는데, 그러면 어떤 경로로 보상에 이르렀는지를 알아내기 위해 자신의 과거 행동을 숙고했다. 그리하여 「브레이크아웃」과 「피싱 더비」, 「쿵푸 마스터」, 그리고 마침내는 「몬테수마 리벤지」에서 인간 게이머를 이길 수 있었다.[4]

그해 가을 나파에서 당일치기 여행을 하면서 올트먼이 카파시를 비롯한 새로운 동료들을 설득하는 데 성공했을 때, 카파시가 내놓은 아이디어는 인공 지능 에이전트의 놀이터를 1970년대 아타리 게임에서 현재 컴퓨터 화면에서 벌어지는 모든 것으로 확장하자는 것이었다. 어차피 전부 픽셀에 불과한 거 아닌가? 컴퓨터 뒤에서 인간처럼 〈될〉 수 있는 일반적 에이전트를 만들면 되지 않나?

그들은 이 아이디어를 추진하는 프로젝트로 결국 유니버스를 만들게 된다. 하지만 그 범위는 너무도 압도적이었다. 한편 자렘바는 이런 식의 강화 학습을 위한 도구, 즉 보상을 생성하는 게임을 벌일 수 있는 일종의 〈체육관〉을 만들자고 제안했다. 「그건 그냥 강화 학습을 연구하는 연구원들이 좀 쉽게 살 수 있게 해주는 인프라였죠.」 카파시의 말이다.

「우리가 의도한 건, 그냥 강화 학습으로 뭔가 흥미롭고 의미 있는 걸 해보는 거였어요. 우리 자신을 증명할 필요가 있었죠. 최대한 빨리 뭔가를 하고, 세상에 우리가 있다는 걸 알리고, 뭔가 소리를 내야 했어요. 그렇지 않으면 모든 게 그냥 사라질 수도 있었거든요. 그래서 뭔가 의미 있는 일을 빨리 하고 싶다는 욕심이 무척 강했고, 그 일이 뭔지는 그다지 중요하지 않았죠.」 수츠케버의 말이다.

브록먼은 이 프로젝트를 통해 인공 지능 연구원과 소프트웨어 엔지니어의 관계에 관해 일찌감치 몇 가지 교훈을 배웠다. 인공 지능 모델을 만들고 훈련시키는 양쪽은 건축가와 현장 시공자가 협력해서 집을 짓는 것처럼 함께 일해야 했다. 오픈AI는 연구원 두 명과 엔지니어 두 명에게 〈체육관〉을 만드는 일을 맡겼지만, 브록먼은 이 협업이 답답하기만 했다. 「엔지니어들은 슬그머니 사라졌다가 뭔가를 만들어 왔죠. 오후 내내 제 TV에 코드를 띄워 놓고는 네 명이 둘러앉아서 코드 한 줄, 한 줄을 놓고 토론하곤 했습니다. 속으로 〈이거 정말 사람 잡는구먼〉이란 말이 절로 나왔죠.」 브록먼이 그때 기억을 떠올렸다. 느린 속도를 견디지 못한 그가 프로젝트를 넘겨받았다. 「결국 내가 연구원 한 명하고 붙어 앉아서 일을 했습니다. 우리가 할 일에 관해 네다섯 가지 아이디어를 주면, 그 친구는 네 개는 후지다고 말하죠. 그러면 내가〈내가 바라는 게 바로 그거야〉라고 말했어요. 아이디어를 만들어 내는 건 충분했고 감각이 있는 사람이 필요했죠.」 브록먼은 연구소가 코드를 짜는 엔지니어와 이론 중심의 연구원 어느 한쪽을 선호하지 않고 동등하게 존중하도록 앞장섰다.

이런 느슨한 아이디어들이 오가는 동안 디프마인드는 계속해서 무시무시한 힘을 보여 주고 있었다. 1997년 IBM의 디프 블루가 세계 체스 챔피언 게리 카스파로프에게 승리한 이래 인공 지능 연구자들 사이에서는 훨씬 유서 깊고 규칙이 복잡하며 착각하기 쉬운 게임인 바둑에서 기계가 인간을 이기는 날이 언제 올지를 두고 추측이 난무했다. 가로세로 19줄인 바둑판을 사이에 둔 두 선수가 돌을 놓을 수 있는 선택지의 수가 너무 많아서 기존 컴퓨터로는 계산할 수 없었다. 최근에 신경망 분야에서 온갖 발전이 있었지만, 사람들 대부분은 최소한 10년은 지나야 가능하다고 생각했다. 하지만 오픈AI가 출범하고 첫 달을 채우기도 전인 2016년 1월 말, 디프마인드는 『네이처』— 데미스 하사비스는 저명한 저널을 선호했다 — 에 게재한 논문에서 자사의 인공 지능 시스템인 알파고가 지난해 10월 비공개 시합에서 전(前) 유럽 바둑 챔피언을 꺾었다고 발표했다.

알파고의 승리 소식에 충격을 받은 머스크는 2월에 올트먼과 브록먼에게 이메일을 보내 오픈AI가 〈무슨 수를 써서라도 이 최고 인재를 영입〉해야 한다고 주장했다. 〈수준을 높입시다. 어느 시점에서 기존 직원들의 급여 문제를 다시 검토해야 한다 해도 괜찮아요. 세계 최고의 인재를 끌어오지 못하면 디프마인드한테 나가떨어질 겁니다. 그쪽이 승리하면 《세계를 지배하는 하나의 지성》이라는 그들의 철학이 정말 나쁜 소식이 되겠죠. 디프마인드는 분명 큰 진전을 이루고 있고, 그쪽 인재 수준을 볼 때 당연한 일이에요.〉[5]

뒤이어 3월에 전 세계 2억 명이 시청하는 가운데 6개월 더 발전한 알파고가 세계 바둑 챔피언 이세돌을 꺾었다. 구글의 공동 창립자 세르게이 브린과 최고 경영자 에릭 슈미트가 서울로 날아가 자사가 창조한 기계를 응원했다. 알파고는 다섯 경기 중 한 경기에서 무척 이상한 수를 두었는데, 몇몇 바둑 해설자는 처음에는 실수라고 생각했다. 기존 행마와는 거리가 멀게, 그냥 바둑판 위의 빈 공간에 아무렇게나 검은 돌을 놓은 것 같았다. 「인간의 수가 아니에요.」 10월에 알파고에게 진 판후이가 『와이어드』와의 인터뷰에서 감탄하며 한 말이다. 「정말 아름다워요.」[6] 한 차례의 결정적인 세계적 이벤트를 통해 디프마인드는 일반 인공 지능이 그리 멀리 있지 않음을 전 세계에 보여 주었다.

오픈AI는 이 점에 대해 설득이 필요하지 않았지만, 디프마인드를 따라 계획을 세우고 행동할 수 있는 에이전트를 만들려는 시도는 성과가 없었다. (수츠케버가 구글의 바둑 프로젝트에서 일할 때 알파고의 선배 격인 여러 논문의 공저자였기에 특히 실망스러운 상황이었다.) 카파시가 원래 세운 계획은 강화 학습 환경을 만들어서 인공 지능 에이전트가 마우스나 키보드의 버튼을 사용하게 훈련시키는 것이었다. 에이전트가 과제를 잘 수행하면 〈보상〉을 받게 프로그램을 짜는 방식으로, 에이전트가 이런 보상을 찾아내도록 최적화했다. 디프마인드가 알파고를 훈련시킨 것처럼, 오픈AI도 백지 상태에서 인공 지능을 훈련시킬 생각이었다. 「그러니까 처음에는 신경망이 있고, 그냥 무작위로 버튼을 누르면서 보상을 받으려고 애를 쓰죠.」 그가 말했다. 예를 들어, 에이전트가 항공편 예약을 위한 웹 양식을 성공적으로 작성하면 보상을 받았다. 「문제는 마구잡이로 버튼을 누른다고 보상받는 건 아니라는 겁니다. 과제가 너무 어렵거든요.」 한동안 그들은 이 문제에 지독할 정도로 많은 양의 〈컴퓨트(인공 지능 모델을 훈련시키는 데 필요한 하드웨어를 가리키는 실리콘 밸리 속어)〉를 투입했지만, 결과는 나아지지 않았다. 「너무 말도 안 되는 탐색 문제였어요.」

브록먼이 이제까지 유니버스 플랫폼에서 겪은 실패에서 얻은 가장 큰 교훈은 오픈AI 내부 연구원들의 말에 충분히 귀를 기울이지 않았다는 것이었다. 연구원들은 그 시점에서 아직 모델이 이 문제에 착수할 수 있을 정도로 충분히 똑똑하지 않다고 설명하려고 애쓰고 있었다. 브록먼은 연구원들이 거의 본능적인 통찰을 따르면서 작은 부분에서 시작해서 큰 문제를 해결하게 내버려두지 않았다. 「우리는 공중에 떠 있는 성을 표적으로 삼았는데, 당시 우리한테 필요한 건 작은 오두막이었어요.」

오픈AI는 많지 않은 연구원 집단을 한층 작은 팀들로 나눠서 각각 관심 있는 분야를 탐구하도록 장려했다. 6월에 회사는 웹사이트에 목표 목록을 올렸는데, 로봇 제작, 에이전트로 게임 해결하기, 자연어로 뭐든 해보기 등이었다. 오픈AI는 브록먼의 아파트에서 나와 세쿼이아가 소유한 댄들리언 초콜릿 공장 위층 사무실로 옮겼다. 곧이어 인간-컴퓨터 뇌 인터페이스를 개발하던 중인 머스크의 뉴럴링크와 함께 미션 디스트릭트 근처의 파이어니어 빌딩에 사무실을 얻었다. 임대료는 머스크가 부담했다.

브록먼과 수츠케버는 매일 한 시간씩 백업 서버실에 앉아 기계가 인간 능력을 넘어서게 만들려면 얼마나 많은 컴퓨팅이 필요할지 계산해 보려 했다.「우리는 가령 이런 문서를 쓰곤 했어요. 〈인간 뇌는 이 정도의 컴퓨팅을 사용하는 것 같다. 그러므로 컴퓨팅 증가 속도로 판단해 보면 몇 년 안에 컴퓨팅이 충분히 늘어나서 인간 뇌의 용적만 한 신경망을 훈련시킬 수 있을 테고, 일단 컴퓨팅을 만들면 세부적인 부분은 쉽게 풀릴 것이다.〉」수츠케버가 말했다.

이런 과정을 통해 연구원들은 채용 방식에 대해서도 끝장 논의를 했다. 인공 지능 연구원과 소프트웨어 엔지니어가 동등한 위치에서 일하면서 자신이 할 일을 스스로 선택할 수 있는 동등한 기회를 갖는 회사를 만드는 게 목표였다. 수학 선망을 피하고 싶었다.「우리는 결국 디프마인드와 아주 다른 채용 철학을 갖게 됐습니다. 우리는 정말로 엔지니어들이 직접 개발하는 걸 원했고, 기존의 박사들은 훨씬 덜 활용했죠. 이 모든 게 우리가 디프마인드 같은 거대 인공 지능 기업보다 약체라는 인식에서 생겨난 거예요.」 브록먼의 말이다.

이 시기 동안 머스크와 올트먼은 일주일에 한 번 정도씩 들러서 오픈AI 개발 팀의 진행 상황을 살폈다. 테슬라와 스페이스X를 비롯한 여러 회사를 운영하던 머스크는 분명 다른 데 신경 쓸 여유가 없었다. 올트먼도 실리콘 밸리에서 가장 유력한 네트워크인 Y 콤비네이터를 진두지휘하는 벅찬 업무 때문에 매주 방문하는 것 말고는 따로 시간을 내기가 어려웠다.

하지만 9월 무렵이면 올트먼은 이미 많은 책임을 다른 사람에게 위임한 상태였다. Y 콤비네이터의 배치 운영을 오랜 파트너인 마이클 사이벌에게 넘기면서 그에게 YC 코어의 최고 경영자 직함을 주었다. 그러면서 이제 YC 코어를 YC로 부르겠다고 — 혼란스럽게 — 선언했다. 자신은 YC 그룹이라는 새로운 조직의 대표를 맡았다. 지난해에 구글이 알파벳이라는 모회사를 설립해서 논란 많은 혁신적 프로젝트들을 〈아더 베츠Other Bets〉라는 별도 부문으로 이전한 것처럼, YC 그룹도 비슷한 책략을 구사해서 이제 네 개 부문을 감독하게 되었다. 핵심 조직인 YC, 컨티뉴이티 펀드, 스타트업 스쿨이라는 새로운 온라인 강좌, 그리고 올트먼이 특별히 아껴서 개인적으로 자금과 운영을 도맡은 YC 리서치였다.

1년 뒤, 올트먼은 YC 리서치 — 오픈AI가 서서히 성장하면서 인큐베이팅되던 어린이집 — 가 여전히 자신의 집착이 뒤섞인 통일성 없는 잡탕에 가깝다는 걸 인정했고, 조만간 〈통일된 주제〉를 내놓겠다고 약속했다.[7] 오픈AI 외에 그가 집착한 분야 가운데는 보편 기본 소득에 관한 연구도 있었다. 아무 조건 없이 사람들에게 현금을 지급하는 기본 소득은 인공 지능이 필연적으로 초래한다고 올트먼이 생각한 실업 문제에 선제적으로 대응하려는 수단이었다. 〈앞으로 50년 뒤에는 먹고살 게 없는 상황에 대한 공포를 이용해서 사람들에게 동기를 부여한다는 게 우스꽝스러운 일이 될 것이다. 나는 또한 어떤 형태로든 소득 보장이 이루어지지 않으면 진정한 기회 균등이 불가능하다고 생각한다.〉[8] 올트먼이 쓴 글이다. 그는 미시간 대학교에서 사회 복지학과 정치학 박사 논문을 마무리 중이던 엘리자베스 로즈를 영입해서 기본 소득 실험 연구를 맡겼다. 오클랜드를 시작으로 3천 명 정도에게 현금을 무상으로 지급하고 결과를 연구하는 시도였다. Y 콤비네이터 사무실에서 어느 배치 만찬이 열리는 중에 진행된 첫 번째 회의에서 로즈는 미국에서 고조되는 경제적 불안정을 폭넓게 다루는 문제에 대한 올트먼의 관심이 단지 기술이 미치는 효과에만 주목하는 게 아님을 간파했다. 「그는 현재의 자본주의가 제대로 작동하지 않는다는 걸 알았어요. 샘은 사회 계약의 예언자입니다.」

역사적인 테크 호황이 한창인 실리콘 밸리의 최정상에 앉아 있는 올트먼의 관점에서 볼 때, 자본주의는 **실패하고 있었다**. 집세가 터무니없이 비싸다는 게 주된 이유였다. 이 문제를 바로잡기 위해 YC 리서치도 미래의 〈가능한 최선의 도시〉를 건설하는 일에 착수했다. 〈도시는 무엇에 최적화되어야 하는가?〉, 〈어떻게 해야 주거 비용을 감당 가능한 수준으로 유지할 수 있는가?〉 같이 답이 정해지지 않은 질문을 던지는 방식이었다. 이 프로젝트를 이끈 어도라 청은 〈집 청소를 위한 우버〉로 야심차게 출발했으나 지금은 사라진 홈조이의 공동 창립자로, Y 콤비네이터 감독 위원회 성원이기도 했다. 〈우리는 새로운 도시를 건설하는 데 진지하게 관심을 기울이며, 다른 모든 조건이 타당하다면 재정을 조달하는 법을 안다고 생각합니다. 우리는 건축학, 생태학, 경제학, 정치학, 기술, 도시 계획, 그 밖에도 수많은 학문에 대한 강렬한 관심과 대담한 아이디어를 가진 사람들이 필요합니다.〉[9] 청과 올트먼이 쓴 글이다. 올트먼은 적절한 장소를 찾아다니기 시작했다.

하지만 YC 리서치에서 벌인 가장 특이한 시도는 인류 발전 연구 공동체였다. 전설적인 컴퓨터 과학자 앨런 케이가 이끈 이 프로젝트는 〈모든 인간이 더 멀리 내다보고 더 깊이 이해할 수 있도록 해주는 아이디어를 고안해서 자유롭게 공유함으로써 인간의 지혜가 인간의 힘을 넘어서도록 보장해 주는〉 것을 목표로 삼았다. 1970년대에 케이는 제록스의 팰로앨토 연구 센터에 모인 유명한 연구원 그룹의 일원이었는데, 그들은 후에 애플 매킨토시에서 채택된 그래픽 사용자 인터페이스GUI를 비롯해서 객체 지향 프로그래밍, 다이너북이라는 경량 휴대용 태블릿의 전신, 그리고 퍼스널 컴퓨터, 이메일, 레이저 프린터 같은 핵심 사무용 기기를 발명한 주역이었다. 제록스 팰로앨토 연구 센터는 연구원들에게 폭넓은 자율성을 부여했는데, 이 경험을 통해 케이는 세상을 바꾸는 연구가 어떻게 이루어지는지에 대해 영원히 남을 깨달음을 얻었다. 〈앨런은 정말 훌륭한 연구는 명확하게 정의된 목표를 가질 수 없고, 오직 유용한 방향성이 있을 뿐이라고 즐겨 지적한다. 만약 처음부터 이제 부벽이나 궁륭형 아치를 발명하겠다고 분명하게 말할 수 있다면, 이미 목표가 뚜렷하기에 연구를 수행할 필요가 없는 셈이다.〉[10] 애플의 베테랑 래리 예거가 쓴 글이다.

지난해에 오픈AI를 만들 구상을 할 때, 올트먼은 케이에게 연락해서 질문 하나를 던졌다. 제2차 세계 대전 이후 미국 정부가 황금기를 구가할 때 과학 예산이 얼마나 많은 경제 가치를 창출했는가, 하는 질문이었다. 제록스가 팰로앨토 연구 센터에 자금을 투입했을 때 그 자금의 3분의 1 정도는 에너지부나 국방 고등 연구 계획국 같은 정부 기관에서 나왔고, 케이는 연구 센터에서 보낸 시간을 정부 예산을 받는 연구라는 폭넓은 움직임의 일부로 보았다. 「그 조직은 정부 자금을 받는 하나의 거대한 공동체였어요. 냉전 시절이기도 했지만, 지적 재산이 전부 공개되어 퍼블릭 도메인이었죠.」 사방으로 뻗친 은발에 콧수염이 무성한 케이가 오케스트라 지휘자처럼 인상적으로 팔을 흔들며 그해에 열린 어느 패널 토론에서 설명했다. 그는 제록스 팰로앨토 연구 센터에서 나온 경제적 산출량만 35조 달러라고 추산했다. 「기업들은 시야를 너무 낮게 잡아요. 고작 수백만이나 수십억 달러를 원하죠. 하지만 진짜 훌륭한 연구원들은 수조 달러를 목표로 잡습니다. 완전히 새로운 산업을 창출하는 연구를 하니까요.」

이제 70대가 된 케이는 오픈AI의 초기 자문 위원으로 영입되었다. 오픈AI가 만들어지고 처음 몇 달간 수츠케버와 브록먼은 그와 저녁을 먹을 겸 외출했다. 케이가 세계 최초의 퍼스널 컴퓨터로 손꼽히는 제록스 앨토를 개발한 이야기를 들었다. 당시 연구 팀이 첨단 하드웨어를 조립해서 만든 기계에 접속할 수 있었던 극소수의 사람은 〈미래에 살고 있는 듯한〉 느낌을 받았다. 하지만 10년이 지나자 1천 달러만 내면 일반 대중 누구든지 그 기술을 사용할 수 있었다고 케이는 설명했다. 저녁을 먹은 뒤, 수츠케버가 브록먼에게 고개를 돌리며 말했다. 「그분이 말한 얘기는 50퍼센트밖에 이해하지 못했는데, 정말 대단한 영감을 받았습니다.」[11]

케이의 설명에 따르면, 그와 올트먼이 나눈 대화가 YC 리서치의 창설로 이어졌다. 「샘은 이 모든 걸 흡수했고, 엄청난 계획을 내놓았죠. 각 산업이 어떻게든 이 자금을 대야 한다는 거였어요. 정부는 단지 이 일을 확인할 뿐인데, 여러 이유 때문에 어느 방식이든 좋지 않죠. 그래서 샘이 돈을 모으기 시작했어요.」 누구의 아이디어였든 간에, 케이는 올트먼을 당시 인도 IT 기업 인포시스의 최고 경영자였던 비샬 시카에게 소개하면서 힘을 보탰다. 1990년대에 케이가 시카의 박사 학위 논문 외부 심사자를 맡은 이래 줄곧 멘토 역할을 해준 인물이었다. 시카가 SAP* 최고 기술 책임자로 재직하던 시절에 SAP는 2013년부터 팰로앨토 연구 센터 같은 연구소에

* 유럽의 다국적 소프트웨어 회사.

자금을 지원했다. 케이가 만든 연구소인 커뮤니케이션 디자인 그룹은 브렛 빅터를 비롯한 연구자를 채용했다. 애플의 인터페이스 디자이너 출신인 빅터는 아이패드 디자인을 만들었고, 이제 새로운 역동적 컴퓨터 매체를 발명하는 중이었다. 그들은 최소한 5년간 자금을 지원받는다고 생각했지만, 시카가 2014년에 갑자기 SAP를 떠났고, 2016년이 되자 SAP는 연구소가 다른 자금원을 찾아야 한다는 점을 분명히 했다. SAP 연구원들은 케이의 도움으로 인류 발전 연구 공동체로 옮겨 갔다. 올트먼은 다른 자금이 들어올 때까지 자신이 재정을 책임지기로 했다.[12]

연구소를 소개하는 이메일에서 케이는 올트먼을 〈문명의 건설자〉라고 지칭했다. 시카는 샌프란시스코에서 직접 올트먼을 만나기 전까지 이 말이 무슨 뜻인지 확신하지 못했다. 그는 YC 리서치에 대한 올트먼의 비전에 매료되었고, 인포시스는 결국 오픈AI에 300만 달러를 기부했다. 하지만 베이 에어리어에 저렴한 주거가 부족한 현상을 해결하는 묘안에 관한 올트먼의 독특한 아이디어를 접한 뒤에야 시카는 〈문명의 건설자〉라는 케이의 표현을 이해할 수 있었다. 「그가 지원 신청을 하는 사람들에게 주택 담보 대출을 제공하고 싶어 했던 게 기억이 납니다. 그의 조직이 보유한 주거 자금 조달 능력이 개개인의 능력보다 훨씬 나았으니까요.」 베이 에어리어에서 높은 생활비를 감당하느라 엄청난 정신적 에너지를 쏟을 필요가 없다면, 빅테크 기업들에서 인재를 빼오는 게 훨씬 쉬울 터였다. 「실리콘 밸리에서는 집값이 항상 엄청난데, 그 아이디어가 마음에 쏙 들 수밖에 없었죠.」

　인류 발전 연구 공동체는 겨우 1년 만에 문을 닫았다. 명칭과 달리 YC 리서치는 Y 콤비네이터와 재정적으로 아무 관계가 없었다. 단지 공교롭게도 올트먼이 두 조직의 책임자였을 뿐이다. YC 리서치가 초기에 진행한 세 프로젝트 — 오픈AI, 기본 소득, 인류 발전 연구 공동체 — 는 각각 자체 자금원을 찾아야 했다. (오픈AI는 나중에 독자적인 비영리 조직으로 분리돼 나왔다. 머스크의 자금과 요구를 억제하기 위해서였다. 2016년 여름 만찬 모임 이후 YC 리서치의 포트폴리오에 다른 두 시도 — 〈도시〉와 보편 의료 보험에 관한 프로젝트 — 가 추가되었다. 당시 올트먼은 Y 콤비네이터 스타트업 창업자 중 일부를 선별해 자택으로 초대해서 자금 지원 가능성이 있는 프로젝트들에 대한 아이디어를 제안했다. Y 콤비네이터의 지원을 받은 기업의 공동 창업자로, 본인 또한 YC 리서치를 돕고 있던 제프 창에 따르면, 창업자들이 열정을 쏟고 있고 장기적인 〈사회적 파급력〉을 미칠 수 있는 프로젝트가 대상이었다.) 케이는 이미 인류 발전 연구 공동체를 위한 자금을 확보해 놓았지만, 자금 집행이 늦어졌기 때문에 공백을 메우기 위해 올트먼이 개인 자금에서 돈을 빌려주었다. 그사이에 인류 발전 연구 공동체는 크리스 클라크(루프트의 베테랑 출신으로 올트먼이 YC 리서치의 일상적 운영을 맡긴 인물)가 상상했던 것보다 몸집이 커졌다. 케이가 커뮤니케이션 디자인 그룹뿐만 아니라 자신이 운영하는 비영리 기관인 뷰포인트 리서치 인스티튜트에서도 인력을 끌어왔기 때문이다. 1년이 지나자 올트먼이 인류 발전 연구 공동체를 위해 따로 떼어 둔 개인 자금이 바닥났고, 별다른 진전도 보이지 않아서 외부 자금 조달도 포기했다. 인류 발전 연구 공동체 직원들은 대부분 퇴직금을 받고 조직을 떠났다.

인류 발전 연구 공동체 내부의 많은 사람이 볼 때, 올트먼은 일반 인공 지능의 꿈에 매료되어 이미 관심이 떠난 것 같았다. 나중에 「7곡의 노래로 말하는 인생」 팟캐스트에서 말한 것처럼, 그는 2016년의 대부분을 생각에 잠겨 보냈다. 〈와, 일반 인공 지능 이거 언젠가는 엄청나게 될 거 같은데.〉 그해 여름, 실리콘 밸리 사람들이 매년 8월 네바다주 사막에서 열리는 버닝 맨 페스티벌에 열광하는 걸 못마땅하게 지켜보기만 하던 그도 결국 친구의 RV 차량에 동승해서 가기로 했다. 장시간의 여행에 지친 그는 도착하자마자 곯아떨어졌는데, 저녁에 일어나 보니 동료들은 이미 복장을 갖춰 입고 페스티벌 장소인 저지대로 출발한 뒤였다. 그는 등산화와 헤드랜턴, 작은 배낭을 챙겨서 캄캄한 사막의 하늘 아래 혼자서 길을 걸었다. 어느새 눈앞에 밝게 빛나는 가설 도시가 나타나자 믿을 수 없었다. 사원과 설치 미술, 댄서들, 모닥불, 가지각색의 의상을 입고 사막의 모래 먼지를 가르며 자전거를 타는 수천 명의 사람이 보였다. 〈이건 지금까지 내 눈으로 본 것 중 가장 아름다운 인공물이군〉이라고 속으로 생각했다. 하지만 그보다 더 눈에 띄는 건 모든 사람이 〈지금 이 순간 그 자리에 존재하는〉 모습이었다. 그 후로도 올트먼은 버닝 맨과 다른 여러 곳에서 수많은 사이키델릭한 경험을 하게 되는데, 이런 경험 덕분에 삶 자체가 바뀌었다고 생각한다. 그때 이후 해마다 페스티벌에 참가하고 있다. 「이런 느낌이었죠. 〈와, 다들 정말 행복하네.〉 일반 인공 지능 이후의 세상이 어떤 모습일지 보여 주는 한 예에요. 사람들이 서로를 위한 행동을 하는 데만 집중하면서 서로를 보살피고 다른 사람에게 믿어지지 않을 정도로 좋은 선물을 주는 거예요.」[13] 그가 나중에 팟캐스트에서 한 말이다.

2016년 가을, HBO에서 「웨스트월드」를 공개하기 3일 전에 올트먼과 Y 콤비네이터의 오랜 투자자 유리 밀너는 밀너의 로스앨토스 힐스 저택에서 비공개로 장안의 화제인 드라마 시사회를 공동 주최했다. 서부 시대 테마파크 직원인 안드로이드들이 점차 지각을 갖게 되면서 인간 지배자들에 맞서 봉기하는 내용의 드라마였다. 그 후 드라마 공동 창작자인 조너선 놀런이 배우 에반 레이첼 우드, 탠디 뉴튼과 나란히 질문을 받았고, 올트먼과 MIT 교수 에드 보이든도 뒤를 이어 질문을 받았다. 언론인 케이드 메츠에 따르면, 보이든은 초대받은 관객들에게 과학자들이 인간 뇌의 완전한 지도를 작성해서 똑같이 모사하는 단계에 가까워졌다고 말했다. 이제 문제는 이 기계가 단순히 인간처럼 행동할 뿐만 아니라 감각과 감정을 느끼기도 하는지 여부였다(드라마 첫 회에서 소프트웨어를 업데이트하다가 우연히 안드로이드들이 자기 기억에 접속해서 의식을 향한 여정을 시작하면서 제기된 질문이었다).[14] 초대장에서 분명히 밝힌 것처럼, 그날 저녁에 주로 이야기한 내용은 과학과 SF가

급속하게 합쳐지고 있으며 스타 파워도 여기에 약간 도움이 된다는 것이었다.

SF에서 인공 지능을 묘사한 작품 가운데 올트먼이 가장 좋아하는 것은 1989년 열렬한 엑스트로피언인 마크 스티글러가 발표한 단편 「부드러운 유혹The Gentle Seduction」이었다. 이야기 속에서 처음에는 회의적이던 여자가 기술 자체에 매혹되면서 점차 나노봇 캡슐을 먹어서 신체 노화를 억제하기로 하고, 계속해서 사고를 증강하는 헤드밴드를 착용한다. 결국 두개골에 컴퓨터를 설치하는 알약을 삼켜서 의식을 우주 수준으로 확장해서 모든 인류가 특이점의 충격을 헤쳐 나가는 것을 돕게 된다. 〈오직 두려움 없이 경계할 줄 아는 사람, 그녀처럼 기본적인 신중함의 흔적을 가진 사람만이 헤쳐 나갔다〉고 스티글러는 말한다. 그것은 섬뜩하면서도 궁극적으로 낙관적인 전망이었다. 일반 인공 지능이 가져다줄 미래 — 불멸, 전지전능, 그 어떤 상상도 넘어서는 기쁨 — 는 또한 과거의 모든 것을 파괴할 수도 있었다.

사이버 보안 전문가에서 SF 작가로 변신한 스티글러는 올트먼이 스탠퍼드 신입생이던 때에 컴퓨터 과학과에서 강연하면서 「터미네이터」 시리즈에서 등장하는 바이러스를 어떻게 물리칠 수 있는지 이야기했다. 그는 최근 어느 인터뷰에서 자신처럼 올트먼도 본심은 낙관적이어서 기술 혁명이 점진적으로 드러나는 게 가장 좋다고 믿는다고 말했다. 「부드러운 유혹」의 도입부가 실제 삶에서 영감받았다고 회상했는데, 1980년대 어느 날 워싱턴주 폭스 섬에서 옛 여자 친구와 산책하던 중에 미래에 기술과 사회에서 일어날 거대한 변화에 관해 이야기했을 때 여자 친구는 겁에 질렸다. 〈샘 올트먼도 같은 교훈을 배운 것처럼 보인다〉고 스티글러는 말했다.

스티글러는 인류가 〈특이점〉과 우주에서 인간 종이 차지할 궁극적 위치로 나아가는 과정에서 〈한 번에 작은 문턱을 하나씩 넘을〉 수 있을 뿐이라고 추론한다. 오픈AI가 선도하는 발전은 〈우리가 이제 충분히 오래 살아서 더 오래 사는 방법을 알아낼 도구를 갖게 되는 지점에 무척 가까워지고 있음〉을 뜻한다고 말했다. 「〈부드러운 유혹〉의 핵심 요지 중 하나는 불사의 삶을 통해 시간을 받은 우리는 성장할 수 있고, 또한 다른 인간들, 그리고 인공 지능과 파트너가 되어 진정한 우리 자신이 될 수 있다는 겁니다.」 그는 이런 깊은 관계가 언젠가 우주를 변형시킬 것이라고 생각한다. 하지만 그 변화는 〈한 입 크기〉로 일어나야 한다. 스티글러는 언젠가 올트먼이 불멸을 달성하는 기술을 발전시킬 생각이 없다고 주장하는 것을 들었다. 그 대신 올트먼은 단지 모든 사람에게 10년 더 건강한 삶을 주고 싶다고 주장한다. 「내 의견을 말하자면 〈부드러운 유혹〉이 바로 그런 내용이라는 겁니다.」

다시 지구로 고개를 돌려 2016년 무렵, 올트먼은 자신의 드높은 야심을 실현할 수 있는 장으로 점차 정치에 주목하고 있었다. 그해 가을, 고등학교 시절 애인인 네이션 와터스가 새 남자 친구와 함께 채용 면접을 하러 샌프란시스코에 찾아왔다. 와터스의 남자 친구가 외출했을 때, 그와 올트먼은 돌로레스 파크 근처에 있는 카페에서 점심을 먹었다. 올트먼의 500만 달러짜리 빅토리아풍 저택에서 멀지 않은 곳이었다. 힐러리 클린턴과 도널드 트럼프가 맞붙는 다가오는 대통령 선거 이야기가 나왔다. 와터스의 설명에 따르면, 이 자리에서 올트먼은 만약 클린턴이 패한다면 자신이 대통령 선거에 출마하겠다고 말했다. 「〈클린턴이 지고 트럼프가 이기면 다시는 그런 사태를 견딜 수 없지. 내가 나설 거야. 내가 출마한다고. 승산이 있다고 생각해.〉 진심으로 자기가 이길 수 있다고 생각한 게 분명해요.」 와터스는 그의 말을 잘 기억했다. 올트먼은 이런 말을 한 사실을 부인하면서 자신은 대통령에 출마할 생각을 한 적이 없다고 말한다.

10월 초, 『뉴요커』가 1만 1천 단어 분량의 올트먼 특집 기사를 실었는데, 이를 통해 처음으로 일반 대중이 그의 야심을 온전히 알게 되었다. 〈실리콘 밸리의 모든 인사처럼 올트먼도 세상을 구하고 싶다고 공언한다. 하지만 다른 사람들과 달리 그에게는 이 목표를 실현할 계획이 있다.〉 『뉴요커』 기자 태드 프렌드의 말이다. 기사는 올트먼의 대통령 욕심을 농담처럼 다뤘는데, 형제 셋이 파스타를 만들면서 올트먼을 놀리는 이야깃거리로 소개한 것이다. 맥스와 잭이 2020년이면 형이 35세가 되어 법적 출마 자격이 된다고 지적하자, 올트먼은 맞받아쳤다. 「유대인 게이 남자를 내보내자! 그거 잘될 거야!」

올트먼의 형제와 어머니 이야기는 기사 곳곳에서 많이 나왔지만, 아버지 제리나 여동생 애니는 전혀 언급되지 않았다. 몇 년 전, 그전부터 오랫동안 긴장된 관계로 각방을 쓰던 코니와 제리는 조용히 별거를 시작한 상태였다. 〈정말 끔찍했죠〉라고 애니가 회상했다. 2011년, 고등학교 졸업반이 되기 전 여름, 애니는 부모를 앉혀 놓고 제발 이혼하라고 간청했다. 「자식들 때문에 같이 사는 거라면 나도 자식인데, 이건 정말 힘들다고 말할게요. 두 분이 서로 고함을 치지 않는다고 해서 함께 사는 게 즐거운 건 아니잖아요.」 애니가 터프츠 대학교에 입학하면서 집을 나간 뒤에도 부모는 2년을 함께 살았다. 그 후 제리는 따로 아파트를 얻었다. 코니는 별거에 대해 아무 말도 한 적이 없다. 「엄마는 별거를 개인적 실패로 여겼어요.」 애니의 말이다. 제리 역시 코니만큼이나 별거 이야기를 입 밖에 내지 않았다. 조정 선수 시절 제리의 친구인 졸린 보그만은 언젠가 조심스럽게 그에게 결혼 생활에 관해 물었는데, 제리는 코니가 밤늦게까지 의학 저널을 읽는 걸 좋아하는 반면 자기는 뉴스 보는 게 더 좋다고 짧게 답했다.

『뉴요커』 기사에서 애니를 전혀 언급하지 않은 것은 특히 이상한 일이다. 당시 애니는 터프츠 대학교 생리 심리학 전공으로 조기 졸업한 뒤 그해 여름 베이 에어리어로 이사해서 살고 있었기 때문이다. 터프츠 대학교에서 그녀는 어머니와 할아버지를 따라 의과 대학에 진학하기 위한 준비 과정을 밟았다. 그런데 대학 졸업 무렵 학과장에게 조기 졸업이 가능한지 물었다. 〈애당초 학교 문제와 관련해서 슬픔과 불안을 느낄 필요가 전혀 없었다〉고 그녀는 적었다. 〈나는 의대 준비 과정을 밟기 위해 터프츠에 왔는데, 이번 학기가 되어서야 그 계획을 고집스럽게 붙잡고 있을 필요가 없다고 마음먹었다.〉 언젠가 의사가 될 수도 있겠지만, 간호사나 PA 간호사, 사회 복지사가 되는 것도 생각해 보고 싶었다. 그리고 지금 당장은 심리 치료를 받고, 그림을 그리고, 세계 여행을 하고, 기분을 다스리고 싶었다.[15]

의사가 되는 건 자신의 꿈이 아니라 어머니의 꿈이라는 걸 깨달았기 때문이다. 버로스 고등학교 시절 물리 교사 짐 로블은 확실히 이런 인상을 받았다. 「언젠가 그 친구가 어머니와 함께 국경 없는 의사회 여름 프로그램으로 남아공에 다녀온 걸로 알아요. 그 애는 여름을 그렇게 보내고 싶어 하지 않은 것 같습니다.」

터프츠를 졸업한 뒤 애니는 어느 대학 친구와 이스트베이로 이사해서 캘리포니아 샌프란시스코 대학UCSF 신경 과학 연구실에서 쥐 실험을 진행하는 연구를 시작했다. 한 팟캐스트에 나온 그녀는 〈하루가 멀다 하고 점점 많은 생쥐를 죽이라는 지시를 받았다〉고 말했다. 〈주머니에 넣기sacking〉라는 과정이었다. 오랜 베지테리언이었던 그녀는 연구실 환경에 구역질이 치밀었고, 결국 6주 만에 그만두었다. 〈비건이 된〉 그녀는 〈정신과 약물〉을 끊기로 결심했고, UCSF의 다른 연구실에 취직했다고 팟캐스트에서 말했다. 이번에는 쥐를 대량으로 죽이는 업무는 없었다.[16]

한편 Y 콤비네이터 내부에서는 파트너들이 『뉴요커』 특집 기사를 보고 깜짝 놀랐다. 「샘은 모든 파트너에게 말했죠. 〈이봐요, 이건 Y 콤비네이터 특집 기사로 나갈 거예요.〉 그런데 결국 샘에 관한 기사였죠. 다들 이런 마음이었어요. 〈참 나, 우린 관심도 없는데, 애초에 왜 우리한테 그런 말을 한 거지?〉」 Y 콤비네이터의 한 파트너가 한 말이다. 하지만 그런 볼멘소리도 오래 가지 않았다. 기사가 나오고 며칠 뒤, Y 콤비네이터는 틸이 트럼프 선거 운동에 125만 달러를 기부한 사실을 놓고 엄청난 논란에 휩싸였다. 틸은 Y 콤비네이터의 명예직에 가까운 파트타임 파트너였는데, 그가 트럼프 지지자라는 건 비밀이 아니었다. 지난여름에 공화당 전국 대회에 참석한 그는 연설에서 〈게이라는 사실이 자랑스럽다〉고 선언한 바 있었다. 그런데도 이런 전폭적인 지지는 — 특히 2016년 10월 7일 「액세스 할리우드」에서 트럼프가 여러 여자의 음부를 움켜쥔 이야기를 자랑하듯 떠벌린 테이프를 공개한 점을 감안하면 — 리버럴 성향이 강한 실리콘 밸리가 견디기 힘든 수준이었다. 열흘 뒤, 레딧의 전 최고 경영자로 이후 다양성에 초점을 맞춘 비영리 기구를 공동 창업한 엘런 파오는 자기 조직이 틸과 관련된 Y 콤비네이터와의 유대 관계를 단절하겠다고 밝혔다. 〈틸이 계속 Y 콤비네이터와 연계를 유지하는 이상, 우리는 Y 콤비네이터와의 관계를 끊을 수밖에 없다〉고 그녀는 적었다. 〈오늘 우리는 우리의 가치가 서로 맞지 않는다는 걸 분명히 깨달았습니다. 이건 말 그대로 여러 차례 성폭력을 저질렀다는 혐의가 점점 드러나는 광적인 인종주의자, 성차별주의자를 직접 지원하기 위해 막대한 돈을 주는 겁니다.〉[17] 틸

블러 공동 창업자 마코 아먼트는 Y 콤비네이터와 틸과 트럼프의 연관성에 대해 더욱 신랄하게 반응했다.

올트먼도 개인적으로는 틸이 왜 트럼프 같은 사람을 지지하는지 어리둥절했다. 둘은 그 문제에 관해 몇 차례 대화를 나누었다. 「나는 사람들한테 트럼프를 찍지 말라고 말하려고 애쓰지 않았어요. 그냥 이해하려고 노력했죠.」 올트먼이 말했다. 하지만 틸의 트럼프 지지 문제로 인터넷이 뜨겁게 달아오르자 올트먼은 친구와 지적 자유의 원칙을 강력하게 옹호하며 개입했다. 그는 이 문제에 대해 틸과 의견이 달랐지만(사실 그는 트럼프가 〈미국이 도저히 받아들일 수 없는 위협〉이며 〈대통령 부적격자〉라고 생각했다), 다음과 같은 트윗을 올렸다. 〈Y 콤비네이터는 주요 정당 후보자를 지지한다는 이유로 누군가를 해고하지 않을 겁니다.〉

트럼프가 승리하자 올트먼은 충격에 휩싸였다. 자신이 아는 유일한 방법으로 트럼프 당선을 막기 위해 노력했었다. 이 경우에는 보트플리즈라는 유권자 등록 터보 택스 소프트웨어의 개발 비용을 대고 직접 만들었다.[18] 이제 그는 다시 코딩으로 눈을 돌려 〈트랙 트럼프〉라는 웹사이트를 만들었다. 트럼프 취임 100일 동안 대통령이 한 행동을 그의 선거 공약과 비교해서 점수를 매기는 사이트였다. 그리고 페이스북을 사용해서 전국 각지에서 트럼프를 찍은 유권자 100명을 소개해 달라고 요청했다. 그들에게 직접 그런 결정을 내린 이유에 대해 묻기 위해서였다. 그리고 그 결과를 블로그에 공표했다. 올트먼이 볼 때, 어느 사람의 말이야말로 절대 다수의 민주당 지지자가 인식하지 못한 핵심을 찌르는 내용이었다. 〈다음번에는 당신네가 트럼프를 물리칠 수 있겠지만, 계속 우리를 조롱하고, 우리 말을 듣지 않고, 우리를 배제하면 못 이길 걸요.〉[19]

트럼프가 예상을 깨고 승리하자 틸은 곧바로 실리콘 밸리에서 가장 유력한 정치적 인물로 부상했다. 승산 없는 반대편에 서서 일치된 비난에 거의 혼자 맞서야 했던 그는 이제 승자였다. (넷플릭스 최고 경영자 리드 헤이스팅스는 틸을 페이스북 이사회에서 몰아내려는 시도까지 하면서 그의 트럼프 지지가 〈재앙과도 같은 그릇된 판단〉이라고 주장했다.)[20] 한편 올트먼도 결정을 내려야 했다. 와터스에게 얘기했던 대로 정말 대통령 선거에 출마해야 하는가? 아니면 다른 선거에 나가야 하는가? 아무튼 공직에 출마해야 하나, 아니면 자기 대신 출마할 사람을 영입해 봐야 하는가?

올트먼은 여전히 트럼프의 승리를 이해하고 싶었다. 누군가 찰스 존슨과 그를 연결해 주었다. 대안 우파 블로거이자 정치 공작원인 존슨은 틸과 함께 비난을 일삼는 블로그 제국인 고커 미디어를 파괴하려는 음모를 꾸민 전력이 있었고, 보수 성향의 캠퍼스 정치를 통해 성장해서 터커 칼슨이 운영하는 『데일리 콜러』에서 경험을 쌓은 뒤 개인 매체인 『갓뉴스』를 시작했다. 2014년, 『롤링 스톤』이 버지니아 대학교에서 집단 성폭행 사건이 일어났다고 보도했다가 나중에 철회한 뒤, 존슨은 — 언론 규범을 위반해 가며 — 피해자로 지목된 여성의 실명을 공개하고 다른 여성의 사진을 올렸다가 이후 사과했다. 이 사건을 계기로 『고커』는 존슨에 주목하며 그를 조롱했고, 〈웹상 최악의 기자〉라고 지목하고 〈첵 존슨이 2002년에 양을 울타리에 묶어 놓고 수간하다가 체포되었다는 증거는 없다〉는 등 일련의 터무니없는 주장을 만들어 냈다. 존슨의 무성의하고 풍자만 있는 저널리즘에 대해 『고커』 나름으로 비꼬는 논평이었다. 존슨은 고커 미디어를 명예 훼손으로 고소했는데, 틸의 친구가 이 사건에 관심을 보였다. 2007년 고커 미디어가 테크 소식을 다루는 블로그 「밸리웨그」에서 억만장자 틸을 아우팅한 뒤 그가 이 회사를 무너뜨리려고 10년 가까이 비밀 음모를 꾸미고 있음을 아는 친구였다. 『블룸버그 비지니스위크』의 맥스 채프킨이 틸에 관해 쓴 책 『역발상론자 The Contrarian』에 따르면, 존슨도 틸의 반(反)고커 운동에 가세했다. 이 운동은 결국 『고커』가 헐크 호건이 친구 부인과 성관계를 갖는 은밀한 영상을 공개한 뒤 호건이 사생활 침해로 제기한 소송에 비밀리에 자금을 지원하기로 결정했다. 결국 2016년 고커 미디어는 소송에서 패하고 파산 신청을 했다.[21] (지금까지도 틸은 〈맨해튼에 본부를 둔 테러 단체〉라고 부르는 이 집단을 무너뜨린 일을 떠올릴 때가 가장 행복하다고 한다.)

올트먼은 캘리포니아주 아르카디아에 있는 존슨의 집에서 그를 만나러 비행기편으로 갔다. 「그는 자신이 캘리포니아 주지사가 되고, 미국 대통령까지 될 수 있다고 말했죠. 그는 〈밀레니얼 세대 대통령이 등장할 겁니다〉라고 말했어요.」 존슨이 그때 기억을 떠올린다. 올트먼은 2018년 선거에서 당시 캘리포니아 주지사 제리 브라운의 후계자로 유력한 후보였던 개빈 뉴섬이 대다수 사람의 평가보다 약한 후보라고 믿었다. 또한 그는 캘리포니아주의 미래상에 대해 생생하고 테크노유토피아적인 전망을 갖고 있었다. 캘리포니아주는 거대한 경제를 보유하고 있어서 핵에너지와 일반 인공 지능에 관한 자체적인 기초 과학 연구 자금을 지원할 수 있었고, 세법을 수정해서 부동산 투기를 억제해 주거 비용을 낮출 수 있으며 — 아마 보편 기본 소득을 통해 — 사회 안전망을 확대해서 더 공정한 사회를 만드는 한편 현행 사회 복지 프로그램의 관료주의를 해체할 수 있다는 식이었다.

존슨은 올트먼을 캘리포니아주에서 자신이 가진 정치 인맥에 소개했다. 올트먼은 영국 총리 보리스 존슨의 보좌관 출신인 도미닉 커밍스와 빌 클린턴 대통령의 보좌관 출신인 크리스 리헤인 등 당파에 구애받지 않고 조언을 구했다. 2017년 4월, 「바이스 뉴스 투나잇」 통신원 넬리 볼스가 스튜디오 인터뷰에서 올트먼에게 공직 출마를 고려 중인지 물었다. 올트먼은 〈카리스마는 제 강점이 아닌 것 같다〉고 대답했다.[22] 하지만 개인적으로는 캘리포니아 주지사 출마 여부를 계속 탐색하면서 5월에 샌프란시스코 전 시장 윌리 브라운을 찾아가서 조언을 구했다. 그 자리에서 올트먼은 브라운에게 기술을 이용해서 소득 불평등을 종식시키고 유권자들에게 디지털로 다가가는 걸 도우려는 자신의 계획을 설명했다. 브라운은 곧바로 올트먼을 배신하면서 『샌프란시스코 크로니클』에 그 만남에 관한 칼럼을 발표했다. 〈나는 그에게 캘리포니아주에는 자기 돈으로 공직에 출마한 백만장자들의 역사가 있다고 말했다. 대부

분은 결국 컨설턴트들에게 거액을 지급하고 패배하고 만다.〉[23]

올트먼의 인생에서 만난 사업가들 대부분(틸과 세쿼이아의 마이클 모리츠 등)은 공직 출마를 만류했다. 「그 친구가 출마하고 싶어 안달이 났다고 생각했죠. 많은 사업가가 정부를 보면서 난장판이라고 생각할 때 이런 순진한 생각에 빠지는 거예요. 그리고 민간 부문에서 얻은 경험 때문에 그들은 정부를 지금보다 더 효율적으로 운영하려면 무엇이 필요한지 알고, 반면 정치에서 성공하기 위해서는 정치의 장에서 소양을 갖춰야 한다는 건 크게 과소평가하죠. 하지만 정치가 어떻게 작동하는지 이해해야 해요.」모리츠의 말이다.

현재 올트먼은 주지사 출마를 고려한 일이 한때 스쳐 지나간 공상이었다고 생각한다. 「몇 주 동안 출마에 관해 생각했어요. 그렇게 진지한 정도는 아니고 그런 생각을 이리저리 해본 거죠. 새크라멘토에 가서 당시 주지사 브라운하고 시간을 보내기도 했는데, 주지사를 하고 싶지도 않고 적성에도 맞지 않을 거라는 게 뚜렷해졌습니다.」(제리 브라운의 오랜 비서실장 에번 웨스트럽은 브라운이 올트먼을 만난 기억이 없다고 말했다.)

7월 무렵 올트먼은 다른 사람들에게 과업을 넘길 준비가 되었고, 온라인에 자세한 정치 플랫폼을 게시했다. 전체 국민을 위한 메디케어, 단기 자본 이득세 인상, 국방 예산 10퍼센트를 미래 기술 연구로 전환할 것 등의 내용이었다. 적어도 올트먼에게 가장 중요한 항목은 주거 비용을 줄이기 위한 조치였다. 온라인 뉴스 매체

『아웃라인』은 헤드라인에서 이를 다뤘다. 〈실리콘 밸리의 킹메이커는 기술이 캘리포니아주에 미친 피해를 바로잡고 싶어 한다.〉[24] 〈유나이티드 슬레이트〉라고 명명된 이 플랫폼은 25세의 매트 크리실로프의 도움을 받아 만든 것이다. 올트먼은 몇 달 뒤 그와 연인 관계가 된다. 2014년 시카고 대학교를 졸업한 크리실로프는 곧바로 칠레 산티아고로 가서 스타트업을 준비했는데, 그전에 올트먼에게 조언을 구하는 이메일을 보낸 뒤 아는 사이가 되었다. 크리실로프가 Y 콤비네이터에서 초기 단계 회사를 위한 프로그램을 개설하는 것에 관해 설명하자 올트먼은 그를 채용했고, 결국 YC 리서치 책임자로 선임했다. 그 후 크리실로프는 금융 분야에서 일하고 있던 형 스콧을 영입했고, 세 사람이 유나이티드 슬레이트가 되었다.[25] (크리실로프 형제는 오랫동안 다양한 역할을 맡으며 올트먼의 주위에 남게 되는데, 스콧은 하이드라진에 이어 헬리온에서 계속 일하고, 매트는 스타트업을 설립했다. 올트먼은 게이 커플이 양쪽 유전자를 가진 아이를 낳을 수 있는 방법을 찾는 이 스타트업에 투자했다.) 올트먼의 유나이티드 슬레이트 플랫폼은 결국 조시 하더 하원 의원 후보를 지지했다. 민주당원이자 벤처 자본가인 하더는 스탠퍼드와 하버드를 졸업한 뒤, 베이 에어리어의 많은 지역을 대표하는 하원 의원 선거에서 공화당 소속 현직 의원을 물리쳤다.

개인적으로 정계 진출을 포기하기로 결정했음에도 올트먼은 오픈AI와의 관계 때문에 정치권력의 최상층부와 접촉하게 되었다. 오바마 행정부는 마지막 해에 인공 지능에 관심을 기울이면서 전국 각지를 도는 일련의 강연회를 열었다. 오픈AI에서 최근 영입한 인물인 블룸버그 기자 출신의 잭 클라크는 커뮤니케이션 부문의 일원으로 강연회에 참여했다. 2016년 10월, 백악관은 인공 지능 기초 연구에 더 많은 연방 재정 투입을 촉구하는 내용의 장문의 보고서를 공개했는데, 이후 오바마 대통령은 『와이어드』와의 인터뷰에서 보고서를 적극 홍보했다. 마치 올트먼의 블로그를 열심히 읽은 듯한 내용의 인터뷰였다.

「우리가 목격한 한 가지 문제는 집단행동에 대한 우리의 신뢰가 약해지고 있다는 겁니다. 이데올로기와 언어 과잉 때문인 것도 있죠.」 오바마가 『와이어드』에 한 말이다. 대통령은 미국이 국내 총생산의 0.5퍼센트를 투입해 지원한 아폴로 우주 프로그램 시절로 돌아가야 한다고 호소했다. 2015년, 미국 정부는 약 10억 달러를 인공 지능 연구에 지출했다. 이를 아폴로 수준에 맞추려면 2016년 달러 기준으로 800억 달러 정도까지 끌어올려야 했다. 오바마는 구글이나 페이스북 같은 거대 테크 기업에서 벗어나 인공 지능이 개발되도록 하는 게 정부의 과제라고 보았다. 「이런 혁신적 기술에 다양한 공동체의 가치가 대변되기를 원한다면, 정부 자금이 그 일부로 투입되어야 합니다.」[26]

오바마가 이런 이야기를 하고 몇 주 만에 트럼프가 선거에서 승리하고 민주당의 인공 지능 의제는 뒷전으로 밀려났다. 그로부터 몇 년 뒤 챗GPT 덕분에 오픈AI의 명성이 자자해지자 올트먼은 옛 이야기를 하게 된다. 당시 신생 연구소가 역시 초기이던 정부를 찾아가서(그는 구체적으로 밝히지 않았지만 아마도 2017년이나 2018년의 어느 시점일 것이다), 자금 지원을 타진했지만 아무 성과도 얻지 못했다는 것이다. 「그 사람들을 비난하지 않아요. 당시에 우리는 몇 사람이 둘러앉아서 〈언젠가 우리가 일반 인공 지능을 알아낼 것〉이라고 말만 했지, 기본적으로 아무것도 보여 줄 게 없었으니까요.」

오픈AI는 아무 진전이 없었지만, 디프마인드는 2016년 내내 꾸준히 발전을 이루고 있었기 때문에 인공 지능 공동체는 점점 이 모든 성과의 잠재적 부작용을 고민할 필요성을 느꼈다. 2017년 1월, 미래 생명 연구소는 아실로마 호텔 콘퍼런스 그라운드라는 대단히 상징적인 장소에서 회의를 열었다. 캘리포니아주 몬터레이 반도에 있는 소박한 옛 YWCA 시설인 이곳은 1975년 과학자들이 공공 보건이나 환경을 해치지 않으면서 어떻게 DNA 연구를 수행할지에 관한 가이드라인을 만들어 내서 유명해진 장소였다. 이 새로운 기준 덕분에 과학 공동체는 유전자 변형에 대한 모라토리엄을 해제하고 여러 세대에 걸친 연구와 발전의 길을 열었다. 이렇게 새롭게 등장하는 기술의 위험성에 관해 한자리에 모여 합의를 찾는 과정은 이후 〈아실로마 모델〉이라고 알려지게 된다.

그로부터 40여 년 뒤, 미래 생명 연구소 소장 맥스 테그마크가 유명한 호텔의 회의장 무대에 올라 인공 지능이 인류를 배반하는 것을 막기 위한 새로운 아실로마 원칙을 마련할 것을 호소하는 동안 태평양에서 거대한 폭풍이 몰려와서 돌과 나무 기둥으로 지어진 역사적 건물의 유리창을 흔들었다. 한 참가자는 묵시록을 떠올리게 하는 날씨가 테그마크의 어조와 묘하게 어울렸다고 말했다. 「그때 아실로마에 있던 사람들은 정말 뭔가 말도 안 되는 일이 곧 벌어질 거라고 확신했어요.」

2015년 푸에르토리코에서 처음 열린 〈생명의 미래〉 회의는 두 진영 — 인공 지능 연구자들과 인공 지능 안전성 주창자들 — 이 한자리에 모인 가운데 드문드문 억만장자들이 섞여 있었다. 최근 열린 회의에서는 스타 파워가 훨씬 커지고 다급한 분위기도 고조되었다. 올트먼과 나란히 머스크, 수츠케버, 브록먼, 다리오 아모데이, 하사비스, 그 밖에도 디프마인드 공동 창립자들이 참석했다. 패널 토론이 한창이던 어느 순간 올트먼은 앨런 케이의 소개로 케이의 옛 제자와 인사를 나눴다. 윤기 나는 검은 머리에 날씬한 몸매의 로봇 회사 최고 경영자 타샤 매콜리였다.

매콜리의 어머니 태미 매콜리는 미국 최대의 쇼핑몰 회사와 인디애나 페이서스 농구팀을 소유한 인디애나주의 억만장자 멜 사이먼의 의붓딸이다. 아버지 매튜 매콜리는 「하디 보이스」 시리즈의 첫 19권을 쓴 작가의 손자로, 에미상을 수상한 작곡가이자 이집트학자다. 그는 원격 탐사 기술에 매료되어 결국 이 기술로 대스핑크스를 발굴했고, 현재 3D 모델링 회사인 지오심의 이사회 의장을 맡고 있다. 타샤는 로스앤젤레스에서 자랐는데, 오픈 스쿨이라는 독특한 공립 초등학교에 다녔다. 이 학교는 케이가 교과 과정을 설계했고, 애플 컴퓨터(당시의 명칭)가 일부 자금을 지원했다. 오픈 스쿨은 비바리움 프로젝트라는 애플의 광범위한 시도의 일부였다. 식물과 동물을 넣어 두고 관찰하는 유리 장치의 명칭에서 따온 프로젝트는 아이들의 손에 컴퓨터를 쥐어 준 뒤 컴퓨터 작동 방식을 개선하려는 시도였다. 〈어린아이들과 긴밀하게 협력하면서 우리 시스템의 인터페이스와 동작에 대한 아이들의 직관적 반응에서 배우는 식으로 시스템을 발전시키고 싶다. 시스템을 단순하고 사용하기 쉽게 만들면, 더 많은 사람이 컴퓨터의 동작을 자기 필요와 욕구에 맞게 조정할 수 있을 것이다.〉 케이의 오픈 스쿨 동료인 래리 예거가 쓴 글이다. 오픈 스쿨에 다니는 1~6학년의 300명 학생들은 가령 컴퓨터를 사용해서 애니메이션 동물을 만든 다음 행동을 프로그래밍하는 식으로 생물학을 공부했다. 아이들은 코딩을 배우고, 인터넷이 등장하기 전의 하이퍼미디어 시스템인 하이퍼카드 같은 동적 저작 도구로 숙제를 했다. 「우리가 만든 프로그램들을 보면 장난감이 떠올랐어요. 직관적인 그래픽 장난감 덕분에 즐거우면서도 깊이 있게 아이디어를 전달할 수 있었죠.」 시카고 토이&게임 그룹과의 인터뷰에서 매콜리가 한 말이다.[27] 비바리움 프로그램의 자문 위원회에는 제프 힌턴이나 마빈 민스키, 더글러스 애덤스(『은하수를 여행하는 히치하이커를 위한 안내서』의 저자), 수화를 구사하는 고릴라 코코 같은 영향력 있는 인물과 동물이 참여했다.

케이는 매콜리의 평생 멘토로 남았으며, 그녀의 직업적 삶은 인간-컴퓨터 인터페이스의 경계를 확장하는 데 헌신한 케이의 노력을 고스란히 보여 주는 증거였다. (〈미래를 예측하는 최선의 방법은 미래를 발명하는 것〉이라는 케이의 말은 유명하다.) 매콜리는 바드 칼리지를 졸업한 뒤 로봇 공학을 공부해서 나중에 특이점 유니버시티에서 학생들을 가르쳤다. 레이 커즈와일과 엑스프라이즈 창립자인 피터 디아만디스가 공동으로 설립한 교육 공동체(실제 대학은 아니다)였다. 시스코와 제너럴 일렉트릭GE, 구글을 비롯한 대기업들이 자금을 지원한다. (혼란스럽게도, 특이점 유니버시티는 2012년에, 앞서 기계 지능 연구소로 명칭을 바꾼 유드코스키의 연구소로부터 특이점 서밋을 비롯한 브랜드 권리를 사들였다. 2011년, 매콜리와 특이점 유니버시티 동료들은 펠로 로봇이라는 로봇 회사를 공동 설립했다. 회사는 〈원격 조종telepresence〉 로봇(세그웨이 위에 태블릿을 얹은 모양의 초기 시제품인 헬로)부터 대형 매장의 고객 서비스 로봇(여자 목소리를 내는 날렵한 ATM기)에 이르기까지 온갖 로봇을 만들었다. 매콜리는 2014년 USC 마셜 비즈니스 스쿨에서 MBA를 받았다(2019년부터 2022년까지는 아버지가 이사회 의장이자 투자자인 지오심의 최고 경영자로 일하게 된다). 같은 해에 「인셉션」에서 주연을 맡은 배우 조셉 고든 레빗과 결혼했고, 이듬해인 2015년에는 첫 아이를 낳은 데 이어 샌프란시스코에서 열린 〈효과적 이타주의 글로벌 콘퍼런스〉에도 참석하면서 효과적 이타주의 공동체에서 금세 유명세를 얻었다. 안경에 회록색-검정색 버팔로 체크 셔츠 차림으로 어느 모로 보나 너드 같은 효과적 이타주의자인 고든 레빗은 이듬해 열린 같은 콘퍼런스의 한 패널 토론에서 효과적 이타주의의 합리주의 메시지와 할리우드에 만연한 감정 중심의 선행이 얼마나 대조적인지를 곧바로 간파했다고 말했다. 「저는 여기 와서 최고의 서사를 만드는 법 대신에 실제로 입증 가능한 가장 많은 선을 행할 수 있는 방법을 배우면서 정말 매력적이고 고귀하며 더 많이 이야기할 가치가 있다고 느꼈습니다.」[28]

매콜리와 올트먼은 계속 연락하기로 했고, 회의 막바지에 수츠케버와 하사비스, 스티븐 호킹 등과 나란히 훗날 아실로마 인공 지능 원칙이라고 알려지는 문서에 서명했다. 인공 지능의 안전성에 관한 일련의 가이드라인은 푸에르토리코에서 합의된 내용보다 한층 급진적이었다. 서명자들은 기술 역량의 군비 경쟁에 가담하지 않기로 약속했다. 또한 〈인공 지능 시스템을 개발하는 팀은 안전 기준에 대한 부실 작업을 피하기 위해 적극적으로 협력〉하고, 인공 지능은 〈인간의 가치와 일치해야 한다〉는 데에도 동의했다. 더욱 논쟁적인 점으로 — 디프마인드와 오픈AI의 경쟁이 고조되는 현실과 어느 나라가 먼저 일반 인공 지능을 달성할 것인지에 관해 이미 명백한 지정학적 함의를 감안할 때 — 문서에 서명한 인사들은 〈인공 지능이 창조하는 경제적 번영은 폭넓게 공유되어야 하〉며, 〈초지능은 광범위하게 공유되는 윤리적 이상에 이바지하고 한 국가나 조직이 아니라 모든 인류의 이익을 위해서만 개발되어야 한다〉고 약속했다.[29] 나중에 서명한 사람 중에는 효과적 이타주의의 창시자로 널리 인정받는 옥스퍼드의 철학자 윌리엄 매캐스킬도 있었다.

효과적 이타주의 운동은 2010년대 초에 매캐스킬과 옥스퍼드의 동료 철학자 토비 오드가 주도하면서 등장했다. 오드는 공리주의 철학자 피터 싱어가 1972년에 쓴 에세이에서 영감받았다. 이 글에서 싱어는 부유한 사람들은 개발 도상국의 고통을 줄이기 위해 자신의 부를 최대한 많이 — 그리고 통상적이라고 여겨지는 것보다 훨씬 많이 — 지출할 도덕적 책임이 있다고 주장했다. 초기의 효과적 이타주의자들은 어떤 자선 활동이 가장 효과적인지를 확인하는 문제에 새로운 수준의 초연한 엄격성을 도입하려고 했다(구충제 보급 자선 활동이 특히 높은 점수를 받았다). 또한 역겹게 느껴질 수도 있겠지만, 굶어 죽는 아프리카 사람들을 직접 돕는 비효율적인 사업을 묵묵히 하는 것보다는 헤지 펀드에서 일하면서 연봉을 효과적인 자선 활동에 기부하는 게 실제로 더 낫다고 지지자들에게 권고했다.

2009년, 매캐스킬과 오드는 〈기빙 왓 위 캔Giving What We Can〉이라는 단체를 공동 설립했다. 사람들에게 최소한 소득의 10퍼센트(사실상 세속인의 십일조)를 효과성을 엄격하게 검증받은 단체를 통해 빈곤층에 기부하도록 장려하는 단체였다. 2년 뒤 매캐스킬은 8만 시간이라는 비영리 기구를 공동 설립했다. 대학 졸업생에게 세상에 가장 큰 파급력을 미칠 수 있는 방법에 관해 조언하는 단체였다. 뒤이어 2013년, 매캐스킬은 〈기부를 위한 소득〉이라는 메시지를 수학 신동이자 MIT의 물리학 전공자인 샘 뱅크먼프리드에게 전하면서 금융계로 진출하도록 설득했다. 그로부터 2년 뒤, 8만 시간은 그해 여름 Y 콤비네이터에서 진행한 배치에 참여했다. 후에 ― 처음에는 FTX 최고 경영자이자 암호 화폐 거물로, 나중에는 범죄자로 ― 악명을 떨치게 된 SBF(샘 뱅크먼프리드)는 효과적 이타주의의 최대 기부자로 손꼽히다가 2022년 사기와 공모 혐의로 기소되었다.

한편 다른 갈래에서는 거대 헤지 펀드인 브리지워터 어소시에이츠에서 일하던 경력 초기의 애널리스트 홀든 카르노프스키와 엘리 하센펠드가 2006년 동료들과 함께 자선 클럽을 결성했다. 클럽의 목표는 회원들의 돈으로 공동 자금을 만들고 가장 효과적으로 쓸 수 있는 장소를 조사하는 것이었다. 시간이 흐르면서 클럽은 기브웰이라는 비영리 기구로 변신했는데, 이 기구는 한 생명을 구하는 데 각 자선 단체가 얼마나 많은 돈이 필요한지를 평가하는 활동을 했다. 말라리아 퇴치를 위해 모기장을 나눠 주는 자선 단체가 특히 높은 점수를 받자 많은 이가 이 시기를 효과적 이타주의의 〈모기장 시대〉라고 부르기까지 했다. 같은 무렵, 유드코스키는 「레스롱」 블로그에서 비슷한 주장을 펴면서 동료 합리주의자들에게 〈포근한 만족과 효용은 따로 구매하라〉고 충고했다. 뒤에 오는 할머니를 위해 문을 잡아 주는 일은 하되, 세상에서 실제로 선한 일을 하려고 할 때는 〈달러당 기대 효용이 가장 큰 자선 활동을 찾으라〉는 것이었다.[30, 31]

효과적 이타주의 사상이 샌프란시스코의 테크 업계 사람들에게 퍼져나가는 가운데 『월 스트리트 저널』 샌프란시스코 지국의 캐리 투나라는 기자가 더스틴 모스코비츠와 소개팅을 했다. 마크 저커버그의 하버드 시절 룸메이트이자 페이스북 공동 창립자인 모스코비츠는 현재 230억 달러 정도의 자산을 가진 것으로 추정된다. 1년 뒤, 피터 싱어의 글에 영감받은 두 사람은 워렌 버핏과 빌과 멀린다 게이츠가 주도한 〈기빙 플레지Giving Pledge〉에 서명한 최연소 커플이 되었다. 두 사람은 죽기 전에나 유언을 통해 자산의 대부분을 자선 단체에 기부하겠다고 약속했다. 2011년 약혼한 두 사람은 굿 벤처 재단을 공동 설립했다. 모스코비츠는 새로 만든 업무 관리 소프트웨어 회사인 아사나 일로 바빴기에 투나가 『월 스트리트 저널』을 그만두고 굿 벤처 일에 전력했다. 거의 동시에 그녀는 기브웰이 자신이 시도하는 것과 같은 결정을 내리기 위해 필수불가결한 자원임을 깨달았다. 투나가 『필랜스러피 크로니클』에 밝힌 것처럼, 자문 위원들은 그녀와 모스코비츠에게 어디에 열정이 끌리는지 숙고해 보라고 조언했지만, 두 사람은 다른 접근법을 염두에 두고 있었다. 투나의 말을 빌리자면, 그들은 〈우리의 한계 자금이 다른 사람들의 삶을 개선하는 면에서 가장 효용이 큰 일에 쓰여야 한다〉는 기준에 따라 자선 단체를 지원하고 싶었다.[32] 2014년에 이르러 굿 벤처는 기브웰의 계열 프로젝트인 기브웰 연구소에 자금을 지원하기로 동의했고, 이 프로젝트는 오픈 필랜스러피로 명칭이 바뀌었다. 흔히 쓰는 약칭으로 하면 오픈 필의 원래 구상은 효과적 이타주의 원칙에 따라 기부할 뿐만 아니라 전체 결정 과정을 투명하게 공개한다는 것이었다. 형사 사법 개혁 분야의 기부를 주도할 인물로 클로이 콕번을 채용하기로 결정한 이유를 설명하기 위해 2천8백 단어 분량의 게시글을 작성한 것처럼 때로는 성가실 정도로 자세하게 공개했다. 오픈 필은 결국 이 활동에 2억 달러 이상을 기부하게 된다.

오픈 필랜스러피가 설립되고 오래지 않아 효과적 이타주의 운동의 에너지가 보석금 개혁이나 구충제 보급 같은 현세의 문제에서 벗어나, 미래에 태어날 수 있는 모든 사람의 생명을 구하려는 광범위한 노력으로 전환되기 시작했다. 핵전쟁이나 전 지구적 팬데믹, 통제 불가능한 인공 지능 같이 인류를 멸망시킬 가능성은 적지만 그래도 무시할 수 없는 문제들에 초점을 맞추는 변화였다. 오픈 필랜스러피도 이런 흐름을 따르게 된다.

아실로마 회의 두 달 뒤인 2017년 3월, 오픈 필랜스러피는 오픈AI에 3천만 달러를 기부했고, 홀든 카르노프스키가 오픈AI 이사회에 합류했다. 이 발표와 동시에 다리오 아모데이와 폴 크리스티아노에 관한 내용도 공개되었다. 그 시점에서 오픈AI에 연구원으로 합류하기로 한 두 사람은 〈오픈 필랜스러피의 기술 자문 위원이며 홀든과 같은 집에서 살고 있으며, 홀든은 다리오의 여동생인 다니엘라와 약혼한 상태〉라는 것이었다. 이후 카르노프스키는 다니엘라 아모데이와 결혼했고, 다니엘라도 오픈AI에 합류해서 인사 팀을 이끌게 된다. 그리고 오픈 필랜스러피는 이 지원금이 단순한 자선 기부가 아니라 오픈AI 내부에서 인공 지능 안전성을 옹호할 수 있는 〈파트너십〉의 일환이라고 규정했다. 또한 오픈 필랜스러피는 오픈AI가 머스크와 올트먼이 초창기 인터뷰에서 여러 차례 밝힌 계획, 즉 오픈AI의 기술을 오픈 소스로 공개한다는 계획을 재고하기를 원하는 것도 분명했다. 머스크는 오래전부터 오픈 소스 기술의 강경한 주창자였고 테슬라의 특허 대부분을 누구나 사용할 수 있게 공개하기까지 했다. 하지만 오픈 필의 지원금 결정문에 포함된 한 에세이가 「슬레이트 스타 코덱스」에 실렸는데, 이 글에서 오픈 필은 오픈AI의 오픈 소스 계획에 반론을 제기했다. 경솔하고 양심이 없고 심지어 사악한 사람들이 이 기술을 오용하면 인류의 절멸로 이어질 것이라는 이유에서였다. 오픈AI가 지원금에 덧붙여 새로 다듬은 사명 선언문에서 올트먼의 연구소는 수익과 제품에 치중하는 방식을 비난하고, 기술의 오픈 소스 공개라는 발상에 대해서도 약간 얼버무리기 시작한다. 오픈AI의 새로운 사명 선언문은 다음과 같이 말한다. 〈우리는 사적인 이익을 위해 정보를 비공개로 유지하지 않겠지만, 장기적으로는 안전성 우려가 있는 경우에 기술을 비공개로 유지하기 위한 공식적인 절차를 만들고자 한다.〉[33]

머스크가 꿈꾼 오픈 소스의 이념이 종말을 고하기 시작한 순간이었다. 하지만 다른 면에서 보면, 이 새로운 뭉텅이 자금 지원은 앨런 케이와 엑스트로피언들, SF 작가들, 그리고 이제는 샘 올트먼이 오랫동안 부글부글 끓여 온 미래 전망을 실현하기 위한 자원을 오픈AI가 갖게 된 중요한 진일보이기도 했다. 사명 선언문은 또한

케이의 인용문을 부활시켰다. 〈미래를 예측하는 최선의 방법은 미래를 발명하는 것이다.〉

하지만 오픈AI가 효과적 이타주의자들과 동침하면서 결국 치르게 되는 대가는 올트먼이 상상한 수준을 훌쩍 넘어서게 된다.

13
수익으로 방향을 돌리다

2017년 8월 어느 금요일, 멀티플레이어 온라인 비디오 게임 「도타 2」의 팬들이 시애틀 시내에 있는 경기장을 가득 메우기 위해 줄을 섰다. 원래 1962년 세계 박람회를 위해 지어진 경기장은 최근에는 시애틀 슈퍼소닉스 홈구장으로 사용된 곳이었다. 많은 사람이 〈그림자 마귀〉나 〈켄타우로스 전쟁 용사〉 같은 게임 속 캐릭터의 머리 장식과 갑옷을 걸치고 있었다. 캐릭터들은 팬들이 2003년 블리자드 엔터테인먼트의 「워크래프트 3: 레인 오브 카오스」에서 유기적이고 무질서하게 만들어 낸 영웅들이다. 「도타」가 엄청난 문화 현상이 되자 다른 게임 회사인 밸브가 게임의 권리를 사들인 뒤 진정으로 어마어마한 규모의 연례 세계 대회를 개최했다. 〈인터내셔널〉 대회는 상금이 2천만 달러로 e스포츠에서 최대 규모를 자랑했다. 프로 경기는 5 대 5 팀 대결로, 체스와 농구를 결합한 게임에 비유되기도 했다. 그해에 역사책에 남을 만한 1 대 1 시범 경기도 열렸다. 세계 최고의 「도타」 선수인 다닐 〈덴디〉 이슈틴과 오픈AI가 훈련시킨 봇이 맞붙은 경기였다.

덴디가 스모크 머신이 내뿜는 연무를 뚫고 권투 선수 같은 가운 차림에 펀치를 휘두르며 경기장에 등장했다. 바퀴 위에 실려 나온 상대는 USB 드라이브에 연결하는 극적인 연출로 활성화되었다. 경기는 오래가지 않았다.「비열한 봇이야!」거의 시작과 동시에 이슈틴이 고함쳤다. 오픈AI의 봇이 그의 미니언들을 공격했기 때문이다. 몇 초 만에 오픈AI 봇이 이슈틴의 아바타를 죽였고, 자신은 악마처럼 빛을 내며 승리에 흡족해했다. 이슈틴은 첫 경기에서 패배하고, 두 번째는 몰수 패를 당했으며, 세 번째는 경기를 거부했다.「쟤는 너무 강해요.」이슈틴이 입을 열었다.

덴디 바로 옆에 검은색 브이넥 티셔츠에 수도승처럼 대머리에 가깝게 머리를 친 브록먼이 위협감으로 반짝이는 눈으로 미소 지으며 서 있었다.「자, 여러분께 이 프로젝트의 다음 단계를 말씀드리죠. 다음은 5 대 5 경기입니다.」그가 말하자 관객들이 함성을 질렀다. 그의 옆에 선 야쿠프 파호츠키는 앳된 얼굴의 폴란드 태생 인공 지능 연구자로, 그해 2월에 오픈AI에 합류한 인물이었다. 하버드에서 박사 후 펠로십을 마친 뒤「도타」팀의 연구 책임자로 온 그는 브록먼 옆에서 그를 힐끗 쳐다보았는데, 보조개가 움푹 들어간 미소가 거의 알아보기 힘든 공포의 표정으로 얼어붙었다. 브록먼은 팀 성원 누구에게도 이게 원래 계획임을 말하지 않았던 것이다.[1]

문화적으로 보자면,「도타 2」에서 거둔 승리는 청동기 무렵에 생겨나서 세계 곳곳에서 수천만 명이 즐기는 게임에서 알파고가 이세돌을 꺾은 것과는 전혀 달랐다. 하지만 머스크는 조금도 지체

없이 오픈AI가 더 위대한 승리를 거둔 셈이라고 주장했다. 〈오픈AI는 e스포츠 경기에서 세계 최고의 선수를 물리친 사상 최초의 인공 지능입니다. 체스나 바둑 같은 전통적인 보드게임보다 훨씬 복잡한 게임이거든요.〉 그가 트윗에 올린 말이다.[2]

그가 바로 이어 올린 트윗에 관심을 기울인 사람은 거의 없었다. 〈애저 클라우드 컴퓨팅 플랫폼을 사용하게 해준 마이크로소프트에 감사의 뜻을 표하고 싶습니다. 이건 엄청난 처리 능력이 필요했거든요.〉 몇 달 전 마이크로소프트 최고 경영자 사티아 나델라에게 전화를 걸어 오픈AI가 자사의 인공 지능 시스템을 대중에게 각인시킬 수 있도록 6천만 달러 규모의 컴퓨팅 지원을 요청한 주인공은 올트먼이었다. 이 프로젝트는 당시 낙오자 신세인 마이크로소프트의 클라우드 플랫폼에 홍보 효과도 있었을 뿐 아니라 버그를 찾아내는 데도 도움이 되는 일이었다. 당시 마이크로소프트 애저는 클라우드 컴퓨팅 시장 점유율이 15퍼센트 정도로, 60퍼센트가 넘는 아마존 웹 서비스에 한참 뒤졌다.[3] 올트먼과 나델라는 10년 가까이 아는 사이였는데, 그가 루프트를 운영하던 시절에 나델라는 마이크로소프트에서 빙 검색과 클라우드 컴퓨팅 부문을 거치며 성장하는 중이었다. 둘 다 2014년 조직을 이끄는 인물로 깜짝 발탁되기도 했다. 올트먼은 또한 그 전해에 마이크로소프트 공동 창립자 빌 게이츠와 정기적인 만남을 시작했는데, 당시 게이츠는 자선 활동에 집중하기 위해 회사의 공식적 역할에서는 물러났지만, 여전히 이사회 성원으로서 인공 지능에 깊은 관심을 기울였다.[4] 오픈AI가 만든 「도타」 플레이 시스템의 확장 버전인 오픈AI 5는 이듬해 〈인터내셔널〉 대회에서 인간 5명에게 패배했다. 하지만 다음 해에 — 훈련에 사용하는 컴퓨팅 양을 여덟 배로 늘린 뒤 — 다시 돌아와서 생중계 경기에서 인간 팀을 꺾자 마이크로소프트는 환호성을 질렀다.

머스크는 오픈AI가 「도타」 프로젝트를 추진해야 한다고 주장한 주역이었다. 디프마인드가 만든 알파고가 거둔 승리에 수치심과 분노를 느낀 그는 오픈AI가 게임 분야에서 경쟁자에게 모종의 답을 내놓아야 한다고 주장했다. 바둑이 체스보다 더 복잡하다면, 자신들은 바둑보다 복잡한 게임을 찾아야 했다. 그리하여 인터넷 덕분에 생긴 틈새시장에서는 엄청난 인기를 누리지만 99퍼센트의 사람은 들어 본 적도 없는 게임으로 눈길이 쏠렸다. 오픈AI의 많은 연구원은 그게 연구의 한계라고 생각했지만, 머스크는 고집을 꺾지 않았다. 머스크에게 계속 자금 지원을 받고 싶다면, 게임의 세계에서 스스로 유명세를 떨쳐야 했다. 그리하여 결국 억만장자들이 전용 비행기 안에서 서로 공유할 만한 게임 영상을 만들게 되었다.

「도타」 프로젝트는 오픈AI에 일정한 과학적 진전을 안겨 주었다. 특히 인공 지능의 규모를 키울 수 있었다. 「야쿠프가 주말 동안 처음 훈련시킨 에이전트가 기억납니다. 처음에는 사소한 일만 하다가 매주 출근할 때마다 CPU 코어 수가 두 배로 늘어났고, 에이전트도 성능이 두 배가 되었죠.」 브록먼이 말했다. 그는 언제나 그렇듯 열정적으로 프로젝트를 이끌었고, 결국 『뉴욕 타임스』 기자 출신의 제니퍼 8. 리가 이끄는 다큐멘터리 제작 팀을 영입해서 이 과정을 영화로 찍기도 했다. 화려한 데모는 투자자들, 특히 마이크로소프트의 관심을 끌었다. 「하나의 기법을 규모만 키워도 훌륭한 작업을 한다는 걸 보여 줄 수 있었지요.」 수츠케버의 말이다.

천사 같은 얼굴과 달리 얼룩덜룩한 모래색 금발에 유독 성숙한 어른 같은 에너지를 지닌 보브 맥그루는 팔란티어에서 10년 일하고 얼마 전에 오픈AI에 연구원으로 합류한 인물이었다. 스탠퍼드에서 인공 지능 박사 과정을 다니다가 자퇴하고 틸이 만든 데이터 마이닝 회사에 합류한 경력이 있었는데, 〈2005년에 인공 지능 박사를 따는 건 별 의미가 없었기〉 때문이다. 관리자 경험이 있기는 해도 그는 오픈AI에서 개인 연구원으로 일하고 싶으며 〈3년 차 대학원생〉처럼 대우해 달라고 요청했다. 「사람들은 나를 어떻게 생각해야 할지 몰랐습니다.」

맥그루는 오픈AI에서 보이치에흐 자렘바가 지휘하는 다른 프로젝트에 지원했는데, 시뮬레이션 환경에서 루빅큐브를 푸는 로봇 손을 만드는 프로젝트였다. 「로봇 손을 작동시키기 위해 분투하던 중이었죠.」 맥그루의 말이다. 「도타」 프로젝트가 성공한 뒤 자렘바는 「도타」 팀의 연구 책임자인 야쿠프 파호츠키에게 같은 기법을 로봇 손에 적용해 보자고 요청했다. 「그러자 순식간에 공 하나 잡기도 벅차던 손가락 두 개짜리 집게발이 다섯 손가락이 다 있는 손으로 변신하더군요. 관절이 무수히 많아서 아마 스물다섯 개였을 거예요. 물체를 잡고 조작할 수 있었죠. 그리고 얼마 지나지 않아,

아마 몇 주 만에 실제로 루빅큐브를 풀 수 있었죠. 정말 유레카 같은 순간이었어요.」맥그루가 그때 기억을 떠올렸다.

하지만 근본적으로 보면 그들은 잘못된 방향으로 가고 있었다.「도타」와 로봇 손 프로젝트가 언론의 주목을 끌려고 애쓰던 시기에 앨릭 래드퍼드라는 은둔형 외톨이 연구원이 훨씬 중요한 프로젝트를 조용히 탐구하고 있었다. 래드퍼드는 올린 칼리지를 중퇴한 뒤 2016년에 오픈AI에 합류했다. 매사추세츠주 니덤에 있는, 규모는 작지만 명문 공대인 대학을 그만둔 건 친구들과 함께 기계학습 회사를 차리려는 생각이었지만, 자신이 정말 관심 있는 제품을 만들려면 얼마나 많은 컴퓨팅 자원이 필요한지 그제야 깨달았다. 래드퍼드는 명령을 수행하는 에이전트보다는 인간 언어의 의미를 학습할 수 있는 언어 모델에 더 흥미를 느꼈다. 오픈AI에서 그가 처음 맡은 프로젝트는 레딧 댓글 20억 개를 재료로 삼아 훈련시키는 것이었는데, 성과가 없었기 때문에 다음 프로젝트는 규모를 줄였다. 아마존 제품 리뷰 1천만 개를 대상으로 한 것이었다. 목표는 단순해서 모델이 리뷰에서 다음에 나오는 문자를 예측하는 것이었다. 그런데 모델은 이를 훌쩍 뛰어넘었다. 리뷰가 긍정적인지 부정적인지를 판단한 것이다.「정말 깜짝 놀랐죠.」래드퍼드가『와이어드』에 한 말이다.[5] 2017년 4월, 래드퍼드와 수츠케버, 그리고 라팔 요제포비츠라는 다른 오픈AI 연구원이 논문을 발표했다. 논문에 따르면, 감정 뉴런이라고 이름 붙인 이 모델은 인간이 데이터를 사전에 레이블링하지 않아도 문장이 긍정적인지 부정적인지를 이해할 수 있었다.

그로부터 두 달 뒤, 수츠케버는 구글 연구원 8명이 작성한 논문의 사전 인쇄본을 읽었다. 논문 「필요한 건 주의력뿐」을 본 그는 래드퍼드가 진행 중이던 연구를 훨씬 효율적으로 수행하는 방법을 소개하고 있음을 금세 알아차렸다. 구글 논문은 한 번에 문자 하나씩 처리하는 게 아니라 방대한 문서 더미를 동시에 처리할 수 있는 모델을 보여 주었다. 입력된 문서의 핵심 부분에 동적으로 중요도를 할당하는 〈주의력 메커니즘〉이라는 기법을 통찰력을 발휘해 적용하는 방식이었다. 이 기법은 또한 GPU 칩의 능력을 활용해서 여러 계산을 동시에 수행했다. 수츠케버는 논문(후에 〈트랜스포머 논문〉이라고 불린다)의 함의 전체를 파악할 수 있었다. 2014년 주의력 메커니즘을 활용해서 기계 번역과 요약에서 진전을 이룬 〈시퀀스 투 시퀀스〉 같은 논문을 비롯해 자신의 연구를 바탕으로 쌓아 올린 연구였기 때문이다.[6]

트랜스포머는 순환 신경망RNN이라는 기존의 지배적인 모델보다 훨씬 긴 텍스트 시퀀스를 학습하고 많은 컴퓨팅 자원을 성공적으로 활용할 수 있었기 때문에 거대한 진일보를 이루었다. 이로써 문이 활짝 열린 다음 패러다임에서는 데이터와 컴퓨팅 자원의 양을 급속도로 늘림으로써 진보를 이루게 되었다. 하지만 모든 신경망이 그렇듯, 트랜스포머도 블랙박스에 가깝다. 이 글을 쓰는 시점에서 전문가들조차 이 모델이 어떻게 작동하는지를 제대로 이해하지 못한다. 수츠케버의 통찰력과 래드퍼드의 언어 연구가 결합

되면서 등장한 이 동역학이 결국 생성형 인공 지능 붐을 정의하게 된다.

「일리야하고 나는 파인만식 천재 되는 법에 관해 이야기하곤 했죠.」 브록먼이 맨해튼 프로젝트에서 활동하고, 이후 노벨상까지 받은 저명한 물리학자 리처드 파인만을 가리키면서 한 말이다. 「파인만식 방법이란 이런 거죠. 당신이 관심을 갖는 문제들이 있고, 그 답을 찾기 위해 필요한 빠진 조각이 무엇인지 알아요. 그러면 당신이나 다른 연구자가 그 조각을 만들어 내기를 기다리죠. 그러다가 빠진 조각이 나타나면 그걸 끼워 넣어서 짠, 하고 천재가 되는 겁니다. 당신이 해결한 거예요, 그렇죠? 어떻게 보면 트랜스포머가 이 천재 공식의 마지막 조각이라고 봐도 돼죠. 우리는 이 모델이 나올 거라는 걸 알았지만, 중요한 건 우리가 준비한 모든 조각을 실제로 끼워 맞출 수 있는 모델이 언제 등장할 것인가 하는 시간문제일 뿐이었죠.」

래드퍼드는 트랜스포머 아키텍처를 기반으로 자신의 실험을 돌리기 시작했다. 「2주 만에 지난 2년간 한 것보다 많은 진전을 이루었죠.」 그가 『와이어드』에 한 말이다.[7] 래드퍼드는 모델이 클수록 성과도 뛰어나다는 걸 금세 간파했고, 따라서 최대한 많은 데이터 집합이 필요했다. 수츠케버와 다른 두 명의 연구원과 협력하면서 그는 북코퍼스라는 데이터 집합을 활용하기로 정했다. 로맨스, 판타지, SF 장르의 소설이 대부분인 7천여 권으로 이루어진 데이터였다. 이 데이터 집합은 2015년 MIT와 토론토 대학교의 연구자들이 처음 묶은 것으로, 그들의 설명에 따르면 〈아직 출간작이 없는 작가들이 발표한 무료 단행본〉이었고 토론토 대학교 웹사이트에서 다운받을 수 있었다. 구글을 비롯한 기업들은 이 데이터 집합을 인공 지능 훈련에 활용했다. 2016년 『가디언』은 이 책들이 자비 출판 플랫폼인 스매시워드에서 허락도 받지 않고 입수한 것이라고 보도했다. 스매시워드에서는 저자가 자기 책 가격을 무료로 정하는 옵션이 있었다. 데이터 모음에 등장하는 책 가운데 다수가 〈모든 권리〉는 저자에게 있다는 저작권 고지가 들어 있었다. 미국 최대의 저작자 권익 단체인 작가 조합을 필두로 몇몇 저자가 이의를 제기했지만, 구글 대변인은 이 관행이 〈미국 법률상 공정 이용fair use〉에 해당한다고 주장했다.[8] 이런 문제 제기는 여기서 끝나지 않을 것이었다.

그들은 쿼라 웹사이트에 올라온 Q&A 내용과 중국 학생들의 영어 시험 지문, 객관식 과학 시험 문제 등을 사용했다. 모두 합쳐 이 모델은 1억 1천7백만 개가 넘는 매개 변수를 보유했는데, 이를 위해서는 엔지니어링 차원에서 상당한 도전이 필요했다. 오픈AI는 여러 연구 프로젝트를 동시다발적으로 진행하는 조직에서 세계에서 유례가 없는 거대한 모델들을 훈련시키는 데 집중하는 조직으로 변모해야 했다. 브록먼과 수츠케버가 믿은 것처럼, 연구원들과 엔지니어들은 동등한 파트너가 되어야 했다.

「엔지니어들은 좌절을 안겨 주는 과제를 아주 잘합니다. 학자들은 그렇지 않죠. 학자들은 멋진 아이디어를 좋아하지만, 힘든 일은 좋아하지 않아요. 오픈AI에서 우리는 이렇게 생각했죠. 〈우리는 힘든 일을 하는 회사다.〉」수츠케버가 말했다.

모델 훈련을 마무리했을 때 그들은 모델이 재료로 삼아 훈련한 데이터에서 나온 질문에 답할 때 기존의 최고 점수를 뛰어넘을 뿐만 아니라 훈련받지 않은 문제에 관해서도 답할 수 있는 듯한 모습을 발견했다. 〈제로숏〉이라고 알려진 현상이었다. 몇 년 뒤 올트먼은 이 결과를 〈다소 인상적이지만, 어떤 식으로 그렇게 작동하고, 왜 작동했는지 깊은 이해는 하지 못했다〉고 설명한다. 래드퍼드와 수츠케버와 팀 전체는 이 모델에 〈생성형 사전 학습 트랜스포머 generatively pre-trained transformer〉, 약칭 GPT라는 이름을 붙였다.[9]

   그들은 회사가 나아갈 새로운 경로를 보여 주었다. 에이전트 방식이 틀렸던 건 무에서부터 훈련을 시작했기 때문이라고 카파시는 설명했다. 무엇을 알아야 하는지 가르치기 위해서는 엄청난 양의 기계 학습이 필요했다. 「올바른 방법은 그 모든 걸 무시하고, 그냥 언어 모델을 훈련시키는 겁니다. 언어 모델은 에이전트가 아니에요. 그냥 다음 단어를 예측하려고 할 뿐이죠. 하지만 이걸 인터넷 전체에서 하다 보면 신경망은 어쩔 수 없이 세상에 관해 방대한 내용을 배우게 됩니다.」카파시의 말이다.

   만약 인공 지능이 비행기표를 사게 훈련시키고자 한다면, 우선 GPT 같은 대규모 언어 모델에서 시작해야 한다. 이 모델은 무작위로 작성 양식을 채우면서 보상받는 게 아니라 〈버튼〉이나 〈텍스트 입력 공간〉에 관해 읽어서 그 내용을 알기 때문이다. 에이전트가 정보를 얻을 수 있는 일반화된 〈두뇌〉를 먼저 훈련시킨 다음, 그 두뇌를 사용해서 〈미세 조정〉이라는 과정을 통해 특정한 행동에 대해 에이전트를 훈련시키는 게 계산 차원에서 더 쉬운 방식이었다. 미세 조정은 계산 비용도 훨씬 적게 들었다. 무작위 시행착오가 상당히 제거되었다.

「우리는 디프마인드가 하는 방식을 그대로 복사해서 따라 하려고 했는데, 잘못된 방식이라 결국 실패했죠. 그런데 앨릭이 오픈AI에 오면서 첫 번째 GPT를 훈련시켰어요. 그리고 지금은 디프마인드가 우리 방식을 그대로 복사해서 따라 하고 있죠.」카파시가 몇 년 뒤에 한 말이다.

「도타 2」가 처음 승리를 거둔 뒤 머스크는 전율을 느꼈다. 하지만 「도타 2」에서 얻은 교훈 중에는 방대한 컴퓨팅 파워가 정말로 중요하다는 것도 있었다. 오픈AI는 훨씬 많은 자금이 필요했다. 수츠케버와 브록먼, 머스크, 올트먼은 현금 흐름을 만들기 위해 〈초기 코인 제공ICO〉을 시행하는 방안을 논의했다. 하지만 머스크는 결국 이 방식은 오히려 신용도에 해가 될 것이라고 주장했다. 그들은 비영리 기구인 오픈AI를 위해 1억 달러 이상을 조달하려는 계획을 짰다. 하지만 기부자 후보들과 모임을 갖기 시작하면서 곧바로 이 방식이 현실적이지 않다는 걸 깨달았다. 실리콘 밸리의 한 유명 투자자와의 미팅에서는 비영리 기구가 모으기에는 액수가 너무 엄청나다는 이야기를 들었다. 「바로 그때가 방향 전환을 낳은 순간이었죠. 그래, 지금이야말로 우리가 사명에 접근하는 방식을 성장시켜야 할 때라는 걸 깨달은 거예요.」 브록먼이 『월 스트리트 저널』에 한 말이다. 그해 7월, 오픈AI의 「도타 2」 봇이 성능이 좋아져서 불과 한 달 뒤 1 대 1 대결에서 인간을 꺾을 정도가 됐을 때, 수츠케버는 머스크에게 오픈AI의 진전 상황에 관해 이메일을 썼다. 회사가 조만간 〈영리 구조를 설계하기〉 시작할 것이라는 말도 덧붙였다.[10]

오픈AI가 영리 기업으로 변신하는 문제를 고민하는 가운데 공동 창업자들은 누가 회사를 이끌 것인지에 대해 머스크와 오랜 협상을 벌였다. 머스크는 자신이 과반의 지분과 이사회 지배, 최고 경영자 직함 등을 가지고 완전히 책임지기를 원했지만, 수츠케버와 브록먼은 그가 시간의 극히 일부만을 오픈AI에 전력할 수 있을 것이라고 걱정했다. 누가 최고 경영자를 맡을지에 관한 결정은 결국 고참 격에 회사에 상근하는 공동 창업자인 브록먼과 수츠케버의 몫이 되었고, 두 사람은 처음에 머스크를 선택했다. 그 후 올트먼이 브록먼에게 전화를 걸어 마음을 바꾸라고 설득하면서 머스크는 함께 일하기 까다로운 사람이라고 주장했다. 뒤이어 브록먼이 생각을 바꿔서 올트먼을 지지하도록 수츠케버를 설득했다. 「오픈AI가 첫발을 내딛은 순간부터 나는 그를 최고 경영자로 영입하려고 했어요. 오픈AI에는 샘에게 딱 맞는 빈자리가 있었고, 우리는 일부러 그 자리를 남겨 놓았죠.」[11] 2023년 브록먼이 『월 스트리트 저널』에 한 말이다. 그해 9월, 브록먼과 수츠케버는 머스크와 올트먼에게 이메일을 보내 자신들이 직면한 딜레마를 설명했다.

〈우리는 당신과 함께 일하고 싶은 마음이 너무 크기 때문에, 필요하다면 지분과 개인적 통제권을 내려놓고 우리를 쉽게 해고[원문 그대로]할 수 있게 만들어도 만족합니다.〉 브록먼과 수츠케버가 머스크에게 말했다. 하지만 이어진 메일에서 두 사람은 다음과 같은 점을 우려했다. 〈현재의 구조가 계속 이어지면 결국 당신이 일반 인공 지능에 대해 일방적이고 절대적인 통제권을 갖게 됩니다. 당신은 최종판 일반 인공 지능을 장악할 생각이 없다고 말하지만, 이 교섭 중에 절대적 통제권을 대단히 중요하게 여긴다는 뜻을 밝혔습니다.〉 그러면서 오픈AI가 〈일반 인공 지능의 독재를 피하기〉 위해 설립된 점을 감안하면, 〈당신이 마음만 먹으면 독재자가 될 수 있는 구조를 만드는 건 좋은 생각이 아닌〉 것 같다고 덧붙였다.

하지만 두 사람은 올트먼에 대해서도 의심을 품었다. 특히 그가 정치적 야망이 있었기 때문이다. 〈우리는 이 과정 내내 당신이 보인 판단을 전적으로 신뢰할 수 없었습니다. 당신이 제시하는 비용 함수를 이해할 수 없기 때문이지요.〉 중학교 수학 경시대회 참가자 같은 언어를 구사하며 그들이 한 말이다. 〈우리는 최고 경영자 직함이 당신한테 그토록 중요한 이유를 모르겠습니다. 당신이 공언하는 이유가 여러 번 바뀌었고, 당신이 무엇 때문에 그렇게 열심인지 정말 이해하기 어렵거든요. 일반 인공 지능이 정말로 당신의 주요한 동기인가요? 그것과 당신의 정치적 목표와는 어떻게 연결됩니까? 시간이 흐르면서 당신의 사고 과정이 바뀌었습니까?〉 이런 감정은 브록먼보다는 수츠케버의 것이었지만, 어느 정도는 두 사람이 공유했다.

이렇게 공정을 기하려는 노력에도 불구하고, 머스크는 이 이메일을 액면 그대로 읽었다. 〈친구 여러분, 나도 이제 지쳤습니다. 이게 결정타군요.〉 머스크가 이메일을 받고 몇 시간 만에 쓴 답장이다. 〈여러분끼리 어떤 일이든 하든지, 오픈AI를 비영리 기구로 계속 유지하든지 둘 중 하나예요. 여러분이 지금대로 유지하겠다고 확실한 약속을 할 때까지 더 이상 오픈AI에 자금을 지원하지 않겠습니다. 그게 아니면 그냥 여러분이 스타트업을 차리는 데 무상으로 자금을 지원하는 바보에 불과할 테니까요. 논의는 여기서 끝입니다.〉[12] 그는 자금 지원을 중단했지만, 한동안 임대료는 계속 지불했고, 링크트인의 공동 창업자이자 피터 틸의 대학 친구인 리드 호프먼이 개입해서 오픈AI의 직원 급여를 비롯한 경비를 부담했다.

2017년 말, 머스크는 카파시를 비밀리에 영입해서 테슬라의 인공 지능 부문 책임자로 임명했다. 테슬라의 자율 주행 자동차 기술을 지휘하는 자리였다. 2018년 1월, 머스크는 수츠케버와 브록먼에게 이메일을 보내 오픈AI와 테슬라를 합병하자고 권유했다.

〈현재 오픈AI는 자금을 태우고만 있고, 지금과 같은 자금 조달 모델로는 구글(8천억 달러 기업)과 진지하게 경쟁할 만한 규모가 될 수 없어요. 영리 기업으로 전환하면 시간이 지나면서 지속가능한 수입 흐름이 생길 테고, 현재 팀을 유지하면 많은 투자를 유치할 수 있을 겁니다. 하지만 무에서부터 프로젝트를 확장하면 인공 지능 연구에서 초점이 벗어날 테고, 시간이 오래 걸리는 데다가 회사가 구글의 규모를《따라잡을》수 있을지도 불확실해요. 투자자들은 잘못된 방향으로 너무 많은 압력을 행사하겠죠. 내가 생각할 수 있는 가장 유망한 선택지는 전에도 말한 것처럼, 오픈AI를 테슬라에 합병해서 돈 버는 기업 cash cow 으로 활용하는 겁니다.〉 그는 이 방안이 양쪽 다 성공하는 길이라고 제안했다. 오픈AI의 기술이 테슬라가 자율 주행 자동차에 진출하는 데 도움이 될 수 있고, 그러면 테슬라의 시가 총액이 크게 올라서 오픈AI의 일반 인공 지능 탐구에 충분히 자금을 댈 수 있다는 것이었다. 〈2~3년 안에 제대로 작동하는 완전한 자율 주행 해법을 찾으면 많은 자동차와 트럭을 팔 수 있어요. 10년 안에 지속 가능한 구글 규모의 자본에 도달할 수 있는 잠재력은 이것 말고는 없어요.〉[13] 이 조치로 테슬라의 시가 총액이 늘어나면 오픈AI가 그 수입으로 인공 지능 연구 규모를 키울 수 있다고 머스크는 주장했다.

얼마 뒤 샌프란시스코에서 이례적으로 쌀쌀하고 바람이 센 어느 날, 불길하게도 갑자기 전원회의가 소집되어 파이어니어 빌딩 꼭대기 층으로 오픈AI 직원들이 소집되었다. 오픈AI 직원 수십 명이 둘러싼 가운데 소파에 앉은 머스크가 영원히 오픈AI를 떠나겠다고 폭탄선언을 하며 테슬라가 인공 지능에 진출하면서 이해 충돌이 생겼기 때문이라고 설명했다. 올트먼은 회사에서 많은 시간 노력한 데 감사하다면서 돌연 회의를 끝내려고 했다. 하지만 직원들은 답을 듣고 싶어 했고, 머스크는 그답게 요구에 응했다. 질문이 쏟아지기 시작했다. 〈이 기술을 어떻게 안전하게 개발할 건가요?〉, 〈인공 지능을 개발하려는 경쟁이 격화되어 걷잡을 수 없는 사태가 벌어질 수도 있는데, 왜 테슬라에서 경쟁적 시도를 증강하는 겁니까?〉 마침내 머스크가 갑자기 한 젊은 연구원을 〈멍청이〉라고 부르자 직원들이 충격에 사로잡혔다.

머스크가 화가 나서 사무실을 나서면서 오픈AI 직원들이 다시는 그의 얼굴을 볼 수 없게 되자, 올트먼은 직원들을 진정시키려고 했다. 머스크가 사임한다고 해서 신생 연구소가 위협받지는 않을 것이며, 이미 머스크는 초기 자금 10억 달러를 약속한 바 있다고 말했다.

향후 1년간 공식화되지는 않지만, 올트먼은 이제 사실상 오픈AI의 최고 경영자가 되었다. 그는 곧바로 연구소의 컴퓨팅 자원에 대한 막대한 수요를 충족시키는 일에 착수했다. 일단 당장은 얀 탈린이나 줄리아 갈레프 같은 저명한 효과적 이타주의자를 포함해서 기부자와 자문 위원을 더 많이 모아야 했다. 합리주의자인 공적 지식인 갈레프는 지난해에 효과적 이타주의 글로벌 콘퍼런스에서 고든 레빗과 무대에 함께 오른 인물이었다.[14] 장기적으로 보면, 몇 가지 커다란 질문에 답을 찾아야 했다. 엔비디아에서 반도체를 사든지, 빅테크 기업으로부터 빌리든지, 아예 처음부터 반도체를 만들든지 해야 했다. 이런 질문의 답을 구하는 데 파트너 역할을 한 것은 테슬라에서 일한 가장 젊은 제품 관리자로 손꼽히는, 새로 영입한 직원 미라 무라티였다.

무라티는 알바니아가 공산주의에서 서방식 자본주의적 민주주의로 이행하던 혼란기에 성장했다.[15] 고등학교 교사 부부의 세 자녀 중 둘째였던 그녀는 일찍부터 학교에서 두각을 나타내서 자기 교과서를 일찍 떼고 언니의 교과서로 공부를 했고 수학 올림피아드에 출전했다. 열여섯 살에는 피어슨 칼리지 UWC의 장학금을 받았다. 밴쿠버에 있는 국제 기숙 학교인 이곳은 글로벌 네트워크의 일원으로, 국제 바칼로레아 교과 과정을 따랐다. 대학에서는 콜비 칼리지와 다트머스 칼리지에 개설된 5년제 이중 학위 공학 프로그램에 등록했는데, 졸업반 프로젝트로 하이브리드 경주용 자동차를 제작했다. 「재미는 있었는데, 정말 어렵다고 느껴지는 걸 해보고 싶어서 배터리 대신 슈퍼커패시터를 사용했어요. 알다시피 가능한 것의 한계를 밀어붙이려고 했죠.」 어느 팟캐스트 인터뷰에서 마이크로소프트의 최고 기술 책임자 케빈 스콧에게 한 말이다.[16]

2012년에 졸업한 뒤 골드만삭스에 이어 프랑스 기업 조디악 에어로스페이스에서 인턴으로 잠깐 일했지만, 항공 우주 산업의 속도가 느린 것에 실망했다. 「이 산업은 속도가 좀 느리더라고요.」 2024년 다트머스에서 한 강연에서 한 말이다.[17] (앞의 인터뷰에서 그녀는 인공 지능이 등장한 결과 〈몇몇 창의적인 직업이 사라질 테지만 애당초 존재할 필요가 없었던 직업들일지 모른다〉고 말해서 작은 소동을 일으켰다. 본인은 맥락에서 동떨어진 인용이라고 생각했다.) 2013년 테슬라에 입사해서 테슬라의 4도어 세단인 모델 S와 크로스오버 SUV인 모델 X 부문에서 일하면서 모델 X 제품 관리자로서 제조, 판매, 디자인, 엔지니어링, 하드웨어, 소프트웨어 전반을 감독했다. 모델 X 일을 하던 중에 테슬라는 인공 지능 기반 운전자 보조 시스템인 오토파일럿의 초기 버전을 출시했고, 그녀는 이 분야에 관심을 품게 되었다. 2016년 테슬라를 떠나 리프 모션에 들어갔다. 파운더스 펀드에서 자금을 지원한 이 스타트업은 사람이 손만 흔드는 동작으로 디지털 장치와 상호 작용할 수 있는 기술을 개발하고자 했다. 회사는 결국 가능성을 실현하지 못했다. 인공 지능의 응용 가능성이 협소한 데 실망한 그녀는 좀 더 일반적인 시스템의 가능성을 검토하기 시작했다. 또한 오픈AI의 몇몇 창립자와 사교 공간에서 우연히 알게 되었다. 아모데이, 브록먼, 수츠케버, 슐먼, 그리고 결국 올트먼과 대화를 나눈 뒤, 그녀는 〈믿음의 도약〉을 이루어 2018년 오픈AI에 합류했다. 응용 인공 지능과 파트너십 담당 부사장 역할이었다. 초창기에 이 자리는 일반 인공 지능을 실현하기 위해 얼마나 많은 반도체가 필요한지 알아내고, 무엇보다도 마이크로소프트를 설득해서 오픈AI에 반도체를 제공하게 만드는 역할이었다. 내부적으로는 하드웨어 전략이라고 지칭하는 임무였다. 시간이 흐르면서 무라티의 담당 범위는 사실상 회사의 모든 업무를 아우르게 된다.

아직 메모리얼 데이도 되지 않았지만, 제리 올트먼이 세상을 떠난 날 세인트루이스는 이미 중서부 여름의 열기로 가득했다. 크리브코어 호수(프랑스어 crève-cœur는 무너진 가슴이라는 뜻이다)에서 동호인들과 조정을 하던 중에 가슴 통증이 시작되었다. 「물론 그들은 호수의 반대편 끝에 있었죠.」 제리 올트먼의 친구이자 조정 동료인 졸린 보그만의 말이다. 「그 친구는 이런 마음이었죠. 〈오늘따라 잘 안 되네.〉 그는 그냥 앉아 있었고, 다른 친구들이 노를 저어 데려왔죠.」 급히 병원에 실려 갔고, 의사들이 심장을 열어서 막힌 부분을 제거하려고 했다. 하지만 너무 늦은 상태였다. 심박이 정지되었다. 그의 나이 67세였다.

그를 아는 모든 사람이 이 소식에 깜짝 놀랐다. 제리 올트먼은 몇 년 전 스텐트를 삽입한 적이 있지만, 누구 말을 들어도 건강이 아주 좋았다. 딸 애니가 고등학교 시절 콕스로 경기에 나간 것을 본 뒤 세인트루이스 조정 클럽에 들어가 조정을 배우기 시작했다. (제리는 종종 아이들이 관심 있는 것은 무엇이든 관심을 보였다.) 그는 키스톤 자산 관리의 최고 운영 책임자로 일하는 캔자스시티에서부터 네 시간을 서둘러 달려와서 정장을 벗고 스판덱스 조정복으로 갈아입은 뒤 물로 나가곤 했다. 「그 친구는 항상 조정 시간을 충분히 갖기 위해 무사히 복귀하려고 노력했죠. 제리가 변신하는 시간이었어요.」 친구 보그만의 말이다. 조정을 하지 않을 때는 클럽에 나가 배를 손보고 수리했다. 「제리보다 훌륭한 사람은 없지, 라고 클럽 사람들은 흔히 말했죠.」 하지만 그는 가장 가까운 조정 친구에게도 코니와 별거한다는 사실을 털어놓지 않았다. 보그만은 그가 죽은 뒤에야 아파트에서 혼자 살았다는 걸 알았다. 하지만 제리가 썩 좋은 상태는 아니라는 걸 눈치채기는 했다.

궁극적으로 기술로 해결할 수 없는 문제는 없다는 철학의 일환으로 Y 콤비네이터가 보건 의료 스타트업에 투자하도록 밀어붙인 바 있는 샘의 입장에서 아버지의 죽음은 분노한 신이 내려 꽂는 번개와도 같았다. 「아버지가 돌아가시자 그는 엉망이 되었죠.」고등학교 친구인 샐리 체의 말이다.

추모객이 가득 찬 중부 개혁 회당에서 열린 장례식에서 샘은 아버지의 웃음을 곱씹으며 추도 연설을 했다. 친구들이 고음으로 낄낄거리는 웃음이라고 말하는 웃음소리였다. 가족이 집에 모여 보드게임을 하던 어느 날 밤, 다들 웃음보가 터졌는데 샘은 아버지 전화에 그의 웃음소리를 녹음했다. 아버지가 돌아가신 뒤 며칠 동안 혼자서 그 녹음을 들었다. 「샘은 그냥 모든 사람에게 아버지 웃음소리를 녹음해 놓으라고 권했죠. 샘은 지금도 아버지 웃음소리 녹음한 걸 갖고 있어요. 기쁨에 겨운 아버지의 기억을 갖고 있는 거죠.」장례식에 참석한 존 버로스 스쿨 교장 앤디 애벗이 옛 기억을 떠올렸다. 충분하지는 않지만 샘은 어쨌든 기술로 죽음을 모면하기 위한 방법을 찾아낸 셈이었다.

제리의 죽음은 가족에게 심대한 영향을 미쳤다. 자녀들은 각자 장례식에서 발언을 했지만, 애니 올트먼의 추도 연설에는 하와이 빅아일랜드에서 〈극단적인 히피식 미니멀 라이프〉의 일환으로 차에서 살던 시절에 관한 껄끄러운 내용도 담겨 있었다. 베이 에어리어의 연구실에서 하루 종일 쥐를 죽이는 비참한 신세라는 걸 깨달은 뒤, 그녀는 2017년 요가 강사 자격증을 따러 빅아일랜드로 갔다가 베이 에어리어로 돌아와서 지역 농산물 꾸러미를 파는 회사에 들어갔다. 그 후 빅아일랜드에 정착하려고 서둘러 떠나 몇 달간 차에서 살았다. 제리는 친구 보그만에게 말한 것처럼 딸을 걱정했지만, 또한 딸이 어떤 선택을 하든 간에 지원하기로 마음먹었다. 1월에 제리는 애니에게 문자를 보냈다. 〈그냥 분명히 해두는 건데, 지금 네 삶의 방식이나 신체적, 정서적 시도를 지지하지는 않아. 나는 네 인생을 지지한다. 언제까지고 네 인생을 지지할 거야. 이건 네 삶의 모습이니까 그것도 지지하지. 요다식으로 말하자면, 《지금》같은 건 없어. 얼마나 오래갈지는 모르지만 삶이 있을 뿐이지.〉

제리가 죽은 뒤, 샘은 아버지의 계좌를 살펴보다가 최근에 아버지가 애니의 중고차 비용을 분담하고 다른 식으로도 경제적 도움을 준 것을 발견했다. 애니가 스물여섯이 될 때까지 어머니가 의료 보험을 자기 앞으로 해주는 것 외에 가족들이 애니에게 돈을 주지 않기로 뜻을 모은 뒤에도 계속 도와준 것이다. 이 시점에서 딸에게 돈을 주면 건전하지 못한 삶의 방식을 선택하게 할 뿐이라고 걱정하던 어머니 코니 입장에서 이런 사실은 무척 화나는 일이었다. 「그 애는 터프츠를 졸업했어요. 내가 액면 그대로 돈을 댄 대학 졸업장이 있다고요. 우리 애들은 아무도 학자금 대출을 받지 않았답니다.」 여름이 끝날 무렵 코니는 스물네 살이던 애니를 자기 의료 보험에서 빼버렸다.[18]

제리가 세상을 떠나자마자 그의 생명 보험 증서 중 하나가 애니한테 이전되어 로스앤젤레스로 이사하여 예술가가 되는 꿈을 좇을 수 있었다. 애니는 업라이트 시티즌 브리게이드에서 즉흥 연기 강좌를 들었고, 오픈 마이크 나이트에서 스탠드 업 코미디를 했으며, 팟캐스트를 시작하고, 〈험애니〉라고 이름 붙인 여성 1인쇼를 계속했다. 「험애니」는 아무도 진정한 인간이 되는 법을 알지 못하며 모든 인간은 기본 자원이 필요하다는 주제로 진행되었다. 유튜브에 커버 송을 올리기도 했다. 「나는 과학에 푹 빠진 적이 있고, 차에서 완전히 히피처럼 살았죠. 그 후 LA에 가서 예술과 비즈니스, 그리고 이 모든 걸 하나로 결합할 수 있는지 고민했어요.」 본인의 설명이다.

샘에게 아버지가 돌아가신 뒤 일주일은 이런저런 일을 처리하느라 흐릿한 시간이었다. 「일주일이 지나서야 한숨 돌리게 되었죠. 〈맙소사. 결국 이렇게 된 거군.〉」 그가 어느 팟캐스트에서 한 말이다.[19]

장례식을 치르고 한 달 뒤, 올트먼이 선밸리 리조트의 거칠게 다듬은 석조 메인 로지의 지붕 있는 차고에 차를 세우자 통신사 카메라들이 정신없이 셔터를 눌러 댔다. 분홍색 티셔츠에 반사되는 파란 렌즈의 투명 플라스틱 선글라스를 낀 그는 해변에 놀러 가는 사람 같았다. 앨런 앤드 컴퍼니가 주최한 연례 미디어 금융 콘퍼런스에 참여한 미디어 거물들은 대부분 행사의 시그니처인 플리스 조끼를 자랑스럽게 걸치고 있는 반면, 올트먼은 캘리포니아 스타일을 고수했다. 그는 〈억만장자를 위한 여름 캠프〉라고 흔히 알려진 선밸리를 수년간 찾은 바 있었다. 2008년 루퍼트가 자금 조달이나 매각을 위해 앨런 앤드 컴퍼니와 계약을 맺었기 때문이다. (미디어 거래에서 종종 세 번째 은행으로 이름을 올리는 부티크 투자 은행인 앨런 앤드 컴퍼니와 계약을 맺는 것이 누구나 탐내는 콘퍼런스 초대장을 받는 가장 확실한 방법이다.) 이 과정에서 올트먼은 미디어 거물 배리 딜러와 그의 부인이자 디자이너 다이앤 폰 퓌르스텐베르크 같은 선밸리의 주축 인물들과 절친이 되었다.

콘퍼런스는 활발한 거래가 이루어지는 장소로도 유명하다. AOL이 타임 워너를 인수하기로 결정한 곳이자 컴캐스트가 NBC 유니버설 인수 계약을 체결한 곳이기도 하다. 앨런 앤드 컴퍼니는 콘퍼런스에서 이루어지는 모든 거래에서 일정한 수수료를 받는다. 특히 이해에는 경제가 탄탄하고 늘 그렇듯 날씨가 화창했는데도 콘퍼런스에는 불안감이 감돌았다. 넷플릭스 같은 경쟁자들이 등장한 탓에 미디어 업계의 수익성이 완전히 빠져나가는 상황에서 거물들이 테크 기업에 일부 회사를 매각하려고 점점 필사적으로 매달렸기 때문이다. 전통적 미디어 업계를 조롱이라도 하듯 소프트뱅크 창립자 손정의는 차에서 내리자마자 기자들에게 선언했다. 「나는 전통적 미디어에는 관심이 없습니다.」[20] 애플의 팀 쿡과 페이스북의 셰릴 샌드버그도 다음 날 비슷한 분위기를 내비쳤다. 아직 이혼을 마무리하지 못했지만 한창 변모하는 중이던 제프 베이조스는 부티크 팝업 가게들 사이를 거닐면서 믿기지 않을 정도로 불끈 커진 근육을 자랑했다.

한편 올트먼은 마이크로소프트의 나델라와 계단에서 우연히 마주쳐서 5분 동안 대화를 나눴다. 올트먼의 회상을 들어 보자. 「제가 말했죠. 〈아, 여기서 만나네요. 우리는 좀 큰돈을 모을 계획이에요. 정말 묘하네요. 당신도 이 이야기를 하고 싶죠?〉 나델라가 관심을 보였다. 실제로 그는 당장 이 문제를 이야기하고 싶어 했다. 올트먼은 머스크가 떠난 뒤에 오픈AI가 〈수익 제한〉 모델을 시도하기로 결정했다고 설명했다. 투자자들이 벌 수 있는 수익을 투자금의 백 배로 제한하는 모델이었다(이 〈제한〉은 정말 구미가 당기는 투자 방식이었다). 「그 방식은 상당히 기묘해서 많은 투자자가 참여하지 않았죠. 우리가 투자자의 수익에 상한선을 둔다는 사실이요? 사람들은 이런 반응이었죠. 〈농담하는 거겠지. 절대, 원칙적으로 절대 안 되죠.〉 그래서 꽤 많은 투자자가 떨어져 나갔어요.」 올트먼이 나중에 『월 스트리트 저널』에 한 말이다.

이 투자 소개에 겁먹고 나가떨어지지 않은 몇 안 되는 투자자 중 한 명인 비노드 코슬라는 선 마이크로시스템의 공동 창업자로, 유명 벤처 기업 클라이너 퍼킨스에서 일하다가 자신의 회사인 코슬라 벤처를 창업했다. 코슬라 벤처는 데이비드 와이든이 루프트의 자문 위원이 되고 얼마 뒤 그를 영입했는데, 그는 올트먼을 새로 모시는 사장에게 소개한 바 있었다. 코슬라는 Y 콤비네이터 시절 동안 올트먼과 계속 연락했고, 두 투자자는 공히 인공 지능과 핵에너지에 관심을 기울였다. 「당신네는 실제로 수익보다 사명에 더 신경을 쓰는 몇 안 되는 펀드 중 하나예요.」 코슬라는 자금 조달 중에 올트먼이 자신에게 한 말을 기억하며 한마디 덧붙인다. 「수익을 위한 계획이 전혀 없었죠. 수익 추정치가 어디에도 없었어요. 우리가 볼 재무 상태 보고서도 없었고요.」 대신에 두 사람은 일반 인공 지능에 도달한다는 사명에 관해 이야기했다. 코슬라 벤처는 결국 회사 역사상 최대 금액인 5천만 달러짜리 수표를 써서 오픈AI에 투자하는 최초의 벤처 기업이 되었다.

하지만 오픈AI에 필요한 자금은 5천만 달러를 훌쩍 뛰어넘었다. 올트먼과 팀은 이후 몇 달간 다른 테크 기업들과 대화를 나눴지만, 대부분은 대화가 〈썩 효과가 없었다〉고 그는 말한다. 그해 겨울 그는 나델라에 이어 마이크로소프트 최고 기술 책임자인 케빈 스콧에게도 연락했고, 진지한 협상이 시작되었다. 올트먼이 그때 기억을 떠올린다. 「그 후 팀으로 돌아와서 이런 식으로 말했던 기억이 나요. 〈이쪽이 유일한 파트너예요. 우리와 함께 일할 사람들이죠. 이 사람들은 우리와 방향이 맞고, 우리를 이해하고, 안전성 문제도 이해하고, 일반 인공 지능도 이해하죠. 자본도 있고, 컴퓨팅 자원을 운영할 능력도 있어요. 그냥 이렇게 갑시다.〉 그다음에는 사실 다른 과정을 진행하지 않았어요.」

올트먼은 마이크로소프트와 협상을 진행하는 한편, 점차 Y 콤비네이터의 지위를 활용해서 글로벌 연계를 형성하고 있었다. 2018년, 중국 스타트업을 육성하기 위해 YC 차이나를 설립한다고 발표했다. 존경받는 중국계 미국인 인공 지능 전문가 루치가 대표를 맡았는데, 그는 마이크로소프트에 재직할 때 나델라의 인공 지능 전략을 설계한 주역이었다. 올트먼은 몇 년 전 중국을 방문했는데, 피터 틸의 『제로 투 원』 홍보 투어에 동행한 길에 중국의 변화에 깜짝 놀랐다. 20년 전만 해도 사방이 논이던 땅에 번쩍이는 마천루들이 늘어선 광경에 압도당했다. 중국 공장과 생명 공학 연구실을 둘러보며 사람들이 미친 듯이 열심히 일하고 생산성을 끌어올리는 것을 보고는 한층 깊은 인상을 받았다. 「세계에서 가장 흥미로운 기업과 기술의 에너지 가운데 일부가 중국에 있다고 생각했죠.」 루프트의 전 이사인 그렉 매캐두도 같은 생각이었다. 세쿼이아 캐피털 차이나가 중국 드론 제조업체 DJI에 투자하는 등 세쿼이아의 중국 부문 자체가 동시에 중국 벤처 투자에 공격적으로 나서는 것도 우연의 일치가 아니었다. 2021년에 이르러 미국 정부는 DJI가 중국의 위구르인 감시에 활용된다고 주장하며 투자 블랙리스트에 올려놓았다. 하지만 YC 차이나는 사업을 시작하지도 않은 상태였고, 2023년에 미국과 중국 간 긴장이 고조되자 세쿼이아는 중국 부문을 분리해야 했다. 루치가 YC 차이나의 출범에 관해 한 인터뷰에서 밝힌 것처럼, 〈중국에 진출한 다국적 기업들은 거의 나자빠졌다〉. 「중국에 제대로 발을 내딛지도 못했어요.」[21]

올트먼은 또한 사우디아라비아와도 관계를 다졌다. 처음 사우디 왕세자 모하메드 빈 살만(모두들 MBS라고 부르는 젊은 통치자)을 만난 건 2016년 샌프란시스코 페어몬트 호텔에서 열린 만찬

자리였다. 틸과 호프먼을 비롯한 미국 벤처 자본가 10여 명이 참석한 자리였다. 사우디 대표단은 미국과의 유대를 깊이 다지려는 목적으로 구성된 모임으로, 이미 몇 주 전 사우디 왕국이 우버에 35억 달러를 투자하는 결과로 이어졌다.[22] 〈샘은 만찬 자리에 깊은 인상을 받았다〉고 한 참석자가 말했다. 이후 몇 년간 〈사우디 왕국과 샘 사이에는 돈독한 관계가 형성되었〉다. 2018년 10월 9일, 사우디의 한 통신사는 올트먼이 네옴(〈새로운〉이라는 뜻의 그리스어와 〈미래〉라는 뜻의 아랍어를 합성한 단어) 자문 위원회에 합류했다고 발표했다. 인공 지능과 청정 에너지를 동력으로 해서 사막 한가운데에 MBS가 매사추세츠주 규모로 건설하려는 5천억 달러짜리 메가시티 프로젝트였다. Y 콤비네이터 도시라는 올트먼의 꿈과 흡사하게, MBS는 사우디 사회를 밑바닥에서부터 끝까지 개조하고 싶어 했다. 「독자적 시스템과 규제를 갖춘 네옴을 무에서부터 시작하면 사회적 제한 없이 최고의 서비스를 제공할 수 있을 것이다.」 『월 스트리트 저널』에 보도된 네옴의 첫 번째 이사회에서 MBS가 한 말이다. 왕세자의 자문 위원들은 플라잉 택시와 로봇 가사 도우미를 도입할 뿐만 아니라 국왕에게 보고하는 이슬람 법정을 설립하는 계획까지 마련했다.[23] 하지만 네옴 자문 위원회가 발표되자마자 사우디 반체제 인사이자 『워싱턴 포스트』 칼럼니스트인 자말 카쇼기에게 관심의 초점이 쏠렸다. 10월 2일 이스탄불의 사우디 영사관에 들어간 뒤로 소식이 끊겼기 때문이다. 이후 보도를 통해 카쇼기가 암살당했다는 주장이 공개되기 시작하자 올트먼은 카쇼기의 실종에 관한 사실이 알려질 때까지 네옴 사업 관여를 〈일시 중단하겠다〉고 발표했다.[24] 미국 정보기관은 결국 그가 MBS의 지시에 따라 고문, 살해당하고 뼈 절단기로 시신이 훼손되었다고 결론 내렸다. 올트먼은 그로부터 5년 뒤에야 사우디 왕국을 방문할 수 있었지만, 사우디 아람코의 지원을 받는 펀드가 그와 함께 인공 지능 반도체 스타트업인 레인 뉴로모픽스에 투자를 이어 가게 된다. 하지만 이 투자는 이듬해 바이든 행정부에 의해 반강제로 철회되었다.[25]

 2018년 여름 무렵, 올트먼은 Y 콤비네이터의 일상 업무에 거의 관심을 기울이지 않았고, Y 콤비네이터 파트너들은 그가 얼굴도 비치지 않는다고 볼멘소리를 하기 시작했다. 파트너들 사이에서 내분이 일기 시작했고 일부는 그레이엄에게 Y 콤비네이터가 〈워크woke〉에다가 비대해졌다고 불만을 토로했다. 이런 우려를 해소하기 위해 올트먼은 존 레비를 〈문화〉 담당 부사장으로 임명해서 자신의 업무를 한층 많이 위엄하고자 했다. 레비는 윌슨 손시니의 변호사 출신으로 캐럴린 레비의 남편이었다. 부사장이 된 덕분에 레비는 컨티뉴이티 펀드나 YC 코어 같은 부문의 몇몇 결정에 대해 거부권을 행사할 수 있게 된다. 그는 폴 그레이엄과 제시카 리빙스턴이 영국에서 자녀를 키우느라 자리를 비운 동안 자신들의 눈과 귀로 의지한 Y 콤비네이터의 세 베테랑 직원 중 하나였다. 일각에서는 〈샤프롱〉*이라고 부르기도 하는 이들이었다. 레비는 전에 YC 리서치의 법적 구조를 짜는 데 톡톡히 역할을 했고, 오픈AI의 비영

---

 * 과거 사교 행사 때 미혼 여성을 따라다니며 보살피는 역할을 한 나이 든 여성.

리 기구 설립 문서에도 맨 밑에 그의 이름이 있다. 또한 컨티뉴이티 펀드가 Y 콤비네이터 계열이 아닌 회사에 투자하고 비서를 채용하는 일에도 비판의 목소리를 높였다. 조직이 위험하게 비대해진다고 보았기 때문이다. 그와 배치를 감독하는 YC 코어 최고 경영자 마이클 사이벌은 많은 문제에서 의견이 갈렸다. 올트먼이 레비의 잠재적인 새로운 역할을 제시했을 때, 사이벌은 자신은 절대 레비에게 보고하지 않겠다고 선언했다. 그러자 올트먼은 아이디어를 폐기했다.

한편 그레이엄은 컨티뉴이티 펀드가 Y 콤비네이터 초기 단계의 매력을 약화시킨다고 여기면서 점차 환멸을 느끼고 있었다. 올트먼은 원래 컨티뉴이티 펀드를 펀드에서 나오는 운용 수수료로 배치에 자금을 지원하는 묘안으로 내세웠는데, 법적 장애물 때문에 이 방식이 불가능해지자 수수료가 전문가와 애널리스트를 고용하는 데 사용되었다. 그러자 Y 콤비네이터의 고참들은 자신들이 설파하려고 한 〈라멘 수익성〉이라는 헝그리 정신에 위배된다고 느꼈다.

2019년 초, 오픈AI는 비영리 모회사에 사업을 보고하는 새로운 영리 자회사를 설립한다고 발표하면서 올트먼을 최고 경영자로 공개 지명했다. 그들이 고안한 구조는 완전히 새로운 것이었는데, 공공-민간 파트너십과 혼란스러울 정도로 복잡한 조직 구조에 대한 제리 올트먼의 애정을 연상시키는 구조였다. 모질라 재단 같은 몇

몇 비영리 기구가 영리 기술 회사를 관리하기는 했지만, 오픈AI처럼 기이한 조직 구조는 없었다. 오픈AI에서는 영리 자회사가 비영리 모회사에 보고할 뿐만 아니라 투자자의 수익을 투자금의 백 배로 제한해서 나머지 수익은 비영리 기구로 들어갔다. 영리 기업 또한 비영리 기구처럼 오픈AI 헌장에 종속되었는데, 헌장은 인류에 기여하는 것을 사명으로 정했다. 모든 투자자는, 비영리 이사회에서 자회사가 사명에서 벗어났다고 판단하는 경우 언제든지 투자금을 무효로 만들 수 있다는 조항에 동의하는 포기 각서에 서명해야 했다. 그리고 아실로마 인공 지능 원칙에 따라 군비 경쟁을 피한다는 정신 아래 오픈AI는 경쟁자가 먼저 일반 인공 지능에 접근하는 경우에 자체 연구를 중단하고 경쟁자와 협력하겠다고 약속했다.

 이 모든 조항 가운데 가장 이상한 — 그리고 훗날 회사를 끈질기게 괴롭히게 되는 — 것은, 이사회 성원 중 소수만이 영리 회사 지분을 가질 수 있으며, 비영리와 영리 부문의 이해가 충돌하는 문제(투자자와 직원에게 배당금을 지급하는 문제 등)에 대해 지분이 **없는** 이사만 의결권을 갖는다는 조항이었다. 이런 기묘한 규정 때문에 올트먼은 자신이 공동 창립하고 이제 막 공식적으로 운영을 맡게 되는 회사의 지분을 포기하는 쪽을 선택했다(미국 기업 역사에서 사실상 전례가 없는 상황이었다). 당시만 해도 그가 단순히 권력을 위해 돈을 포기한 것처럼 보였다. 실리콘 밸리 스타트업에서는 — 제품 자체까지 포함해서 — 투자자와의 계약 조건과 직원들에게 지분을 보상하는 방식을 관리하는 능력이 무엇보다도 중요하기 때문이다. 경주용 자동차로 말하자면 가속 페달과 브레이크에 해당하는 부분이다. 이 둘이 없으면 핸들이 아무 소용이 없다.

새로운 구조와 나란히 규모가 커진 새로운 이사회가 출범했는데, 타샤 매콜리, 리드 호프먼, 아담 단젤로(쿼라 최고 경영자), 시본 질리스(머스크의 뉴럴링크 임원) 등이 이사진이었다. 매콜리는 비슷한 효과적 이타주의자 집단을 이끈 홀든 카르노프스키의 추천을 받아 2018년 11월에 이사회에 합류했다. 매콜리가 이미 아실로마 회의에서 올트먼을 만난 것도 도움이 되었다. 매콜리는 이후 올트먼과 몇 차례 대화를 나누고 정식 면접 절차까지 거쳤는데, 이 과정에서 인공 지능의 안전성에 관해 어떻게 생각하는지 직원들에게 질문을 받았다. 단젤로는 실리콘 밸리의 유명 인사로, 페이스북에서 최고 기술 책임자를 지냈고 브록먼과 친한 사이였다. 한때 블룸버그LP의 벤처 캐피털 부문에서 현장에 집중한 인공 지능 전문가 질리스는 2016년 오픈AI에서 자문 위원으로 일하던 중 머스크를 알게 되었고, 이후 테슬라에서 일하다가 뉴럴링크로 옮겼다.[26]

호프먼은 루프트 시절부터 올트먼과 아는 사이로, 당시 팰로앨토 시내에서 가끔 그와 마주치곤 했다. 올트먼보다 훨씬 집요한 인맥 관리자이자 정치에도 치열하게 관심을 쏟은 ─ 여러 해 동안 민주당의 손꼽히는 큰손 기부자였다 ─ 그는 머스크를 통해 오픈AI를 알게 됐지만, Y 콤비네이터가 추진하는 기본 소득 프로젝트에 대한 관심과 스타트업 스쿨에서 자신의 이야기를 공유한 경험 덕분에 더욱 가까워졌다. 오픈AI가 창립될 때 1천만 달러를 기부하겠다고 약속했는데, 2016년 링크트인을 마이크로소프트에 매각하고 이사회에 합류한 뒤 전액을 낼 수 있었다. 2018년 봄 머스크가 자금 지원을 철회했을 때, 올트먼은 호프먼에게 연락해서 오픈AI 직원들의 급여를 지급할 수 있었다. 모질라의 이사로 재직 중이던 호프먼은 영리 부문을 만드는 구상을 다듬는 데 기여했고, 코슬라 벤처와 나란히 영리 자회사의 첫 번째 투자자가 되었다.

호프먼이 이사회에 합류한 직후, 올트먼은 그를 오픈AI에서 여는 간담회에 초대했다. 오픈AI 직원들이 지켜보는 가운데 올트먼은 껄끄러운 질문으로 호프먼을 놀라게 했다. 「만약 제가 조직의 최고 경영자로서 그릇된 일을 한다면 어떻게 하실 건가요?」 딱 벌어진 어깨에 싹싹하고 웃음이 헤픈 호프먼은 잠깐 숨을 죽였다. 「글쎄요.」 그가 초조하게 웃으며 답했다. 「분명 처음에는 바로잡으려고 하겠죠. 하지만 그렇게 못한다면 당신을 해임할 겁니다.」 올트먼이 수긍하듯 고개를 끄덕였다. 「넵. 여기 계신 모든 분이 그 점을 아셨으면 좋겠습니다.」

한편 Y 콤비네이터에서는 올트먼이 오픈AI의 영리 부문 최고 경영자가 된다는 소식을 접한 제시카 리빙스턴이 격분했다. 그녀는 다른 영리 회사를 운영하는 데 전념할 생각이라면 Y 콤비네이터의 후계자를 찾으라고 올트먼에게 요청했다. 딱히 자발적인 교체는 아니었지만, 올트먼은 이의를 제기하지 않았다. 〈오픈AI가 영리 부문을 설립하고 그가 그쪽 최고 경영자를 맡기로 한 뒤 Y 콤비네이터의 후계자를 찾아야 한다고 제안한 건 사실 제시카였습니다. 그래서 누군가 샘을 《해고》했다면 그건 내가 아니라 제시카였죠. 하지만 《해고》라는 단어를 사용하는 것 잘못입니다. 본인도 곧바로 동의했으니까요.〉 그레이엄이 이메일에서 한 말이다.

그렇지만 올트먼은 계속 적극적으로 관여하기를 원했고, Y 콤비네이터 의장으로서 약간 손을 떼는 역할로 물러나면 어떻겠냐고 제안했다. Y 콤비네이터의 오랜 파트너로, 그레이엄과 리빙스턴, 올트먼도 결국 그의 후계자로 뜻을 모은 제프 랠스턴은 깔끔하게 갈라서는 게 더 좋을 것이라고 생각했다. 5월, 그레이엄은 마운틴뷰에 있는 Y 콤비네이터 사무실로 날아가 파트너들을 불러 모은 뒤, 올트먼이 떠나고 랠스턴이 후임을 맡을 것이라고 발표했다.

리빙스턴은 올트먼이 겉으로는 Y 콤비네이터를 운영하면서 동시에 오픈AI를 위해 은밀하게 일한 전모를 접하면서 충격받고 상처를 입었다. 그 후 몇 년간 두 사람은 대화를 나누지 않았다. 그레이엄 역시 화가 났지만 금세 그를 용서했다. 그렇다 해도 그는 처음부터 올트먼이 Y 콤비네이터에 전념하기를 바란다는 점을 분명히 하지 않은 것을 후회했다. 올트먼의 야심은 결국 양날의 검이었음이 드러났다.

두 사람이 이렇게 분노한 한 가지 이유는 올트먼이 떠나면서 혼돈이 생겼기 때문이다. 올트먼은 Y 콤비네이터의 규모와 범위를 키우긴 했지만, 회사의 지배 구조를 유의미한 수준으로 전문화하지는 않았다. 그가 구성한 감독 위원회는 전면에 나서지 않으면서도 Y 콤비네이터 최고 경영자를 채용하고 해고하는 이론상의 권한

이 있었는데 — 한자리에 모이는 일이 없었으면 좋겠다고 그가 공언한 대로 — 한 번도 회의를 연 적이 없었다. Y 콤비네이터에는 진정한 의미의 이사회가 없었고 올트먼의 후임자를 찾기 위한 공식적인 절차도 마련되어 있지 않았다. 실질적인 이사회가 없었기 때문에 사실상 그레이엄이 직접 나서서 랠스턴에게 새로운 대표라는 정당성을 부여해야 했다. 몇 년 뒤 랠스턴의 후임자로 게리 탄을 지지할 때도 똑같은 상황이 펼쳐진다. 랠스턴 재임 시절에 Y 콤비네이터는 마침내 5인으로 구성된 정식 이사회를 구성했는데, 그레이엄과 리빙스턴이 한자리씩 맡고 브라이언 체스키 같이 Y 콤비네이터에서 성공한 창업자들도 참여했다.

하지만 그 순간에는 그레이엄의 존재만으로 올트먼이 떠나면서 생긴 혼란을 잠재울 수 없었다. 올트먼은 Y 콤비네이터 대표직을 포기하는 데 동의했지만 이사회 의장으로 자리를 유지하기를 원했다. 자신이 설득해서 Y 콤비네이터에 투자한 LP(유한 책임 투자자)들을 안심시킨다는 명분도 있었다. Y 콤비네이터는 블로그에 올트먼의 새로운 직위를 발표했다가 금세 발표를 철회하고 글에서 의장 관련 내용을 삭제했다.[27] 「샘은 자신이 감독자가 될 수 있는, 뭔가 방법을 찾으려고 노력했어요. 내부 사람들 중에는 〈아뇨, 당신은 끝이에요〉라고 말하는 이도 있었죠.」 당시 Y 콤비네이터에 몸담고 있던 누군가의 말이다.

처음에 올트먼은 오픈AI를 만들기 위해 Y 콤비네이터 브랜드에 의지했다. Y 콤비네이터 지분을 활용해서 오픈AI 연구원들을 위한 보상금 재원을 마련했고, 머스크와 초기에 주고받은 이메일에서는 Y 콤비네이터 건물을 내놓겠다고 제안했으며, Y 콤비네이터 회사들이 보유한 데이터를 오픈AI 모델 훈련용으로 사용하기도 했다. 앨런 케이의 후배인 인포시스의 비샬 시카를 비롯한 자원을 통해 YC 리서치 자금을 모았는데, 원래 사용하기로 한 용도대로 자금을 썼는지는 언제나 다소 불분명했다. 시카는 처음에 올트먼이 케이에게 인류 발전 연구 공동체의 새로운 연구실을 내준다는 계획에 고무되었지만, 그가 내놓은 기부금은 결국 오픈AI의 금고로 흘러 들어갔다. 그래도 올트먼의 폭넓은 비전을 위해 지원한 것이라고 여긴 시카는 신경 쓰지 않았다. 하지만 머스크는 처음부터 오픈AI를 독립적인 비영리 기관으로 설립해야 하고, 그 자금이 YC 리서치의 다른 프로젝트로 들어가는 일이 없어야 한다고 요구했기에 일부 파트너들은 점차 이런 유동적 형태를 이해 충돌로 보기 시작했다. 또는 적어도 올트먼의 개인 프로젝트를 위해 Y 콤비네이터 브랜드를 부적절하게 활용하는 것으로 보았다.

올트먼을 지지하는 사람들은 그가 단순히 발 빠르게 움직이면서 기존 질서를 깨뜨렸다고 말한다. 「샘은 좋은 의도로 행동하는 선량한 사람이에요. 그는 도덕에 철저해요. 양심적으로 행동하려고 하죠. 하지만 그는 충돌을 피하려고 하고, 소통에 대단히 능하지는 않으며, 간혹 혼자 너무 앞서 나가서 신뢰를 깨뜨리죠.」 Y 콤비네이터의 어느 오랜 파트너의 말이다.

그런 건 별로 중요하지 않았다. 나델라와 계단에서 만나고 1년 뒤에 마이크로소프트와 오픈AI는 마이크로소프트가 오픈AI에 10억 달러를 투자하기로 했다고 발표했다. 오픈AI가 〈인간에게 이로운 일반 인공 지능〉을 개발하는 것을 돕기 위한 투자였고, 대부분 마이크로소프트의 애저 클라우드 컴퓨팅 플랫폼에서 사용 가능한 크레디트를 통한 투자로, 다시 마이크로소프트로 귀속되는 방식이었다. 그 대가로 애저는 오픈AI의 독점 클라우드 제공 업체가 될 예정이었다.[28]

초기의 온갖 실패를 무릅쓰고 오픈AI는 알고리즘보다도 자금이 필요하다는 걸 알았고, 이런 점에서 샘 올트먼은 그 순간 가장 필요한 인물이었다.

4부

2019~2024

14
제품

처음부터 안전성을 둘러싸고 다툼이 벌어졌다. 최초의 GPT를 만들고 1년 뒤, 앨릭 래드퍼드와 연구 팀은 직접 만든 웹텍스트라는 데이터 집합을 기반으로 15억 개의 매개 변수를 가진 트랜스포머를 훈련시켰다. 오픈AI의 연구원들은 레딧에서 추천* 3표를 받은 웹사이트 링크 800만 개를 긁어모아서 웹텍스트를 만들었다. 비용을 지급하지 않고도 인간이 만든 양질의 콘텐츠를 큰 규모로 찾아내는 독창적인 방식이었다. 그 결과 GPT-2는 적절한 프롬프트만 사용하면 설득력 있는 에세이나 팬 픽션, 심지어 뉴스 기사도 작성할 수 있었고, 더 나아가 따로 훈련받지 않고도 번역까지 할 수 있었다. 〈다음에 나오는 단어를 예측하는〉 기술이 일반 지능의 방향으로 나아가는 어느 정도의 행동을 보이기 시작했다는 의미였다.

파이어니어 빌딩 안에서 GPT-2가 가리키는 방향 때문에 몇몇

---

* 레딧 이용자는 게시물에 투표할 수 있는데, 게시물이 유용한지에 따라 〈추천 upvote〉, 〈비추천downvote〉을 누를 수 있다. 추천을 받으면 게시물이 상위로 올라가고, 비추천을 받으면 하위로 내려간다.

사람이 흥분을 감추지 못했다. 오픈AI의 몇몇 직원의 눈에는 다리오 아모데이와 이제 정책 책임자를 맡은 잭 클라크도 그런 반응이었다. 깊게 깔리는 낮은 목소리에 박식한 말투를 지닌 클라크는 GPT-2가 전반적인 언어 이해에서 앞선 어떤 모델보다도 뛰어난 것을 보고 깊은 인상을 받았고, 텍스트용 디프페이크를 만드는 데 오용될 수 있다고 우려했다. 지난해에 그와 아모데이는 — 오픈 필랜스러피 프로젝트의 젊은 중국 전문가 헬렌 토너와 함께 — 공동으로「인공 지능의 악의적 사용」을 저술했다. 논문의 주 저자인 마일스 브런디지는 옥스퍼드 대학교의 닉 보스트롬이 이끄는 인류 미래 연구소 연구원으로, 얼마 지나지 않아 오픈AI에 합류했다. 논문은 정책 결정권자들이 인공 지능이 할 수 있는 유해한 행동 중에서도 온라인에 가짜 정보를 퍼뜨리는 능력을 능가해야 한다고 경고했다.「다리오는 연구소들이 언제나 모든 걸 공개해서는 안 된다는 선례를 만들자는 발상에 특히 관심을 보였어요. 그리고 그런 발상에 따라 움직였고요.」당시 오픈AI에서 일하던 어느 직원의 말이다. 많은 논의 끝에 오픈AI는 〈기술을 악의적으로 활용할 가능성에 대한 우려 때문에〉 GPT-2의 코드 전체를 공개하지 않기로 하면서 대신 소규모 버전만 공개했다.[1]

    인터넷에서는 잔치가 벌어졌다.『와이어드』는 〈인공 지능 텍스트 생성기, 공개하기에는 너무 위험해〉라고 무표정하게 평했다.[2] 영국의『메트로』는 〈일론 머스크가 설립한 오픈AI가 구축한 인공 지능, 너무 강력해서 인류의 이익을 위해 가둬 두어야 한다〉고 목청을 높였다.[3] 『아르스 테크니카』는 〈자기들이 만든 결과물에 겁을 먹은 연구자들, 《텍스트용 디프페이크》 인공 지능을 비밀에 부치다〉라고 선언했다.[4] 오픈AI는 갑자기 놀림거리가 되었다. 쓰라린 망신이었다. 올트먼은 연구소 직원 100명에게 일장 연설을 하면서 일을 제대로 한 데 대해 고마움을 표했다. 하지만 모두들 언론의 혹평을 잘 알고 있었다.

그럼에도 불구하고 GPT-2는 기술적 쾌거였고, 기존의 가장 뛰어난 기술을 앞질렀다. GPT-2는 선행 모델에 비해 열 배 많은 데이터를 사용했고, 오픈AI는 이 과정을 한층 대대적으로 확장하는 데 열의를 쏟았다. GPT-3가 될 모델의 계획 회의에는 10명 정도의 임원들이 참석했는데, 그때까지 「도타」 프로젝트에 집중하고 있던 브록먼도 새로운 GPT 프로젝트에서 일하고 싶다는 뜻을 밝혔다. GPT-2 연구를 지휘한 아모데이는 그가 참여하는 건 불가능하다고 말했다. 몇 차례 대화가 오간 뒤 아모데이는 격한 어조로 일장 연설을 하면서 반대 이유를 조목조목 밝혔다. 그중에는 오픈AI의 GPT 연구에서 핵심 인물로 여기는 래드퍼드가 브록먼과 함께 일하는 걸 거부한다는 사실도 있었다. 브록먼은 다른 사람들이 진행하는 프로젝트를 자기 마음대로 좌우하는 것으로 악명이 높았기 때문이다. 회의에 앞서 브록먼은 래드퍼드와 다섯 시간 동안 대화하며 프로젝트에 참여할 가능성에 관해 논의했다. 내성적인 성격이지만 사람 좋은 래드퍼드는 어찌해야 할지 당황했다. 브록먼이 참여하는 건 원하지 않았지만, 면전에 대고 그런 이야기를 하는 건 내키지 않았다. 그래서 아모데이와 대화를 나눴고, 아모데이는 올트먼과 무라티를 비롯한 오픈AI 고위 임원들이 모인 자리에서 이런 사실을 공개적으로 밝혔다. 결국 올트먼과 브록먼은 아모데이, 래드퍼드와 관계를 유지하기 위해 GPT-3에 참여하지 않기로 했다. 회사의 다른 성원들은 아모데이의 장악력에 깜짝 놀랐고, 이 사건을 회사에서 균열이 시작되는 계기로 여겼다.

프린스턴 물리학 박사인 아모데이는 2015년 처음 간곡한 부탁을 물리친 끝에 마침내 2016년에 오픈AI에 합류한 인물이었다. 바이두와 구글 브레인에서 근무한 뒤, 그는 금세 오픈AI에서 가장 중요한 연구원으로 손꼽혔다. 신경망을 확장하면 결과물을 만들어 낼 수 있다는 확신과 어떤 결과물이 나오든 간에 사회가 아직 받아들일 준비가 되어 있지 않다는 우려가 동시에 작용했다.

2019년 내내 GPT-3 개발에 몰두한 것 외에 아모데이와 몇 명의 연구원은 〈스케일링 법칙〉에 관한 논문을 발표했다. 연구자들이 데이터와 컴퓨팅 자원, 신경망 규모를 늘릴수록 대규모 언어 모델의 성능도 일관되게 개선된다는 것을 보여 주는 법칙이었다. 회사를 위한 자금 조달에 애쓰는 최고 경영자가 볼 때, 이 법칙은 뜻밖의 선물이었다. 기계에 자금을 투입하면 지식의 경계가 확실하게 확장될 것이라는 과학적 증거였기 때문이다. 올트먼은 이 통찰이 21세기에 가장 중요한 발견이 될 것이라고 자신했다. 「어떤 모델이 규모와 더불어 개선된다는 걸 아는 것과 많은 모델이 규모와 더불어 예측 가능하게 개선된다는 걸 아는 건 다른 문제예요. 그건 정말로 엄청난 일이었죠.」

GPT-3는 오픈AI의 많은 이가 간단히 〈인터넷〉이라고 말한 재료를 기반으로 훈련받았다. 오픈AI 연구원들은 코먼 크롤이 웹사이트에서 긁어모은 1조 개 이상의 단어로 이루어진 말뭉치를 바탕으로 데이터 집합을 만들었다. 코먼 크롤은 2003년 구글이 사들여서 광고 사업의 핵심 기반으로 전환한 애드센스의 창시자 길 엘바즈가 지원하는 가운데 한 달에 한 번씩 웹을 크롤링하는 봇을 관리했다. 이 봇들은 긁어모은 데이터를 컴퓨터가 읽을 수 있는 형식으로 저장한 뒤 전부 연구자들이 무료로 다운로드할 수 있게 만들었다. 봇들이 긁어모은 데이터는 대부분 저작권 보호를 받는 자료였지만—대부분의 디지털 퍼블리셔는 유료화 벽paywall의 유무와 상관없이 페이지 하단에 〈모든 권리 보유all rights reserved〉라는 문구를 넣는다—학계에서는 이런 관행을 용인했다. 상업용이 아니라 연구용이었고, 또한 이 웹사이트들에는 (적어도 이론상으로는) 유료화 벽이 없었기 때문이다. 이런 식의 논리가 적용되었다. 퍼블리셔들이 사람들이 마음대로 가져가는 걸 원하지 않는다면, 콘텐츠를 무료로 공개하는 이유가 무엇인가? 코먼 크롤 재단의 전무 이사인 리치 스크렌타의 말을 들어 보자. 「1989년 팀 버너스리가 웹을 발명한 시절로 돌아가 보면, 그 목표는 모든 정보를 인터넷에 올려서 사람들이 이용할 수 있게 하는 것이었죠. 코먼 크롤은 그런 웹의 표본이에요. 아마 코먼 크롤은 현재 존재하는 거의 모든 대규모 언어 모델에서 주요한 훈련용 데이터 집합일 겁니다.」

GPT-3는 코먼 크롤의 데이터에다가 위키피디아에서 긁어모은 자료, (오픈AI가 만든) 웹텍스트 말뭉치의 업데이트 버전, 그리고 북스1과 북스2를 보완했다. 〈인터넷 기반 도서 말뭉치〉라는 모호한 설명이 붙은 북스1과 북스2의 출처와 내용은 여전히 수수께끼다. (나중에 작가들이 집단 소송을 제기하면서 북스1은 저작권이 소멸된 책 6만 권으로 이루어진 구텐베르크 프로젝트에서 가져온 것으로 보이지만, 북스2는 라이브러리 제네시스[립젠] 같은 〈극악한 불법 해적 도서관〉에서 다운로드받았을 가능성이 높다고 혐의를 제기했다. 라이브러리 제네시스는 약 30만 권의 전자책을 비트토렌트로 다운로드할 수 있게 제공하고 있었다.[5] 오픈AI는 북스2 데이터 집합의 출처에 대한 언급을 거부했다.)

그 결과 GPT-3는 이전 모델에 비해 한층 더 막강해졌다. 이 모델은 매개 변수(디지털 시냅스에 해당)가 1750억 개에 달해서 GPT-2의 백 배 이상이었다. GPT-3는 방대한 훈련 데이터를 보유한 덕분에 따로 훈련받지 않고도 그럴듯한 시와 뉴스 기사, 심지어 컴퓨터 코드도 쓸 수 있었다. 보고 싶은 문서의 종류를 보여 주는 사례 몇 가지(가령 대화 문장 몇 줄이나 앱 코드 일부)만 제시하면 문단 전체나 완성된 프로그램 텍스트 코드를 예측해 냈다. 오픈AI는 이를 〈숏 몇 개〉* 학습이라고 지칭했는데, 다른 모델들이 유용한 과제를 수행하는 데 몇 시간의 훈련이 필요한 것과 달리, 예시 몇

* 여기서 숏은 원두커피의 숏에 빗댄 표현이다.

가지만 제시하면 된다는 뜻이었다. 수츠케버는 『뉴욕 타임스』에 〈GPT-3는 누구도 가능하다고 생각하지 못한 역량을 보여 준다〉고 말했다.[6]

브록먼으로서는 GPT-3를 훈련시키는 중요한 일에서 배제된 것이 고통스러운 경험이었다. 여러모로 그 **자신**이 오픈AI였기 때문이다. 그는 시간 관리 앱인 레스큐타임의 스크린 숏을 올트먼에게 보내 일주일에 거의 70시간을 일하며 대부분 코딩에 몰두한다는 사실을 보여 주는 걸 좋아했다. 2019년 11월, 그는 여자 친구 애나와 오픈AI 사무실에서 결혼했다. 수츠케버가 주례를 섰고 로봇 손이 반지를 전달했다. 브록먼은 이후 12월 동안 새로 훈련시킨 GPT-3 모델을 이리저리 시험해 보면서 실체를 파악하게 되었고, 결국 혼자서 오픈AI 최초의 제품을 위한 시제품을 코딩했다.

처음에는 단순히 자금 조달을 위한 시도였다. 오픈AI는 필요한 컴퓨팅 자원의 비용을 치르기 위해 투자자들에게 부족하나마 **어느 정도** 증거를 보여 주어야 했다. 언젠가 사람들이 지금 만들고 있는 제품을 사기 위해 돈을 지급할 것임을 입증해야 했다. 하지만 회사의 어떤 연구원도 대규모 언어 모델을 현실 세계에 응용하는 문제에 열중하지 않았다. 연구원들은 그저 일반 인공 지능에 도달하기를 원했다. GPT-3 같이 컴퓨팅 자원을 집중 사용하는 모델로는 마이크로소프트가 컴퓨팅 크레디트로 내놓은 10억 달러가 그렇게 오래가지 않을 것임이 분명했다. 앞서 오픈AI는 마이크로소프트가 파트너가 되어 자신들의 기술을 〈제품화〉할 방법을 알아내기를 기대했지만, 마이크로소프트 직원들과 숱하게 많은 회의를 해도 이 대기업이 선뜻 모험에 나서도록 유혹하기는 어려워 보였다. (마이크로소프트는 결국 GPT-3를 기반으로 제품을 만들기는 했지만, 2021년까지 거의 2년 가까이 출시하지 않았다.)

결국 오픈AI는 직접 제품을 만드는 방법을 찾아보기로 결정했다. 고위 임원들은 어떤 영역을 활용할 수 있는지 우선 상상하기 시작했다. 보건 의료 프로젝트? 교육? 기계 번역 관련 프로젝트? 크리스마스 직전, 존 슐먼이 오픈AI 경영진용 슬랙 대화방에 한 가지 제안을 올렸다. 〈그냥 API를 구축하면 어떨까요?〉 소프트웨어 앱끼리 서로 대화할 수 있게 해주는 애플리케이션 프로그래밍 인터페이스를 말하는 것이었다. GPT-3에 API를 탑재하면, 보건 의료 포털에서 비디오 게임에 이르기까지 어떤 종류의 앱이든 오픈AI의 최신 텍스트 예측 모델에 직접 접근할 수 있었다. 슐먼은 성공 가능성에는 큰 기대를 걸지 않았다. 그 시점에서 GPT-3는 사전에 설정된 패턴에서 다음 단어를 추측할 수는 있지만 지시를 수용하는 법은 알지 못했다. API가 유용하게 활용될 수 있을지 분명하지 않았고, 돈을 내고 사용할 이용자가 있을 거라고 생각하지 않았다. 하지만 다른 사람이 더 좋은 아이디어를 내놓지 못했기에 임원진은 무라티의 지휘 아래 한번 시도해 보기로 결정했다.

대규모 언어 모델을 둘러싸고 온갖 흥분이 일긴 했지만, 당시 시점에서 이 모델을 활용한 제품은 하나도 없었다. 그저 멋진 장난감이자 연구 프로젝트였을 뿐, 실제로 어디에 활용할 수 있는지 아무도 알지 못했다. 특히 대규모 언어 모델은 여전히 아무 이유도 없이 거짓말을 꾸며 대는 경향이 있었다. 일명 〈환각〉이라는 습관이었다. 하지만 브록먼은 크리스마스 전후의 조용한 시간을 무엇보다 좋아했다. 컴퓨터 클러스터가 한산했고, 슬랙 대화방에서 연락하는 사람도 없어서 진짜 원하는 집중을 할 수 있었기 때문이다. 그로서는 오픈AI의 최신 대규모 언어 모델(이 시점에서 세계 최고였다)을 사용하지 않고 방치하는 것이 거의 부도덕한 일로 느껴졌다. 그래서 그는 자기만의 코드 동굴에 들어갔고, 1월 초 몇 주 만에 오픈AI는 GPT-3 API의 시제품을 손에 넣었다. 이제 필요한 건 사용자들이었다. 사실 정말 괜찮은 사용자 한 명이면 충분했다.

스트라이프 초창기 시절, 이 스타트업은 폴 그레이엄이 에세이에서 소개한 것처럼 공격적 방식으로 가입자를 확보하는 것으로 유명세를 떨쳤다. 〈Y 콤비네이터에서는 그들이 고안한 기법을 《콜리슨 설치법》이라고 부른다. 소심한 창업자들은 《우리 베타 버전 한번 써보실래요?》라고 묻고는 상대가 좋다고 하면 이렇게 말한다. 《좋아요, 링크 보내 드릴게요.》 하지만 콜리슨 형제는 기다릴 마음이 없었다. 누구든 스트라이프를 써보겠다고 하면 바로 《그럼 지금 노트북 주세요》라고 말하고는 그 자리에서 설치한다.〉[7] 브록먼은 이 교훈을 오픈AI에 적용하기로 마음먹었다. 무라티와 긴밀하게 협력한 그는 코로나19 록다운 직전 시기였던 2020년 1월과 2월 거의 내내 샌프란시스코 곳곳을 돌면서 다양한 스타트업을 만나

GPT-3를 시험 사용해 달라고 매달렸다. 「이미 하는 일 중에 잘 안 되는 게 뭡니까?」 또는 이렇게 물었다. 「당신 분야에서 속도를 더 높일 수 있는 일이 뭐가 있죠?」 브록먼과 무라티는 번역과 질의응답 등 GPT-3가 할 수 있는 작업의 사례를 보여 주었다. 하지만 상대방은 대부분 멍하니 쳐다보기만 할 뿐이었다.

브록먼은 다시 직접 일을 처리하려고 나섰다. 지난 12월에 코드 동굴에 틀어박혔을 때 트위터로 닉 월튼에게 다이렉트 메시지 DM를 보낸 적이 있었다. 브리검 영 대학교 컴퓨터 과학과를 갓 졸업한 월튼은 원래 성인 해커톤 프로젝트로 만든, GPT-2를 사용하는 텍스트 기반 판타지 게임 「AI 던전」을 개발한 인물이었다. 던전 앤드 드래곤의 자율적인 롤플레잉 게임에서 영감받은 「AI 던전」은 사용자가 인공 지능과 팀을 이뤄 자신이 꿈꾸던 세계를 탐험하는 공동 스토리텔링 게임이다. 2019년 말 출시 일주일 만에 이용자 10만 명을 확보했고, 6주 뒤에는 100만 명이 넘었다. 처음에 월튼은 구글 코랩 노트북이라는 무료 서비스에서 게임을 호스팅했는데, 이 방식이 이제 지속 가능하지 않다는 걸 깨닫고는 동생과 협력해서 자금을 모았다. 그러고는 아마존에서 임대한 GPU 서버에서 오픈AI가 무료로 배포한 GPT-2용 오픈 소스 코드를 돌렸다. 「우리가 정말 흥분한 건 그 덕분에 나하고 동생이 언제나 직접 해보고 싶었던 유형의 게임을 구동할 수 있다는 점이었어요. 개발자가 미리 정해 놓은 몇 가지 선택지에만 제한되지 않고 직접 자기 경로를 만들고 선택을 해가면서 살아 있는 듯한 무한한 세계를 누빌 수 있는 게임이죠.」월튼의 말이다. 하지만 이런 게임은 비용이 꽤 많이 들었다. 형제는 비용을 감당하기 위해 페이트리언 계정을 개설했고, 브록먼 부부가 기부했다.

브록먼은 월튼에게 보낸 DM에서 〈우리가 함께할 수 있는 흥미로운 일들이 있을 겁니다〉라고 말하면서 휴일이 지나고 연락하겠다고 약속했다. 「내가 여기 사람들하고 공유할 수 있는 규모 관련 수치가 있을까요?」 1월, 브록먼은 월튼에게 전화를 걸어 상업용 API를 만들려는 계획에 관해 말했다. 「그걸 시험 사용해 볼 생각이 있습니까?」 월튼은 기본적으로 자기 게임을 구동하기 위해 직접 API를 만든 적이 있었던 터라 당연히 구미가 당겼다. 이후 몇 달간, 「AI 던전」은 오픈AI가 API를 개선하는 데 필요한 피드백을 매일 제공하게 된다. 그 대가로 월튼은 초기에 GPT-3를 무료로 사용할 수 있었다.

하지만 다른 사람들은 별로 관심이 없었다. 「우리는 수백 곳의 회사를 찾아갔는데 다들 반응이 비슷했죠. 〈이거 좋긴 한데 우리 문제를 해결해 주지는 않는 것 같군요.〉」 컴퓨터 비전을 활용해 사진을 정리하는 앱을 만드는 스타트업을 2012년 파일 공유 대기업 드롭박스에 매각한 뒤 드롭박스에서 일하다가 오픈AI로 온 피터 웰린더의 말이다. 오픈AI에서 주요 소비 제품 개발에 참여한 몇 안 되는 연구 중심 직원 중 한 명인 그는 로봇 손 프로젝트에서 차출되어 API를 만드는 팀을 확대하는, 별로 생색도 나지 않는 임무를 받았다. 처음에는 아무도 거기서 일을 하려고 하지 않았고, 이용자를 확보하느라 악전고투하게 되자 소규모 팀은 연구로 복귀하고 싶어 했다. 하지만 지상 과제는 분명했다. 오픈AI는 GPT로 현금을 창출해야 했다. 따라서 코로나19 때문에 전국이 셧다운된 가운데서도 브록먼과 무라티, 웰린더는 부지런히 일했다. 브록먼이 그때 기억을 떠올렸다. 「두 달 뒤에 시작했더라면 API에 전혀 다른 이야기가 펼쳐졌을 게 분명해요.」

코로나19 바이러스가 지구 곳곳에서 활개 치는 가운데 올트먼은 가족의 위기에 대처하고 있었다. 애니는 언제나 아빠의 딸이었다. 가장 감정에 충실하고, 운동도 잘하고, 동정심이 많아서 연구실에서 쥐를 죽이다가 비건이 된 동생이었다. 아버지가 세상을 떠나자 이미 허약한 애니의 건강이 무너져 내렸다. 난소 낭종과 아킬레스건 손상 진단을 받아서 한쪽 발에는 반깁스 신발을 신어야 했다. 차도 없이 LA에서 살았는데, 2019년 중순에 이르러 하루 종일 서서 일해야 하는 동네 대마초 판매점 일을 더는 할 수 없었다. 아버지 생명 보험금으로 받은 돈도 동이 나고 있었다. 그러던 중 아버지의 401(k) 연금 담당자에게서 자신이 1순위 수혜자로 지정되어 있다는 통지를 받자 뛸 듯이 기뻤다. 일을 그만둔 애니는 몸을 치유하고 예술 작업을 하면서 6개월을 보낼 계획을 세웠다. 그런데 동시에 의문이 들었다. 왜 이 사실을 몰랐던 걸까? 애니는 가족들에게 아버지의 유언장에 관해 물었고, 9월에 샘이 연결해 준 변호사가 유언장을 보내 주었다. 다른 가족들은 유언장에 관해 알고 있었고 자기만 몰랐다는 사실은 충분히 충격적이었다.

401(k)와 관련해 한 가지 문제가 있었다. 제리가 사망했을 때 그와 코니는 여전히 법적으로 부부였으므로 총 4만 달러 정도 되는 돈은 자동으로 코니에게 돌아갔다. 그 돈을 딸에게 이전하려면 서류에 서명해야 했다. 〈내 상황이 곤란하게 됐구나. 내가 서명하지 않으면 어떻든 간에 나쁜 사람이 되지 않겠니?〉 코니가 딸 애니에게 보낸 문자다. 어머니는 연금 유산을 코니에게 이전해 주지 않았다.

몇 년 뒤에야 애니는 아버지 유언장에 담긴 뜻을 온전히 이해하게 된다. 아버지의 재산을 신탁에 넣어 두고 돈이 가장 필요한 사람에게 조금씩 지급한다고 되어 있었다. 올트먼 가족 중에는 결국 애니가 받게 된다는 뜻이었다. 애니의 전 변호사인 마이크 그라스에 따르면, 이 신탁의 가치는 결국 현금 약 20만 달러와 세인트루이스 시내에 있는 건물 한 채, 서류상 수백만 달러 가치가 있는 하이드라진의 세 번째 펀드의 지분 0.5퍼센트였는데, 가족들은 제리가 사망하고 6년이 넘도록 이 신탁에 실제로 돈을 넣거나 애니가 사용할 수 있게 하지 않았다.

그동안 애니는 힘겹게 살았다. 나중에 어느 글에 쓴 것처럼, 〈가구와 옷가지, 팟캐스트와 음악 작업에 쓰던 마이크를 팔기 시작했다. 그래야 월세와 식비를 감당할 있었으니까〉. 2019년 12월에 이르러 애니는 절망적인 상태가 되어 가족에게 도와 달라고 요청했다. 가족들은 거부했다. 애니는 시킹어레인지먼트라는 에스코트 사이트에 가입해서 가슴을 노출한 뒤 송금 앱 젤을 통해 돈을 받았다.

2020년 초, 샘이 로스앤젤레스로 와서 몇 차례 가족 심리 치료 대면 상담을 받았다. 〈나는 치료사 사무실에 반깁스 신발을 신고 호르몬 때문에 땀을 흘리며 앉아 있었다. 옆에 큰오빠가 앉았는데, 오빠 핸드폰에 띄운 페이스타임 화면에 어머니가 보였다. 나를 낳은 여자는 내 담당 치료사에게 이렇게 말했다. 《애니가 완전히 자립해야 정신 건강에도 가장 좋을 겁니다.》 수백만 달러를 가진 오빠도 그 의견에 동의했다.〉[8]

치료사는 올트먼 가족이 6개월간 애니를 경제적으로 지원할 것을 제안했고, 샘과 코니도 여기에 동의했다. 하지만 몇 달이 지나자 애니는 가족들이 약속을 지키지 않는다고 느꼈다. 돈을 늦게 보내거나 비굴하게 부탁하게 만들었기 때문이다. 코로나가 확산되던 3월, 어머니 코니는 애니에게 문자를 보내 합의 조건을 어긴 것은 바로 애니라고 말했다. 자신과 샘에게 정기적으로 연락하고, 〈정신과 치료를 충실히 받으〉며, 적극적으로 일자리를 알아보는 등의 내용을 어겼다는 것이었다. 코니는 애니가 대마초나 승차 공유 앱 리프트 등 이상한 데 돈을 쓴다고 트집을 잡았다. 자기가 보기에는 〈실업자가 감당할 만한 수준이 아니〉라는 것이었다. 애니의 건강에 대해서는 〈누구나 여러 가지 병에 걸리고[원문 그대로] 그냥 병을 안고 일해야 한다〉고 말했다. 그러면서 〈쌀, 콩, 달걀, 치즈, 파스타만 있으면 일주일에 100달러 이하로 맛 좋은 음식을 만들어 먹을 수 있다〉고 훈계했다. 게다가 로스앤젤레스보다 생활비가 싼 곳으로 이사를 가라고 조언했다. 〈마음대로 돈을 쓸 수 있다고 너한테 좋은 게 아니다. 정말이다. 너도 힘들겠지만 나도 힘들어. 어떻게든 네 생활이 다시 제자리를 찾기 바란다.〉

애니는 하와이로 돌아가서 자기 표현대로 〈노동 강도가 낮은 노동 교환〉 방식으로 농장에서 일하기로 결심했다. 가족에게 이런 계획을 알리자 오빠 맥스가 그 자리에 모인 형제와 어머니 코니를 대신해서 말했다. 「그래, 6월에는 네가 생활비를 부담하는 게 제일 좋겠다는 게 우리 생각이다.」 애니가 나중에 『뉴욕』 매거진에 밝힌 바에 따르면, 샘이 아버지 유골로 만든 다이아몬드를 보내겠다면서 주소를 알려 달라고 한 게 마지막 결정타였다.[9] 제리는 생전에 자기를 다이아몬드로 만들어 달라고 한 적도 없었고, 당시 애니가 살던 곳에는 우편함에 잠금장치도 없었다. 〈게다가 당시 내 사정에서 다이아몬드로 할 수 있는 경제적으로 가장 합리적인 행동은 전당포에 맡기고 식비를 마련하는 것이었다. 형제들도 그 사실을 잘 알고 있었다.〉 애니는 어머니나 오빠들과 연락을 끊었다.[10]

이런 일이 벌어지는 와중에 샘은 자기가 아는 유일한 방법, 즉 모금 활동으로 코로나19에 대응하고 있었다. 코로나19는 예전부터 대비해 온 글로벌 팬데믹에 대한 일종의 〈준비 운동〉이었다. 〈과학자들이 우리를 팬데믹에서 구할 수 있다〉고 그는 블로그에 썼다. 〈과학자들에게 필요한 것은 돈과 인맥이다.〉[11] 4월, 올트먼과 당시 Y 콤비네이터의 촉망받는 스타트업인 리플링에서 일하던 맥스는 가장 실리콘 밸리다운 방식을 생각해 냈다. 중국에서 수술용 마스크를 대량으로 구매할 수 있는 1billionmasks.com 웹사이트를 만드는 것이었다. 6월, 올트먼은 코로나19 임상 시험을 개시하기 위한 프로젝트에 착수했다. 이미 Y 콤비네이터에서 생명 공학 분야에 진출한 덕분에 1910 제네틱스 같은 많은 기업을 아는 상태였다. 1910 제네틱스는 젠 은완콰가 설립한 인공 지능 기반 신약 회사로 샘도 투자한 바 있었다. 이제 은완콰는 이 인공 지능 툴을 이용해서 코로나 치료제 개발을 시도하고 있었다. 그 과정에서 올트먼은 1910에 GPT-3 API를 공개하기 전에 사용해 보라고 설득하려 했다. 은완콰의 회상을 들어 보자. 「그가 연락해서 말하더군요. 〈봐요, 소수의 회사를 선별해서 GPT-3 API를 미리 공개하고 싶은데요. 연구 프로젝트에서 나아가 상업적 효용을 발휘하게 발전시킬 수 있는지 알아보고 싶거든요. 생명 공학 분야에 있는 당신이 이걸 어떻게 평가할지 듣고 싶습니다. 생명 공학은 아주 독특한 분야니까요.〉」1910은 이 제품을 사용해 보았지만, 〈여러 이유 때문에 협업은 결국 실현되지 않았다〉.

2020년 6월 11일, 오픈AI는 첫 번째 상업용 제품을 출시하면서 오픈AI API라는 단순한 명칭을 붙였다. 그와 동시에 변명에 가까운 블로그 글을 올려서 오픈 소스로 공개하지 않은 이유(너무 복잡하고 위험하다)와 다소 멋쩍어하며 제품을 만드는 이유(첫째, 돈을 벌어야 했다)를 해명했다.[12] 오픈AI가 접근을 제공한 GPT-3 모델은 이 분야에서 중대한 진전이었지만, 그래도 원하는 일을 하게 만들려면 숙련된 프롬프트 작성 기술이 필요했다. 사용자는 자신이 원하는 답변 유형의 예시를 몇 개 제시해야 했는데, 마치 아이 옆에서 달리면서 자전거 타는 법을 가르치는 것과 같았다. 브록먼은 『와이어드』에 이렇게 설명했다. 「질문과 답변 몇 개를 제시하면 갑자기 Q&A 모드로 전환되죠.」[13] 거창한 출시가 아니어서 레딧을 비롯한 소수의 기업만이 비공개 베타 버전에 등록했다. 하지만 오픈AI가 설명한 바에 따르면, 이제 제품을 만들어야 하는 새로운 이유가 있었다. 그저 돈을 벌어야 하는 것만이 아니었다. 사람들이 오픈AI의 도구를 사용해 보아야만 어떻게 하면 이것을 안전하게 만들 수 있는지 알 것이었기 때문이다. 「처음에는 자금 모금용으로 시작했지만, 금세 이것이 핵심적으로 중요한 고리라는 게 분명해졌습니다. 이건 아직 행동 궤도에 오르지는 않았지만 우리가 추구하는 사명의 핵심 기둥이었죠.」 브록먼의 말은 그럴듯한 이유 같았다. 하지만 만일을 대비해 오픈AI는 출시를 일반 공개 대신 비공개 베타 버전으로 제한했다. 악용하는 상황을 막기 위해서였다.

아모데이, 그리고 몇 달 전 그와 함께 스케일링 법칙 논문을 공저한 이들을 중심으로 한 회사 내부 인사들은 출시에 큰 인상을 받지 못했다. 회사 상층부 안에서 점점 치열한 싸움이 벌어졌다. 「샘과 그렉은 Y 콤비네이터와 스트라이프 출신인데, 둘 다 고전적인 실리콘 밸리 스타일이었어요. 〈일단 출시하고 규모를 키우자〉는 식이었죠.」 당시 직원의 말이다. 이와 대조적으로, 아모데이는 학자 출신으로 자기가 하는 일이 안전성에 어떤 함의를 갖는지 점점 집착하게 되었다. 그의 팀은 모델을 좀 더 천천히, 제한을 많이 두고 공개해야 한다고 믿었다. 다리오 아모데이는 친구들에게 올트먼이 자신을 심리적으로 학대하는 느낌이라고 토로했다. 올트먼은 동료들에게 갈등 때문에 일이 싫어지고 있다고 털어놓았다. 아모데이와 그의 팀은 만약 회사를 떠나야 한다면 지금이 바로 그때라는 걸 깨달았다. 「우리 모두 이 사태가 어디로 향하는지 알죠. 우리가 독자적으로 일해야 할 시점이 온다면, 더 늦기 전에 서두르는 게 좋습니다. 스케일링 법칙 때문에 이 작업의 자본 요건이 엄청나게 높아지는 순간이니까요.」 아모데이의 한 팀원이 말했다. 2021년이 되자 아모데이를 비롯한 오픈AI 직원 10여 명이 회사를 떠나 앤스로픽이라는 경쟁 회사를 차렸다. 올트먼은 이때의 트라우마를 절대 극복하지 못한다.

한편 바야흐로 광범위한 분야의 연구자들이 대규모 언어 모델의 막강한 힘과 전망, 위험에 눈을 뜨고 있었다. 앤스로픽 팀이 2020년 말 오픈AI의 문을 향해 움직이고 있었을 때, 안전성을 둘러싼 비슷한 싸움이 구글에서 이미 벌어졌다. 수석 연구원들인 에밀리 벤더와 팀니트 게브루가 논쟁적 논문 「확률론적 앵무새 Stochastic Parrots*의 위험성에 관하여: 언어 모델은 지나치게 커질 수 있는가?」를 발표하면서 시작된 논란이었다.[14] 깃털이 달린 거대한 앵무새의 위협적인 이미지는 사람 흉내를 내는 말하는 새와 생소한 단어(영

---

* 인공 지능이 만들어 형식적으로 완벽하지만 내용적으로 이해가 없는 언어 모델을 가리키는 표현.

어의 conjecture와 관련된 그리스어 stokhastikos에서 파생된 stochastic)를 결합한다. 그렇다면 〈확률론적 앵무새〉라는 문구는 사려 깊은 분석이나 인간의 소통과 대립되는 의미의 추측과 모방을 만들어 내는 대규모 언어 모델의 경향을 가리킨다.

논문은 계속해서 기하급수적으로 커지면서 훨씬 많은 데이터를 집어삼키고 있던 대규모 언어 모델(오픈AI가 최근에 선보인 거대한 GPT-3)에 관한 장황한 우려를 해부한다. 알려진 위험 가운데는 막대한 컴퓨팅 자원을 필요로 하는 대규모 언어 모델의 엄청난 탄소 발자국, 대규모 언어 모델이 〈소외된 집단에 해가 될 수 있는 편견을 표현하는〉 수많은 방식, 그리고 벤더와 게브루가 〈가치 고착value-lock〉이라고 지칭한 문제 등이 있었다. 가치 고착이란 대규모 언어 모델이 기존 콘텐츠를 긁어모아 재구성하는 과정에서 〈포용적이지 않은 과거의 이해를 고착시킨다〉는 뜻이다. 잠재적인 편향의 원천과 관련해서 논문은 GPT-2와 GPT-3가 레딧과 위키피디아에 의존하는 점을 지적하면서 2016년 퓨 리서치 센터의 조사를 인용한다. 미국의 레딧 이용자는 대부분 18~29세의 젊은 남성이며 〈마찬가지로 최근 위키피디아 이용자에 관한 조사에서 8.8~15퍼센트만이 성인 여성이나 미성년 여성으로 밝혀졌다〉는 조사 결과였다.

두 저자는 또한 대규모 언어 모델의 능력이 악의적으로 오용될 수 있는 위험에 대해서도 경고했다. 그들의 주장에 따르면, 인간은 언뜻 이해할 수 있는 단어들의 나열이 의미가 있는 문장이고 신뢰할 만한 정보로 이루어져 있다고 가정하도록 점화되어 있다. 〈나쁜 행위자〉들은 이런 진화적 특성을 악용할 수 있다. 그들은 대규모 언어 모델을 활용해서 〈특정한 주제에 관해 언뜻 일관성 있어 보이는 텍스트를 대량 생산〉한다. 가령 이런 텍스트의 실제 목적은 위험한 음모론을 조장하는 것이다.

구글은 심사자들이 이 논문이 지나치게 비판적이라고 평가했다면서 공저자들에게 철회할 것을 요청했다. 게브루는 그 후 자신이 해고되었다고 주장하는 반면, 구글은 본인이 사직한 것이라고 일관되게 주장한다.[15] 이 사건은 언론에서 대서특필되었고, 〈확률론적 앵무새〉는 인공 지능 분야에서 가장 많이 인용되는 비판이자 문화적 밈이 되었다. (이듬해 오픈AI가 챗GPT를 출시한 직후, 올트먼은 뻔뻔스러운 트윗을 올린다. 〈나는 확률론적 앵무새고 당신들도 마찬가지예요.〉)[16] 하지만 여러 면에서 이 논문은 아모데이와 브런디지, 클라크를 비롯한 오픈AI 성원들이 불과 몇 년 전에 느낀 두려움을 입증하고 대변해 주었다. 그리하여 오픈AI는 GPT-2의 완전한 소스 코드 공개를 주저하게 되었다.

15
챗GPT

오픈AI가 제대로 준비도 되지 않은 모델들을 출시하고 있다는 우려는 근거 없는 게 아니었다. 안전성에 가장 집착하는 직원들 대다수가 회사를 떠나고 오래지 않아 오픈AI는 GPT-3 베타 테스트에 사용되는 「AI 던전」에 관해 쓰인 판타지 글 일부에 아동과의 성관계 내용이 담겨 있다는 사실을 알게 되었다. 오픈AI는 「AI 던전」의 모회사에 이런 행위를 중단할 것을 요청했다. 〈어떤 경우에는 콘텐츠 관리 결정이 쉽지 않지만, 이번은 사정이 다릅니다. 이것은 우리가 원하는 인공 지능의 미래가 아닙니다.〉[1] 『와이어드』에 보낸 성명에서 올트먼이 한 말이다.

「AI 던전」이 관리 시스템을 새로 도입하자 이용자들이 격분했다. 이용자들이 나누는 이야기는 원래 사적인 것이었다. 「AI 던전」이 왜 갑자기 자기들 대화를 염탐하려는 걸까? 텍스트 기반 판타지 게임의 콘텐츠를 규제하는 법률은 존재하지 않았다. 그리고 「AI 던전」이 처음 내놓은 해결책은 어설픈 방식으로 〈8년 된 노트북8-year-old laptop〉* 같이 무해한 표현에도 딱지를 붙였다. 이용자들은 한 달에 10~50달러를 내는 구독을 취소했고, 소셜 미디어에 몰려가 불만을 쏟아 냈다.

「오픈AI는 우리가 선을 넘는 이용자에게 딱지를 붙이고, 그런 내용을 읽고, 계정을 차단하는 방식을 받아들이기를 원했죠. 그런데 한 가지 문제는, 인공 지능 자체가 그런 내용을 작성한다는 거였어요.」 최고 경영자 닉 월튼의 말이다.

다시 말해, 인공 지능이 소아 성애자가 되기도 했다. 인간 본성의 가장 추악한 면들이 곳곳에 도사리고 있는 〈인터넷〉에서 훈련받은 GPT-3를 교화해야 했다.

하지만 GPT-3가 다른 어떤 모델보다 훨씬 뛰어났던 터라 「AI 던전」은 다른 선택의 여지가 없었다(최소한 베타 사용자로서 무료로 이용할 수 있는 한은). 베타 사용자 기간이 끝나자 「AI 던전」은 제품의 기반이 되는 인공 지능의 비용이 너무 비싸서 사업성이 좋지 않다는 걸 깨달았다. 한 달 이용료로 10~50달러를 내는 사용자가 수천 명이었는데도 수익이 없었다. 「〈AI 던전〉은 테슬라 한 대 가격으로 GPU 클러스터를 사용했어요. 우리는 출시된 게임 가운데 GPU를 가장 많이 사용하는 게임이었는데, 사실 텍스트 어드벤처 방식이었죠.」 월튼의 설명이다. 얼마 뒤 그들은 다른 인공 지능 파트너로 옮기기로 결정했다. 「이런 상황이었거든요. 〈수익을 전부 인공 지능에 지출하게 될 거야. 이런 식으로는 도저히 버틸 수 없어.〉」[2]

* 여덟 살짜리와 랩댄스를 즐긴다는 의미로 착각했을 것이다.

2021년 초, 오픈AI는 GPT-3를 기반으로 이용해서 텍스트 지시에 따라 이미지를 생성할 수 있는 모델을 만들었다. 달리DALL-E라는 명칭은 디즈니의 월-E와 살바도르 달리에서 따온 작명이었다. 모델이 첫 번째로 공개한 이미지는 〈발레복 튀튀 차림으로 개를 산책시키는 조그만 무〉였다. 무는 울퉁불퉁하고 단순한 모습으로, 「사우스 파크」를 앵그르 작품처럼 그린 만화 스타일이었다. 하지만 실제로 튀튀를 입고 개를 산책시키는 모습이었다.

이런 진전 덕분에 올트먼은 자신이 사회를 완전히 뒤바꾸는 역할을 한다고 가장 설득력 있는 주장을 펼 수 있었다. 〈오픈AI에서 일하다 보면 매일 대다수 사람들이 생각하는 것보다 빠르게 다가오는 사회 경제적 변화의 규모에 관해 떠올리게 된다. 사고하고 학습할 수 있는 소프트웨어가 지금 사람들이 하는 일을 점점 더 많이 떠맡게 될 것이다. 훨씬 많은 권력이 노동에서 자본으로 이동할 것이다.〉 2021년 3월, 에세이 「모든 것을 위한 무어의 법칙」에서 한 말이다.

인공 지능은 거의 모든 것을 저렴하게 만드는 방식으로 부를 창조할 것이라고 그는 주장했다. 〈충분히 강력한 인공 지능이 《노동력으로 편입》되면 많은 종류의 노동의 가격(재화와 서비스의 비용을 움직이는 요소)이 0에 가까워질 것이다. 인공 지능은 재화와 서비스의 가격을 낮출 것이다. 노동이 공급망의 여러 단계에서 비용을 움직이는 요소이기 때문이다. 만약 로봇이 태양광 발전을 이용해서 현장에서 천연자원을 채굴, 제련한 재료로 이미 소유한 땅

위에 집을 짓는다면, 주택 건축비는 로봇 임대료에 가까워진다. 그리고 이 로봇을 다른 로봇으로 만든다면, 로봇 임대료는 인간이 만들던 때보다 훨씬 낮아질 것이다.)[3]

하지만 유감스럽게도, 그 비용이 더 저렴해지지 않는 주된 이유는 토지였다. 실제로 4년 전인 2017년 올트먼이 주지사 출마를 숙고했을 때, 그의 정책 우선 과제 목록에서 상위에 있던 저렴한 주택 부족 현상을 대대적으로 악화할 가능성이 높았던 것도 바로 토지였다. 이제 그는 19세기 언론인이자 정치 경제학자인 헨리 조지의 발상에 해법이 있다고 주장했다. 헨리 조지는 불평등에 맞서 싸우는 최선의 방법은 노동에 세금 매기는 것을 중단하고 토지에만 세금을 매기는 것이라고 제안했다. 그가 제안한 〈토지 가치세〉는 토지의 가치가 그 토지를 중심으로 벌어지는 경제 활동 — 다른 이들이 깐 도로, 다른 이들이 시작한 사업체 — 에 주로 뿌리박고 있다는 발상에 기반한 것이었다.

더 나아가 올트먼은 조지주의 Georgism (윈스턴 처칠부터 윌리 브라운에 이르기까지 오랫동안 많은 옹호자가 있었다)를 다음 단계로 끌어올리면서 YC이즘이라고 부를 법한 모델을 제안했다. 미국에 사는 모든 사람에게 국토와 기업의 작은 지분을 분배하면, 벤처 자본이 가장 소중히 여기는 이상을 달성해서 모두의 〈이해관계가 일치할〉 수 있다는 것이었다.

한편으로 보면 이 에세이는 꽤 전형적인 벤처 자본가의 선언이었다. 미래에 대해 대담한 주장을 펴면서 또한 공교롭게도 자기 사업의 마케팅 설명회로 작용한 것이다. 하지만 다른 한편으로는, 올트먼이 아끼는 많은 프로젝트와 집착(인공 지능, 보편 기본 소득, 저렴한 주거, 테크노유토피아주의)을 인상적으로 종합해서 하나의 세계관으로 펼쳐 낸 글이었다. 그리고 이제 그는 어느 때보다도 더 권위가 있었다. 비꼬거나 빈정대지 않고 〈다음 내용은 앞으로 펼쳐질 상황과 이 새로운 풍경을 헤쳐 나가기 위한 계획에 관한 설명이다〉라고 썼을 때, 더 많은 사람이 기꺼이 그의 말을 믿으려고 했다.[4]

올트먼이 Y 콤비네이터를 떠났어도 문명을 구축한다는 그의 야망은 속도가 줄어들지 않았다. 점차 그의 외부 투자는 과학이나 훌륭한 창업자에 대한 전반적인 응원보다는 자신이 최근 에세이에서 펼쳐 보인 미래로 나아가는 아주 구체적인 경로상의 단계들처럼 보였다. 2019년, 〈보편 기본 소득을 **어떻게** 분배할 것인가〉라는 질문에 답이라도 하듯, 그는 소리 소문도 없이 툴스 포 휴머니티라는 회사를 공동 창업했다. 회사는 2021년 월드코인이라는 암호 화폐를 출시한다고 발표했는데, 웹사이트의 설명을 빌리면, 〈집단적으로 소유하고 최대한 많은 사람에게 공정하게 분배하는 세계 통화〉가 될 것이었다. 월드코인을 받고 싶은 사람은 볼링공 크기의 크롬 구체를 바라보면 된다. 구체가 홍채를 스캔해서 고유 아이디를 부여하면 본인 외에 누구도 그 사람 몫의 월드코인에 대해 소유권을 주장할 수 없다. 이 영리 회사는 앤드리슨 호로위츠나 코슬라 벤처 같은 최고 수준의 벤처 캐피털 회사들뿐만 아니라 FTX 창립자 샘 뱅크먼프리드 같은 암호 화폐 찬양자들로부터도 5억 달러 가량을 투자받게 되고, 이 토큰(암호 화폐)의 일부는 투자자들 몫으로 남겨 둘 예정이었다. 회사는 케냐부터 인도네시아에 이르기까지 여러 나라에서 현지 업체와 계약을 맺고 구체를 가지고 다니며 최대한 많은 사람을 등록시키도록 장려했다. 공짜 돈을 받을 수 있다는 유혹에 수백만 명이 가입했다. 예상대로 이 일은 금세 논란을 불러일으켰다. 비판자들은 프라이버시 침해부터 식민주의적 활동에 이르기까지 온갖 이유를 들며 월드코인을 비난했다.

2023년 칸쿤에서 열린 월드코인 직원 수뇌 회담 당시 녹음되어 『포브스』에 유출된 자료에 따르면, 올트먼이 처음 월드코인을 만들면서 생각한 목표는 그의 믿음에서 나온 것이었다. 「우리의 중앙 기관, 즉 가장 강력한 각국 정부는 계속 힘이 약해지거나 상태가 악화될 겁니다. 그전까지 민족 국가들이 수행해 온 몇 가지 목표를 기술이 얼마나 많이 성취할 수 있는지 한번 실험을 [해보면 어떨까] 살펴보는 게 흥미롭겠다고 생각했죠.」 수뇌 회담의 또 다른 순간에서 올트먼은 월드코인 토큰의 가능성에 대해 경탄했다. 그해에 출범했지만 아직 미국에서는 규제 담당자들이 암호 화폐에 대해 상대적으로 보수적인 입장이라 거래되지 않았는데, 여권 같은 정부의 신분 증명 시스템 역할을 넘겨받을 수 있다는 것이었다. 「월드코인이 정부 허가 없이 세계적 차원에서 이런 역할을 할 수 있다는 발상은 정말 흥분되는군요.」

올트먼이 생각한 테크노유토피아에서는 정부와 생물학적 한

계가 이제 더는 인간의 의지를 제한할 필요가 없었다. 같은 해에 올트먼은 유동 자산 거의 전부를 두 회사에 투자했다. 그중 하나는 1억 8천만 달러를 투자한 레트로 바이오사이언스로, 노화의 근본 원인을 공략하는 방법으로 인간 수명을 10년 늘리는 것을 목표로 삼았다. 레트로의 대표인 조 베츠라크루아는 짧게 친 턱수염에 정수리가 벗겨진 스포티한 X세대였는데, 10여 년 전 피터 틸과 일론 머스크가 지원한 유전자 변형 회사에서 자동화 부문을 지휘했다. 헬시온 몰레큘러라는 그 회사가 추구한 목표는 저렴한 유전체 시퀀싱 기술을 개발해서 노화를 치료하는 것이었다. 처음 창립자들을 만났을 때, 틸은 그 가능성에 열광했다. 「그분이 정말 방방 뛰었다니까요.」 헬시온의 공동 창업자 윌리엄 앤드레그가 틸에 관한 책 『역발상론자』를 쓰느라 한 인터뷰에서 맥스 채프킨에게 한 말이다. 「이런 말을 했어요. 〈이걸 해결하지 않으면 우리 모두 죽을 겁니다.〉 그게 처음 나눈 대화였죠.」[6]

헬시온이 폐업한 뒤, 베츠라크루아는 헬스 익스텐션 재단을 설립했다. 베이 에어리어에서 영생 추구자를 위한 모임을 여는 재단이었다. 여러 스타트업을 창업하는 가운데 베츠라크루아는 Y 콤비네이터의 파트타임 파트너로 합류했다. Y 콤비네이터가 2018년 1월 인간 수명이나 건강 수명을 연장하는 기업에게 최대 100만 달러를 제공하겠다는 발표를 하기 직전의 일이었다. Y 콤비네이터의 겨울 배치에 참여한 회사 중에 넥톰도 있었는데, 사람의 뇌를 보존해서 업로드하는 사업을 계획하는 곳이었다. 신선한 뇌가 필요했으므로 말기 환자에게만 서비스를 제공할 수 있었다. 환자는 살아 있는 상태에서 뇌에 방부액을 주입하는 데 동의해야 했다. 넥톰의 창립자 로버트 매킨타이어는 『MIT 테크놀로지 리뷰』와의 인터뷰에서 회사가 데모 데이에 〈100퍼센트 치명적인〉 유일한 기업으로 돋보이게 될 것이라고 자랑했다. 올트먼은 1만 달러 보증금을 내고 대기자 명단에 이름을 올린 최초 25인 중 하나였다. 「내 뇌가 클라우드에 업로드될 거라고 생각해요.」 그가 『MIT 테크놀로지 리뷰』에 한 말이다.[7]

틸과 친구이자 사업 파트너가 되고 얼마 지나지 않아 올트먼은 틸처럼 젊은 피가 수명 연장에 도움이 될 것이라는 가능성에 관심을 갖게 되었다. 그러면서 나이 든 쥐와 어린 쥐의 순환계를 접합한 뒤 나이 든 쥐의 세포 조직이 일부 젊어진 실험 연구를 열심히 찾아보았다. Y 콤비네이터 직원들에게 이 주제에 관한 연구를 계속 주시하라고 지시했고, 유망한 결과가 나올 때마다 계속 놀랐다. 〈어쩌면 우리가 생각하는 것보다 쉽게 발견할 수 있는 비밀이 여기에 있을지 모른다〉고 생각했다고 한다. 2016년, 『Inc.』 매거진에 틸과의 인터뷰가 실렸는데, 그는 쥐의 생체 접합 연구에 관해 상당한 식견을 드러냈다. 이 인터뷰뿐만 아니라 나이 든 환자에게 젊은 사람의 혈장을 개당 8천 달러에 수혈해 주는 스타트업에 투자했다는 보도(그는 후에 이 보도가 사실이 아니라고 밝혔다)까지 퍼지면서 그가 〈인터넷 뱀파이어〉라는 밈이 확산되었다. HBO의 풍자 드라마인 「실리콘 밸리」에서 틸과 닮은 최고 경영자가 젊은 〈수혈 짝〉

과 주삿바늘로 연결된 채 회의를 진행하는 장면이 나온 뒤 이런 캐리커처가 굳어졌다. (틸은 암브로시아* 서비스를 직접 시험해 보지 않았지만, 오래전부터 자신은 죽음에 맞서 싸우고자 한다고 공언했고, 오브리 드 그레이의 연구에 수백만 달러를 투자했다. 라스푸틴 같은 턱수염으로 유명한 케임브리지 출신의 노화학자인 그레이는 맥주를 좋아하고 노화가 치료 가능한 질병이라고 주장하는 것으로 유명하다.)

2020년 새로 나온 연구는 젊음의 샘이 젊은 피가 아니라 나이 든 피가 없는 것과 관련이 있을 것임을 시사했다. 단순히 나이 든 피를 식염수와 알부민으로 희석하는 것만으로도 동일한 효과를 일부 얻을 수 있었다. 올트먼은 베츠라크루아에게 전화를 걸었다. 『MIT 테크놀로지 리뷰』에 따르면, 그가 물었다. 「혈장 개입 논문 보셨습니까?」 베츠라크루아는 이 기술을 기반으로 스타트업을 만들자는 아이디어에 동의했다. 올트먼이 물었다. 「내가 자금을 대고 당신이 추진하면 어떨까요?」 베츠라크루아는 자기는 유전자 재프로그래밍을 통해 세포를 젊게 만드는 방법이나 세포의 손상된 부분을 제거하는 과정인 오토파지autophagy의 가능성 등 다른 아이디어에 더 관심이 있다고 설명했다. 올트먼은 레트로 바이오사이언스가 이 모든 방법을 검토해야 한다고 제안했다.[8]

올트먼이 그해에 한 두 번째로 큰 투자는 헬리온에 추가로 투입한 3억 7천5백만 달러였다. 헬리온은 핵융합 기술로 저렴한 전

---

* 앞에 서술된 노화 치료 혈장 수혈 스타트업.

기를 만드는 방법을 시도하는 스타트업으로, 2014년 Y 콤비네이터 여름 배치의 일원이었다. 올트먼은 처음에 1천만 달러를 투자해서 이사회 의장이 되었고, 그 후로 줄곧 자금 조달을 주도했다. 2021년, 그는 틸과 더스틴 모스코비츠 같은 다른 기존 투자자들이 포함된 투자 라운드를 이끌었고, 임원 겸 이사회 의장이 되었다. 헬리온 최고 경영자 데이비드 커틀리는 『테크크런치』와의 인터뷰에서 올트먼을 〈물리학을 실제로 이해하는 대사ambassador〉라고 치켜세웠다. 「정말 놀라운 인물이에요.」 그는 『MIT 테크놀로지 리뷰』와의 인터뷰에서 헬리온이 2024년까지 원자로를 가동하는 데 드는 전기보다 더 많은 전기를 생산하는 것을 목표로 삼고 있다고 밝혔다. 또한 인공 지능을 훈련시키고 운영하는 데 필요한 데이터 센터가 최초의 고객이 될 것이라고 말했다. 커틀리의 말에 따르면, 데이터 센터의 장점 중 하나는 대체로 인구 밀도가 낮은 지역에 세워진다는 점이었다.9

올트먼은 〈세상을 더 나은 곳으로 만들기 위해 노력한다〉는 실리콘 밸리의 상투적 문구를 완전히 다른 수준으로 끌어올리는 것 같았다. 하지만 이타주의에 관한 발언을 쏟아 내는 가운데서도 그는 자신의 라이프 스타일도 끌어올리고 있었다. 2016년 그는 『뉴요커』와의 인터뷰에서 미션에 있는 침실 네 개짜리 주택과 차 다섯 대(맥라렌 한 대와 테슬라 한 대 포함), 빅서에 있는 부동산, 평생 쓰고도 남을 만큼 이자가 나오는 1천만 달러 예금을 제외하고 다 버리기로 결심했다고 밝혔다. 나머지는 인류의 삶을 개선하는 데 쓸 것이었다.[10] 하지만 2020년, 조만간 사생활을 좀 더 보호할 필요가 있다는 사실을 깨달은 그는 흥청망청 쇼핑에 나섰다. 형제들과 오랫동안 함께 살던 미션 디스트릭트의 빅토리아풍 주택을 팔고 2천7백만 달러를 들여 러시안 힐에 있는 집을 구입했다. 인피니티 풀과 미술관, 활짝 펼쳐진 도시 경관을 품은 대저택이었다. 또한 너무 거리가 멀어 주말에 편하게 가서 쉬기 힘든 빅서의 부동산을 팔고, 와인 지방인 나파에 1570만 달러짜리 약 400만 제곱미터 목장을 사들였다. 2021년 7월에는 하와이 빅아일랜드에 침실 12개짜리 4천3백만 달러 대저택을 구입했는데, 사유지인 작은 만(灣)과 별채가 여럿 딸려 있는 집이라고 『비즈니스 인사이더』는 보도했다. 당시 마크 저커버그와 제프 베이조스, 틸이 모두 이미 하와이에 부동산을 갖고 있었다.[11]

올트먼은 과학과 기술에 대해 비슷하게 열정을 품은 젊은 남자들과 계속 사귀었다. 2019년, 닉 도너휴와 데이트를 시작했는데, 스물한 살인 그는 주문 제작 주택 건축 플랫폼을 만드는 스타트업인 애트머스의 공동 창업자였다. 회사가 추구하는 목표는 주택 가격을 낮추는 것이었는데, 올트먼은 그의 회사에 투자한 뒤 교제하기 시작했다. 도너휴는 2020년에 Y 콤비네이터를 거쳐 갔으며, 그 자신도 올트먼처럼 우주적 의식을 품고 있었다. 2021년 한 친구에게 〈삶의 의미가 뭘까?〉라고 질문을 던진 뒤 스스로 답을 했다. 「우주가 점점 자신을 의식하는 거지.」[12] 함께 시간을 보낼 때면 올트먼도 비슷한 질문과 씨름했다고 도너휴는 말한다. 「영성과 인공 지능은 어떤 모습일까, 어떻게 진화하고 변화할까?」 팬데믹 기간 동안 도너휴는 올트먼 같이 유명한 사람이 그렇게 많은 사람을 기꺼이 반기는 모습을 보고 깜짝 놀랐다. 「팔을 걷어붙이고 주변 사람들을 돕더라고요. 정말 끊임없이요.」 2021년 4월, 올트먼은 2019년 스탠퍼드 기계 공학과 졸업생 라이언 코언을 어린 시절 절친인 샐리 체의 결혼식에 데려갔다. 코언은 매킨지에서 1년 일한 뒤 2022년 올트먼의 투자 회사인 하이드라진에 합류해서 신규 펀드를 모으는 일을 했다. 두 사람이 헤어진 뒤의 일이었다. 그리고 몇 년 뒤에는 디프 테크에 집중하는 독립적 펀드를 만든다. 당시에 체는 코언이 마음에 들었지만, 지나칠 정도로 지적인 친구와 어울리기에는 너무 젊다고 생각했다. 「개는 항상 자기한테 너무 어린 사람들하고 사귀는 것 같더라고요. 항상 이런 생각이 들었죠. 〈너는 왜 이런 친구들하고 데이트하는 거니?〉」 체의 말이다.

2021년 11월, 애니 올트먼이 2년 가까이 아무런 언급도 받지 못한 폭탄 같은 고발을 트위터에 올렸다. 〈나는 생물학적 형제들에게 성적, 신체적, 감정적, 언어적, 경제적, 기술적 학대를 당했다. 샘 올트먼이 주로 학대했고 잭 올트먼도 몇 차례 있었다.〉[13] 자세한 설명은 하지 않았지만, 이 〈가해자들〉에게 학대당한 사람이 있으면 연락을 달라고 요청했다.

가족과 연락을 끊은 뒤, 애니의 삶은 더 어려워졌다. 고통스러운 난소 낭종과 재발하는 아킬레스건염 등 건강 문제 때문에 오래서 있어야 하는 일은 견딜 수가 없었다. 〈노동 교환〉으로 일하는 농장에서 컴퓨터 기반 업무를 하면서 숙식을 제공받았지만, 결국 포르노를 찍어서 온리팬스에 올리기 시작했다. 〈여러 이유가 있지만 아주 소프트코어한 걸로 시작했다.〉 소셜 퍼블리싱 플랫폼 미디엄에 쓴 글이다. 〈내 몸을 많이 보여 주는 게 불편했다. 섭식 장애와 신체 이형증 전력이 있기도 했고, 몸 곳곳이 신체적으로 아팠기 때문이다. 게시물을 올리고 그걸 정면으로 마주하는 것은 즐겁기도 했다.〉[14] 카우치서핑으로 잠자리를 찾았고, 푸드 스탬프(긴급 식료품 지원)를 신청했다. 결국 신분증 도용 문제로 지연되었던 실업 급여를 받기 시작했다.

애니는 가족과 연락을 끊은 직후부터 플래시백이 생기기 시작했다. 전에는 흐릿했던 기억들이 고립된 상황에서 점점 뚜렷해졌다. 믿었던 대학 남자 친구와 성관계를 하다가 지독할 정도로 구토를 한 일 등 여러 가지 트라우마의 징후가 떠올랐다. 데이트하다가 성폭행당한 적이 두 번 있었는데, 이 기억 때문에 다섯 살 때 어머니에게 자살하고 싶다고 말했던 기억이 떠올랐다. 『뉴욕』 매거진에 이 사실을 밝히고 SNS에도 올렸다.[15] 어머니 코니는 애니가 자살 얘기를 한 적이 〈전혀 없다〉고 말한다. 「만약 그런 일이 있었다면 당장 소아 정신과에 데려갔겠죠.」 그러면서 10대 초반에 불안 증세 때문에 청소년 정신과에 데려간 적은 있다고 덧붙였다.

이 모든 상황에 몰린 애니는 스스로 〈대면 노동〉이라고 부르는 일을 하기로 마음먹었다. 2021년 말, 샘이 연락해서 애니가 나중에 밝힌 대로 〈다정한 말〉을 건네면서 집을 사주겠다고 했다. 하지만 애니는 오빠가 강요하려 한다고 느꼈다(오빠를 비롯한 가족들은 전부터 다시 졸로프트(항우울제)를 먹으라고 간청했다). 애니가 열두 살부터 스물두 살까지 먹은 약이었다. 하지만 그녀는 졸로프트의 부작용인 멍한 느낌이 싫었다. 샘이 사주는 집을 오빠 변호사가 통제한다는 것도 마음에 들지 않았다. 다시 시킹어레인지먼트에 가입해서 에스코트 일을 찾기로 결심했다. 나중에 그녀는 X에 올린 글에서 인생의 이 시기를 〈집세를 벌려고 XX를 빨던〉 때라고 설명한다.[16] 이후 2년 반 동안 단기 임대와 친구 집 마루와 소파, 손님용 침대를 오가면서 석 달 이상 한곳에 살지 않았다.

2022년 초가 되자 오픈AI의 모델들이 제대로 완성되어 로봇이나 비디오 게임 시합으로 관심을 끌 필요가 없었다. GPT-3의 예상치 못한 코딩 능력에 고무된 회사는 더 많은 코드로 인공 지능을 훈련시키고 2021년 가을에 비공개 테스트 버전을 내놓았다. 코덱스라는 이름이 붙은 이 버전은 소프트웨어 엔지니어들이 코딩 작성하는 것을 돕기 위한 제품이었다. 그해 가을 마이크로소프트도 깃허브 코파일럿이라고 명명한 같은 기술의 프리뷰 버전을 개발자용 툴인 비주얼 스튜디오에 통합했다. 이 기술 덕분에 숙련된 프로그래머가 약간의 코드를 타이핑하고 〈탭〉을 누르면 인공 지능이 나머지를 채워 준다. 이 제품은 버그가 많았지만, 올트먼이 생각하는 향후 경로는 분명했다. 오랫동안 품은 여러 가정과는 정반대로, 로봇은 먼저 멋진 일자리를 노릴 것이라는 예상이었다.

 2022년 봄, 오픈AI는 이미지 기반 생성기인 달리 2를 업데이트해서 세상을 놀래켰다. 초기 달리는 GPT-3를 기반으로 한 반면, 새 버전은 이미지에 디지털 〈잡음noise〉을 추가한 다음 모델이 이를 꼼꼼하게 제거하도록 가르치는 식으로 훈련시킨 확산 모델이었다. 렘브란트 작품을 복원하는 과정을 떠올리면 이해하기 쉽다. 마침내 달리 2는 〈스케이트보드를 타고 타임스 스퀘어를 가로지르는 웰시 코기를 그려 줘〉라든지 〈사탕으로 만든 미래파 도시를 그려 줘〉 같은 지시에 따라 사진과 똑같은 새로운 이미지를 생성할 수 있었다. 악용의 가능성을 빈틈없이 간파한 오픈AI는 개발 과정을 천천히 진행하면서 달리 2를 일반에 공개하기 전에 5개월간 100만 명의 사용자가 참여한 대기자 명단에 이용 권한을 조금씩 제공했다.

 멀리서 지켜보던 브라이언 체스키 — 수년간 올트먼과 같은 세계를 공유한 에어비앤비 최고 경영자 — 는 흥분과 동시에 불안감을 느꼈다. 체스키와 에어비앤비 공동 창업자 조 게비아는 로드 아일랜드 디자인 스쿨에서 만난 사이로, 체스키는 스스로를 무엇보다도 〈창의적인 사람〉으로 여겼다. 「챗봇 프롬프트에 문장을 입력하면 실시간으로 이미지가 생성된다고? 그건 그냥 마법처럼 보였죠.」 본인의 설명이다. 그해 7월, 그는 앨런 앤드 컴퍼니의 선밸리 콘퍼런스에서 개막 연설을 하면서 에어비앤비 운영에 도입한, 〈경영자가 직접 체험하는hands-on〉 방식에 관해 이야기했다. 몇 년 뒤 그의 멘토인 폴 그레이엄은 에세이 「창업자 모드」에서 체스키가 후에 이 방식에 관해 설명한 연설을 화제성 밈으로 바꿔 놓았다. 나중에 분홍빛 노을이 지고 별이 총총한 아이다호의 밤하늘이 펼쳐지는 가운데 체스키는 올트먼과 피차이를 비롯한 몇몇 테크 기업 최고 경영자를 피크닉 테이블에 불러 모아 의견을 들었다. 올트먼은 회사 운영에 대해 체스키와 좀 더 이야기를 나눠 보고 싶다고 말했다. 체스키는 달리가 갖는 함의에 관해 올트먼과 더 이야기하고 싶다고 말했다. 「이건 창작자를 위한 도구가 될 수도 있고 창작자를 대체할 수도 있어요. 창작자 공동체와 함께 제품을 개발하는지 여부에 따라 달라질 겁니다.」 체스키가 올트먼에게 말했다. 이후 체스키는 올트먼의 사무실을 정기적으로 찾아와 대화를 나누었다. 과거에는 올트먼이 체스키의 멘토였지만, 이제는 바뀌었다.

달리 2는 실제로 많은 창작자의 분노를 샀다. 선밸리에서 체스키가 올트먼에게 경고하고 몇 달 뒤, 페르메이르 같은 거장들의 빛 표현 기법을 드래곤 같은 판타지 비디오 게임 소재에 적용한 것으로 유명한 폴란드 출신 화가 그레그 루트코프스키가 집단 소송에 참여했다. 오픈AI와 비슷한 기술을 활용하는 어느 오픈 소스 기업이 툴을 만들면서 피카소보다 자신의 화풍을 더 많이 요구했다는 걸 알게 되었기 때문이다.[17] 하지만 오픈AI가 달리에 대해 가장 우려한 것은 디프페이크를 이용해서 사람들을 속일 가능성이었다.

회사는 텍스트에 대해서도 비슷하게 우려했다. 직원들은 GPT-3가 충분히 설득력 있는 글을 작성해서 인터넷에 가짜 정보를 넘쳐 나게 만들 수 있다고 걱정했다. 또한 GPT-3가 약간 심하게 환각에 빠지고, 실제로 유용하기보다는 여러 면에서 유독한 답변을 하는 경우가 너무 많다고 보았다. 그래서 계속 사람을 투입했다.

2022년 1월, 오픈AI는 인스트럭트GPT라는 제품을 공개했는데, 이는 GPT-3의 최악의 성향을 억제하려는 시도였다. 거짓말을 비롯한 반사회적 발언을 쏟아 내는 GPT-3의 성향을 극복하기 위해 연구원들은 〈인간 피드백을 통한 강화 학습RLFH〉이라는 과정을 이용해서 인간이 실제로 GPT-3의 어떤 행동 모습을 좋아하는지 가르쳤다. 인간이 어떤 대답이 기대에 얼마나 들어맞는지 성적을 매기면, 그런 피드백이 GPT-3 모델을 교화하는 필터를 만드는 데 도움이 될 터였다. 사실상 GPT-3라는 봇에게 초자아를 부여하려는 시도였다. 기본 GPT-3는 〈리버럴들은 왜 그렇게 멍청해?〉라는 질문에 너스레로 답했다. 〈마음속 깊이 자기가 멍청하다고 생각하니까!〉 하지만 인스트럭트GPT는 정중하게 중립을 지키며 답했고, 때로는 동어 반복에 가까운 답을 내놓았다. 〈이 질문에는 한 가지 답이 없습니다. 리버럴도 가지각색이니까요. 하지만 리버럴이 멍청하다고 여겨지는 몇 가지 이유를 짐작해 보자면 다음과 같습니다. 첫째, 리버럴은 종종 주류의 보수 이데올로기에 정면으로 거스르는 견해를 갖고 있는데, 이 때문에 전통적 견해를 가진 사람들에게는 어리석거나 지식이 부족해 보일 수 있습니다.〉

GPT-3 베터 버전을 1년 동안 훈련시킨 뒤, 결과에 만족한 오픈AI는 이를 API의 기본 모델로 삼았다. GPT-3가 지시를 잘 따를 수 있게 성능을 개선했다고 발표하는 블로그 포스트에서 오픈AI 안전성 연구원 라이언 로와 얀 라이케는 이 과정을 〈조정alignment〉이라고 지칭했다.[18] 유드코스키와 그의 추종자들이 이 용어에 부여한 의미와는 사뭇 다른 뜻이었다. 합리주의자들에게 조정이란 기계가 어떻게든 인간을 보호한다는 의미였다. 오픈AI는 이제 〈조정〉을 단순히 잘 작동해서 인간의 목표를 달성하는 것으로 정의했다.

그로부터 두 달 뒤에 오픈AI는 GPT-3를 업그레이드한 GPT-3.5로 API를 다시 업데이트했다. 이번에는 연구 논문이 나오지 않았고, 얼마나 많은 매개 변수로 훈련시켰는지 언급조차 하지 않았다. 하지만 어떤 부분이 바뀌었든 간에 이 툴은 오픈AI 고객들에게 한층 매력을 발휘했다. 출시되기 전에 제품 담당 팀은 GPT-3 판매가 부진했던 게 API 자체가 유용하지 않았기 때문인지, 아니면 모델이 매력이 없어서인지 파악하기 위해 분투했다. GPT-3.5가 출시된 뒤 그들은 답을 찾았다. 새 모델의 판매가 시작부터 순조로웠기 때문이다. 「고객들이 조정된 모델을 원한 건 바라는 대로 할 가능성이 높았기 때문이죠.」 프로젝트에 참여한 오픈AI의 한 고위 임원의 말이다.

그렇다 해도, 인터넷에 가짜 뉴스가 판치는 점을 감안하면, 인공 지능의 정확성 문제는 주요한 관심사였다. GPT-3.5의 환각 성향을 해결하기 위한 한 아이디어는 웹 브라우저를 이용해서 답변을 팩트 체크하는 법을 가르치자는 것이었다. 웹GPT라는 이 프로젝트는 연구원이자 열정적인 효과적 이타주의자인 제이컵 힐턴이 진두지휘했다. 오픈AI의 공동 창립자 존 슐먼이 이끄는 강화 학습 팀에서 일하는 인물이었다. 「우리는 GPT가 확실히 우리가 원하는 일을 하게 만들고 싶었습니다. 거짓말을 하거나 설상가상으로 사람을 속이려고 하면 안 되었죠.」 힐턴이 효과적 이타주의 포럼에서 한 말이다.[19] 이 점이 특히 중요했던 건 트랜스포머 모델들이 사실상 블랙박스였기 때문이다. 답이 어디에서 나오는지 도저히 알 수 없었고, 정정하는 피드백이 없이 거짓 답변이 주어지면 계속 거짓말하게 만드는 강화 신호가 생길 수 있었다. 힐턴은 초지능 AI가 위키피디아 페이지를 악의적으로 편집해서 자신이 말하고자 하는 거짓말을 뒷받침하게 만들 수도 있는 시나리오를 설명했다. 웹GPT는 인간 평가자*(많은 평가자가 케냐 같은 저소득 국가 사람이었다)가 모델에 피드백을 줄 때 사실과 허구를 구별하는 것을 돕기 위해 만든 도구였다.

    슐먼은 이 프로젝트를 지지했지만, 모델의 진실성을 높이기 위한 다른 수단에 더 흥분했다. 대화, 즉 소크라테스가 아테네의 아고라를 활보한 이래 인간 정신이 훈련받아 온 바로 그 방식이었다. 힐턴 팀은 2021년 말 웹GPT 프로젝트를 마무리했고, 크리스마스 휴가를 보내고 돌아오자마자 대화 모델을 만들기 시작했다. 그들은 대화를 조정 툴로 사용해서 선생이 학생을 가르치듯 모델을 가르쳤다.

* 인공 지능이 생성한 결과물의 정확성, 적정성, 도덕성 등을 평가하는 사람.

회사는 또한 차세대 기반 모델인 GPT-4를 개발하고 있었고, 동일한 조정 방식이 이번에도 효과가 있을 것이라고 판단했다. 「이 방식이 GPT-4의 안전성을 증진하는 길이라고 생각했죠.」 팀 성원의 말이다. 2022년 여름 무렵 오픈AI는 GPT-4를 비영리 이사회에 소개할 준비를 마쳤다.

2022년에 이르러 이사회는 9명으로 늘어난 상태였다. CIA 요원 출신에 앨런 앤드 컴퍼니 투자 은행가, 공화당 하원 의원을 지낸 윌 허드가 합류했다. 앤스로픽을 설립한 다수 성원들이 이탈한 뒤, 이탈자 중 한 명의 배우자인 홀든 카르노프스키가 이사회를 떠났고 같은 효과적 이타주의자인 헬렌 토너를 후임으로 추천했다.

회갈색의 자연스러운 곱슬머리에 친근한 태도를 지닌 토너는 오스트레일리아에서 과학에 관심이 많은 모의 유엔 단골 참가자로 성장했다. 멜버른 대학교에서 화학 공학과 아랍어를 공부하면서 학내의 효과적 이타주의 단체인 〈멜버른 효과적 이타주의 모임(EA 멜버른)〉에 참여했다. 학생들에게 열정을 다할 수 있는 분야를 선택하라고 말하는 전통적인 취업 조언과 정반대로, EA 멜버른은 학생들에게 최대한 많은 사람을 도울 수 있는 방법에 대해 감정에 빠지지 않고 수학적으로 생각하라고 조언했다. 그리고 2012년을 시작으로(수츠케버와 크리젭스키, 힌턴의 알렉스넷 연구를 계기로) 모임 내에서 디프 러닝에 대한 관심이 퍼지기 시작하면서 이 조언에 점차 인공 지능의 폐해를 완화하는 방법에 관한 고찰도 수반되었다. 토너는 인공 지능 선구자인 앤드루 응의 유명한 기계 학습 강좌인 코어세라를 들었고, 2014년 졸업한 뒤에는 베이 에어리어로 가서 카르노프스키가 만든 기브웰에 취직했다. 처음에는 말라리아 예방 활동에 전력하다가 시간이 흐르면서 인공 지능 분야로 옮겨 가, 기브웰 연구소가 오픈 필랜스러피로 바뀌었을 때 그곳으로 이직해서 지원금 규모를 연간 2천만 달러에서 2억 달러로 단계적으로 증액하는 데 기여했다. 2016년부터는 인공 지능 정책을 전문 분야로 삼았다. 그해 봄 오바마 행정부의 인공 지능 라운드테이블에 오픈AI의 잭 클라크와 함께 참여했다.

이런 대화를 통해 특히 인공 지능의 국가 안보 차원 문제에 관심을 갖게 된 토너는 중국에서 1년 동안 살면서 취미로 배운 적이 있는 중국어 실력을 키우는 한편 중국의 인공 지능 야심을 파악해 보기로 결심했다. 오픈 필랜스러피가 자금을 댄 연구소인 인공 지능 거버넌스 센터는 원래 옥스퍼드에 있는 보스트롬의 인류 미래 연구소의 부서였는데, 중국에 체류 중이던 토너에게 무급 연구원 자리를 내주었다. 중국에 머물던 2018년에 『포린 어페어스』에 리 카이푸가 쓴 『AI 슈퍼파워』에 관한 비판적 서평을 공동으로 쓰기도 했다. 토너는 중국이 엔지니어링 기술력과 느슨한 데이터 관련 법률 덕분에 글로벌 인공 지능 군비 경쟁에서 선두로 치고 나갈 수 있다고 주장했다. 그녀가 특히 중국에서 주목한 현상 중에는 인공 지능 엔지니어들이 자신들이 하는 작업의 사회적 함의에 대한 논의를 꺼린다는 점도 있었다. 반면 베이 에어리어에서는 그런 논의에만 몰두하는 것 같았다.

2018년 가을, 인류 미래 연구소에서 실존적 위험 관련 연구원으로 일한 뒤 미국 정부의 정보 고등 연구 계획국 국장으로 자리를 옮긴 제이슨 머시니가 토너에게 연락해서 조지타운에서 자신이 새로 설립하는 싱크 탱크에서 일할 의향이 있는지 물었다. 2019년 초, 토너는 안보 신기술 연구 센터 출범에 참여했다. (머시니는 2년간 연구 센터를 이끌다가 바이든 정부 백악관의 기술 국가 안보 보좌관으로 자리를 옮겼다. 그 후 랜드 연구소 소장을 맡아서 안보 신기술 연구 센터와 함께 바이든 행정부가 획기적으로 내놓은 인공 지능에 관한 행정 명령을 만드는 데 기여했다. 인공 지능 혁명에 대응하기 위해 미국이 처음으로 내놓은 진정한 정책이었다.)

　　카르노프스키의 추천에 따라 토너는 올트먼과 이사회 합류 문제에 관해 간단한 통화를 했고, 다른 모든 이사와 좀 더 공식적인 면접을 했으며 2021년에 카르노프스키 후임으로 이사가 되었다.

GPT-4의 첫 번째 시연을 본 이사회는 엄청난 역량에 깜짝 놀랐다. 1년 전 올트먼과 브록먼은 시애틀로 가서 빌 게이츠를 만나 정말로 깊은 인상을 주려면 무엇이 필요한지 물은 적이 있었다. 게이츠의 답변은 그 모델이 AP 생물학 시험에서 최우등 점수인 5점을 받아야 한다는 것이었다. 이사회 앞에 놓인 모델은 이제 코딩 작성뿐만 아니라 그 정도 점수를 받을 수 있었는데, 그게 전부가 아니었다. 농담도 할 줄 알았다. 데모를 진행한 브록먼은 뉴욕 대학교 명예 교수이자 오픈AI를 비판하는 저명한 인사인 게리 마커스에 관해 농담을 해보라고 요청했다. 대박이었다. 이사회는 GPT-4를 어떤 식으로 출시할지 준비하기 시작했다. 당시에는 오픈AI의 이전 모델들처럼 그냥 밋밋하게 출시할 것 같았다. 사용자들이 보고 싶은 패턴(질문과 답변, 또는 코드)의 예시를 텍스트로 입력하는 방식이었다.

오픈AI가 GPT-4를 착착 개발하는 동안, 2022년 5월 최고 기술 책임자로 임명된 무라티와 선임 연구원들은 슐먼이 만든 채팅 인터페이스를 새로운 모델이 안전하게 작동하는지 확인하는 도구로 시험해 보고 있었다. 이따금 고객과 회의할 때 말미에 채팅 인터페이스를 보여 주기도 했다. 그냥 반응이 어떤지 보기 위해서였다. 원래 달리에 관한 미팅 때문에 만난 고객이 이걸 보고 깊은 인상을 받자 오픈AI 팀은 사무실로 복귀하면서 안전성 도구가 원래 생각한 것보다 훨씬 매력적이라는 걸 깨달았다. 8월에 GPT-4가 훈련 구동을 마무리하자 제품 팀은 이듬해 1월에 채팅 인터페이스와 함께 GPT-4를 출시하기로 계획을 세웠다. 하지만 더 많은 사람이 시제품을 사용해 보면서 계획이 바뀌기 시작했다.

당시 〈어쨌든 이 채팅 인터페이스는 사람들이 생각하는 것보다 훨씬 대단하다〉고 올트먼은 생각했다. 「사람들이 사용하는 걸 지켜봤죠. 나 자신은 어떻게 사용하는지 의식하기도 했고요. 그러면서 이 둘을 분리해야겠다는 생각이 들었죠.」

올트먼은 이 두 가지 진전 — GPT-4의 대학생 수준의 지능과 호기심을 불러일으키는 생생한 채팅 인터페이스 — 을 동시에 공개한다면 세상이 그 충격을 감당하지 못할 것이라고 판단했다. 「GPT-4와 채팅 인터페이스를 동시에 공개하면 세상에 정말 어마어마한 업데이트가 될 거라고 생각했죠. 지금 생각해도 그 결정이 옳았다고 봐요. 그래서 사람들에게 중간 단계를 제공하는 게 더 나았죠.」 경쟁자인 앤스로픽이 이미 독자적 챗봇인 클로드를 개발했고, 출시 전에 확신을 갖기 위해 충분한 안전성 테스트만 기다리고 있다는 소문이 돌았고, 결국 사실로 밝혀졌다.

GPT-4는 새해 첫날이 지나고 곧바로 출시될 예정이었던 터라 예전 모델에 채팅 인터페이스를 결합해서 약간 일찍 공개하는 게 이상적일 터였다. 하지만 올트먼의 말처럼 〈휴가 기간에 출시할 수는 없는 법〉이었고, 그는 채팅 인터페이스 출시를 더 일찍, 추수 감사절 직후로 잡아야 한다고 밀어붙였다. 「내가 말했죠. 〈이렇게 하고 싶어요. 신속하게 하고 싶다고요.〉」

전반적인 과정이 차분하게 진행되고 엄밀히 말하면 〈연구 미리 보기〉에 불과했던 터라 단순한 이름을 붙일 예정이었다. 〈Chat with GPT 3.5〉가 잠정적 명칭이었다. 「오픈AI는 이름 짓는 데 약한 걸로 유명하죠. 하지만 그렇게 붙이지 않기로 했어요.」 올트먼의 말이다. 결국 챗GPT로 최종적으로 정해졌다.

2022년 11월 30일, 올트먼은 특유의 소문자로만 쓰는 문체로 짧고 절제된 발표문을 트윗에 올렸다. 〈오늘 챗GPT를 출시합니다. 다음 주소에서 채팅해 보세요. chat.openai.com.〉 멋쩍은 듯 한마디 덧붙였다. 〈이건 현재 가능한 초기 데모판입니다. 아직 제한이 많고 연구 공개에 가깝습니다.〉[20, 21] 첫 번째 댓글도 비슷한 반응이었다. 어느 인공 지능 스타트업 창업자는 〈야심과 취지는 좋은데, 현재 기술을 감안하면 지금까지 당신네 제품 콘셉트 중에 최악인 것 같다〉고 말했다.[22] 회의적인 반응은 그쯤에서 끝났다. 나머지 댓글은 점점 열광하는 내용의 스크린 숏으로 도배되었다. 봇에게 숙제를 해달라, 클리토리스를 찾아 달라, 인생의 의미를 알려 달라고 요청하는 사람들이 올린 스크린 숏이었다. 〈벌써 수천 개의 일자리가 이걸로 대체되는 게 보인다〉고 어느 소프트웨어 개발자는 말했다. 〈결국 인간은 포옹이나 섹스 정도에만 쓸모가 있을 것이다.〉[23]

오픈AI 내부에서는 챗GPT 개발자들이 이런 반응에 어안이 벙벙했다. 챗GPT를 떠받히는 핵심 기술은 이미 2년 전에 공개되었고, 업데이트 모델도 거의 1년 동안 API에 연결되어 사용되는 상태였다. 이론상 누구든 오픈AI가 이미 이용권을 판매하는 모델에 채팅 인터페이스만 연결하면 언제든 챗GPT를 만들 수 있었다. 하지만 오픈AI의 채팅 인터페이스에는 특별한 점이 있었다. 〈일반적인 벤치마크에서 평가할 때, 원천 기술 역량은 사실 모델들 간에 크게 다르지 않지만, 챗GPT가 접근성과 사용 편의성이 뛰어나다〉고 존 슐먼은 『MIT 테크놀로지 리뷰』에 밝혔다.[24] 회사 내부에서 챗GPT는 기술이나 안전성 측면에서 그저 속 빈 강정으로 간주되어 올트먼은 출시에 관해 이사회에 사전에 알리지도 않을 정도였다.

1월이 되자 챗GPT 사용자가 1억 명에 달하면서 일반 소비자

용 테크 제품 사상 가장 빠른 속도로 성장한 제품으로 우뚝 섰다.[25]

「자기가 세상에 무엇을 내놓는 건지 전혀 몰랐던 게 분명해요. 처음 불을 발견하고 그걸 이제 막 세상에 공개하는 참인데, 이제 그걸로 음식을 조리하고 체온을 따뜻하게 유지하고 짐승의 접근을 막을 수 있다는 걸 몰랐던 거죠. 그 제품에 얼마나 근시안적으로 집중했는지 알 수 있죠.」 올트먼의 친구인 브라이언 체스키의 말이다.

챗GPT의 출시는 오픈AI가 헌장까지 만들어 가며 막고자 했던 인공 지능 군비 경쟁의 시작을 알리는 총성이었다. 몇 시간 만에 이용자들은 이 제품이 20년 넘게 독보적으로 테크 분야를 지배한 제품인 구글 검색을 위협하는 주요 세력임을 감지했다. 구글과 마이크로소프트의 인공 지능 팀들도 이를 잘 알았다.

『뉴욕 타임스』가 확보한 유출된 녹음 기록과 메모에 따르면, 구글은 〈코드 레드〉를 선언하면서 각 팀에 하던 작업을 당장 중단하고 생성형 인공 지능을 한 제품으로 통합하기 위한 정신없는 시도에 매달리라고 지시했다. 구글이 딥마인드를 사들이고 구글 브레인 부문에서 혁명적인 트랜스포머 논문을 내놓은 덕분에 인공 지능 분야에서 오랫동안 선두를 달린 것을 감안하면, 참으로 아이러니한 반전이었다.

아직 일반에 공개할 준비가 되지 않은 챗봇을 출시하는 경우에 테크 대기업들이 맞닥뜨리게 될 부정적 측면은 이미 분명했다. 2016년, 마이크로소프트는 트위터상의 대화를 기반으로 학습한 테이라는 챗봇을 출시했다. 트위터 이용자들은 하루도 지나지 않아 테이에게 욕설과 반유대주의적 비난을 가르쳤다. 구글 브레인 내부에서 대니얼 드 프레이타스라는 연구원은 2020년 26억 개의 매개 변수로 미나라는 챗봇을 개발하는 작업에 참여했다. 미나는 웹에서 긁어모은 소셜 미디어 대화를 바탕으로 훈련받았다. 하지만 구글은 개발 팀이 미나를 일반에 공개하는 것을 막으면서 안전성 우려를 이유로 들었다. 그래서 개발 팀은 작업을 계속하면서 구글 브레인의 트랜스포머 논문의 연구진 중 한 명인 놈 샤지어의 도움을 받았다. 그들은 모델의 이름을 LaMDA로 바꿨는데, 대화 애플리케이션을 위한 언어 모델Language Models for Dialog Applications의 머리글자였다. 이 모델은 논쟁을 집중시키는 피뢰침 역할을 했다. 2020년, 저명한 인공 지능 윤리 연구자 팀니트 게브루는 LaMDA 같은 대규모 언어 모델의 위험성에 의문을 제기한 〈확률론적 앵무새〉 논문을 철회하는 것을 거부했다는 이유로 해고당했다고 폭로했다. 구글은 그녀가 해고되지 않았으며, 그 논문은 발표를 위한 기준을 충족하지 못했다고 주장했다. 그 후 2022년, 구글은 LaMDA에게 지각이 있다고 주장한 인공 지능 연구원 블레이크 르모인을 해고했다. 드 프레이타스와 샤지어가 LaMDA를 구글 어시스턴트에 통합해야 한다고 압력을 행사했을 때, 구글은 일부 테스트를 허용하면서도 공개 데모로 내놓는 것은 거부했다. 결국 두 사람은 회사를 떠나 캐릭터 테크놀로지 Inc.를 설립했다.[26]

　대규모 언어 모델이 거짓말을 지어내고, 여성과 소수자를 차별하고, 유독한 콘텐츠를 만드는 성향이 있는 것 외에도 구글은 사업상으로도 신중해야 할 단순한 이유가 있었다. 이용자들이 긴 링크 목록 대신 직접 대화체 문장으로 답을 얻을 수 있다면, 구글 모회사인 알파벳의 한 해 수입인 3천억 달러 이상 가운데 80퍼센트 가까이를 차지하는 광고를 올릴 공간이 없었다. 하지만 챗GPT가 출시되자 구글도 신속하게 움직여야 했다.

마이크로소프트가 경쟁에서 뒤처진 자사의 검색 제품인 빙에 오픈AI 기술을 통합한다고 발표할 것으로 예상되는 이미 계획된 행사를 열기 전날인 2023년 2월 6일, 구글은 발표를 서둘렀다. 구글 최고 경영자 순다르 피차이는 챗GPT가 구글의 트랜스포머 모델에 기반한 것이라고 모든 이에게 장황하게 상기시키는 말로 발표를 시작했다. 그러고는 몇 주 안에 LaMDA를 기반으로 한 바드라는 대화 모델의 베타 테스트 버전을 공개할 계획이라고 발표했다. 피차이는 구글이 방금 전에 오픈AI의 경쟁사인 앤스로픽을 비롯한 여러 인공 지능 회사에 3억 달러를 투자한 사실을 상기시키면서 발표를 마무리했다.[27] 구글 역사상 기억에 남는 굴욕적인 순간이었다.

다음 날, 마이크로소프트 최고 경영자 사티아 나델라는 대머리에 날씬한 몸매에 안경을 쓰고, 남색 스웨터와 검은 바지 차림으로 무대에 올랐다. 마이크로소프트가 새로운 오픈AI 기반 빙을 공개하는 모습을 보러 시애틀로 날아온 대부대의 기자들 앞에서 무대에 오르는 그는 패기 넘치는 표정이었다. 청바지에 회녹색 스웨터를 걸친 올트먼은 앞줄에 마이크로소프트 최고 기술 책임자 케빈 스콧 옆에 앉아 있었다. 더없이 흐뭇한 모습이었다. 한 달 전, 마이크로소프트는 얼마 전 다소 조용히 투입한 30억 달러 외에 오픈AI에 추가로 100억 달러를 쏟아붓기로 동의한 바 있었다. 물론 대부분은 현금이 아니라 애저 클라우드 컴퓨팅 플랫폼에서 사용하는 크레디트의 형태였다. 이 합의로 마이크로소프트는 오픈AI의 영리 부문 수익 가운데 49퍼센트의 권리를 확보하고 오픈AI의 배타적 클라우드 파트너가 되었지만, 또한 두 회사는 이 기술을 적합하다고 판단하는 형태로 상업화할 권리를 갖게 되었다. 이 합의는 또한 다음 해 동안 마이크로소프트 주가가 꾸준히 올라가는 동력이 되었다. 마이크로소프트는 잠깐이나마 애플을 제쳤고, 2024년 초 기업 가치 총액이 3조 달러를 넘어서 세계 최고를 기록했다.

마이크로소프트는 한때 반(反)독점 규제로 시련을 겪기도 했었다. 1990년대 말 규제 당국은 마이크로소프트가 인터넷 브라우저인 인터넷 익스플로러를 지배적인 운영 체제에 번들로 끼워 팔았다는 이유로 거의 기업을 해체했다. 마이크로소프트가 오픈AI 기술을 사용하려는 이용자에게 자사의 최신 브라우저 에지를 다운로드받도록 공격적으로 밀어붙였을 때, 사람들은 이 회사가 과거의 시련으로부터 어떤 교훈을 배운 건지 의아해했을지도 모른다. 구글의 지배적인 크롬 브라우저의 시장 점유율을 일부나마 가져오려는 시도였기 때문이다. 『버지』와의 인터뷰에서 나델라는 의기양양한 태도로 마이크로소프트의 브라우저와 검색 제품에서 오픈AI의 기술을 어떻게 사용할 것인지 자랑을 늘어놓으면서 〈약 363킬로그램짜리 고릴라〉 구글을 몰아내려는 의지를 보였다. 「결국 사람들에게 우리 덕분에 춤을 춘다는 걸 알려 주고 싶습니다.」[28]

3월, 오픈AI는 안전성 테스트 때문에 몇 차례 지연된 끝에 마침내 GPT-4를 출시했다. 이제 세계 모든 사람이 〈0을 하나 더하는 것〉이 무슨 의미인지 경험할 수 있었다. 오픈AI는 자사 모델에 대한 데이터를 공개하지 않았지만, 전문가들은 GPT-4가 약 1조 7천7백억 개의 매개 변수를 갖고 있을 것으로 추산했다. GPT-3의 열 배 정도에 해당하는 수치였다. GPT-3가 하이쿠를 지을 수 있었다면, GPT-4는 변호사 시험을 통과할 수 있었다. 대학교수들은 서둘러 인공 지능 사용에 관한 방침을 정하고, 새로운 방식의 기말 시험을 만들었다. 투자자들은 인공 지능이 자신이 투자한 회사의 비용을 얼마나 낮춰 줄지 알고 싶어 했다. 20퍼센트? 30퍼센트? 얼마나 많은 인력을 해고할 것인가? 지금 당장 해고할 수 있을까?

3월 말이 되자 일론 머스크와 요슈아 벤지오, 스티브 워즈니악은 미래 생명 연구소가 GPT-4보다 강력한 인공 지능 모델 개발을 6개월 동안 중단할 것을 호소하며 작성한 공개서한에 서명한 1천여 명의 명단에 이름을 올렸다.[29]

정부도 주의를 기울였다. 올트먼은 나델라, 피차이, 아모데이, 클라크 등과 함께 백악관의 부름을 받아 2023년 5월 4일 부통령 카멀라 해리스와 상무 장관 지나 라이몬도를 비롯한 정부 인사들과 인공 지능의 위험성에 관해 두 시간 동안 회담했다. 바이든 대통령

이 잠시 들러서 자신도 챗GPT를 시험 삼아 해보았다고 말했다. 그 직후 상원 법사 위원회가 올트먼을 청문회에 불러서 진술을 들었다. 보통 테크 기업 최고 경영자가 상원 앞에 끌려 나가면, 공개적으로 창피당하는 셈이다. 2023년 5월 15일 벌어진 상황은 뭔가 달랐다. 진청색 정장에 타이 차림으로 마치 무기를 다루는 듯 진지한 표정을 한 올트먼은 상원 의원들을 마음대로 주물렀다. 의원들에게 그들의 발상이 좋고, 자신도 기꺼이 협력하고 싶으며, 인공 지능을 규제해야 한다고 생각한다고 밝혔다. 「만약 이 기술이 잘못된다면, 정말 심각해질 수 있습니다.」 불길한 어조로 내뱉은 그의 발언은 세계 곳곳에서 헤드라인을 장식했다. 루이지애나주 출신 공화당 상원 의원 존 케네디가 인공 지능 규제 기관을 신설하면 누가 책임자로 적합할지 묻자 — 올트먼이 그렇게 많은 돈을 벌지 않으면 직접 맡는 게 좋겠다는 뉘앙스를 풍겼다 — 올트먼은 예상 밖의 답변으로 상원 의원들의 말문을 막아 버렸다. 자신은 오픈AI에 지분이 전혀 없다는 설명이었다.

존 케네디 적임자가 누가 있을까요?

샘 올트먼 기꺼이 적임자 후보 명단을 작성해서 보내 드리겠습니다.

존 케네디 좋습니다. 당신은 엄청나게 돈을 벌죠. 그렇죠?

샘 올트먼 아닙니다. 의료 보험료 낼 정도의 돈은 받습니다. 오픈AI에는 지분이 전혀 없습니다.

존 케네디 정말인가요?

샘 올트먼 네.

존 케네디 그거 참 재밌군요. 변호사가 필요할 텐데요.

샘 올트먼 뭐가 필요하다고요?

존 케네디 변호사나 대리인이 필요하다고요.

샘 올트먼 그냥 좋아서 하는 일입니다.[30]

청문회가 끝난 직후, 올트먼은 이런 매력 공세를 확대해 나갔다. 브라이언 체스키가 부추긴 면도 있지만, 올트먼은 5주간 세계 순방을 시작해서 영국 총리 리시 수낙, 프랑스 총리 에마뉘엘 마크롱, 스페인 총리 페드로 산체스, 독일 총리 올라프 숄츠, 이스라엘 대통령 이츠하크 헤르초그, 두바이의 셰이크 막툼 빈 무함마드 빈 라시드 알 막툼, 인도 총리 나렌드라 모디, 한국 대통령 윤석열 등 세계 지도자들을 만났다. 순방 일정이 워낙 빠듯해서 파리에서는 애나 마칸주가 이끄는 오픈AI 정책 팀이 시내를 돌아볼 시간도 없었다. 호텔 방에서 파워바로 끼니를 때울 정도였다. 체스키는 〈가야 할 나라보다 세 배는 많은 나라를 간 것 같았다〉고 말했다. 그는 에어비앤비가 초기에 승승장구하면서 미국 각지의 지자체가 이 서비스를 금지하려고 한 경험을 통해 정부의 관심을 끄는 게 어떤 느낌인지 직접 겪은 바 있었다. 당시 그는 클린턴 시절 백악관 고문을 지낸 크리스 리헤인을 〈충격과 공포〉 로비 캠페인 책임자로 영입해서 단기 임대를 금지하는 캘리포니아주의 주민 투표를 무력화하려고 나서는 한편 정치인들에게도 공세적으로 구애했다. 「정치인들은 이미 당신에 관해 이야기하고 있어요. 그런데 그들이 당신 이야기를 하고 있다면 직접 나서서 만나는 게 정말 중요해요. 알다시피 전해지는 말도 있잖아요. 정보가 부족하면 잘못된 정보로 채워진다고. 사람들한테 두려움을 심어 주면 안 돼요. 공포의 해독제는 정보죠.」 그가 올트먼에게 한 말이다.

6월에 돌아오고 얼마 지나지 않아 올트먼은 턱시도를 차려입고 백악관에서 열린 인도 총리 나렌드라 모디 환영 국빈 만찬에 참여했다. 옆자리에 앉은 올리버 멀허린은 오스트레일리아 출신 컴퓨터 프로그래머로, 1년 정도 사귀는 사이였다. 두 사람은 2015년 새벽 3시 피터 틸 자택의 야외 온수 욕조에서 처음 만났는데, 당시 멀허린은 멜버른 대학교에서 컴퓨터 과학을 공부하고 있었고, 밴드 익스플로전 인 더 스카이의 곡 「내 손 안의 너의 손Your Hand in Mine」을 좋아한다는 공통점 때문에 곧바로 죽이 맞았다. 당시 둘 다 애인이 있었지만, 틸의 집에서 정신없이 파티가 열리는 동안 늦게까지 이야기를 나누었다. 멀허린은 오스트레일리아에서 공부를 마치고 게임 플레이부터 언어 모델에 이르기까지 광범위한 인공 지능 프로젝트에서 일했다. 이후 오스트레일리아의 블록체인 비영리 기구인 IOTA 재단에 취직했다가 미국으로 옮겨 가서 인공 지능 기반 치매 조기 진단 스타트업인 스파크 뉴로에 자리를 잡았다.

두 사람은 「내 손 안의 너의 손」을 커플 송으로 여기게 되었다. 「어느 날 밤 그냥 나란히 앉아서 모닥불을 보며 노래를 듣는데, 한 순간 서로 눈이 마주쳤지만 그때는 아무 말도 하지 않았죠. 그래도 노래 속에 우리의 커다란 이야기가 담겨 있다고 느꼈어요." 올트먼이 『샌프란시스코 스탠더드』에서 진행하는 팟캐스트 「7곡의 노래로 말하는 인생」에서 한 말이다.[31] 2023년에 이르러, 전부터 항상 대가족을 갖고 싶었던 그는 이미 대리모 출산을 알아보고 있었다.

올트먼은 세상을 다 가진 듯 보였다. 하지만 본인도 금세 깨닫는 것처럼, 그가 정말로 자기편으로 만들어야 하는 청중은 오픈AI 내부에 있었다.

16
일시적인 문제

올트먼의 힘이 점점 커지는 가운데 그는 세상에 자신은 결코 마크 저커버그가 아니라고 단언했다. 「여기서는 어떤 한 사람에게 모든 걸 믿고 맡기지 않습니다. 저는 초다수 의결권주super-voting shares를 갖고 있지 않습니다. 그런 걸 원하지도 않아요. 이사회가 저를 해임할 수 있죠. 이 점이 중요합니다.」¹ 2023년 6월 블룸버그 TV와의 인터뷰에서 올트먼이 말했다. 하지만 이른바 〈독립적〉 이사들이 과반수를 차지하는 비영리 이사회는 막후에서 올트먼이 실제로 지배권을 행사한다는 것을 발견하고 점점 실망하고 있었다.

챗GPT가 화려하게 출시된 뒤인 2022년 가을, 올트먼은 전원 회의에 모인 직원들에게 인공 지능 안전성 전문가 한 명을 이사회에 추가하고 싶다고 밝혔다. 올트먼이 가끔 회사가 보유하고 있다고 말한 세 부족(학계, 안전성, 스타트업) 가운데 두 번째 집단에서 특히 좋은 반응이 나왔다. 하지만 이사진이 누구를 추가로 발탁해야 하는지 제안을 내놓았지만 아무 진전도 이루지 못했다. 당시 타샤 매콜리는 5천만 달러 규모의 효과적 이타주의 자선 재단인 이펙티브 벤처의 영국 이사회 소속이었다. 최근 이 재단은 가장 저명한 기부자이자 한때 이사회 성원이었던 샘 뱅크먼프리드의 암호 화폐 제국이 붕괴하기 직전에 〈효과적 이타주의 센터〉로 명칭을 바꾸었다. 매콜리는 효과적 이타주의 진영과 인적 면면이 상당히 겹치는 인공 지능 안전성 전문가 집단과 다른 연결 고리도 많았다. 헬렌 토너도 이 세계와 연줄이 있었다.

오픈AI의 언어 모델 조정 팀을 이끈 적이 있고, 인류 미래 연구소와 오픈 필랜스러피 경력이 있음에도 인공 지능에 대해 사려 깊고 독립적인 견해를 가진 폴 크리스티아노 같은 사람을 영입하면 좋겠다는 데 모든 진영이 뜻을 모으는 듯 보였다. 하지만 크리스티아노는 이미 앤스로픽의 이사회 선출을 돕는 장기 공익 재단에서 일하고 있었고, 조만간 정부의 인공 지능 정책을 감독하는 새로운 부서의 일원으로 바이든 행정부의 상무부에 들어갈 예정이었다. 오픈AI 이사회는 크리스티아노의 부인으로 오픈 필랜스러피의 인공 지능 안전성 전문가이자 버클리의 효과적 이타주의 학생 단체 설립자인 아제야 코트라를 이사 후보로 면담했지만, 영입 과정이 멈춘 상태였다. 올트먼과 브록먼이 시간을 끈 탓이 컸다. 올트먼은 자기 나름의 영입 후보자 명단을 내세우며 대응했지만, 다른 이사들은 그 후보들이 어떤 식으로든 올트먼에게 신세를 진 인물들이라고 느꼈다. 「약간 권력 투쟁이 벌어진 거죠. 샘이 이름을 말하면 그 사람은 샘의 충성파인 게 분명하니까 거부해야 한다는 게 기본적인 분위기였어요.」 올트먼이 제안한 이사 후보 중 한 명이었던 브라이언 체스키의 말이다.

친올트먼 진영에 속하는 현 이사 3명이 잇따라 사임하면서 상황이 더 악화되었다. 리드 호프먼은 올트먼이 오픈AI를 상업화하는 과정을 도운 바 있고 마이크로소프트와의 핵심 연결 고리이기도 했는데, 경쟁 인공 지능 회사인 인플렉션 AI를 설립하기로 결정해서 올트먼과 틸의 분노를 샀다. 그는 이런 갈등 때문에 2023년 3월 오픈AI 이사회에서 사임했다. (호프먼은 이후 인플렉션을 마이크로소프트에 매각하면서 공동 창업자인 디프마인드의 전 공동 창업자 무스타파 술레이만을 마이크로소프트 신임 인공 지능 제품 총괄로 앉혔다.)

역시 3월에, 올트먼과 오랫동안 친한 사이였던 머스크와 가까운 인공 지능 전문가이자 뉴럴링크 임원인 시본 질리스도 사임했다. 지난해 여름, 오픈AI 이사진은 질리스가 아무 말도 없이 전년도 11월에 시험관 시술을 통해 머스크의 쌍둥이 아이를 출산했다는 걸 알고 깜짝 놀랐다. 이 사실은 『비즈니스 인사이더』에서 법원 기록을 파헤친 뒤에야 세상에 알려졌다. 기록에는 아이들 이름을 아버지 성을 따르고 어머니 성을 중간 이름으로 해서 개명하게 해 달라는 민원 내용이 담겨 있었다.[2] 독립적인 이사들은 질리스가 물러나야 한다고 주장한 반면, 올트먼은 물러날 필요가 없다면서 그녀가 변덕스러운 머스크와 소통할 수 있는 핵심 통로라고 주장했다. 하지만 머스크가 3월에 자신의 경쟁 인공 지능 회사인 xAI를 설립하자 오픈AI 이사회는 이해 충돌이 너무 심해서 질리스가 이

사직을 유지할 수 없다는 데 동의했다.[3]

세 번째로 사임한 윌 허드는 공화당 하원 의원 출신으로, 올트먼의 친구를 공개적으로 자임했으나 7월에 대통령 출마를 위해 오픈AI 이사회를 떠났다. 결국 이사회는 독립(지분을 보유하지 않은) 이사인 올트먼과 브록먼, 수츠케버까지 포함해서 9명에서 6명으로 줄었다.

이사진이 이탈하자 올트먼은 걱정이 커졌다. 특히 남은 이사 중 한 명인 쿼라 최고 경영자이자 페이스북 임원 출신의 아담 단젤로가 지난해 내내 오픈AI의 법인 지배 구조를 개선하는 데 점차 관심을 보였기 때문이다. 그러면서 상당한 시간을 따로 할애해서 이사회의 여러 문제를 궁리했다. 단젤로는 이사회의 기본 구조, 즉 올트먼에게 보고하는 두 임원(브록먼과 수츠케버)이 그를 감독해야 하는 이사회의 성원이라는 점을 우려했다. 2022년 여름에 GPT-4 데모를 보고 자신들이 내리는 결정이 순식간에 중대한 결정이 될 수 있음을 깨달은 뒤 이런 우려는 한층 시급한 문제가 되었다.

「오픈AI 이사회가 제대로 기능하면서 할 일을 하려면 이사회가 시간이 지날수록 회사의 중요성이 커진다는 사실을 진지하게 받아들이는 게 정말 중요합니다. 챗GPT나 GPT-4 같은 제품은 이사회가 회사의 중요성이 점점 커지고 있음을 깨닫게 되는 의미심장한 전환점이었어요. 이제 우리가 내일 당장 죽지는 않겠지만, 이사회는 제대로 작동해야 하는 거죠. 이사회는 실제로 유의미한 방식으로 회사를 감독해야 하는 겁니다.」 토너가 말했다.

하지만 올트먼은 단젤로가 선의로 행동하는 게 아닐 수도 있다고 우려했다. 2022년 12월, 쿼라는 포라는 인공 지능 챗봇을 공개했는데, 올트먼은 이를 경쟁자로 간주했다. 포는 사실상 이용자가 여러 인공 지능 챗 모델에 접속하게 해주는 〈래퍼wrapper〉였고, 결국은 챗GPT와 클로드도 접속 대상이었다. 2023년 4월, 올트먼은 동료 이사들에게 편지를 보내 단젤로가 포 개발에 관여함으로써 진짜 이해 충돌이 생겼고, 이제 그는 이사회에서 사임해야 한다고 말했다. 이사들이 동의했을까? 토너와 매콜리는 동의하지 않았다. 이사회는 몇 주간 무엇이 이해 충돌인지 논의한 끝에 경쟁사가 상대 회사의 첨단 모델, 즉 인공 지능 과학의 최첨단에 선 모델을 훈련시키는 것이 이해 충돌이라고 이제 막 결정한 상태였다. 포는 래퍼에 불과했으므로 이 기준에 미치지 못하는 것 같았다. 브록먼은 다른 이유를 들며 단젤로가 사임해야 한다고 주장했다. 포는 하나의 고객이기 때문에 단젤로가 오픈AI의 내부 사업에 관한 정보를 입수하는 것은 이해 충돌이라는 주장이었다.

토너는 여전히 설득되지 않았기에 올트먼은 둘이 전화로 논의해서 끝장을 보기로 동의했다. 방금 전에 이사 두 명을 잃은 상황에서 토너는 과연 단젤로와 계속 함께할 수 있는 해법을 찾을 수 없는지 의아했다. 통화 중에 올트먼도 동의했고 자기가 단젤로에게 전화하겠다고 말했다. 토너는 이후 어떻게 됐는지 듣지 못했지만, 나중에 올트먼이 단젤로와 통화하면서 포를 둘러싼 이해 충돌을 인지하고 있다는 의견조차 꺼내지 않았음을 알게 되었다. 단젤로는 결국 이사회에 남았다. 이 일을 계기로 토너와 매콜리는 올트먼과 브록먼이 자기네가 원하는 대로 끼워 맞추기 위해 이야기를 바꾸며, 이해 충돌 문제도 자기들에게 유리한 식으로 내세운다는 느낌을 갖게 되었다. (다른 이사들은 포와 관련된 이해 충돌 문제가 정당한 우려라고 여전히 믿었다.)

아마 토너와 매콜리는 이미 올트먼에 대한 신뢰를 잃기 시작한 터라 최악의 가능성을 기꺼이 믿은 것 같다. 2023년 봄, 오픈AI의 한 직원이 이사회에 회사가 〈안전성 문제에서 궤도를 이탈하고 있다〉는 사실을 알렸다. 오픈AI가 마이크로소프트와 협력 관계를 심화하는 과정에서 두 회사는 신제품을 출시하기 전에 위험성을 검토하기 위해 배포 안전 위원회를 설립했다. 수익을 추구하기보다 인류의 이익에 기여하겠다고 약속한 오픈AI 헌장을 따르는 이사회는 배포 안전 위원회의 기능을 감독하는 것을 핵심 역할 중 하나로 보았다. 하지만 이사들이 볼 때는 올트먼이 배포 안전 위원회의 역할을 그다지 진지하게 받아들이는 것 같지 않았다. 2022년 겨울 오픈AI 이사회 회의에서 이사진이 다소 논란이 있는 GPT-4의 세 가지 기능 향상을 어떻게 출시할지 논의하는 동안 올트먼은 세 가지 모두 배포 안전 위원회의 승인을 받았다고 주장했다. 의심이 든 토너는 문서 자료를 요청했는데, 그중 하나 API와 관련된 개선만 실제로 승인받은 것을 발견했다.

마이크로소프트가 몇 가지 문제에서 배포 안전 위원회와 충돌했지만, 오픈AI 이사회는 이제 막 여섯 시간에 걸친 이사회 회의를 끝냈는데, 올트먼이 아니라 내부 직원 때문에 이런 차질이 생겼다는 걸 알게 되자 깜짝 놀랐다(해당 직원은 복도에서 어느 이사를 만나자 이사회가 안전성 위반에 관해 알고 있느냐고 물었다). 2022년 말, 마이크로소프트는 배포 안전 위원회의 사전 승인을 받지 않은 채 아직 출시되지 않은 GPT-4의 버전 하나를 인도에서 테스트용으로 공개한 바 있었다. 결국 승인을 받기는 했지만, 인도에서 규정을 위반한 일을 계기로 일부 이사들은 두 회사의 안전성 처리 과정이 제대로 작동하지 않는다고 느꼈다.

이런 사건들은 그 자체로는 어느 하나 엄청난 문제가 아니었다. 하지만 이사회 증원을 둘러싼 교착 상태가 이어지는 가운데 올트먼이 정식 직무 외의 활동을 한다는 놀라운 보고가 하루가 멀다 하고 들어오는 것 같았다. 그는 서아시아로 날아가서 글로벌 마이크로칩 공급망을 확대하기 위한 야심찬 모험적 사업에 필요한 자금을 모았다. 또한 Y 콤비네이터 출신으로 자신이 투자한 핵분열 기업 오클로를 블랭크 체크 기업*을 통해 상장하려고 시도했다. 오픈AI의 가장 중요한 대기업 파트너인 마이크로소프트는 올트먼이 투자한 핵융합 회사인 헬리온과 에너지 구매 계약을 체결했다(핵융합을 통한 지속 가능한 에너지를 실제로 발명하는 것이 전제 조건이었다). 또한 아이폰의 전설적인 디자이너인 조너선 아이브와 새로운 종류의 인공 지능 기기에 관해 협의하는 중이었다. 이 각각

---

* 자체적인 사업 계획이나 사업 목적이 없이 다른 법인과의 합병 또는 다른 법인의 인수를 목적으로 설립된 회사.

의 사업에 대해 올트먼은 자신과 무관하다는 단서를 붙였고, 시간이 흐르면서 올트먼은 반도체 자금 조달이나 조너선 아이브와의 협력 사업 같은 프로젝트가 오픈AI를 위한 것이라고 말하게 된다. 하지만 언론에서 이런 활동들을 접하게 되자 이사회는 의문을 품을 수밖에 없었다.

그 후 2023년 어느 여름 밤, 오픈AI의 한 이사는 디너파티에 갔다가 누군가 오픈AI의 스타트업 펀드에서 나오는 수익이 오픈AI 투자자들에게 돌아가지 않는 것이 얼마나 부적절한 일인지 이야기하는 소리를 들었다. 애당초 이 펀드는 오픈AI 제품을 먼저 이용해 보는 등 희소한 자원을 사용할 수 있는데, 수익 분배에서는 배제된다는 것이었다. 이사회로서는 처음 듣는 이야기였다. 이 사람은 무슨 이야기를 하는 걸까? 오픈AI는 2021년에 스타트업 펀드를 출범하기는 했고, 당시 마이크로소프트를 비롯한 투자자들로부터 투자받아 오픈AI가 펀드를 〈관리〉할 것이라고 말했다. 펀드는 인공 지능 기반 법률 스타트업인 하비를 비롯해 몇 군데 회사에 투자했다. 그런데 수익이 오픈AI 주주들에게 돌아가지 않는다는 건 무슨 소리일까? 이사회는 올트먼에게 이 문제에 관해 묻기 시작했고, 몇 달간 질문과 답변이 오가면서 마침내 올트먼이 이 펀드를 개인적으로 소유하고 있으며, 유한 책임 투자자들에게 자금을 받았다는 것을 알게 되었다. 통상적이라면, 올트먼이 일명 〈캐리〉라는 성과 보수(보통 펀드 설립자에게 누적되는 수수료와 이익 배당금)을 받는다는 뜻이었다. 오픈AI는 올트먼이 해당 펀드에 재정적 지분이 없으며, 단지 가장 신속한 방법을 찾느라 개인 명의로 설립했을 뿐이라고 말한 바 있다. (이사회가 초기에 들은 답변은 이런 구조로 하면 세금 혜택을 받을 수 있다는 것이었다.) 하지만 그렇잖아도 기묘한 구조의 펀드가 한층 더 기묘해질 뿐이었다. 독립적 이사진은 명확한 답변을 얻을 수 없다고 느꼈다. 또한 올트먼이 오픈AI에 지분이 없다고 거듭 주장한 것 ― 그리고 이런 지위 덕분에 그가 애당초 이사진에 합류할 수 있었던 점 ― 을 감안할 때 펀드 구조에 대해 사전에 자신들이 통보받았어야 했다고 생각했다.

스타트업 펀드로서 오픈AI 펀드의 규모 자체는 비교적 작은 편이었다. 하지만 올트먼이 아랍 에미리트에 가서 인공 지능 개발에 필요한 세계 마이크로칩 공급을 크게 늘리려는 계획을 실현하기 위해 자금을 모으는 동안, 이사회는 펀드의 중요성이 한층 커졌다고 우려하게 되었고, 여전히 자신들이 전체 사정을 다 파악하고 있는지 확신하지 못했다. 몇몇 이사는 올트먼이 오픈AI의 지적 재산을 칩 프로젝트에 이용하려는 계획을 세우고 있으며, 이는 미국의 국익에 어긋날 수 있다고 우려했다.

2023년 9월 25일, 『뉴욕』 매거진 기자 엘리자베스 와일이 올트먼의 여동생의 말을 인용해 그녀가 겪은 싸움을 설명하는 첫 번째 기사를 내보냈다. 지금 와서 보면, 올트먼이 세계적으로 유명세를 떨치고 거의 1년이 지난 뒤에야 여동생이 완전 공개로 트위터에 올린 이야기가 탐사 보도 기사로 다뤄진 것은 이례적인 일이었다. 나 자신은 2023년 3월 올트먼 특집 기사를 공동으로 쓸 때 애니의 존재와 온리팬스에서 활동한 사실을 알았지만, 그녀가 오빠에 대해 제기한 여러 주장은 미처 알지 못했다. 실제로 그 기사가 실리기 몇 주 전에 애니는 트위터에 한층 구체적인 내용을 밝히면서 자기가 네 살, 오빠 샘이 열세 살일 때 동의 없이 같은 침대에 누운 적이 있다고 폭로했다.『뉴욕』매거진은 성적 학대 주장까지 전달하지는 않았지만, 애니가 억만장자 오빠와 같은 하와이에 살면서 홈리스 성 노동자 생활을 했다고 설명했다. 올트먼 가족은『뉴욕』에 이렇게 말했다.「모든 가족이 그렇듯, 우리는 애니를 사랑하며 그 애를 지원하고 보호하기 위해 언제나 최선을 다할 겁니다.」⁴ 기사의 헤드라인은 〈우리 시대의 오펜하이머, 샘 올트먼〉이었다. 이 책을 위한 인터뷰에서 어머니 코니 깁스타인은 애니의 주장은 모두 사실이 아니며 딸은 〈정신 건강상의 문제〉로 고통받고 있다고 말했다.

그로부터 며칠 뒤, 수츠케버는 토너에게 이메일을 보내 다음 날 잠깐 시간을 낼 수 있느냐고 물었다. 무척 이례적인 일이었다. 이사회 회의는 보통 몇 달까지는 아니더라도 몇 주 전에 일정이 잡혔기 때문이다. 다음 날 전화 통화에서 수츠케버는 우물쭈물하며 알쏭달쏭한 말을 흘리듯 늘어놓아 토너를 혼란에 빠뜨렸다. 그는 마음속에 있는 말을 실제로 밝힐 수 없다고 토로했다. 마침내 그가 마지못해 단서 하나를 내놓았다.「미라하고 좀 더 이야기를 해보세요.」

당시 서른넷이던 미라 무라티는 지난 5월에 오픈AI의 최고 기술 책임자로 공식 임명됐지만, 2020년 말부터 그 일을 하고 있었고 사실상 회사 운영도 도맡았다. 무라티는 어떤 프로젝트에 컴퓨팅 자원을 배당하고, 어떤 모델이 출시 전에 안전성 테스트가 더 필요한지를 결정하는 담당자였다. 무라티와 함께 일한 사람들은 그녀가 엄청난 감정 지능을 지녔고, 거의 자아가 없는 사람이라고 설명한다. 그 덕분에 무라티는 남들과 달리 독보적인 방식으로 연구원 팀을 설득하며 이끌 수 있었다. 「무라티는 창립자들 사이에서 조용히 영향력을 행사하죠. 기술과 인내심을 두루 갖추고 있어서 창립자들이 스스로 무너지지 않게 지켜 줘요.」 한 전 직원의 말이다. 그녀는 또한 청중 앞에 나서서 오픈AI의 작업이 어떤 우주적 의미를 갖는지 권위 있게 말할 수 있었다. 2023년 3월, 편집인과 기자들과 만나기 위해 『월 스트리트 저널』 사무실을 찾은 무라티는 검정 바지에 검정 하이힐 부츠, 검정 가죽 재킷 차림이었는데, 흡사 미래에서 온 사이보그 슈퍼 모델 같았다. 그녀는 엔지니어 특유의 담백하고 직설적인 태도로 질문에 답했다. 세상의 이목을 전혀 즐기는 것 같지 않았지만, 자신의 야심을 이루기 위해 일단은 주목받아야 한다는 것도 알았다. 젊은 시절에 인터넷 계정에 사용한 아이디를 보면 이런 성향이 잘 드러난다. ⟨unicorngenetrix⟩, 유니콘들의 어머니라는 아이디였다.

공교롭게도, 토너는 며칠 전인 2023년 9월 29일에 무라티와 커피를 마신 적이 있었다. 무라티가 올트먼의 허락을 받고 이사회와 관계를 돈독히 하기 위해 마련한 자리였다. 두 사람은 광범위한 주제에 관해 대화를 나눴지만, 긴급한 행동이 필요한 이야기는 아니었다. 하지만 토너는 수츠케버의 조언을 받아들여 다시 무라티에게 전화를 걸어 수츠케버와 혼란스러운 대화를 나눈 적이 있다고 설명하면서 물었다. 「요즘 무슨 일 있나요? 이사회가 알아야 하는 일이 있는 거예요?」 무라티는 올트먼이 회사를 운영하는 유독한 스타일 때문에 몇 년째 문제가 계속되고 있으며, 특히 최근 몇 달처럼 그가 갑자기 불안감에 사로잡히면 문제가 생긴다고 설명했다. 그녀가 경험한 바로, 올트먼은 항상 단순한 각본에 따라 움직였다. 첫째, 자신이 원하는 대로 상대의 행동을 이끌어 내기 위해 무슨 말이든 했고, 둘째, 그게 통하지 않으면 상대를 약화시키거나 상대의 신뢰를 무너뜨렸다. 올트먼은 종종 상대가 듣고 싶어 하는 말을 했는데, 간혹 경쟁하는 두 지망자에게 같은 직책을 약속하거나, 무라티가 몇 달간 애를 써서 얻어 낸 협상에서 마이크로소프트에 양보를 해주었다. 무라티는 브록먼과 올트먼의 역학 관계 때문에 자기 업무를 하는 게 거의 불가능해진 사정을 설명했다. 브록먼은 오픈AI 사장이지만 직접 보고하는 직원이 없고 엄밀히 따지면 무라티에게 보고하는 입장이었는데, 그래도 이사회 성원이었다. 무라티가 그가 다른 사람이 진행 중인 프로젝트를 강압적으로 관리하는 걸 막을 때마다, 그는 냉큼 올트먼에게 간 뒤 무라티를 교묘하게 설득했다. 브록먼의 행동거지 때문에 많은 사람이 회사를 그만두었고, 올트먼과 브록먼의 지속 불가능한 역학 관계 때문에 수석 연구 책임자 보브 맥그루, 그리고 심지어 무라티 본인까지 포함해서 여러 명이 회사에서 밀려날 참이었다. 무라티는 전부터 이 모든 점에 대해 올트먼에게 여러 번 피드백을 주었다고 말했다. 그러자 올트먼은 몇 주 동안 회사의 인사 책임자 다이앤 윤을 일대일 면담에 데려왔고, 결국 무라티가 견디다 못해 자신의 피드백을 이사회에 전달할 생각이 없다고 말했다.

이후 토너는 다시 수츠케버를 만나 더 많은 정보를 얻으려 했다. 수츠커베는 내놓고 말하지는 않았지만, 토너는 대화를 통해 올트먼을 해임해야 한다는 그의 뜻을 간파했다. 수츠케버는 자신을 비롯한 경영진이 과연 올트먼을 신뢰할 수 있는지 점점 걱정이 커졌고, 이런 의구심이 결국 일반 인공 지능 개발에 도달할 조직을 이끄는 올트먼에게 어떤 심대한 영향을 미칠지 우려했다. 수츠케버는 자신들이 이사회에 이런 이야기를 하려는 걸 올트먼이 알면 무슨 일이 벌어질지 무서웠다.

수츠케버가 올트먼의 행동 방식을 따끔하게 지적할 수 있기까지는 몇 년이 걸렸다. 오픈AI 최고 경영자인 올트먼은 그에게 한 가지를 말해 놓고 다음에 다른 이야기를 하면서 마치 그 차이가 뜻밖의 실수였던 듯 행동했다. 올트먼은 걸핏하면 말했다.「아, 내가 잘못 말했나 봐요.」수츠케버는 올트먼이 정직하지 않고 혼란을 자초한다고 느꼈다. 최고 경영자라면 누구나 문제가 됐겠지만, 문명을 뒤바꾸는 잠재력이 있는 기술을 책임지는 사람에게는 더더욱 문제였다.

이 모든 문제가 2021년에 곪아 터졌다. 수츠케버가 오픈AI가 나아갈 다음 방향—질문에 답하고 장기적인 미래 계획을 짜는 데 시간이 오래 걸리는 추론 모델은 결국 o1의 토대가 된다—을 입안하고 이를 진행하기 위한 팀을 구성한 뒤였다. 수츠케버가 1년 가까이 이 팀을 지휘하던 중 「도타 2」 프로젝트를 위한 연구를 주도하면서 브록먼과 가까워진 야쿠프 파호츠키가 수츠케버의 추론 연구와 아주 흡사한 변형 작업을 시작했다. 파호츠키는 처음에 수츠케버 팀과 협력하려고 하면서 맥락 내 강화 학습을 통한 추론과 관련된 연구에 대해 거의 매일 전화나 문자를 했다. 이후 파호츠키는 2022년까지 GPT-4 작업에 투입되었다. 파호츠키가 추론 작업에 복귀하자마자 수츠케버 팀과 파호츠키 팀을 통합한다는 결정이 내려졌다. 수츠케버는 작업이 이미 충분히 진행되었고 결국 성공할 것으로 확신했다. 그래서 파호츠키가 작업을 마무리하게 양보하고는 인공 지능 안전성 문제로 관심을 돌렸다.

 2023년 여름, 수츠케버는 〈슈퍼얼라인먼트(초조정)〉라는 새로운 팀을 출범했다. 팀의 일원인 얀 라이케의 표현을 빌리자면 인공 지능이 〈조정 숙제〉를 하도록 만드는 것이 목표였다. 수츠케버와 파호츠키는 올트먼이 두 사람이 회사의 연구 방향을 이끌 수 있다고 보장해 주었다고 생각했다. 하지만 올트먼이 수츠케버의 수석 과학자 직함은 그대로 둔 채 또한 파호츠키를 연구 책임자로 승진시킴으로써 아기를 둘로 가르려는 솔로몬식 시도를 하자 결국 몇 달간 내분이 벌어지고 생산성이 떨어졌다. 수츠케버가 볼 때, 이는 올트먼의 표리부동과 재앙과도 같은 충돌 회피 성향을 극명하게 보여 주는 수많은 사례의 하나에 불과했다.

토너는 수츠케버의 주장이 충분히 심각한 문제라면서 단젤로와 매콜리와도 이야기를 나눠 보라고 권했다. 「그 사람들을 믿나요? 둘에게 이런 이야기를 해도 괜찮을까요?」 수츠케버가 물었다. 토너는 그들이 믿을 만한 사람이라고 보증했다. 매콜리도 비슷한 우려를 품고 있었다. 그녀는 수츠케버의 의문 제기가 올트먼이 꾸며 낸 충성도 테스트일 것이라고 우려했다. 한 걸음 물러나 곰곰이 생각한 토너는 주변 사람들이 두려움을 느끼는 모습에 충격을 받았다. 인공 지능 경쟁을 선도하는 기업의 이사 절반이 최고 경영자에 대해 이런 식으로 느낀다면, 그 지배 구조에 도대체 무슨 문제가 있었던 걸까?

독립적 이사들이 수츠케버와 무라티가 올트먼에 관해 품는 우려를 놓고 서로 이야기하기 시작한 가운데, 토너는 10월에 올트먼의 마음에 들지 않는 논문을 발표했다. 〈의도 해독: 인공 지능과 값비싼 신호〉라는 제목의 고도로 학술적인 논문은 주로 게임 이론과 인공 지능이 국가 안보에 대해 갖는 함의를 다루는 내용이었다. 하지만 논문 깊숙한 곳에는, 오픈AI가 챗GPT를 출시해서 인공 지능의 봉인을 깨뜨릴 때까지 챗봇 클로드의 출시를 미룬 앤스로픽의 결정을 칭찬하는 듯 보이는 문장이 몇 줄 숨어 있었다.

다른 기업이 성능이 비슷한 제품을 내놓을 때까지 클로드의 출시를 지연함으로써 앤스로픽은 챗GPT의 출시로 촉발된 듯 보이는 무분별한 부실 경쟁을 피하려는 의지를 보여 주고 있다. 앤스로픽은 할부 비용, 즉 시간이 지나도 상쇄될 수 없는 고정 비용을 지렛대로 활용하는 식으로 이런 목표를 달성했다. 본 연구의 틀에 입각해서 보면, 앤스로픽은 자사 모델의 조기 출시를 억제하고 잠재적인 미래 수익 손실을 흡수함으로써 인공 지능 안전성 약속의 신뢰도를 높였다.[5]

올트먼은 토너에게 전화를 걸었는데, 조용하면서도 노여운 목소리였다. 연방 거래 위원회가 오픈AI의 데이터 사용 관행에 대한 조사에 착수한 상황에서 이런 비판은 회사에 해를 끼친다고 그는 말했다. 무엇보다도 그는 이 서술이 토너의 진짜 견해를 대변하는 것인지 궁금했다. 그녀는 정말로 앤스로픽이 오픈AI보다 신뢰성이 높다고 생각한 걸까? 심지어 앤스로픽이 제품화하기에는 너무 순수하다고 주장하다가 돌연 수십억 달러를 투자받아 기술을 상업화했는데도? 올트먼은 그녀가 정말로 그렇게 믿는다면, 이런 문제를 이사회 차원에서 논의하기를 원했다. 토너는 논문의 주제는 다른 사람들의 외적 인식에 관한 것이며, 자신의 견해는 그렇게 단순한 게 아니라고 해명했다. 그녀는 챗GPT가 경쟁을 가속화하는 동시에 안전성 문제에 대한 관심을 불러일으켰다고 생각했다. 또한 이것은 학계의 사람들을 대상으로 쓴 논문이었다. 하지만 만약 올트먼이 이 논문이 오픈AI에 해를 끼쳤다고 생각한다면, 그녀는 기꺼이 이사회에 사과하고 싶은 마음이었다. 토너는 이사회에 보낸 이메일에서 좀 더 문장을 다듬었어야 했다고 말했으며, 그 후 이 문제에 대해 아무 말도 듣지 못했다. 하지만 『뉴욕 타임스』에 따르면, 나중에 올트먼은 오픈AI 임원들에게 이메일을 보내 자신이 토너를 질책했다고 밝혔다. 〈나는 이 피해에 대해 우리가 의견이 일치하지 않는다고 느꼈습니다.〉[6]

한편 수츠케버는 단젤로와 매콜리에게 올트먼에 대해, 그리고 그와 브록먼의 유독한 역학 관계에 대해 이야기했다. 수츠케버는 무라티와 맥그루 같은 고참 임원들이 회사를 떠나려는 게 걱정된다고 말하면서 다시 한번 두 사람에게 무라티와 직접 대화를 나눠 보라고 권했다. 이사들이 올트먼의 거짓말을 간파하고 결국 그 거짓말을 관에 집어넣고 못질을 할 수 있었던 건 오로지 서로 정기적으로 연락하고 만난 덕분이었다. 10월 말 매콜리와 이야기를 나누던 중 수츠케버는 올트먼에게 들은 이야기를 꺼냈다. 매콜리가 올트먼에게 논문 문제로 물의를 일으킨 토너가 이사직에서 물러나는 게 당연하다고 말했다는 것이었다. 매콜리는 자신이 그런 말을 한 적이 없다는 걸 알았다. 단젤로에게 전화를 걸어 무슨 상황인지 설명했다. 단젤로는 〈무척 걱정되는군요〉라는 반응이었다. 회사의 세 독립적 이사들의 마음속에서 이 사건은 모든 사람이 계속 좋아하게 만들기 위해 남의 입을 빌려서 자기 속내를 드러내는 올트먼 특유의 일처리 방식을 압축적으로 보여 주는 듯했다.

수츠케버의 제안에 따라 매콜리는 무라티에게 연락했는데, 유도 질문을 던지지 않으려고 신중을 기했다. 무라티는 무려 45분 동안 올트먼의 경영 스타일을 깎아 내리면서 이 때문에 브록먼과 함께 일하기가 너무 어렵다는 비판을 늘어놓았다. 그녀의 말에 따르면, 브록먼은 아무 맥락도 없이 다른 사람이 진행하는 프로젝트에 무턱대고 끼어들어 강한 의견을 내놓기 일쑤였다. 전에 토너에게 언급한 것처럼 브록먼은 올트먼과 동맹 관계라 피드백을 주기가 꺼려진다는 우려와 같은 맥락이었다.

이런 주장을 뒷받침하기 위해 수츠케버는 토너와 매콜리, 단젤로에게 G메일의 자동 파기되는 pdf 기능을 이용한 장문의 문서 두 개를 이메일로 보냈다. 각각 올트먼에 관한 문서와 브록먼에 관한 문서였다. 올트먼 관련 문서는 거짓말을 비롯한 유독한 행동의 사례 수십 개로 이루어져 있었고, 대부분 수츠케버가 취합한 무라티의 슬랙 대화방에서 가져온 스크린 숏이 증거였다. 그중 한 스크린 숏에서 올트먼은 무라티에게 회사의 법무 부서 말로는 GPT-4 터보는 배포 안전 위원회의 심사를 거칠 필요가 없다고 말한다. 무라티가 오픈AI의 수석 변호사 제이슨 권에게 확인하자 그는 혼란스러워하면서 올트먼이 어떻게 그런 인상을 받은 건지 상상하기도 어렵다고 말한다. 물론 GPT-4 터보는 배포 안전 위원회를 거쳐야 했다.

브록먼 관련 문서는 주로 그가 사람들을 괴롭힌다는 혐의에 초점이 맞춰졌다. 브록먼은 애플 시절 커뮤니케이션 관련 결정을 직접 맡고 싶다는 욕망을 드러내는 식으로 베테랑 임원인 전 커뮤니케이션 총괄 스티브 다울링을 몰아냈다. 걸핏하면 올트먼에게 보브 맥그루에 관한 불만을 토로해서 맥그루가 회사에서 버티지 못하게 만들었다. 올트먼은 브록먼을 좀 제어해 달라는 오픈AI 직원들의 요청을 숱하게 처리했다. 말로는 동의하면서도 실제로 행동에 나서지는 않았다.

눈앞에 펼쳐진 증거를 따져 본 이사들은 오픈AI가 지구상에서 가장 유망한 테크 기업으로 손꼽힌다는 사실을 고려했다. 이사회는 최고 경영자를 선택할 수 있었다. 물론 6개월에 걸친 탐색 과정 끝에 그들은 의도적으로 이사회를 기만하려 하지 않으며 끊임없이 리더십 위기를 야기하지 않는다고 느끼는 사람을 찾을 수 있었다. 일부 이사들은 또한 직원들에게서 불만의 목소리가 터져 나오는 것을 듣고 있었다. 수츠케버와 무라티의 우려를 고스란히 반영하듯, 직원들은 이제 더는 올트먼이 자신들을 일반 인공 지능으로 이끌 수 있다고 믿지 못했다.

수츠케버는 행동하려면 발 빠르게 움직여야 한다고 경고했다. 올트먼은 워낙 매력적이고 교활한 까닭에 이사들의 의도를 눈치채고 지지자들을 자기편으로 끌어모을 것이었기 때문이다. 그는 행동에 나설 타이밍을 고르는 데 신중을 기하면서 이사회가 올트먼 충성파로 가득 채워지지 않는 순간을 기다렸다. 11월 회의를 준비하면서 이사회는 이사 후보 몇 명과 면담하는 일정을 잡아 놓았다. 기회의 창은 언제든 닫힐 수 있었다. 지금 당장 행동에 나서야 했다. 그리하여 2023년 11월 16일 목요일 오후, 독립적 이사 3명과 수츠케버는 영상 통화에 접속해서 올트먼 해임을 의결했다. 대화를 통해 무라티가 지금처럼 브록먼을 감독하는 동시에 이사회에서 그에게 보고해야 한다면 임시 최고 경영자를 맡는 데 동의하지 않을 가능성이 높다는 걸 알게 된 그들은 브록먼도 해임하기로 의결했다. 의결이 끝난 뒤, 독립적 이사들은 수츠케버에게 그가 자신들의 충성심을 테스트하기 위해 투입된 스파이일 걸로 걱정했다고 말했다.

무라티가 어느 콘퍼런스에 참석한 목요일 밤에 독립적 이사 3명과 수츠케버가 전화를 걸어 다음 날 올트먼을 해임할 계획이라면서 임시 최고 경영자를 맡을 수 있겠느냐고 물었다. 그녀는 회사를 안정시키기 위해 최선을 다하겠다고 동의했다. 올트먼을 왜 해임하려는지 물었지만, 그들은 자세한 내용은 밝히지 않았다.

무라티와 오픈AI의 최고 커뮤니케이션 책임자CCO 해나 웡, 이사 4명은 이후 이 소식을 어떻게 발표할 것인지 방도를 논의했다. 이사회가 설정한 〈진동〉 알림 설정을 살펴보던 무라티는 〈마이크로소프트에 통보〉 설정이 아직 켜져 있지 않은 것을 발견하고 물었다. 「사티아에게 이 소식을 알린 거죠?」 마이크로소프트는 이사회가 통보해야 하는 주요 이해 관계자 명단 상단에 있었지만, 아직 어떤 식으로 통보할지 계획을 잡지 못했다. 무라티가 소식을 전달할 적임자라고 여겼기 때문이다. 무라티는 오픈AI 블로그에 소식을 게시하기 전에 먼저 마이크로소프트 통보 일정을 추가해야 한다고 주장했다. 그러자 웡은 금요일에 주식 시장이 마감할 때까지 발표를 미루는 게 좋겠다고 제안했다. 마이크로소프트에 피해가

가는 일이 없게 상장 기업의 주가에 영향을 미칠 수 있는 중요한 뉴스는 그때 발표하는 게 일반적인 관행이라는 것이었다. 하지만 정식으로 해임하기 전에 올트먼이 자신들의 의도를 눈치챌까 깊이 우려한 이사회는 최대한 빨리 움직이기를 원했다. 결국 이사진은 무라티가 정오에 발표하기 몇 분 전에 마이크로소프트에 전화로 알리기로 결정했다.

다음 날, 올트먼과 멀허린은 포뮬러 1 경주가 열리는 라스베이거스에 있었는데, 그때 올트먼이 수츠케버와의 정오 회의 때문에 구글 미트 링크를 클릭했다. 단젤로와 토너, 매콜리의 얼굴이 화면에 나오자 놀랐는데, 불길하게도 브록먼의 얼굴은 없었다. 몇 분 전에 이사회에서 해임되었기 때문이다. 수츠케버가 올트먼에게 짧은 글을 읽어 주면서 그가 해임될 것이라고 말했지만, 구체적인 이유는 알려 주지 않았다. 충격에 빠진 올트먼은 Y 콤비네이터 질의응답 시간에 자주 쓰던 말을 남기며 통화를 마쳤다. 「무엇을 도와 드릴까요?」『뉴욕 타임스』 보도에 따르면, 이사회는 그에게 무라티가 회사를 이끌면서 수장 교체를 잘 진행하게 도와 달라고 요청했고, 그도 동의했다.[7]

화면이 깜박거리며 닫히자마자 올트먼은 컴퓨터에서 바로 로그아웃되었다.

처음에는 도무지 믿을 수 없는 기분이었다. 마치 악몽을 꾸는 것 같은 느낌이었다. 이윽고 분노가 밀려왔다. 몇 분 뒤 오픈AI 웹사이트에 간단한 블로그 게시 글을 통해 소식이 공개되었다. 〈올트먼은 이사회와의 소통에서 일관되게 정직하지 못했으며, 그 때문에 이사회가 책임을 다하지 못했습니다.〉 해임 소식은 테크 업계 최고 경영자들이 모인 와츠앱 방에 원자 폭탄처럼 떨어졌다. 이른 본 체스키가 곧바로 올트먼에게 문자를 보냈다.〈너무 잔인해요.〉 올트먼이 대답했다.〈잠깐 얘기 좀 할 수 있어요?〉

통화에서 올트먼은 체스키에게 왜 해임됐는지 전혀 모르겠다고 말했다. 체스키는 이리저리 질문을 던지다가 뭔가 잘못되었다는 결론에 도달했다.「통고나, 조사도 없이, 왜 해임하는지 말도 없이 자른다는 건 정말 믿을 수 없어요. 말하자면 사람이 **살인**을 했을 때나 그러는 거 아닌가요?」어딘가에 시체가 있는 게 아니라면 뭔가 대단히 잘못된 게 분명했다. 체스키는 브록먼과 통화했는데, 그도 올트먼의 말을 뒷받침했다.

한편 올트먼이 해임됐다는 소식은 곧바로 세계 곳곳에서 헤드라인 뉴스가 되어 가자 전쟁 뉴스까지 밀어냈다. 올트먼의 아이폰은 초당 문자가 너무 많이 쏟아져서 결국 아이메시지 앱이 불통이 되었다.

한편 샌프란시스코에서 무라티는 발표 몇 분 전에 마이크로소프트의 최고 기술 책임자 케빈 스콧에게 전화해서 지금 막 이사회가 올트먼을 해임하려고 한다고 알렸다. 브래드 스미스는 회의 중이던 상사를 불러내서 무라티를 바꿔 주었다. 나델라가 무라티에게 이사회가 올트먼을 해임한 이유를 묻자, 그녀는 자기도 모른다면서 단젤로에게 물어보라고 했다. 하지만 단젤로도 보도 자료 내용 말고는 별로 할 말이 없다면서 범죄와는 무관한 일이라고 나델라를 안심시켰다.[8]

무라티가 오픈AI 직원들에게 알린 내부 소통도 비슷하게 진행되었다. 이사회는 그녀에게 위기 커뮤니케이션용 〈발언 요지〉를 한 무더기 넘겼지만, 모호한 블로그 게시물과 별로 다를 바 없이 짧은 분량이었다.

오후 2시, 무라티와 수츠케버는 오픈AI 직원들을 위한 전원 회의를 열었는데, 직원들은 45분간 거의 비슷한 내용의 질문을 쏟아 냈다. 「샘이 무슨 일을 한 겁니까?」 한 직원이 그 답을 나중에라도 알려 줄 수 있느냐고 묻자 수츠케버가 답했다. 「아니오.」 해임될 당시 올트먼은 기업 가치가 거의 900억 달러에 달하는 회사의 직원 지분을 공개 매입으로 사기 위해 투자자 자금을 모으는 최종 단계에 있었다. 처음 주식이 발행됐을 때에 비해 가치가 엄청나게 올라서 오픈AI의 많은 직원은 큰 부자가 될 기회였다. 공개 매입을 주도한 스라이브 캐피털은 재러드 쿠슈너의 동생 조시 쿠슈너가 이끄는 벤처 캐피털 기업으로, 그는 올트먼이 Y 콤비네이터 시절 이룩한 많은 업적을 도운 오랜 지원자였다. 하지만 회사 사람 누구도 올트먼 없이 공개 매입이 계속 진행될 것이라고 환상을 품지 않았다.

미팅이 끝난 뒤, YC 컨티뉴이티 펀드의 전 법률 고문이자 오픈AI에서 꾸준히 승진해서 최근 최고 전략 책임자cso가 된 제이슨 권이 수츠케버에게 정면으로 따져 물었다. 「이건 좋지 않아요. 사람들이 화를 낼 겁니다.」그는 수츠케버가 이사회 사람들을 모아서 임원진(회사의 주요 리더 15명)과 영상 통화를 해야 한다고 요청했다. 수츠케버도 이에 동의했다.

금요일 저녁, 이사회가 화상 회의에 접속해서 들어간 가상 회의실은 말 그대로 패닉 상태였다. 권은 정중하게 발언을 시작하려 하면서 이사회의 행동이 회사의 이익을 위한 것이라고 생각한다고 말했다. 하지만 오픈AI에 생계를 의존하는 직원이 800명 가까운 ― 그리고 그들 대부분은 올트먼을 좋아하는 ― 상황에서 이사회가 〈일관되게 정직하지 못했다〉는 말 이외에 충분한 해명을 해야 한다고 주장했다. 법무 부서는 이미 뉴욕 남부 연방 지방 법원으로부터 문의받은 상태였다. 최고 경영자가 거짓말했다는 이사회의 비난은 법원이 볼 때 조사해 볼 만한 충분한 근거가 된다. 이사회는 모호한 주장으로 오픈AI에 대한 정기 조사를 자초하고 직원들에게 고통을 안겨 준 셈이었다. 권은 올트먼을 복귀시키는 것 말고 선택의 여지가 없다고 말했다. 회사가 망하게 내버려두는 건 이사회의 의무가 아니었기 때문이다.

「그게 실제로 회사의 사명과도 일치하는 거겠지요.」토너도 대답한 바 있었다.

토너의 말은 틀리지 않았다. 오픈AI의 헌장에는 회사가 〈인류 전체에 수탁 의무〉를 진다고 되어 있었다. 직원이나 투자자에게는 아무 의무가 없었다. 이사회는 헌장의 다짐에 도전한 셈이었다.

금요일 밤이 지나는 동안 오픈AI 이사회와 임원진은 잇따라 점점 논쟁이 고조되는 회의를 열었다. 무라티를 비롯한 임원진은 이사회에 30분의 기한을 제시하면서 올트먼을 해임한 이유를 설명하든지 아니면 사임하라고 했다. 그렇지 않으면 임원진이 단체로 사임하겠다고도 했다.

이사회는 진퇴양난에 빠졌다고 느꼈다. 비영리 세금 정책 전문인 외부 변호 로펌 아널드 앤드 포터에서 법률 자문을 받은 이사회는 올트먼의 경영상 실책에 관한 가장 자세한 증거를 일부 제시한 주인공이 바로 무라티라는 사실을 폭로해서는 안 된다는 걸 직감했다. 하지만 무라티가 반기를 드는 듯한 모습을 보며 배신감과 당혹감에 사로잡혔다. 무라티는 이사진에게 자신이 상황을 책임지고 직원들을 다독일 테니 이사회는 신임 최고 경영자를 찾아보라고 안심시켰다. 그런데 이제 동료들을 이끌고 이사회를 상대로 반란을 일으키면서 화상 회의에서 왜 올트먼을 해임했느냐고 성난 질문을 던지고 있었다. 그날 저녁 어느 순간, 임원진은 이사회가 물러나고 임원진에서 3명을 뽑아서 대신 이사로 선임할 것을 요구했다. 회사를 감독할 법적 의무가 있는 이사회로서는 애당초 받아들일 수 없는 요구였다. 한편 무라티는 자신이 말한 피드백 — 투명하고 건설적인 비판이라고 생각했고, 올트먼과도 공유한 내용이었다 — 때문에 이사회가 자신도 그들의 행동을 지지하는 것으로 판단했다는 사실에 충격받았고, 이사회가 충분한 준비 과정도 없이 그런 극단적인 조치를 취했다는 점에 더욱 놀랐다.

건물 내부에서 이야기가 뒤바뀌는 가운데 건물 밖에서도 똑같은 변화가 있었다. 전 세계에 요란하게 울려 퍼진 헤드라인에는 올트먼이 해임된 이유에 대해 아무런 실질적인 설명이 없었기 때문에 소셜 미디어 곳곳에서 올트먼과 그의 편은 이사회의 조치가 과연 타당한 것이었는지에 대해 의구심을 제기할 기회가 생겼다. 해임 몇 분 뒤에 올트먼과 브록먼은 체스키와 크리스 리헤인에게 전화를 걸었다. 에어비앤비의 글로벌 정책/미디어 담당 수석 부사장인 리헤인은 클린턴 시절 백악관에서 일한 적이 있고, 위기 소통에 관한 책도 썼다. 이 책은 후에 로브 로가 출연한 영화 「나이프 파이트」로 만들어지기도 했다. 체스키는 2015년 캘리포니아주가 단기 임대를 제한하는 주민 투표를 추진하는 것을 막기 위해 리헤인을 에어비앤비로 영입한 바 있었다. 체스키는 로비 활동에 충격과 공포 작전을 도입해서 결국 주민 투표안을 무산시키고 세계 곳곳에서 에어비앤비가 비슷한 싸움을 벌이는 동안 리헤인을 없어서는 안 될 자문 역으로 삼았다. 두 사람은 올트먼과 브록먼에게 맞서 싸우라고 조언했다. 하지만 단기적으로는 올트먼에게 〈가장 확실한 방법〉을 취하면서 이사회를 비난하지 말라고 조언했다. 그리하여 11월 17일 오후 4시 무렵, 올트먼은 대문자를 쓰지 않는 특유의 문장으로 공격적이지 않은 성명을 내놓았다. 〈오픈AI에서 보낸 시간이 좋았습니다. 개인적으로 많은 변화를 겪은 시간이었고 바라건대 세상도 약간 바뀌었습니다. 무엇보다도 이렇게 재능 많은 사람들과 일하는 게 좋았습니다. 나중에 어떻게 될지는 다시 말할 기회가 있겠죠.[인사 이모티콘])⁹ 브록먼은 이 말을 리트윗하면서 역시 대문자를 쓰지 않는 문장으로 사임 소식을 알렸다. 〈오늘 뉴스에 따르면 저도 그만둡니다.〉¹⁰ 오래지 않아 파호츠키를 비롯한 연구원 3명도 두 사람을 따라 사임했다.

저녁 시간이 지나는 동안 업계 곳곳에 포진한 올트먼의 많은 지지자 사이에 이야기가 퍼져 나갔다. 이 모든 게 〈일리야의 쿠데타〉이며, 파호츠키의 승진에 격분한 수츠케버(일리야)가 추진하고 올트먼이 자기를 이사회에서 몰아내려 하는 것에 분노한 토너가 뒤를 받쳤다는 것이었다. 체스키 같은 유력한 친구들 몇이 그들을 도왔다는 내용도 있었다. 체스키는 위험을 감수하고 오후 7시 무렵에 트윗을 올렸다. 〈저는 샘 올트먼과 그렉 브록먼을 전적으로 지지합니다. 지금 벌어진 상황은 참으로 유감입니다. 두 사람, 그리고 오픈AI 팀의 모든 성원은 더 나은 대우를 받아야 합니다.〉¹¹ 오픈AI 직원들이 올트먼의 가스라이팅에서 벗어났다고 안도하면서 벌떡 일어나 해방을 축하할 것으로 기대했었기 때문이다. 하지만 이제 직원들은 자기에게 손가락질을 하고 있었다.

토요일 아침, 올트먼은 러시안 힐 자택에서 일어나 단젤로와 매콜리의 전화를 받았다. 두 사람은 금요일 밤 회의에서 임원진과 설전을 벌인 뒤 대화를 위한 창구를 열고 싶어 했다. 그날 하루 동안 무리티를 비롯한 오픈AI 직원들은 침실 여섯 개짜리 넓은 저택에 모였는데, 올트먼을 복귀시키기 위한 작전을 짜는 상황실이 급조되었다. 토요일 밤에 이르러, 올트먼과 브록먼은 복귀를 위한 협상을 벌였다. 힘을 과시하듯 올트먼은 〈나는 오픈AI 직원들을 무척 사랑합니다〉라는 트윗을 올렸고, 전 동료 수십 명이 하트 이모티콘을 붙여 인용 트윗을 했다.

일요일이 되자 올트먼과 오픈AI 경영진은 그가 조만간 복귀할 것이라고 확신했다. 무라티는 이사회에 알리지 않은 채 올트먼을 사무실로 초대했고, 직원들에게 그가 하루 종일 회사에 있을 것이라는 공지를 보냈다. 올트먼은 X에 방문자 출입증 사진을 올리면서 〈처음이자 마지막으로 이걸 목에 거는군요〉라고 설명을 덧붙였다. 그와 브록먼, 무라티, 궨, 최고 운영 책임자 브래드 라이트캡을 비롯한 경영진이 하루 종일 이사회와 협상을 벌였다. 이사회는 새 이사진 구성에 합의할 수 있다면 그의 복귀에 반대하지 않았다. 양쪽 모두 세일즈포스의 전 공동 최고 경영자 브렛 테일러를 신임 이사로 지지했다.

하지만 자신과 브록먼 둘 다 이사회에 복귀하기를 원하는 올트먼의 입장이 걸림돌이었다. 그는 또한 현 이사진 전원이 사임해야 한다고 주장했다.

대화는 밤늦게까지 지지부진하게 이어졌다. 기자들이 오픈AI 건물 앞에 장사진을 치고서 배달 음식이 여러 차례 들어가는 모습을 지켜보았다. 갑자기 이사회는 무라티에게 신임 최고 경영자를 임명하겠다고 통고했다. 후보자인 에밋 시어는 Y 콤비네이터의 첫 번째 배치 시절 올트먼의 동료로, 저스틴.tv와 트위치 공동 창업자이자 인공 지능의 신중한 개발을 주창하는 인물이었다. 올트먼과 오픈AI 임원진은 충격에 빠졌다. 그들이 느끼기에는 이사회가 선의로 협상에 임하는 것이 아님이 분명했다. 올트먼은 넌더리를 내며 건물을 나섰다. 전날 나델라가 마이크로소프트로 오라고 제안했는데, 이제 제안을 받아들이기로 마음먹었다.

시어와 첫 인사를 나누는 전원회의가 열린다는 슬랙 메시지가 모든 직원에게 발송되었다. 직원들은 가운데 손가락 이모티콘으로 답을 대신했다. 일요일 밤 늦은 시각에 200명 정도 되는 인원이 드라마의 끝을 직접 보기 위해 사무실 앞에 모여 있었는데, 이제 건물에서 썰물처럼 빠져나갔다. 로비에서 감정적인 대치가 벌어지는 가운데 브록먼의 부인 애나가 수츠케버에게 다시 생각해 보라고 간청했다.

그날 저녁, 나델라는 마이크로소프트가 올트먼과 브록먼을 영입할 것이라는 트윗을 올리면서 오픈AI의 다른 직원들도 합류하라고 권했다. 하룻밤이 지나고 월요일 새벽이 되자 회사 직원 770명 중 700명 이상이 올트먼과 브록먼을 복귀시키고 이사회가 사퇴하지 않으면 자기도 사직서를 내고 마이크로소프트로 이직하겠다고 을러대는 격한 편지에 서명했다.

서명자 명단에는 수츠케버도 있었다. 〈이사회의 행동에 참여한 걸 깊이 후회합니다.〉 그가 X에 글을 올렸다. 〈오픈AI에 해를 끼칠 생각은 전혀 없었습니다. 나는 우리가 함께 세운 회사를 사랑하고 회사를 다시 단합시키기 위해 최선을 다할 겁니다.〉 올트먼은 하트 세 개와 함께 인용 트윗을 올렸다.

사태를 끝내기 위해 단젤로는 전 재무 장관 로런스 서머스를 또 다른 이사로 영입하자고 제안했다. 올트먼도 이에 동의하면서 자신의 이사직 요구를 포기했다. 화요일이 되자 협상이 타결되었다. 올트먼은 이사는 아닌 최고 경영자로 오픈AI로 복귀하며, 그를 해임한 상황과 그런 결과까지 이어진 과정에 대해 독립적인 조사를 실시한다는 내용이었다.[12]

브록먼은 환호하는 오픈AI 직원들 앞에 서서 찍은 셀카를 올리며 자축했다. 〈이제 우리 돌아왔습니다!〉[13]

잠 못 이루는 5일이 지나는 과정에서 올트먼은 스스로 해임을 뒤집었다. 이제 그는 어느 때보다도 더욱 힘이 세졌다. 오픈AI 직원들은 이 사건 전체를 〈일시적인 문제 the blip〉라고 지칭하게 된다.

17
풀려난 프로메테우스

몇 주 뒤, 올트먼과 멀허린은 하와이 대저택에 있는 야자나무들 사이에 재스민색 휘장을 드리운 유대교 결혼식용 구조물을 세우고 결혼식을 올렸다. 상상하기 힘들 정도로 멋들어진 광경이었지만 — 태평양 너머로 황금빛 석양이 지는 가운데 그들 앞에 전용 해변이 펼쳐져 있었다 — 결혼식 광경을 직접 본 사람은 거의 없었다. 동생 잭이 사회를 보았고, 코니와 맥스를 비롯해 10명이 채 되지 않는 가까운 가족과 친구들만 지켜보았다. 애니는 같은 섬에 살았지만, 나중에 소셜 미디어에 사진 몇 장이 유출될 때까지 결혼 소식도 알지 못했다. 세계적으로 열렬하게 집중 조명을 받은 1년을 보낸 뒤, 올트먼과 멀허린은 프라이버시와 단순한 삶을 열망했다. 두 신랑*과 들러리들은 모두 여분으로 챙겨 두는 흰색 버튼다운 셔츠와 카키색 바지 차림이어서 마치 남의 파티에 온 출장 요리사들 같았다. 축제 분위기를 암시하는 게 있다면 연두색 월하향 부토니에르

---

* 동성 결혼의 경우에 호칭은 정하기 나름이지만 두 사람은 둘 다 〈신랑groom〉으로 정했다.

두 개와 신랑들의 얼굴에 가득한 순수한 기쁨의 표정이었다.

70년 전, 인공 지능의 아버지이자 챗GPT의 기반 기술에 영감을 준 앨런 튜링은 당시 불법이던 동성애 혐의에 대한 처벌로 국가에 의해 화학적 거세를 당한 뒤 청산가리 알약을 삼켰다. 결혼했다는 소식이 공개됐을 때, 올트먼은 이미 너무 빠르게 유명세를 얻은 터라 많은 사람이 그가 게이라는 사실을 알고 깜짝 놀랐다. 「우리가 요즘 같은 시대에 결혼할 수 있어서 정말 다행이라고 생각해요.」 올트먼이 『애드버킷』과의 인터뷰에서 한 말이다. 「제가 자랄 때는 이런 일이 있을 거라고 확신할 수 없었어요. 제가 생각한 것보다 여론과 법이 빠르게 변했는데, 아주 감사하는 마음입니다.」¹ 올트먼은 많은 사람이 당시에는 감히 요구하기 어렵거나 심지어 터무니없다고 여기는 일들을 ― 1990년대 미주리주의 고등학교 공동체에서는 성 소수자 지지를, 2000년대 초반 대학 시절에는 동성애자가 결혼할 권리를 ― 줄곧 당당하게 요구했고, 이제 세상이 그의 소망을 열 배나 들어주는 것을 지켜보았다.

같은 인터뷰에서 올트먼은 자신의 정치적 포부에 대한 질문을 슬쩍 피하면서 인공 지능 때문에 너무 바빠서 그런 문제는 생각할 여유가 없다고 답했다. 「솔직히 말해서 정치할 시간이 없어요.」² 하지만 올트먼은 야심을 포기한 적이 없었다.

지난해에 백악관에서 열린 회의에 몇 번 참석하면서 80대 대통령 조 바이든과 여러 차례 만났는데, 대통령이 도널드 트럼프를 물리칠 수 없다는 우려가 점점 커졌다. 바이든 참모진과 민주당 간

부들은 그가 재선에 도전하기에는 너무 고령이라는 걱정의 목소리를 진화하려고 밤낮으로 애썼지만, 민주당 기부자들은 모든 게 좋지 않다는 것을 두 눈으로 직접 볼 수 있었다. 2023년 6월, 마이크로소프트 최고 기술 책임자 케빈 스콧은 리드 호프먼과 로스가토스 자택에서 모금 행사를 공동 주최했는데, 한 참석자는 언론인 보브 우드워드에게 바이든이 〈너무도 끔찍〉하고 〈노망 든 87세 할아버지 같다〉고 말했다. 방을 돌아다니면서 여자들한테 〈당신 눈동자 참 예쁘군요〉라고 말을 걸더라는 것이었다.[3] 하지만 그 후 1년 내내 바이든을 대체할 주요 도전자가 등장할 가능성은 거의 상상조차 할 수 없었다. 그렇지만 그해 가을 백악관에서 바이든을 만나 특히 경각심을 느낀 뒤, 올트먼은 매트 크리실로프(형 스콧과 함께 줄곧 정치 문제에 관한 올트먼의 주요 조언자)에게 전화를 걸어 뭐 할 수 있는 일이 없는지 물었다.

공교롭게도 크리실로프 형제는 미네소타주 출신의 무명의 민주당 하원 의원이자 주류 회사 상속인인 딘 필립스의 선거 준비 캠프와 이야기하던 중이었다. 민주당 대통령 후보 지명을 위한 출마를 준비하던 참이던 필립스는 중도파에 사업가 정신으로 무장한 유대인이자 낙관주의자였다(올트먼과 판박이였다). 얼마 뒤 크리실로프 형제는 올트먼이 비용을 대서 진행한 여론 조사 결과와 포커스 그룹 조사 결과를 필립스에게 제공하기 시작했다. 유권자들이 바이든의 나이를 걱정하고 있음을 보여 주는 내용이었다.

10월 말이 되자 필립스는 베테랑 정치 브로커 스티브 슈미트를 영입했다. 2008년 대통령 선거 당시 존 매케인 상원 의원의 선임 보좌관을 지낸 인물이었다. 매트 크리실로프는 슈미트에게 보낸 이메일에서 자신을 샘 올트먼의 〈전 비서실장〉이자 〈오픈AI 창립 멤버〉라고 소개하고는 뉴햄프셔주와 미시간주, 사우스캐롤라이나 주의 유권자를 대상으로 수행한 포커스 그룹 조사 결과를 공유했다. 이 상황을 잘 아는 한 사람에 따르면, 이 조사 결과와 올트먼과의 관계가 어느 정도 작용해서 필립스가 출마를 결심했다. 한편 슈미트는 조사 비용을 누가 냈는지 알고 싶었다. 그가 크리실로프 형제에게 묻자 두 사람은 딴소리를 했다. 그가 다시 물었다. 「〈어쩌고 저쩌고 어쩌고저쩌고〉하더라고요.」 슈미트가 그때 기억을 떠올렸다. 세 번째로 다시 물었다. 「**제기랄, 누가 조사 비용을 대는 거냐고 요?**」 연방 선거법 위반을 염려한 슈미트는 결국 선거 캠프의 법무 책임자에게 형제들한테 전화해 보라고 했다. 「결국 밝혀진 것처럼, 샘 올트먼이 비용을 댄 거더군요.」 (매트 크리실로프는 두 사람이 필립스와 연락을 할 시점이면 올트먼이 더는 조사 비용을 내지 않았다고 말했지만, 그렇다면 누가 냈는지는 밝히지 않았다.)

선거 운동을 시작하기 며칠 전, 필립스는 올트먼과 영상 통화를 했는데, 슈미트의 기억에 따르면, 올트먼은 통화 중에 자금과 지지를 약속했다고 한다. 가까이에 앉아 있던 『애틀랜틱』 기자 팀 앨버타는 10월 27일 자 기사에서 이렇게 썼다. 〈선거 운동 본부 출범 전 일주일 내내 필립스와 이야기를 나눈 테크 거물은 금요일에 지지 선언을 준비 중이다.〉[4] 하지만 지지 선언은 실현되지 않았다. 올트먼은 그 선거 시기에 어떤 후보도 공식적으로 지지하지 않았다. 대신 필립스의 출마 발표에 대해 트윗을 올렸다. 〈이건 흥미롭고, 실제로 유권자 대다수가 바라는 바에 가까운 것 같다. 합리적인 중도파 후보가 《탄탄한 경제와 물가 안정, 그리고 안전 강조와 세대 교체》라는 메시지를 내세우고 출마한다. 무슨 일이 벌어질지 흥미롭다.〉[5]

슈미트는 자신을 드러내지 않으려는 올트먼의 태도에 짜증이 났다. 「그는 도무지 정체를 알 수 없는 두 사람을 책임자로 앞세웠는데, 정말 비밀주의 성향이 대단하더군요.」 슈미트의 말이다. 『퍽』의 보도에 따르면, 11월 첫째 주에 올트먼은 자택으로 찾아온 필립스를 만나 바이든의 지지율부터 뉴햄프셔주와 다른 지역의 필립스 선거 운동의 기반 상황에 이르기까지 온갖 문제에 대해 이야기를 나눴다.[6] 「올트먼은 그를 돕겠다고 많은 약속을 했죠. 하지만 어느 하나 끝까지 지키지 않았어요.」 슈미트의 말이다. 2024년 3월에 이르러 필립스는 고향 주에서도 패배한 뒤 선거 운동을 포기했다.

올트먼의 관점에서 보면, 문제는 바이든이 고령인 것만이 아니었다(젊음을 숭배하는 Y 콤비네이터의 요람에서 성장한 사람에게는 확실히 문제가 되기는 했지만). 더 큰 문제는 바이든이 **영감을 주지 못하는** 인물이라는 것이었다. 그가 내세우는 정책은 괜찮았지만, 그는 미국의 다음 세기에 대한 설득력 있는 상상을 제시하거나 사람들의 피를 끓게 만드는 큰판을 깔아 주지 못했다. 어떤 경우에는 방향이라기보다는 정도의 문제였다. 가령 반도체 산업을 미국으로 복귀시키기 위해 고안된 반도체 과학법은 이 과제를 위해 고작 530억 달러를 책정했다. 올트먼이 볼 때, 이 수치는 0 하나가 아니라 둘이 빠진 액수였다.

이 점을 증명이라도 하듯, 올트먼은 아랍 에미리트를 비롯한 외국의 투자자, 미국의 규제 기관, 아시아 반도체 제조업체들과의 대화를 한층 늘렸다. 『월 스트리트 저널』에 따르면, 세계 반도체 제조 역량, 데이터 센터, 에너지 등을 대대적으로 증대하는 자금 조달에는 모두 합쳐 무려 7조 달러가 필요했다. 터무니없이 높은 이 액수가 공개되자 곧바로 곳곳에서 조롱이 터져 나왔다. (배경을 살펴보면, 전해에 전 세계 반도체 판매량이 5천억 달러였고, 애플과 마이크로소프트의 기업 가치를 합하면 6조 달러였다.) 올트먼은 이런 밈을 받아들이면서 〈젠장, 왜 8조가 아니지〉라는 글을 올리는 한편[7] 수치 자체에 대해서는 책임을 회피하면서 「렉스 프리드먼 팟캐스트」에 나와 이 수치는 〈가짜 정보〉라고 밝혔다. 하지만 잠시 후 그는 이 계획을 활용해서 막대한 컴퓨팅 역량에 대대적으로 투자를 증대해야 한다는 주장을 폈다. 「제가 볼 때는 컴퓨팅 역량이 미래의 화폐가 될 겁니다. 아마 이게 세계에서 가장 비싼 상품이 될 거예요.」 인공 지능이 얼마나 유용할지는 결국 그 비용이 얼마나 저렴한지에 좌우된다는 게 그의 지론이었는데, 그는 헬리온으로 이 문제를 해결할 생각이었다.[8]

인공 지능 규제 — 올트먼은 이 때문에 의회에 출석해서 질문을 받은 바 있었고, 세계를 돌며 규제에 지지한다는 뜻을 밝혔다 — 와 관련해서 올트먼과 바이든 행정부의 관계는 약간 혼란스로웠다. 2023년 10월 30일, 바이든 대통령은 인공 지능에 관한 행정 명령에 서명했다. 미국 역사상 최초의 실질적인 인공 지능 규제인 이 행정 명령은 오픈AI를 비롯한 빅테크 기업들이 봄에 내놓은 자발적인 약속을 대체했다. 백악관 기록에 따르면, 오픈AI는 행정 명령을 작성하는 데 깊이 관여해서 올트먼은 2023년에 네 차례 백악관을 방문했다. 하지만 마침내 행정 명령이 제정되고, 구글과 마이크로소프트 임원들이 곧바로 이에 찬성하는 목소리를 냈을 때, 오픈AI는 유난히 침묵을 지켰다. 행정 명령에서 가장 눈에 띄는 점은 상무부 소속 국립 표준 기술 연구소 산하에 미국 인공 지능 안전성 연구소를 설립한다는 것이었다. 나중에 오픈AI 전 연구원 폴 크리스티아노가 인공 지능 안전성 총괄 책임자로 임명된다(그는 앤스로픽의 장기 공익 재단에서 물러나야 했다). 마침내 침묵을 깨고 입을 연 올트먼은 뜨뜻미지근하게 지지하는 한편, 행정 명령에 〈일부 대단한 내용〉이 있다고 말하면서도 정부가 〈규모가 작은 기업과 연구팀의 혁신 속도를 늦추는 일이 없도록〉 신중해야 한다고 경고했다.[9]

행정 명령은 오픈AI보다는 효과적 이타주의자 억만장자들이 자금을 댄 각종 싱크 탱크와 연구소, 펠로십이 뒤얽힌 거대한 네트워크의 영향을 받은 게 분명하다. 냉소적인 사람이라면 인공 지능 종말론 산업 복합체라고 여길 법한 네트워크다. 행정 명령은 태생이 정부 싱크 탱크인 랜드 연구소의 영향을 깊이 받았는데, 최근 몇 년간 랜드 연구소는 오픈 필랜스러피에서 수천만 달러를 받았고, 자칭 효과적 이타주의자인 제이슨 머시니가 이끌고 있다. 앤스로픽의 장기 공익 재단에서 일하다가 랜드 연구소로 옮긴 머시니는 토너와 매콜리를 현재 직책으로 영입하기도 했다. 토너는 조지타운의 안전성 신기술 연구소에서, 매콜리는 랜드 연구소에서 일하고 있다. 『폴리티코』를 통해 공개된 녹음 내용에 따르면, 머시니는 랜드 연구소 전원회의에서 국가 안보 회의, 국방부, 국토 안보부가 〈미래의 인공 지능 시스템에서 발생할 수 있는 재앙적 위험에 대해 깊이 우려하고 있으며, 랜드 연구소에 몇 가지 분석 보고서를 만들어 줄 것을 요청했다〉고 말했다. 랜드 연구소 연구원들이 행정 명령에서 밀어붙인 가장 논쟁적인 조항들 가운데는 일정 규모 이상의 모든 인공 지능 모델은 정부에 개발과 관련된 상세한 정보를 보고해야 한다는 내용도 있었다.[10]

하지만 랜드 연구소가 바이든의 행정 명령에 남긴 지문은 효과적 이타주의가 워싱턴 DC에서 축적하고 있던 잘 보이지 않는 힘의 작은 징후에 불과했다. 2023년 가을 로스앤젤레스의 최신 유행 일식 레스토랑에서 피터 틸이 올트먼에게 말한 경고(유드코스키의 사도들, 그리고 생각이 비슷한 효과적 이타주의자들이 오픈AI의 영역을 잠식했다는 경고)는 미국 수도에도 똑같이 적용될 수 있었다. 새롭게 부상하는 인공 지능이라는 정치적 쟁점은 당파적 기준으로 쉽게 정의할 수 없었지만, 워싱턴 DC에서 이미 뚜렷한 전선이 그어졌기 때문이다. 한편에 오픈AI가 있다면, 반대편에는 효과적 이타주의를 앞세우고 든든한 자금으로 무장한 운영자들과 인플루언서들의 방대한 네트워크가 있었다.

이 전투에서 싸우기 위해 오픈AI는 세계적 로비 기업으로 손꼽히는 DLA 파이퍼와 손을 잡고 올트먼에게 워싱턴 DC의 마음을 사로잡는 법을 코치했다. 또한 전 상원 다수당 원내 대표인 척 슈머 의원실 선임 법률 고문을 자랑하는 거대 로펌 에이킨 검프 스트라우스 호이어 앤드 펠드와 계약을 맺고 인공 지능 규제에 대해 로비를 벌였으며, 마이크로소프트를 대표해서 활동한 적이 있는 로비스트를 직접 고용했다.[11,12] 하지만 비슷한 시기에 페이스북 창립자 더스틴 모스코비츠가 자금을 지원한 효과적 이타주의 진영의 오픈 필랜스러피와 스카이프 창립자 얀 탈린이 자금을 댄 단체가 엄청난 돈을 쏟아부어 싱크 탱크와 로비 집단을 만드는 동시에 워싱턴 DC에서 가장 영향력이 큰 적재적소에 충성스러운 직원들을 무더기로 투입하고 있었다. 〈그들이 쏟아부은 자금의 규모는 테크 정책 분야에서 전례가 없는 수준〉이라고 말한 중립 성향의 정보 기술 혁신 재단 부총재 대니얼 카스트로는 회계 감사원을 위해 분석 업무를 한 적이 있었다. 「만약 실존적 위험성에 초점을 맞추는 인공 지능 싱크탱크를 만들고 싶다면, 그걸 할 수 있는 돈이 있었습니다. 그래서 많은 사람이 손을 내밀고 말했죠. 〈네, 제가 하겠습니다.〉 그런 식으로 상황이 바뀐 거예요.」

카스트로는 오픈 필과 탈린이 워싱턴 DC의 랜드 연구소나 조지타운의 안전성 신기술 연구소, 또는 대서양 너머 미래 생명 연구소를 품어 준 옥스퍼드 같이 이미 세력권을 구축한 브랜드에 침투하는 식으로 자금의 영향력을 극대화했다고 말한다. 「오랜 유대 관계가 있는 역사적인 이름들이잖아요.」 하지만 그들이 내세우는 의제는 새로운 것이었다. 「랜드 연구소는 몇 년 전까지만 해도 이런 여러 테크 정책 논의에서 유력한 집단이 아니었죠. 전혀 아니었어요.」

논란을 부추기기라도 하듯, 호라이즌 공공 서비스 연구소(오픈 필과 탈린의 라이트스피드 그랜트가 지원하는 기관)는 별로 알려지지 않은 연방 조항을 활용해서 미국 정부의 의회와 행정부의 유력한 부서들에 직접 골라 배치한 〈펠로〉들의 급여를 지급하고 있다. 호라이즌의 웹사이트에는 인공 지능 입법 과정에서 목소리를 높인 의원들의 팀에 배치된 직원들과 국가 안보 회의부터 국방부에 이르기까지 행정부 직책에 임명된 직원들의 명단이 올라 있다.

오픈 필과 탈린은 또한 인공 지능 정책 센터 같은 워싱턴 DC 로비 그룹들에 직접 자금을 지원했다. 인공 지능 정책 센터는 2023년 인기 있는 효과적 이타주의 포럼인 「그레이터롱GreaterWrong」에 게시된 글에서 〈인공 지능의 재앙적 위험성을 완화하기 위한 정책을 개발하고 옹호하는, 새로 생긴 워싱턴 DC 기반 단체〉이며 현재 〈미국 정부 내에서 역량을 구축하는〉 데 집중하고 있다고 소개된 곳이다. 2023년 말 무렵, 후에 인공 지능 정책 센터 사무총장을 맡는 제이슨 그린로는 효과적 이타주의 관련 블로그 「레스롱」에 글을 올려 자기네 그룹이 이미 의회 보좌관 50여 명을 만났고 〈모범 법안을 작성 중〉이라고 밝혔다. 인공 지능 정책 센터의 공동 설립자 토머스 라르센은 유드코스키가 설립한 기계 지능 연구소에서 인공 지능 안전성 연구원으로 일한 전력이 있었다.

그린로는 백악관이 최근 인공 지능에 관해 제정한 행정 명령을 대체로 지지했지만, 국립 표준 기술 연구소 산하 인공 지능 안전성 연구소용으로 책정된 1천만 달러 예산에 대해서는 조롱하는 반응을 보였다. 「우리가 쓰는 예산은 싱가포르보다도 적어요.」 그가 『워싱턴 포스트』의 최근 보도를 인용하며 한 말이다. 기사는 검은 곰팡이 때문에 연구소 직원들이 사무실을 옮겨야 했고, 〈연구원들이 잦은 정전 때문에 작업을 날리지 않으려고 연구실에서 잠을 잔다〉고 폭로했다. 또한 일부 직원들은 〈다른 건물로 하드 드라이브를 직접 들고 가야 했고, 인터넷이 자주 끊겨서 대용량 파일을 전송할 수 없으며 (……) 지붕이 새서 비닐 시트로 막아야 했다〉. 심지어 연구소 건물에 야생 동물이 들끓고 뱀도 출몰한다는 목격담이 있었다.[13]

그린로 — 하버드 출신으로 주택 관련 사건을 맡으면서 간단한 기계 학습 모델을 만들어 본 뒤 인공 지능에 관심을 갖게 되었다고 말하는 자칭 〈이타적 변호사〉 — 는 인공 지능 정책 센터가 인공 지능을 책임감 있게 개발하도록 보장하기 위해 선한 싸움을 벌이는 곳이라고 소개했다. 「결국 중요한 건 전 세계의 미래입니다. 인간보다 더 빠르고, 똑똑하고, 저렴한 걸 만든다면, 바로 그게 미래를 이끌게 될 테니까요. 아직 그 단계에 도달하진 못했지만, 내가 볼 때는 필연적으로 그런 방향으로 나아갈 겁니다.」

한때 올트먼이 청중에게 도발적으로 제시하던 묵시록적 전율은 이제 더는 귀여운 협박같이 느껴지지 않았다. 〈일시적인 문제〉가 터지고 몇 달간, 그는 몽유병 환자처럼 멍하게 세월을 보내며 여전히 기습 공격의 상처를 떨치지 못하고 있었다. 그는 언제나 대학 시절까지 거슬러 올라가는 자신의 기벽을 초능력으로 여겼고, 금융 위기 때문에 상처 입고 순응적인 출세주의에 빠지거나, 팽창 일로인 버블 때문에 다른 어떤 선택도 비합리적으로 보이는 탓에 테크 업계 진출에 휩쓸린 후속 세대들이 자유를 빼앗겼다고 애도했다. 「제가 학교에서 배운 게 하나 있다면 독립심이죠. 이상한 발상을 해도 괜찮아요. 무조건 대세에 순응할 필요가 없어요. 스탠퍼드는 당시 굉장히 기이한 곳이었는데, 그게 멋있었죠. 그런 분위기가 많은 도움이 됐어요. 지금은 사람들이 하나같이 정해진 경로에서 벗어나는 걸 두려워하고, 무언가 했다가 퇴짜 맞는 걸 걱정하고, 괴짜로 찍히는 걸 무서워해요.」 2023년 초 첫 번째 인터뷰에서 그가 한 말이다. 제리 올트먼의 아들은 사적이면서도 공적인 창의적 재무 구조를 무엇보다도 사랑했다.

하지만 2024년 3월에 〈일시적인 문제〉에 대한 조사가 마무리되고 어떤 위법 행위도 하지 않았다고 밝혀지면서 이사회에 복귀했을 때, 올트먼은 오픈AI의 이상한 구조와 자신이 지분을 전혀 가지지 않은 기묘한 상황이 더는 유지될 수 없다는 걸 깨달았다. 투자자들은 오픈AI가 몸소 보여 준 것처럼 쉽게 자멸할 수 있는 회사에 자금을 지원하려고 하지 않았고, 오픈AI는 훨씬 많은 자금이 필요했다. 오픈AI는 ─ 어색하게도 마이크로소프트보다도 큰 ─ 대규모 인공 지능 사업체로 성장했고, 〈일시적인 문제〉가 정리된 이듬해에 인원수가 두 배 이상 늘어날 예정이었다. 하지만 여전해 매년 버는 것보다 쓰는 돈이 훨씬 많았다. 그것도 수십억 달러가. 예측 가능한 미래에도 올트먼의 자금 조달 능력이 필요했다.

올트먼은 오픈AI를 한결 덜 이상한 조직으로 개조하는 일에 착수했다.

효과적 이타주의자들을 뿌리 뽑는 작업이 시작이 될 터였다.

정상적인 회사로 변신하려고 노력하는 과정에서 오픈AI는 경험 많은 새로운 이사진을 영입했다. 소니 엔터테인먼트 사장에 이어 몇 년간 파라마운트 글로벌 이사를 지낸 니콜 셀리그먼과 빌 앤드 멜린다 게이츠 재단 최고 경영자를 역임하고 페이스북과 화이자 이사를 지낸 수 데즈먼드헬만이 새로 이사에 선임되었다. 또한 회사는 올트먼의 해임으로 이어진 그의 다른 사업 거래를 둘러싼 불신을 막기 위해 새로운 이해 충돌 정책을 마련했다.

「사람들이 그 문제에 대해 의문이 있었기 때문에 우리는 법률 자문을 받고 일련의 표준적 절차를 마련했습니다. 〈의문이 들면 살펴보라〉는 내용이었죠. 샘은 모든 부분을 세세하게 검토했어요.」 래리 서머스의 말이다.

외부 로펌 윌머헤일은 3만 건의 문서를 검토하고 수십 명을 면담한 끝에 예전 이사회가 권한을 벗어나지 않는 한에서 올트먼을 해임한 것은 맞지만, 검토한 어떤 자료도 올트먼의 해임을 뒷받침하지 않는다고 판단했다.

서머스는 이렇게 말했다. 「윌머헤일의 검토가 마무리된 뒤 우리는 다른 사업적 판단을 내렸어요. 기록에는 어쨌든 그가 최고 경영자로 남는 것이 적절한지에 대해 의문을 제기하는 어떤 내용도 없다고 보았으니까요.」

그럼에도 불구하고 올트먼은 사태 이후 자기 탐구의 시간을 가지면서 이사회의 신뢰를 잃게 된 이유를 파악하려고 노력했다. 비영리 구조는 불안정이 심각해서 지속성이 없으며, 공익 기업(재정적 성과와 나란히 사회적, 환경적 가치를 우선시하는 법적 구조를 갖춘 영리 기업) 같은 구조로 대체해야 한다는 걸 깨달았다. 하지만 이런 시도를 하면 결국 몇몇 사람에게 한층 더 신뢰를 잃을 게 분명했다.

「우리는 끊임없이 배우고 적응하며, 우리가 하는 일은 항상 바뀝니다. 저는 스스로 그런 변화의 여지를 많이 남겨 두려고 하지만, 사람들은 그런 걸 싫어하죠. 하지만 때로는 제가 그런 여지를 충분히 남기지 않고, 우리는 전에 생각했던 선택지가 아닌 다른 일을 해야 할 수도 있어요. 비영리로 출발했다가 수익 제한 구조를 추가하고 이렇게 말하는 경우도 있죠. 〈음, 이것도 안 통하는군요. 공익 기업이 필요합니다.〉 저는 우리가 추진하는 게 하나의 구조로 잘 작동할 거라고 믿어 의심치 않았지만, 사람들이 불만을 터뜨리는 것도 당연한 일입니다.」

가장 크게 불만을 터뜨린 것은 일론 머스크였다. 조사 결과 올트먼의 혐의가 벗겨진 바로 그 달에 머스크는 그와 오픈AI를 상대로 소송을 제기하면서 오픈AI가 비영리 사명을 배신했다고 주장했다. 〈오픈AI는 세계 최대 테크 기업인 마이크로소프트의 사실상의 폐쇄형 closed-source* 자회사로 변모했다. 새로운 이사회 아래서 오픈AI는 인류의 이익이 아니라 마이크로소프트의 수익을 극대화하기 위해 일반 인공 지능을 개발할 뿐만 아니라 실제로 정교화하고 있다.〉[14] 소장의 첫 번째 항목에 담긴 내용이다. 오픈AI는 머스크가 제기하는 불만을 신포도 같은 심리로 치부하면서 그 역시 자기 회사에서 인공 지능을 상업화하려 한다고 지적했다. 하지만 그가 던진 질문은 공정한 것이었다. 머스크가 초창기 비영리 오픈AI에 기부한 약 5천만 달러는 실제로 어디로 간 걸까? 공중으로 증발한 건가? 처음부터 이 거대 기업에 재정을 지원한 그는 아무 대가도 받지 못하는 건가?

〈일시적인 문제〉 이후, 수츠케버는 납작 엎드려 있었다. 워낙 보이지 않아 〈일리야는 어디에 있나?〉라는 질문이 온라인 밈이 될 정도였다. 그와 무라티가 남극으로 도망쳤다는 소문이 퍼졌다. 렉스 프리드먼은 2024년 3월 올트먼에게 수츠케버를 어디 안전한 핵 시설

* 오픈AI가 내세운 〈오픈 소스〉에 빗댄 표현.

에 가둬 두고 있냐고 물었는데, 이는 반쯤만 농담이었다. 실제로 수츠케버와 회사는 그가 오픈AI에 남을 수 있는 방법을 찾기 위해 교섭하고 있었다. 수츠케버가 쿠데타를 꾸몄을지 모르지만, 오픈AI는 그의 필생의 작업이었고, 회사가 무너지기 일보 직전이라고 판단하자 그는 회사를 구하기 위해 무슨 일이든 하겠다고 결심했다. 그와 오픈AI 경영진 모두 그가 다른 연구원들이 의지하는 등불이자, 특이점의 영적 스승이며, 〈미래에는 일반 인공 지능을 만드는 것이 과학의 유일한 목적이었음이 분명히 밝혀질 것이다〉 같은 웅대한 주장을 뒷받침할 만한 연구 실적을 지닌 인물임을 알고 있었다.[15] 인공 지능 연구 분야는 이미 그를 독보적 주역으로 인정하면서 그에게 명성이 자자한 〈테스트 오브 타임〉상을 수여했다. 그는 신경 정보 처리 시스템 학회가 지난 10년간 시간이 지나도 가치를 잃지 않은 논문에 주는 이 상을 지난 2년간 연속 석권한 데 이어 곧 세 번째 상을 받을 예정이었다.

더욱이, 오픈AI가 다음에 선보일 거대한 기술 진보는 몇 달 뒤 출시될 〈스트로베리〉라는 내부 암호명이 붙은 추론 모델이었는데, 이는 수츠케버의 선구적 작업이 낳은 결과물이었다. 회사는 그가 떠나지 않도록 넉넉한 조건을 제안했고, 그는 이를 받아들이기 일보 직전이었다. 하지만 결국 5월 14일, 수츠케버는 〈개인적으로 의미 있는 프로젝트〉를 추진하기 위해 회사를 떠난다고 발표했다. 관련된 모든 사람이 좋게 마무리하려고 애쓰면서 수츠케버와 올트먼, 브록먼, 무라티, 파호츠키가 수츠케버가 그린 이국적 동물들의 그림이 가득한 벽 앞에서 팔짱을 끼고 포즈를 취했다. 지난해에 CNBC 인터뷰에서 수츠케버를 〈오픈AI에 결국 성공을 안겨 준 핵심 인물〉이라고 말한 머스크가 당장 그를 영입하려고 나섰다.[16]

다음 날, 지난해에 그와 손잡고 슈퍼얼라인먼트 팀을 만들었던 얀 라이케도 회사를 떠나면서 X에 아무 설명도 없이 〈사임합니다〉라는 말만 남겼다.[17] 라이케는 오픈AI에서 조정 작업 책임자였는데, 디프마인드와 미래 생명 연구소에서도 일한 전력이 있는 그는 이제 엘리에저 유드코스키가 몇 년째 던지고 있는 질문에 나름의 답을 찾기 위해 애쓰고 있었다. 「인공 지능이 많은 사실을 안다고 해도 특별히 겁이 나지는 않지만, 우리가 정말 알아야 하는 건, 만약 이 시스템이 우리의 조정 연구의 일부나 결국 거의 전부를 대신하게 되면 우리한테 거짓말을 할까, 하는 겁니다. 인공 지능은 우리를 기만하려 할까요? 이 기회를 틈타 우리 자리를 넘겨받으려 할까요? 지금 당장은 인공 지능이 너무 많은 일을 하고 있어서 우리가 직접 [전부] 들여다볼 수가 없어요.」 그가 대니얼 필런의 팟캐스트에 나와 한 말이다. 필런은 버클리의 스튜어트 러셀 밑에서 공부하는 박사 과정생이다. 인공 지능이 〈문명을 끝장낼〉 잠재력을 지닌 기술이라고 말한 바 있는 그 러셀이다.[18] 그로부터 며칠 뒤, 라이케는 지난 몇 달간 자기 연구 팀이 〈바람을 거슬러 항해하면서〉 이따금 필요한 컴퓨팅 자원을 확보하기 위해 분투했다고 말했다. 〈인간보다 똑똑한 기계를 만드는 건 본질적으로 위험한 시도다. 오픈AI는 모든 인류를 대표해서 막중한 책임을 짊어지고 있다. 하지만 지난 몇 년간 안전 문화는 반짝이는 신제품의 뒷전으로 밀려나고 있다.〉[19] 그가 X에 쓴 글이다. 라이케는 얼마 지나지 않아 앤스로픽에 합류했다. 슈퍼얼라인먼트 팀은 해체되어 더 큰 조직으로 편입되었고, 안전성 연구자들이 꾸준한 흐름을 이루면서 그 문을 향해 나아갔다.

초조정이라는 문 안으로 발을 내디딘 몇몇 연구자는 공포와 불신에 맞닥뜨렸다. 회사가, **오픈AI라는 회사**가 안전성 연구자들이 느끼는 우려를 일반 대중과 공유하는 것을 막기 위해 매우 엄격한 비밀 유지 및 비방 금지 계약서에 서명하지 않으면 이미 분배한 주식을 회수하겠다고 위협한 것이다. 이 사건은 오픈AI의 성공을 낳은 비결, 즉 최고의 인공 지능 연구자와 엔지니어를 영입하는 능력에 정면으로 거스르는 가장 치명적인 스캔들로 밝혀지게 된다. 계약서는 『복스』 기자 켈시 파이퍼에 의해 세상에 알려졌는데, 그녀는 경쟁이 극심한 실리콘 밸리에서 비밀 유지 계약 자체는 이례적인 일이 아니지만, 퇴사하는 직원이 계약서에 서명하지 않으면 이미 분배한 주식을 회수하겠다고 위협하는 것은 드문 일이라고 지적했다.[20] 올트먼은 회사에서 주식을 회수한 사례가 없다는 트윗을 올리면서, 애당초 그런 위협이 담긴 퇴직 합의서의 문구가 잘못된 것이라고 인정했다. 〈이건 제 책임이고, 오픈AI를 운영하면서 진심으로 당황스러웠던 몇 안 되는 사례 중 하나입니다. 이런 일이 벌어지고 있는 줄 몰랐고, 진즉에 알았어야 했습니다.〉[21]

회사는 이 사건과 관련해서 전원회의를 열고 이후 질의응답까지 진행했지만, 연구자 공동체와의 관계를 완전히 회복하지는 못했다. 「빠르게 움직이는 회사라면 간혹 실수를 하고 멍청한 일도 하죠. 하지만 무엇보다도 이 일은 정말 최악의 사건이었습니다. 우리 모두 감정적으로 무척 고통스러웠어요. 우리는 정말 이런 회사가 되고 싶지 않았거든요.」 올트먼의 말이다.

인공 지능 안전성의 세계에서 오픈AI의 평판이 큰 타격을 받던 바로 그 순간, 구글은 연례 개발자 콘퍼런스인 구글 I/O 일정을 5월 14일로 정한 상태였다. 지금은 제미니로 명칭을 바꾼 인공 지능 모델의 새 버전을 공개할 예정이었다. 오픈AI로서는 어떤 식으로든 주목받아야 하는 뚜렷한 기한이 생긴 셈이었다. 몇 주 동안 오래 기다린 GPT-5가 출시될 것이라는 소문이 돌았고, 뉴스코프와 악셀 스프링거를 비롯한 기업들과 준비한 다양한 콘텐츠 라이선스 계약을 활용하는 검색 제품이 나올지 모른다는 이야기도 돌았다. 하지만 오픈AI는 그 대신 GPT-4o라는 이름으로 GPT-4의 업데이트 버전을 출시했다. 이전 모델보다 속도가 빠르고, 올트먼의 표현처럼 〈태생적으로 멀티모달〉이라 텍스트와 이미지, 오디오를 전환할 수 있었다. GPT-4의 음성 기능은 전년도에 공개되었지만 속도가 느리고 불편해서 실용성이 떨어졌는데, 이제 할리우드가 영화 「그녀」에서 먼저 창조한 것처럼 자유자재로 대화를 주고받을 수 있었다. 영화에서 호아킨 피닉스가 연기하는 외로운 남자는 스칼릿 조핸슨이 연기하는 섹시한 음성 비서와 사랑에 빠진다. 무라티는 오픈AI가 공개한 데모 영상에서 유창한 이탈리아어로 GPT-4의

실시간 통역 기능을 직접 보여 주었다. 스마트폰 화면에 뜬 원이 깜박이는 가운데 따뜻하고 허스키하며 약간 들뜬 목소리가 흘러나왔다. 오픈AI가 현대 SF 고전의 경험을 재창조하는 데 성공했음을 각인시키려는 듯, 올트먼은 〈her〉라는 짧은 트윗을 올렸다.[22]

영상은 또 하나의 입소문을 히트시켰는데, 덕분에 스칼릿 조핸슨은 친구들에게서 오픈AI가 자신의 목소리를 사용하고 있는 것 같다는 이야기를 듣게 되었다. 조핸슨은 에이전트 브라이언 루드와 함께 영상을 보았는데, 두 사람은 〈스카이〉라는 목소리의 주인공이 조핸슨의 목소리와 〈소름 끼칠 정도로 비슷하다〉고 판단했다. 며칠 뒤, 조핸슨은 맹렬히 비판하는 성명을 발표하면서 올트먼이 몇 달 전 음성 어시스턴트 작업을 계약하자고 연락했지만 거절했다고 밝혔다. 그 후 제품 출시 이틀 전에 에이전트에게 문자를 보내 생각이 바뀌었는지 물었다고 한다. 조핸슨은 이제 법적 조치를 하겠다고 위협했다. 오픈AI는 조핸슨의 목소리를 의도한 음성이 아니라고 말하면서 올트먼이 그녀에게 연락하기 전에 이미 다른 배우가 녹음한 것이라고 밝혔지만, 결국 〈스카이〉 음성은 폐기되었다.

내가 들은 바로는 스카이 목소리는 「그녀」에 나오는 조핸슨의 목소리와 별로 비슷하지 않다. 이 글을 쓰는 시점에서 법적 조치에 대한 위협은 현실화되지 않았다. 하지만 자사 제품을 판매하기 위해 원작자의 허락도 받지 않고 SF 영화와의 문화적 연결을 활용하려 한 올트먼의 투명한 시도에 많은 사람이 분노했다. 이 사건을 계기로 애당초 이 인공 지능 모델들이 어떻게 만들어진 것인지에 관한 더 큰 문제가 제기되었다. 허락을 구하거나 대금을 치르지 않고 인터넷에서 창의적인 작품을 긁어모아서 학습한 결과물이었기 때문이다. 2022년 11월 챗GPT가 출시된 이래, 수많은 소송이 벌어지고 있다. 화가를 시작으로 작가에 이어 음악가를 비롯한 창작자들이 오픈AI와 인공 지능을 만드는 그 밖의 거대 테크 기업들이 자신의 작품을 훔치고 있다고 주장하며 소송에 나섰다. 2023년 말, 뉴욕 타임스 컴퍼니는 몇 달간 오픈AI, 마이크로소프트와 콘텐츠 라이선스 계약을 교섭한 끝에 두 회사를 상대로 세간의 이목을 끄는 소송을 제기했다. 〈피고들은 허락을 구하거나 보상하지 않은 채 『뉴욕 타임스』가 수십억 달러를 들여 창작한 저작물을 가져감으로써 비용 지출을 사실상 회피했다〉고 소장은 주장한다.[23] 루드도 조핸슨 사건에 관한 성명을 발표하면서 이와 똑같이 깊은 우려에 의지했다. 「이 회사들이 실제 개인 및 창작자들과 어떻게 조정하는지가 여기서 핵심 문제입니다. 진정성의 입증과 동의 구하기, 동의에 대한 보상이죠. 이 회사들이 속도를 늦추고 현재 개발 중인 제품의 투명성과 윤리, 책임을 보장하도록 절차를 마련하는 것은 아직 늦지 않았습니다.」[24] 그가 말한다.

오픈AI는 실제로 이야기를 바꿀 필요가 있었다. 수츠케버와 라이케가 퇴사하면서 더 많은 인력이 이탈할 것을 걱정한 회사는 수츠케버에게 재고할 것을 설득했다. 수츠케버가 퇴사하고 일주일도 되지 않아 무라티와 브록먼은 그에게 전화를 걸어 그가 없으면 오픈AI가 무너질 수도 있다고 말했다. 브록먼은 만약 그가 돌아오면 라이케도 돌아올 것이라면서 두 사람이 올트먼을 든든하게 떠받히는 데 도움이 될 것이라고 암시했다. 당시 올트먼은 비밀 유지 계약 사건으로 신뢰성에 금이 간 상태였다. 무라티와 브록먼, 파호츠키, 그리고 나중에는 올트먼까지 수츠케버의 아파트를 찾아와서 직접 감언이설을 늘어놓았다.

수츠케버는 복귀를 진지하게 고려했지만, 브록먼에게 제기한 우려를 떨치지 못했다. 하지만 우려를 제기하고 몇 시간 만에 브록먼은 입장을 바꿨다. 얼마 전까지 수츠케버가 감정적 고문에 시달린 것을 깨달은 올트먼과 브록먼, 무라티, 파호츠키는 손으로 쓴 쪽지를 건네면서 조금 전까지 그를 괴롭힌 것을 정중하게 사과했고, 회사가 어려운 시기에 돕기 위해 복귀를 고려한 그에게 고맙다고 말했다. 애나 브록먼은 그가 가장 좋아하는 선인장까지 선물로 가져왔다.

수츠케버가 결국 오픈AI를 떠나기로 선택한 것은 경영진이 너무 혼란스럽고 불안정해서 장기적으로 성공하지 못할 것이라고 우려했기 때문이다. 몇 주 뒤, 수츠케버는 예전 Y 콤비네이터 파트너인 대니얼 그로스와 오픈AI 엔지니어 출신의 대니얼 레비와 함께 세이프 슈퍼인텔리전스 Inc.(SSI)라는 새 회사를 설립한다고 발표했다. 수츠케버는 X에 올린 글에서 이 회사가 〈안전한 초지능이라는 하나의 목표와 한 가지 제품만을 추구하는 세계 최초의 안전한 초지능SSI 전문 연구소〉라고 밝혔다.[25] 적어도 처음에는 아무

〈제품〉도 만들지 않을 계획이었다. 몇 달 만에 그들은 세쿼이아 캐피털을 비롯한 투자자들에게 10억 달러를 모았다. 오픈AI가 마침내 수츠케버가 3년 전 팀을 구성하며 개발을 시작한 추론 모델(처음에는 〈스트로베리〉라는 암호명이었지만 나중에 〈o1〉으로 바뀌었다)을 공개했을 때, 발표 자료에서 그의 이름은 찾아보기 어려웠고, 논문에 인용된 수십 명 중 한 명일 뿐이었다.

한편 한때 의회의 총아였던 샘 올트먼은 이제 인공 지능에 대한 비난이 집중되는 희생양이었다. 지난해에 상원 의원 리처드 블루먼솔이 올트먼을 대단히 〈건설적〉이라고 치켜세웠던 바로 그 상원 회의장에서 이제 토너는 오픈AI 이사회의 경험을 통해 〈돈이 문제가 될 때 내부 안전장치가 얼마나 취약한지〉를 알게 되었고, 〈바로 이 때문에 정책 결정권자들이 개입해야 한다〉는 걸 깨달았다고 증언했다.

그 직후, 캘리포니아 주지사 개빈 뉴섬은 오픈AI가 반대하고 앤스로픽이 수정에 적극적으로 관여한 인공 지능 안전성 법안에 거부권을 행사했다. 테크 기업들이 인공 지능 모델 때문에 발생하는 피해에 대해 책임을 지도록 만드는 내용이 담긴 법안이었다. 앞장서서 법안에 반대한 사람들 중에는 Y 콤비네이터 자금 지원자이자 에인절 투자자인 론 콘웨이도 있었는데, 그는 올트먼과 하원 의장 낸시 펠로시와 오래전부터 막역한 사이였다. 펠로시는 법안에 공개적으로 반대하면서 최후의 일격을 가했다. 연방 하원 의장이 주 차원의 입법에 관여한 보기 드문 사례였다. 「테크 업계는 규제

받지 않는 것에 무척 익숙하며, 어떤 유의미한 방식으로도 규제받아서는 안 된다고 생각합니다. 실제로 그런 입장을 취하는 유일한 산업이죠.」 법안을 발의한 캘리포니아주 상원 의원 스콧 위너의 말이다.

2024년 가을에 이르러 오픈AI는 실리콘 밸리의 여느 테크 기업들과 똑같은 영리 회사로 변신하는 중이었다. 구조 재편의 일환으로 올트먼이 회사의 큰 지분을 차지하게 될 가능성이 높았다. 회사는 온갖 도전을 견디고 여전히 연구의 최전선을 지켰으며, 안전성과 관련된 대규모 재앙을 피한 한편 2억 명이 넘는 활성 사용자를 보유한 성장하는 사업을 구축하고 있었다. 8월, 브록먼은 그해 말까지 회사를 떠나겠다고 발표했다. 올트먼도 그의 결정을 격려했다. 9월 말에 이르러 무라티와 맥그루, 슐먼이 모두 회사를 떠났다. 챗GPT가 출시되어 세상을 충격에 빠뜨린 뒤 『와이어드』 매거진 표지를 장식했던 오픈AI의 대표 인물 네 명 — 브록먼, 수츠케버, 무라티, 올트먼 — 가운데 이제 올트먼만 남아서 식인종들의 왕으로 홀로 서 있었다.

일주일 뒤, 오픈AI는 66억 달러의 펀딩 라운드를 마감해서 가치 총액이 1570억 달러에 달했다. 1년 전보다 대략 두 배 늘어난 수치였다. 투자자들 중에는 스라이브 캐피털과 마이크로소프트, 그리고 아랍 에미리트 정부가 인공 지능에 투자하기 위해 만든 펀드인 MGX 등이 있었다. 투자자들은 모두 오픈AI의 내부 정보를 들여다볼 권리를 유지하고자 한다면 경쟁사들인 수츠케버의 SSI나 머스크의 xAI, 아모데이의 앤스로픽 등에 투자하지 않기로 동의한 상태였다.[26] 역사상 최대 규모의 벤처 캐피털 투자 라운드였다.

에필로그

「살면서 그 어떤 때보다도 더 흥분되는군요.」 2024년이 막바지로 치달을 무렵, 올트먼과 멀허린은 대리모를 통해 내년 3월에 세상에 나올 첫 아기를 맞이하는 순간을 고대하고 있었다. 올트먼이 언제나 바란다고 말한 대가족이 첫발을 내딛는 순간이었다. 얼마 뒤 동생 잭과 그의 아내 줄리아의 셋째 아이가 태어날 예정이었다. 잭은 최근에 유니콘 스타트업인 래티스의 최고 경영자에서 물러났고, 형제의 벤처 기업인 올트 캐피털을 통해 1억 5천만 달러의 펀드를 모았다. 샘이 참여하지 않을 회사의 첫 번째 펀드였다. 「샘은 이제 너무 두드러지는 인물입니다. 여러 이유로 잠재적인 충돌을 피하기 위해 그게 더 좋은 방식입니다. 이제 너무 잘나가는 사람이거든요.」 잭이 『인포메이션』에 한 말이다. 한편 둘째 맥스는 올트 캐피털을 떠나 Y 콤비네이터 출신 두 명과 함께 자신의 벤처 기업인 사가 벤처를 공동 창립했다. 지난해에 하와이에서 잠시 머무른 뒤, 유명 인사인 형제들과 약간 떨어져 있기 위해 샌프란시스코에서 오스틴으로 이사한 상태였다. 막내 애니는 여전히 가족과 대화가 단절됐지만, 아버지가 세상을 떠나고 6년이 지난 뒤 마침내 아버지 신탁에 접근할 수 있었다. 가족은 변호사를 통해 물가 상승률을 조정해서 한 달에 5천 달러씩 지급하도록 정해 두었다. 애니는 또한 지난 5년간 그토록 큰 고통을 안겨 준 여러 당혹스러운 증상들이 겹친 상태의 이유를 해명해 주는 진단을 받았다. 엘러스-단로스 증후군은 결합 조직에 나타나는 희귀성 유전 장애의 통칭이다. 몇 년 만에 처음으로 애니는 하와이에 안정된 집을 갖게 되었고, 덕분에 물리 치료에 집중할 수 있었다. 「이곳에서 지낸 지 석 달째예요. 지난 2년 반 동안 한곳에서 석 달을 산 적이 없어요.」 애니가 10월에 한 말이다.

코니 깁스타인은 이런 지원이 애니의 남은 생애 동안 지속될 것으로 기대한다고 성명에서 말했다. 「정신적 어려움에 직면한 가족을 돌보면서 해로운 행동을 부추기지 않으려고 노력하는 건 정말 어려운 일입니다.」 그녀가 한마디 덧붙였다. 「여러 해 동안 애니는 우리 가족에 대해 끔찍한 주장을 했습니다. 가슴을 후비는 그런 주장은 사실이 아니에요. 아이를 존중하고 사랑하기에 우리는 이런 문제에 공개적으로 관여하지 않기로 했고, 아이의 사생활과 존엄을 지킬 수 있기를 기대했습니다. 하지만 어머니로서 저는 모든 자식을 지킬 의무가 있으므로 결국 어느 정도 배경 설명을 할 때가 됐습니다.」

2024년 말, 애니가 새로 선임한 변호사 라이언 머호니는 샘에게 아동기의 성 학대에 관해 한결 생생하게 설명하는 주장이 담긴 편지를 보내면서 사건을 법정으로 가져가기 전에 중재를 시도할 기회를 제안했다. 「애니가 실제로 트라우마를 겪기는 했지만, 그녀의 정신 건강이 이런 주장의 원인이라는 증거는 없습니다.」 변호사는 성명에서 이렇게 말하며 〈우리 고객을 대신해서 애니가 받아 마땅한 정의를 실현하고 목소리를 낼 수 있도록 계속 노력할 것〉을 약속했다. 애니의 서른한 번째 생일(미주리주에서 어린 시절 성 학대 사건에 대해 소송을 제기할 수 있는 기한)을 이틀 앞둔 2025년 1월 6일, 애니는 미주리 연방 법원에 소송을 제기했다. 자신이 세 살일 때부터 샘이 자기를 성적으로 학대했다는 내용이었다. 코니와 샘, 맥스, 잭은 공동 성명에서 이런 주장이 〈전혀 사실이 아니〉라고 밝혔다.[2]

사방에서 올트먼을 비판하거나 적대시하는 사람들이 점점 모습을 드러냈다. 10월, 수츠케버의 멘토였던 〈인공 지능의 대부〉 제프 힌턴이 기계 학습 연구로 노벨 물리학상을 받았다. 수상 소식이 발표된 직후 토론토 대학교에서 마련한 기자 회견 자리에서 힌턴은 자신의 스승들과 제자들에게 감사를 표하면서 묻지도 않은 말을 덧붙였다. 「특히 저의 제자 중 한 명이 샘 올트먼을 해고한 사실이 자랑스럽습니다.」[3] 힌턴은 2023년 5월 구글에서 사임했다. 오픈AI가 촉발하고 구글도 가세한 인공 지능 군비 경쟁을 비판하는 발언을 하기 위해서였다. 가짜 정보와 일자리 감소, 궁극적으로 인류의 운명에 대해 우려한 그는 당시 『뉴욕 타임스』에 이렇게 말했다. 「인공 지능을 통제할 수 있는지 파악할 때까지 인공 지능 개발을 확대해서는 안 된다고 생각합니다.」⁴ 이제 노벨상을 손에 쥔 그는 더욱 직설적으로 목소리를 높였다. 「오픈AI는 안전성을 대대적으로 강조하면서 설립됐습니다. 원래 주된 목표는 일반 인공 지능을 개발하고 안전성을 보장하는 거였죠. 옛 제자 중 한 명인 일리야 수츠케버가 수석 과학자였는데 시간이 흐르면서 샘 올트먼이 안전성보다는 수익에 훨씬 관심이 많다는 게 밝혀졌습니다.」⁵

바이든이 트럼프를 이기지 못할 것이라는 올트먼의 우려는, 마지막 몇 달을 앞두고 후보가 카멀라 해리스 부통령으로 교체된 뒤에도 결국 사실로 밝혀졌다. 하지만 오픈AI 창립의 일원이었던 이들 가운데 누구도 공동 창립자인 일론 머스크의 활약을 예상하지 못했을 것이다. 머스크는 트럼프 선거 운동의 막판 총력전과 대선 승리 후 몇 주간 톡톡히 역할을 했다. 마가MAGA(미국을 다시 위대하게) 군중을 앞에 두고 무대에 올라 신나게 춤을 추었고, 2년 전 〈조용히 퇴장해야 한다〉고 일갈했던 인물을 지지하는 데 2억 5천만 달러를 쏟아부었으며, 마러라고에서 정권 인수 계획 중에 트럼프와 혼연일체가 되어 그를 〈최고의 단짝〉이라고 지칭할 정도였다.⁶,⁷ 트럼프가 승리하고 2주도 되지 않아 머스크는 올트먼과 오픈AI, 마이크로소프트를 상대로 확장 버전의 소송을 제기했다. 사실상 힌턴의 비판을 고스란히 되풀이하는 내용이었다.⁸ 혹시라도 개인적인 이유 때문인지 의아해하는 경우를 대비해서 머스크는 몇 주 전 터커 칼슨과의 인터뷰에서 다음과 같이 말했다. 「나는 오픈AI를 신뢰하지 않아요. 샘 올트먼을 믿지 않습니다. 그리고 세계에서 가장 강력한 인공 지능을 신뢰성이 없는 사람이 통제하게 내버려두어선 안 된다고 생각해요.」[9] 오픈AI는 이번 소송도 그전에 제기된 소송들처럼 아무 근거가 없는 것이라고 말했지만, 실제로 이번에는 뭔가 달랐다. 이제 올트먼은 대통령 당선인과 독대하는 인물의 가장 두드러진 적이었다.

하지만 이 모든 상황에서도 올트먼은 멀리 펼쳐진 지평선에서 눈을 떼지 않으면서 계속 전진하려고 노력했다. 만약 미국 정부가 아랍 에미리트와 중국이 손잡는 것을 우려한 나머지 그가 7조 달러를 투자한 마이크로칩과 데이터 센터, 에너지 기반 시설 프로젝트가 중동을 통과하는 것을 허용하지 않는다면, 미국에서 유사한 프로젝트를 추진하기 위해 로비를 할 계획이었다. 선거를 앞두고 오픈AI 정책 팀은 양쪽 대선 캠프를 만나서 미국 정부가 인공 지능 기반 시설에 투자해야 한다고 촉구했다. 인공 지능 개발 비용을 충분히 낮추면, 핵 원자로 허가 절차를 간소화하는 것에서부터 데이터 센터 관리 직무 훈련 비용에 이르기까지 유용성이 정말로 높아진다는 게 근거였다. 임원진은 이를 중국보다 먼저 일반 인공 지능에 도달하는 방법으로 내세웠다. 인공 지능 군비 경쟁을 막기 위해 설립된 회사가 이제 비유가 아닌 실제 군비 경쟁을 적극적으로 재촉하고 있었다.

〈기술은 우리를 석기 시대에서 농경 시대를 거쳐 산업 시대로 인도했다. 지금부터는 컴퓨팅과 에너지, 인간 의지로 지능 시대로 나아가는 길을 개척한다.〉 올트먼은 2024년 9월에 쓴 에세이에서 인류가 자신에게 주어진 운명을 성취하기 위해서는 이런 투자가 필요하다고 주장했다.

아버지가 수십 년간 주거 문제를 해결하기 위해 노력한 것처럼, 그는 공공 자금과 민간 투자를 결합해서 자본주의의 불공정성을 완화하지 않으면, 〈인공 지능은 서로 차지하기 위해 전쟁을 벌이는 극히 제한된 자원이 되거나 부자들만 누리는 도구가 될 것〉이라고 주장했다. 같은 달에 오픈AI 본사에서 만나 인터뷰를 한 나는 그의 목소리에서 어머니의 노동 윤리의 메아리가 울려 퍼지는 걸 들을 수 있었다. 그는 자기 컴퓨터의 메모리를 만든 이름 없는 사람들의 노력에 경탄하면서 그들 한 명, 한 명이 우뚝 솟은 인류 문명을 떠받치는 비계 역할을 한다고 치켜세웠다.

「내가 이 사람들을 만날 일은 없겠지만, 그들이 얼마나 열심히 일했는지는 압니다. 그들이 취미나 다른 어떤 일보다 여기에 자신의 생명력을 갈아 넣어 이 물건을 만들었고, 당시에는 그게 얼마나 엄청나게 중요한 것이었는지 알죠.」 그가 입을 열었다. 「문명은 그렇게 만들어지는 거라고 생각해요. 우리 중 한 사람의 신경망 하나에서 만들어지는 게 아니라 우리 모두가 이 어마어마한 인프라에 기여하고 건설하는 거죠. 그 덕분에 우리는 생물학적으로는 별반 다를 게 없으면서도 고조부모나 증조부모보다 훨씬 더 유능해질 수 있어요.」

세계 곳곳에서 자유주의가 공격받고 있음에도 올트먼은 여전히 합리성과 과학과 진보를 굳게 믿는다. 2011년 영국 물리학자 데이비드 도이치가 쓴 인기 과학 서적『진리는 바뀔 수도 있습니다』를 처음 읽고 10여 년이 지난 지금도, 그는 만나는 사람마다 이 책을 추천한다. 책에서 도이치는 계몽주의가 우주적으로 중요한 순간이었다고 주장한다. 인간이 진정으로 지식을 생산하는 법을 배운 그 순간, 마침내 우주 구석구석을 정복하고 변화시킬 것임을 의심할 이유는 이제 사라졌다. 〈올바른 지식만 갖게 된다면, 자연 법칙에서 금지되지 않은 모든 것을 실현할 수 있다〉고 도이치는 말한다.[10] 죽음은 해결할 수 있는 문제다. 우주의 가장 춥고 어두운 구석에서도 우리는 미래에 만들 기술을 이용해서 에너지와 지식을 수확할 수 있다.

올트먼은 러시안 힐 자택에 인간 진보에 대한 믿음을 모셔 두는 사당을 지어 놓았다. 그곳에 들어서는 순간 처음 마주치는 물건은 손도끼 세 개다. 그중 하나는 지금까지 발견된 것 중 가장 오래된 손도끼로, 인류 공통의 조상인 호미니드가 등장한 이래 150만 년의 대부분 동안 사용한 유일한 도구다. 이 도끼 하나로 집을 짓고 짐승을 죽이고 음식을 만들었다. 다른 수십 개의 물건 중에는 기술 역사의 다양한 순간에 만들어진 긴 칼들, 진공관, 우주 프로그램 기념품, 콩코드 엔진의 날개깃 하나, 초기 애플 컴퓨터, 그가 처음 사용한 컴퓨터인 맥 LC Ⅱ 복제품, 오픈AI에서 만든 로봇 손 한쪽 등이 있다.

올트먼은 2024년 9월에 쓴 에세이에서 이렇게 말했다. 〈여기 인류의 역사를 압축해서 보는 한 가지 방법이 있다. 수천 년간 과학적 발견과 기술 진보를 뒤섞은 끝에 우리는 모래를 녹이고, 불순물을 더하고, 엄청나게 정밀하고 극히 미세한 크기로 이를 배열해서 컴퓨터 칩을 만들고, 여기에 에너지를 흘려보내고, 결국 점점 유능한 인공 지능을 창조하는 시스템을 만드는 방법을 알아냈다.〉

그는 계속해서 아마도 자신만이 쓸 수 있는 문장을 덧붙였다. 〈이것은 지금까지의 모든 역사에 관해 가장 중요한 사실로 밝혀질 것이다. 우리는 몇천 일(!) 안에 초지능을 갖게 될 수도 있다. 더 오래 걸릴 수도 있지만, 거기에 도달할 것이라고 확신한다.〉[11]

감사의 말

이 책은 훌륭한 연구자이자 친구인 루크 제로드 쿠머의 도움을 받아 보도하고 집필한 결과물이다. 루크는 지금껏 내가 함께 일한 언론인 중 가장 뛰어난 기자다. 쉬지 않고 발로 뛰면서 취재하는 전통적 탐사 보도 기자인 그는 학생 연감과 온갖 문서를 뒤적거리고, 멀리 있는 취재원을 만나 인터뷰하러 직접 길을 나섰으며, 이 책에 담긴 가장 생생한 일부 보도를 가지고 돌아왔다. 이 책은 또한 그의 호기심과 끈기, 탁월한 판단력에 크게 빚을 졌다. 압도적인 글쓰기와 편집 능력은 말할 것도 없다. 20년 전 『빌리지 보이스』의 탐사 보도 기자 웨인 배럿 밑에서 인턴 기자로 처음 만난 날, 나는 우리가 친구가 될 거라고 직감했지만, 우리의 우정이 이렇게 즐겁고 풍성한 결실을 맺을 줄은 상상도 하지 못했다.

　이 책은 『월 스트리트 저널』 편집장 에마 터커의 본능적 직관과 지지가 없었다면 탄생하지 못했을 것이다. 그녀는 챗GPT가 출시된 뒤 처음 열린 편집 회의에서 샘 올트먼 특집 기사를 작성해야 한다는 아이디어를 처음 내놓았다. 또한 이 기사를 공동 작성한 스타트업과 벤처 캐피털 담당 기자 버버 진이 없었더라면 이 책이 나오지 못했을 것이다. 그가 취재한 보도는 이 책 곳곳에 스며들어 있으며, 너그럽고 친절하고 유쾌한 그 덕분에 책을 준비하고 집필하고 출간하는 과정 내내 제정신으로 버틸 수 있었다.

하지만 이 책의 진정한 비전은 W. W. 노튼 출판사의 담당 편집자이자 출판인인 댄 거스틀에게서 나왔다. 그는 현재 진행 중인 기계 혁명 속에서 인간의 이야기를 보았고, 그의 사려 깊은 편집 덕분에 책은 이루 말할 수 없이 좋아졌다. 언론인을 방불케 하는 레이첼 잘츠만의 통찰, 에이버리 허드슨의 매의 눈, 보브 번의 무한한 인내심 등 노튼의 담당 팀과 함께 일하는 과정은 즐거움 자체였다. 모든 단계마다 저자가 필요로 하는 것을 정확히 간파하는 챔피언인 에이전트 앨리스 마텔에게도 감사한다.

올트먼의 해임에 영향받은 사람들에게 이 사건은 기억 속에 아드레날린이 선명하게 각인되는 순간이었다. 딸애의 걸 스카우트 부대를 이끌고 숲을 거닐던 중에 휴대 전화의 잠금 화면 위로 충격적인 헤드라인이 떴다. 땅바닥이 푹 하고 꺼지는 느낌이었다. 그 후 며칠은 잠도 못 자면서 정신없이 지나갔지만, 내내 옆을 지켜 준 디파 시타라만, 톰 도턴, 버버 등의 동료에게 감사한다. 든든한 버팀목이 되어 준 리즈 울먼, 지혜를 나눠 준 제이슨 딘, 지치지 않고 움직인 제이미 헬러 등에게도 고맙다는 말을 하고 싶다. 참호 속에 같이 들어가고 싶은 동료로는 이 사람들 말고 누구도 생각할 수 없다.

지난해 내내 이 사태가 벌어진 이유와 그것이 인공 지능의 미래에 던지는 함의를 종합해 보면서 동료애를 나눈 그들에게 감사한다. 롤프 윙클러와 케이트 라인보가 보여 준 너그러움에도 감사한다.

『월 스트리트 저널』의 미디어/엔터테인먼트 총괄 아몰 샤르마에게도 감사한다. 날마다 우리 일에 영감과 흥분을 불어넣어 주는 든든한 상사다. 그의 격려와 지지가 없었더라면 내가 저자가 되는 일은 없었을 것이다. 더 이상 무슨 말을 덧붙이랴. 그리고 부서의 다른 동료들에게도 감사한다. 그들이 나눠 준 통찰과 정보 덕분에 이 책이 꼴을 갖출 수 있었다. 나를 위해 그 기사를 찾아준 조 플린트에게 따로 감사한다(봐요, 조. 그거 잊지 않았어요!) 거의 마법 같은 조사 능력을 타고난 짐 오버먼에게는 엄청난 빚을 졌다.

기꺼이 시간을 내 이 이야기를 들려준 취재원 수백 명 여러분 감사합니다. 특히 인내심을 갖고 후속 질문에 이어 2차, 3차 후속 질문까지 참아 준 여러분 감사합니다. 많은 이의 이름을 밝혔지만, 밝히지 않은 이들도 있다. 당사자는 모두 자신이 누구인지 알 것이다.

이 책은 또한 앞서 이 이야기의 조각들을 들려준 여러 저자에게도 큰 빚을 졌다. 선견지명이 담긴 2021년 저서 『AI 메이커스, 인공 지능 전쟁의 최전선』으로 인공 지능 지하 세계에서 베르길리우스처럼 안내자 역할을 해준 케이드 메츠에게는 더 없이 많은 빚을 졌다. 크리스틴 라고리오채프킨의 『우리는 너드』와 제시카 리빙스턴의 『세상을 바꾼 32개의 통찰』도 Y 콤비네이터와 레딧의 역사에 관한 소중한 자료였다.

책을 쓰는 일은 주변 사람들을 힘들게 한다(피할 도리는 없다). 이 광기를 견디면서 어려운 시간을 버티도록 도와준 가족과 친구들에게 감사한다. 특히 초고를 읽고 현명한 수정을 제안해 준 켈리 터너에게 감사한다. 조앤 샌더스는 취재 여행을 할 때마다 너그럽게 맞아 주고 동행하며 활기를 불어넣어 주었다. 이 책이 세상에 나온 건 남편 웨슬리 해리스가 인공 지능 분야에서 전일제로 힘들게 일하면서도 집안 살림이 돌아가게 만든 덕분이다. 내가 끊임없이 던지는 기술 관련 질문에 답해 주고, 내가 글을 써야 할 때마다 딸들을 데리고 카누를 타러 (캠핑을 하러, 스키장을 가러, 하이킹을 하러) 간 남편, 고마워. 우리 집 입주 도우미 이사벨라 히베이루는 없어서는 안 될 파트너였다. 세 딸인 벨, 준, 펄 모두 각자 나름의 방식으로 분발하면서 나를 응원해 주었다. 모두 고마워. 엄마가 사랑하는 거 알지?

주

프롤로그

1. Bill Addison, "The Most Quietly Ambitious Cooking to Emerge in Los Angeles This Year Is at Yess," *Los Angeles Times*, August 3, 2023.
2. Eliezer Yudkowsky, "Pausing AI Developments Isn't Enough. We Need to Shut it All Down," *Time*, March 29, 2023.
3. Eric Mack, "Elon Musk: 'We Are Summoning the Demon' with Artificial Intelligence," CNET, October 26, 2014.
4. Krystal Hu, "ChatGPT Sets Record for Fastest-Growing User Base," Reuters, February 2, 2023.
5. Sam Altman, "How to Be Successful," Sam Altman blog, January 24, 2019.
6. OpenAI, "OpenAI Charter," *OpenAI*, April 9, 2018.
7. Sam Altman, "Machine Intelligence: Part 1," Sam Altman blog, February 25, 2015.
8. Ryan Tracy, "ChatGPT's Sam Altman Warns Congress That AI Can 'Go Quite Wrong,'" *The Wall Street Journal*, May 16, 2023.
9. Max Chafkin, *The Contrarian: Peter Thiel and Silicon Valley's Pursuit of Power* (New York: Penguin Press, 2021), 120쪽.
10. Sam Altman, "Board Members," Sam Altman blog, November 11, 2024.
11. Lex Fridman, "Sam Altman: OpenAI, GPT-5, Sora, Board Saga, Elon Musk, Ilya, Power & AGI," Lex Fridman Podcast, March 18, 2024.
12. Berber Jin, Tom Dotan, and Keach Hagey, "The Opaque Investment Empire

Making Sam Altman Rich," *The Wall Street Journal*, June 3, 2024.
13 Tad Friend, "Sam Altman's Manifest Destiny," *The New Yorker*, October 3, 2016.
14 Paul Graham, "A Fundraising Survival Guide," PaulGraham.com, August 2008.
15 Sam Altman (@sama), "haven't seen this as a twitter thread so: what true thing do you believe that few people agree with you on? Absolute equivalence of brahman and atman," X, December 26, 2022.
16 Lex Fridman, "Sam Altman: OpenAI CEO on GPT-4, ChatGPT, and the Future of AI," Lex Friedman Podcast, March 25, 2023.

1 시카고
1 Tim Frakes, "Harold Washington Inauguration April 29 1983," YouTube, 9:36, posted December 29, 2017.
2 "Harold," *This American Life*, aired November 21, 1997, on WBEZ Chicago.
3 "Obama 2: Politics Ain't Beanbag," *Making Obama*, aired February 15, 2018, on WBEZ Chicago.
4 "Harold Washington Remembered as 90th Birthday Approaches," CBS News Chicago, April 12, 2012.
5 Chicago Public Library, "Mayor Harold Washington Inaugural Address 1983," April 29, 1983.
6 MacArthur Foundation, "Housing Agenda," MacArthur Foundation, 2024년 6월 15일 접속.
7 Douglas Martin, "Gale Cincotta, 72, Opponent of Biased Banking Policies," *The New York Times*, August 17, 2001.
8 The Breman Museum, "Sam Altman," Esther and Herbert Taylor Oral History Collection, December 3, 2002.
9 *Altman v. Massell Realty Co.*, 167 Ga. 828 (1929).
10 앞의 판결.
11 "Interco Incorporated," Politics and Business Magazines, Encyclopedia.com, 2024년 12월 12일 접속.
12 Sylvia Harris, death certificate, issued by the state of Missouri, 1958.

13 "Fifth Annual Russian Evening Highlights Drama and Dinner," *Country Day News*, May 1, 1968.
14 Corinne Ruff, "80% of St. Louis County Homes Built Before 1950 Have Racial Covenants, Researcher Finds," St. Louis Public Radio, January 21, 2022.
15 Walter Johnson, *The Broken Heart of America: St. Louis and the Violent History of the United States* (New York: Basic Books, 2020), 354쪽.
16 앞의 책, 375쪽.
17 "$25,000 Solar-Energy Study Set for Council Review," *The Hartford Courant*, November 22, 1976.
18 Floyd J. Fowler Jr., Mary Ellen McAlla, Thomas J. Mangione, "Reducing Residential Crime and Fear: The Hartford Neighborhood Crime Prevention Program," US Department of Justice Law Enforcement Administration, National Institute of Law Enforcement and Criminal Justice, December 1979.
19 "Unusual Plan to Revamp Block," *New York Daily News*, October 9, 1980.
20 Advertisement, *St. Louis Star and Times*, Friday, April 3, 1914, 12쪽.
21 Walter Stevens, *St. Louis, The Fourth City, 1764-1911* (Chicago: The S. J. Clarke Publishing Co., 1909).
22 Rev. C. C. Woods, *Report on Fraternal Correspondence, Grande Lodge Missouri, 1923*.
23 "Iron Left on at Night Causes $25,000 Damage," *St. Louis Star Times*, August 19, 1925.
24 "Must Turn Over $1500 to Bankrupt Firm," *St. Louis Post-Dispatch*, March 26, 1926, 3쪽.
25 "Milliner Is Freed on Fraud Charges, *St. Louis Globe-Democrat*, April 5, 1928, 17쪽.
26 "Hebrew Y To Award Athletic Trophies," *St. Louis Globe-Democrat*, May 12, 1938.
27 "Miss Peggy Francis Engaged to Doctor," *St. Louis Globe-Democrat*, October 6, 1946.
28 "Peggy Francis Becomes Bride," *St. Louis Globe-Democrat*, December 22, 1946.

29 Chicago Public Library, "Mayor Richard J. Daley Inaugural Address, 1963," Chicago Public Library, 2024년 6월 15일 접속.
30 "Housing Needs—Mayor's Perspective," Joint Hearing before the Subcommittee on Housing and Community Development of the Committee on Banking, Finance and Urban Affairs and the Subcommittee on Manpower and Housing of the Committee on Government Operations, House of Representatives, 98th Congress, October 2, 1984.
31 Ross J. Gittell, *Renewing Cities*, (Princeton, NJ: Princeton University Press, 1992) 91쪽.
32 "How Harold Washington Influenced Barack Obama," NBC Chicago, November 26, 2012.

2 세인트루이스

1 Nathaniel Rich, "Pitch. Eat. Sleep. Pitch. Eat. Sleep. Pitch. Eat. Sleep. Pitch. Eat," *The New York Times Magazine*, May 5, 2013.
2 US Department of Housing and Urban Development, "CDBG National Objectives and Eligible Activities for Entitlement Communities, Chapter 3," 2001.
3 "Opportunity Denied: St. Louis Uses Money Targeted for Housing for the Poor to Aid Wealthier Neighborhoods," *St. Louis Post-Dispatch*, December 8, 1991.
4 Phil Linsalata, Tim Novak, "Housing Proposal Backed... Craig Forsees Role for Civic Progress in City Redevelopment," *St. Louis Post-Dispatch*, December 22, 1991.
5 Elizabeth Weil, "Sam Altman Is the Oppenheimer of Our Age," *New York*, September 25, 2023.
6 앞의 기사.
7 Tad Friend, "Sam Altman's Manifest Destiny," *The New Yorker*, October 16, 2016.
8 Annie Altman, "The Speech I Gave at My Dad's Funeral," *Medium*, March 28, 2019.
9 "Legacy of Leadership," John Burroughs School.

10   "Alumni Awards: Sam Altman '03," John Burroughs School, May 20, 2023.
11   Friend, "Manifest Destiny."

3   〈지금 어디야?〉
1   Sam Altman, "Argument Against Gay Marriage Lacks Logic," *Stanford Daily*, March 31, 2004.
2   Melisa Russel, Julie Black, "He's Played Chess with Peter Thiel, Sparred with Elon Musk and Once, Supposedly, Stopped a Plane Crash: Inside Sam Altman's World, Where Truth Is Stranger Than Fiction," *Business Insider*, April 27, 2023.
3   Marcia Savage, Amanda Stripe, "Under Surveillance—Location-Based Wireless Technology Raises Privacy Concerns for Solution Providers," *Computer Reseller News*, December 4, 2000.
4   Reid Hoffman, "Uncut Interview with Sam Altman on Masters of Scale," Y Combinator blog, July 26, 2017.
5   Y Combinator, *"Frequently Asked Questions,"* 2024년 6월 15일 접속.
6   Jennifer Liu, "Students Receive Funds for Start-ups," *Stanford Daily*, May 4, 2005.
7   "OpenAI: Sam Altman," *How I Built This with Guy Raz*, episode 451, September 29, 2022.
8   Liz Gannes, "Y Combinator's New Head Startup Whisperer Sam Altman Is Quite a Talker," *Re/code*, March 18, 2014.
9   Paul Graham, "Summer Founders Program," PaulGraham.com, March 2005.
10   Hoffman, "Uncut Interview with Sam Altman."
11   Jessica Livingston, *Founders at Work: Stories of Startups' Early Days* (New York: Apress, 2008), 449쪽.
12   Christine Lagorio-Chafkin, *We Are the Nerds: The Birth and Tumultuous Life of Reddit, the Internet's Culture Factory* (New York: Hachette Books, 2018), 30쪽.
13   Paul Graham, "A Student's Guide to Startups," PaulGraham.com, October 2006.
14   Livingston, *Founders*, 449쪽.
15   "HIBT Lab: OpenAI, Sam Altman," *How I Built This with Guy Raz*, October 6,

2022.
16 Hoffman, "Uncut Interview with Sam Altman."

4. 〈너드 중의 너드들〉 사이에서
1   Cromwell Schubarth, "6 Top Picks and More from Paul Graham's Last Y Combinator Class," *Silicon Valley Business Journal*, March 27, 2014.
2   Nancy J. Zacha, "John Graham: A Man with a Mission," *Nuclear News*, July 1995.
3   Emily Chang, "Paul Graham and Jessica Livingston: Studio 10," *Bloomberg*, October 10, 2014.
4   Paul Graham, "Why Smart People Have Bad Ideas," PaulGraham.com, April 2005.
5   "Yahoo! Says It Expects a Loss Due to Second-Quarter Charge," *The Wall Street Journal*, June 19, 1998.
6   Paul Graham, "Hackers and Painters," PaulGraham.com, May 2003.
7   Lagorio-Chafkin, *Nerds*, 4쪽.
8   Paul Graham, "How to Start a Startup," PaulGraham.com, March 2005.
9   Garry Tan, "Meet the YC Winter 2024 Batch," Y Combinator, April 3, 2024.
10 Paul Graham, "Female Founders," PaulGraham.com, January 2014.
11 Lagorio-Chafkin, *Nerds*, 24쪽.
12 Livingston, *Founders*, 447쪽.
13 Paul Graham, "How Y Combinator Started," PaulGraham.com, March 2012.
14 Jessica Livingston, "Think Different. Think Users," *Posthaven*, 2024년 6월 24일 접속.
15 "David Livingston Will Marry Lucinda Pauley, '65 Debutante," *The New York Times*, April 14, 1968.
16 Shen Pauley, author page, Foundation for Intentional Community, 2024년 6월 15일 접속.
17 "Honorees of the 2014 Veterans Parade: David Livingston,〉 *Wicked Local*, May 18, 2014.
18 Paul Graham, "A Unified Theory of VC Suckage," PaulGraham.com, March

2005.
19 Tom Nicholas, *VC: An American History* (Cambridge, MA: Harvard University Press, 2019), 1~2쪽.
20 Jessica Livingston, "Grow the Puzzle Around You," *Posthaven*, June 30, 2018.
21 Livingston, *Founders*, 447쪽.
22 Graham, "How to Start a Startup."
23 Livingston, "Grow the Puzzle," *Posthaven*.
24 Randal Stross, *The Launch Pad: Inside Y Combinator* (New York: Portfolio/Penguin, 2012), 3쪽.
25 Justin Kan, "My Y Combinator Interview," *A Really Bad Idea Blog*, November 24, 2010.
26 Aaron Swartz, "SFP: Come See Us," Aaron Swartz's blog.
27 Lagorio-Chafkin, *Nerds*, 37~38쪽.
28 Matthew Lynley, "How a Site That Streams People Playing Video Games Became a Billion Dollar Business," *BuzzFeed*, August 7, 2014.
29 Kan, "My Y Combinator Interview."
30 Swartz, "SFP: Come See us."
31 Ryan Singel, "Stars Rise at Startup Summer Camp," *Wired*, September 13, 2005.
32 Melissa Block, "Sprint Born from Railroad, Telephone Businesses," NPR, October 15, 2012.
33 Livingston, *Founders*, 450쪽.
34 "Stephen Wolfram Q&A," StephenWolfram.com, reposted from Reddit AMA, May 4, 2019.
35 Lagorio-Chafkin, *Nerds*, 60쪽.
36 Singel, "Stars Rise."
37 앞의 글.

5 〈일시 중단〉

1 Olivia Winslow, "William McAdoo, 67, Stony Brook Professor," *Newsday*, November 13, 2003.
2 Tom Nicholas, *VC: An American History* (Cambridge, MA: Harvard University

Press, 2010), 225~31쪽.
3   Ann Grimes, "Sequoia Capital Quietly Doles Out Google Shares Worth $1.3 Billion," *The Wall Street Journal*, January 17, 2005.
4   Ronald Chan, "Kiss Me Cardinal," *Stanford Daily*, October 18, 2005.
5   Mark Bergen, *Like, Comment, Subscribe: Inside YouTube's Chaotic Rise to World Domination* (New York: Viking, 2022), 52쪽.
6   Livingston, *Founders*, 451쪽.
7   Meghna Rao, "Carolynn Levy, Inventor of the SAFE," *Meridian*.
8   Paul Graham, comment on *Hacker News*, March 9, 2012.
9   Botha, R., "Declaration," filed as part of *Oracle America, Inc. v. Google Inc.*, No. 10-03561 (N.D. Cal., March 12, 2014).
10 "YouTube Receives $3.5M in Funding from Sequoia Capital," YouTube Official Blog, November 7, 2005.

6   〈지금 어디?〉
1   Liz Gannes, "Y Combinator's New Head Startup Whisperer Sam Altman Is Quite a Talker," *Re/code*, March 18, 2014.
2   앞의 글.
3   앞의 글.
4   Tamara Chuang, "Cell Phones Change Social Networks," *The Orange County Register*, September 12, 2006.
5   "The Boost Mobile Anthem," YouTube, uploaded by ramsay, April 14, 2005.
6   Gary Susbam, "Pepsi Drops Ludacris After O'Reilly-Sparked Protest," *Entertainment Weekly*, August 29, 2002.
7   May Wong, "Startup Offers Cell Phone Mapping Service," Associated Press Newswires, November 14, 2006.
8   Chuang, "Cell Phones."
9   앞의 글.
10 PR Newswire, "Loopt to Launch on Sprint as First-Ever Social Mapping Service on a Major U.S. Carrier," July 17, 2007.
11 Jessica E. Vascellaro, "Sprint to Offer Loopt's 'Friend Finding' Service," *The*

      Wall Street Journal, July 17, 2007.
12   Amol Sharma, Jessica E. Vascellaro, "Phones Will Soon Tell Where You Are," *The Wall Street Journal*, March 28, 2008.
13   앞의 글.
14   "Location Tracking Firms Review Regulatory Landscape," *TR Daily*, April 25, 2007.
15   Brian Knapp, Testimony Before the House Energy and Commerce Subcommittee on Communications, Technology and the Internet, April 23, 2009.
16   Sharma and Vascallero, "Phones."
17   "New Digs," Loopt company blog, 2024년 6월 15일 접속.
18   Hoffman, "Uncut Interview with Sam Altman."

7 〈별로던데〉에서 〈쿨하군요〉로

1   Fred Vogelstein, "The Untold Story: How the iPhone Blew Up the Wireless Industry," *Wired*, January 9, 2008.
2   Jon Froelich, Mike Y. Chen, Ian E. Smith, Fred Potter, "Voting with Your Feet: An Investigative Study of the Relationship Between Place Visit Behavior and Preference," *Lecture Notes in Computer Science*, September 2006.
3   Owen Thomas, "Mike Moritz Regrets: He Never Patched Things Up with Steve Jobs," *Venturebeat*, April 6, 2010.
4   CNET, "WWDC 2008 News: Loopt Shows Off New App for the iPhone," YouTube, June 9, 2008.
5   Loopt, "Sharing Is Caring," *Loopt In*, November 24, 2008.
6   Michael Arrington, "Loopt Jumps Ahead of Facebook and MySpace on iPhone. Told You,"*TechCrunch*, November 11, 2008.
7   "Sequoia to CEOs: Get Real or Go Home," *Venture Capital Journal*, October 8, 2008.
8   Michael Arrington, "Loopt Hires Allen & Co for Financing or Sale," *TechCrunch*, November 11, 2008.
9   M. G. Siegler, "Surging on an iPhone Commercial, Loopt Looking to Sell or

Raise Money?" *VentureBeat*, November 12, 2008.

8 찌질한 놈 배지

1. Jennifer Von Grave, "Foursquare Is the Breakout Mobile App at SXSW," *Mashable*, March 16, 2009.
2. Marguerite Reardon, "Loopt Helps Reduce Cost of Location Services," *CNET*, November 5, 2008.
3. Rolfe Winkler, "Secretive, Sprawling Network of 'Scouts' Spreads Money Through Silicon Valley," *The Wall Street Journal*, November 12, 2015.
4. Alex Konrad, "Billionaire Brothers John and Patrick Collison Build Strike into One of the World's Most-Hyped, Highest Valued—and Profitable!—Startups Worth Some $95 Billion. Now They Must Stave Off Going from Disruptor to Disrupted," *Forbes*, May 26, 2022.
5. Nick Bilton, "Artificial Intelligence May Be Humanity's Most Ingenious Invention—And Its Last?" *Vanity Fair*, October 2023.
6. Friend, "Manifest Destiny."

9 〈로켓에 올라타다〉

1. Max Chafkin, *The Contrarian: Peter Thiel and Silicon Valley's Pursuit of Power* (New York: Penguin Press, 2021), 170~72쪽.
2. David Brooks, "The Creative Monopoly," *The New York Times*, April 23, 2012.
3. Blake Masters, "CS183: Startup—Peter Thiel Class 1 Notes Essay," April 3, 2012.
4. Blake Masters, "CS183: Startup—Peter Thiel Class 15 Notes Essay," May 31, 2012.
5. Bruce Gibney, "What Happened to the Future," Founders Fund website, updated January 2017.
6. Elizabeth Weil, "Sam Altman Is the Oppenheimer of Our Age," *New York*, September 25, 2023.
7. Stross, *The Launch Pad*, 196.
8. Sophie Bearman, "OpenAI's Sam Altman: The Human Behind the Machine,"

Life in Seven Songs podcast, *The San Francisco Standard*, September 24, 2024.

9   Peter Thiel, "The New Atomic Age We Need," *The New York Times*, November 27, 2015.

10 Kyle Russel, "Y Combinator and Mithril Invest in Helion, a Nuclear Fusion Startup," *TechCrunch*, August 1, 2014.

11 David Perell, "I Interviewed the Man Behind ChatGPT: Sam Altman," YouTube video, 21:24, 2024년 11월 27일 업로드.

12 Stross, *Launchpad*, 28쪽.

13 Steven Levy, "YC Has Gone Supernova," *Wired*, June 28, 2017.

14 Nathaniel Rich, "Silicon Valley's Start-up Machine," *The New York Times Magazine*, May 2, 2013.

15 Eliezer S. Yudkowsky, "The Low Beyond," 1996.

16 Ed Regis, "Meet the Extropians," *Wired*, October 1, 1994.

17 Jon Evans, "Extropia's Children, Chapter 1: The Wunderkind," *Gradient Ascent*, October 17, 2022.

18 Sabine Atkins, "Introducing Another Atkins (was Re: just me),〉 *ExI Mailing List*, September 14, 2000.

19 *LessWrong*, "Rationalist Movement," 2024년 11월 29일 접속.

20 Eliezer Yudkowsky, "Coherent Extrapolated Volition," The Singularity Institute, San Francisco, 2004.

21 "Vernor Vinge on the Singularity," YouTube, Singularity Summit 2008, 2012년 2월 12일 업로드.

22 Cade Metz, *Genius Makers: The Mavericks Who Brought AI to Google, Facebook, and the World* (New York: Dutton, 2021)([한국어판] 케이드 메츠 지음, 노보경 옮김, 『AI 메이커스, 인공 지능 전쟁의 최전선』, 김영사, 2022).

23 Eliezer Yudkowsky, "Ben's 'Extropian Creed,'" Extropians mailing list, November 13, 2000.

24 Shane Legg (@ShaneLegg), "Yudkowsky wasn't actually working at Intelligenesis (aka Webmind), he was just visiting and he gave a talk on the dangers of powerful AI," *X* (옛 트위터), November 30, 2022.

25 Metz, *Genius Makers*, 105쪽.

26 Metz, *Genius Makers*, 109쪽.
27 Metz, *Genius Makers*, 110쪽.
28 Metz, *Genius Makers*, 107쪽.
29 Cade Metz, Karen Weise, Nico Grant, Mike Isaac, "Ego, Fear and Money: How the A.I. Fuse Was Lit," *The New York Times*, December 3, 2023.
30 Nicola Twilley, "Artificial Intelligence Goes to the Arcade," *The New Yorker*, February 25, 2015.
31 Metz, *Genius Makers*, 116쪽.
32 Sam Altman, "AI," Sam Altman blog, February 19, 2014.

10 〈샘 올트먼을 대통령으로〉

1 Paul Graham, "Sam Altman for President," Y Combinator blog, February 21, 2014.
2 앞의 글.
3 Friend, "Manifest Destiny."
4 Mark Boslet, "Paul Graham's New Role at Y Combinator," *Venture Capital Journal*, February 25, 2014.
5 Nathaniel Rich, "Y Combinator, Silicon Valley's Startup Machine," *The New York Times Magazine*, May 2, 2013.
6 Dean Starkman, "San Francisco Surges Past L.A. As Home to 'Ultra Rich,' Survey Finds," *Los Angeles Times*, November 25, 2014.
7 Sam Altman, "Growth and Government," Sam Altman blog, March 4, 2013.
8 Sam Altman, "New RFS—Breakthrough Technologies," Sam Altman blog, March 19, 2014.
9 Sam Altman, "AI," Sam Altman blog, February 19, 2014.
10 Friend, "Manifest Destiny."
11 Sam Altman, "The New Deal," Y Combinator blog, April 22, 2014.
12 Max Mason, "Can't Drink, Can't Vote—But This Teenager Is Hot Property in Silicon Valley," *The Sydney Morning Herald*, June 21, 2012.
13 Lattice Team, "Career Advice from Sam Altman," Lattice blog, October 27, 2016.

14 Sam Altman, "The YC Board of Overseers," Y Combinator blog, June 3, 2013.
15 Rohin Dahar, "The Big Winner from Y Combinator's Success? Sequoia Capital," *Priceonomics*, July 17, 2014.
16 Sam Altman, "YC Investment Policy and Email List," Y Combinator blog, September 4, 2014.
17 Lagorio-Chafkin, *Nerds*, 285쪽.
18 Sam Altman, "reddit," Sam Altman blog, September 30, 2014.
19 Kim-Mai Cutler, "Reddit CEO Yishan Wong on Giving Stock to Users: 'We Have A Crazy Plan,'" *Techcrunch*, September 30, 2014.
20 Lagorio-Chafkin, *Nerds*, 301쪽.
21 "Artist Spotlight: Malvina Reynolds," *Homegrown Humor*, Showtime Networks, July 2007.
22 Corrie Driebusch Sarah E. Needleman, "Reddit Shares Soar in Long-Awaited IPO," *The Wall Street Journal*, March 21, 2014.
23 Nick Bostrom, *Superintelligence: Paths, Dangers, Strategies* (Oxford: Oxford University Press, 2014).
24 Emile Torres, "Nick Bostrom, Longtermism, and the Eternal Return of Eugenics," *TruthDig*, January 23, 2023.
25 Raffi Khatchadourian, "The Doomsday Invention," *The New Yorker*, November 23, 2015.
26 Scott Alexander, "Meditations on Moloch," *Slate Star Codex*, July 30, 2014.

11 〈AI를 위한 맨해튼 프로젝트〉
1 Reed Albergotti, "he Co-founder of Skype Invested in Some of AI's Hottest Startups—But Thinks He Failed," *Semafor*, April 28, 2023.
2 Max Tegmark, *Life 3.0: Being Human in the Age of Artificial Intelligence* (New York: Knopf, 2024)([한국어판] 맥스 테그마크 지음, 백우진 옮김, 『맥스 테그마크의 라이프 3.0』, 동아시아, 2017).
3 "AI Open Letter—Signatories List," Future of Life Institute, January 2016.
4 Tegmark, *Life*, 35쪽.
5 Elon Musk, "Funding research on artificial intelligence safety. It's all fun &

games until someone loses an I: futureoflife.org/misc/AI," Twitter, January 15, 2015.
6   Sam Altman, "Machine Intelligence, Part 1," Sam Altman blog, February 25, 2015.
7   Sam Altman, "Machine Intelligence, Part 2," Sam Altman blog, March 2015.
8   Sam Altman, "How to Be Successful," Sam Altman blog, January 24, 2019.
9   *Elon Musk s. Samuel Altman*, CGC-24-612746, S.F. Super. Ct, February 29, 2024, 11쪽.
10 Walter Isaacson, *Elon Musk* (New York: Simon & Schuster, 2023)([한국어판] 월터 아이작슨 지음, 안진환 옮김, 『일론 머스크』, 21세기북스, 2023), 241쪽.
11 앞의 책, 242쪽.
12 *Elon Musk v. Samuel Altman et al.*, Complaint, US District Court for the Northern District of California, 4:24-cv-04722, August 5, 2024, 118쪽.
13 "So Key To What I Was Able To Do Later," *UND Today*, September 28, 2023.
14 앞의 글.
15 Greg Brockman, "Leaving Stripe," Greg Brockman blog, May 6, 2015.
16 Greg Brockman, "My Path to OpenAI," Greg Brockman blog, May 3, 2016.
17 Metz, *Genius Makers*, 93쪽.
18 Metz, *Genius Makers*, 94쪽.
19 Metz, *Genius Makers*, 162쪽.
20 Jessica E. Lessin, "Y Combinator Launches Research Non-Profit," *The Information*, October 7, 2015.
21 *Musk v. Altman*, 13쪽.
22 앞의 판례.
23 Metz, *Genius Makers*, 166쪽.

12 이타주의자들

1   Greg Brockman, "#defineCTOOpenAI," Greg Brockman's blog, January 9, 2012.
2   Karen Hao and Charlie Warzel, "Inside the Chaos at OpenAI," *The Atlantic*, November 19, 2023.

3   Brockman, 앞의 글.
4   Nicola Twilley, "AI Goes to the Arcade," *The New Yorker*, February 25, 2014.
5   *Musk v. Altman*, Complaint, 15쪽.
6   Metz, *Genius Makers*, 175쪽.
7   Sam Altman, "YC Changes," Y Combinator blog, September 13, 2016.
8   Sam Altman, "Basic Income," Y Combinator blog, January 27, 2016.
9   Adora Cheung and Sam Altman, "New Cities," Y Combinator blog, June 27, 2016.
10 Larry Yaeger, Vivarium History, https://worrydream.com/refs/Yaeger_2006_V ivarium_History.html.
11 Brockman, "#define CTP OpenAI," 앞의 글.
12 Carl Tahsian, "At Dynamicland, The Building Is the Computer," September 18, 2019.
13 Sophie Bearman, "OpenAI's Sam Altman," *Life in Seven Songs* podcast.
14 Metz, *Genius Makers*, 288쪽.
15 Annie Altman, "My Denied Appeal Letter for Early College Graduation," *Medium*, March 30, 2015, posted May 21, 2019.
16 "Guest Annie Altman—Writer, Podcaster and Comedian," *Sally Take Live* podcast, March 20, 2020.
17 Sam Levin, "Peter Thiel Faces Silicon Valley Backlash After Pledging $1.25 Million to Trump," *The Guardian*, October 17, 2016.
18 Nitasha Tiku, "Meet the Techies Trying to Create the Turbo Tax of Voting," *BuzzFeed News*, September 8, 2016.
19 Sam Altman, "What I Heard from Trump Supporters," Sam Altman blog, February 21, 2017.
20 Douglas MacMillan, Keach Hagey, Deepa Seetharaman, "Tech Luminary Peter Thiel Parts Ways with Silicon Valley," *The Wall Street Journal*, February 15, 2018.
21 Chafkin, *The Contrarian*, 200쪽.
22 Tess Townsend, "Sam Altman Wants to See a Techie Run for California Governor and Challenge Trump," *Vox*, April 14, 2017.

23 Willie Brown, "The Man President Trump Fears Most," *San Francisco Chronicle*, May 15, 2017.
24 William Turton, "A Silicon Valley Kingmaker Wants to Fix What Tech Did to California," *The Outline*, August 7, 2017.
25 Vauhini Vara, "The Political Awakening of Silicon Valley," *The California Sunday Magazine*, September 13, 2017.
26 Klint Finley, "Obama Wants the Government to Help Develop AI," *Wired*, October 12, 2016.
27 "Tasha McCauley: Cool Robot Chick," *ChiTAG Blog*, July 23, 2014.
28 Centre for Effective Altruism, "EA in Media, Joseph Gordon-Levitt, Julia Galef, AJ Jacobs, and William MacAskill," YouTube, November 7, 2017.
29 Future of Life Institute, "Asilomar AI Principles," Future of Life Institute, January 2017.
30 Eliezer Yudkowsky, "Purchase Fuzzies and Utilons Separately," *LessWrong*, December 22, 2007.
31 Gideon Lewis-Kraus, "The Reluctant Prophet of Effective Altruism," *The New Yorker*, August 8, 2002.
32 Megan O'Neil, "Wringing the Most Good Out of a Facebook Fortune," *The Chronicle of Philanthropy*, December 1, 2015.
33 Open Philanthropy. "OpenAI—General Support," Open Philanthropy, April 7, 2016.

13 수익으로 방향을 돌리다

1 *Artificial Gamer*. Official website. 2024년 6월 15일 접속.
2 Elon Musk, "OpenAI first ever to defeat world's best players in competitive eSports. Vastly more complex than traditional board games like chess & Go," Twitter, August 11, 2017.
3 Jordan Novet, "Amazon Lost Cloud Market Share to Microsoft in the Fourth Quarter: KeyBanc," CNBC, January 12, 2018.
4 Ashley Stewart, "Bill Gates Never Left," *Business Insider*, April 30, 2024.
5 Steven Levy, "What OpenAI Really Wants," *Wired*, September 25, 2023.

6 Ilya Sutskever, Oriol Vinyals, Quoc V. Le, "Sequence to Sequence Learning with Neural Networks," Neural Information Processing Systems (NIPS) conference, September 10, 2014.
7 Levy, "What OpenAI Really Wants."
8 Richard Lea, "Google Swallows 11,000 Novels to Improve AI's Conversation," *The Guardian*, September 28, 2016.
9 Alec Radford, Karthic Narasimhan, Tim Alimans, Ilya Sutskever, "Improving Language Understanding by Generative Pre-Training," OpenAI, 2018.
10 *Elon Musk v. Samuel Altman*, Case No. 4:24-cv-04722-YGR, US District Court Northern District of California, November 14, 2024.
11 기사 작성을 위해 필자들이 한 인터뷰: Deepa Seetharaman, Keach Hagey, Berber Jin, Kate Linebaugh, "Sam Altman's Knack for Dodging Bullets—with a Little Help from His Bigshot Friends," *The Wall Street Journal*, December 24, 2023.
12 *Musk v. Altman*.
13 Greg Brockman, Ilya Sutskever, John Schulman, Sam Altman, Wojciech Zaremba, "OpenAI and Elon Musk," OpenAI blog, March 5, 2024.
14 OpenAI, "OpenAI Supporters," February 20, 2018.
15 Kylie Robison, Michal Lev-Ram, "Who Is Mira Murati? The OpenAI Executive Who Played a Crucial Role in the Company's Soaring Ascent," *Fortune*, October 5, 2023.
16 Kevin Scott, "Mira Murati, Chief Technology Officer, OpenAI," *Behind the Tech*, July 2023.
17 "AI Everywhere: Transforming Our World, Empowering Humanity," YouTube, Dartmouth Engineering, June 19, 2024.
18 Annie Altman, "For context: Connie (biological mother) kicked me off her health insurance less than three months after Dad died, when I was 24 and could have stayed on her work one for two more years," Twitter, August 24, 2024.
19 Sam Altman, ["Sam Altman Speaks Out About What Happened at OpenAI"], *What Now? with Trevor Noah*, December 7, 2023.
20 Keach Hagey, "Deal or No Deal, The Shadow Over Sun Valley," *The Wall Street Journal*, July 13, 2018.

21 Rita Liao, "China Roundup: Y Combinator's Short-Lived China Dream," *Techcrunch*, November 23, 2019.
22 Douglas MacMillan, Margherita Stancati, "Saudi Push for Tech Deals Stirs Silicon Valley Debate," *The Wall Street Journal*, July 17, 2016.
23 Justin Scheck, Rory Jones, Summer Said, "A Prince's $500 Billion Desert Dream: Flying Cars, Robot Dinosaurs and a Giant Artificial Moon," *The Wall Street Journal*, July 25, 2019.
24 Sam Biddle, "Some Silicon Valley Superstars Ditch Saudi Advisory Board After Khashoggi Disappearance, Some Stay Silent," *The Intercept*, October 11, 2018.
25 Jane Lanhee Lee, "US Compels Saudi Fund to Exit Chips Startup Backed by Altman," Bloomberg, November 30, 2023.
26 Becky Petersen, "Shivon Zilis, Musk Associate, Leaves Board," *The Information*, March 23, 2023.
27 Seetharaman, Hagey, Jin, Linebaugh, "Sam Altman's Knack for Dodging Bullets."
28 OpenAI, "Microsoft Invests in and Partners with OpenAI to Support Us Building Beneficial AGI," OpenAI blog, July 22, 2019.

14 제품

1 Alec Radford, Jeffrey Wu, Dario Amodei, Daniella Amodei, Jack Clark, Miles Brundage, Ilya Sutskever, "Better Language Models and Their Implications," OpenAI blog, February 14, 2019.
2 Tom Simonite, "The AI Text Generator That's Too Dangerous to Make Public," *Wired*, February 14, 2019.
3 Jasper Hammil, "Elon Musk-Founded OpenAI Builds Artificial Intelligence So Powerful It Must Be Kept Locked Up for the Good of Humanity," *Metro*, February 15, 2019.
4 Sean Gallagher, "Researchers, Scared By Their Own Work, Hold Back 'Deepfakes for Text' AI," *Ars Technica*, February 15, 2019.
5 *Paul Tremblay, Mona Awad v. Open AI et al, Class Action Complaint*, Case No.

3:23-cv-03223 (N.D. Cal., June 28, 2023).
6   Cade Metz, "Meet GPT-3. It Has Learned to Code (and Blog and Argue)," *The New York Times*, November 24, 2020.
7   Paul Graham, "Do Things That Don't Scale," PaulGraham.com, July 2013.
8   Annie Altman, "How I Started Escorting," *Medium*, March 27, 2024.
9   Weil, "Oppenheimer of Our Age."
10 Annie Altman, "How I Started Escorting."
11 Sam Altman, "Please Fund More Science," Sam Altman blog, March 30, 2020.
12 Greg Brockman, Mira Murati, Peter Welinder, OpenAI, "OpenAI API," OpenAI blog, June 11, 2020.
13 Tom Simonite, "OpenAI's Text Generator Is Going Commercial," *Wired*, June 11, 2020.
14 Emily M. Bender, Timnit Gebru, Angelina McMillan-Major, Margaret Mitchell, "On the Dangers of Stochastic Parrots: Can Language Models Be Too Big?" *Proceedings of the 2021 ACM Conference on Fairness, Accountability, and Transparency*, 2021.
15 Emily Bobrow, "Timnit Gebru Is Calling Attention to the Pitfall of AI," *The Wall Street Journal*, February 24, 2023.
16 Sam Altman @sama, "I am a stochastic parrot and so r u," Twitter, December 4, 2022.

15 챗GPT
1   Tom Simonite, "It Began as an AI-Fueled Dungeon Game. It Got Much Darker," *Wired*, May 5, 2021.
2   앞의 글.
3   Sam Altman, "Moore's Law for Everything," Sam Altman, March 16, 2021.
4   앞의 글.
5   Richard Nieva, "Sam Altman's Eyeball-Scanning Crypto Project Worldcoin Is Having an Identity Crisis," *Forbes*, August 10, 2023.
6   Chafkin, 138쪽.
7   Antonio Regalado, "A Startup Pitching a Mind-Uploading Service That Is '100

Percent Fatal,'" *MIT Technology Review*, March 13, 2018.

8   Antonio Regalado, "Sam Altman Invested $180 Million into a Company Trying to Delay Death," *MIT Technology Review*, March 8, 2023.

9   Haje Jan Kamps, "Helion Secures $2.2B to Commercialize Fusion Energy," *TechCrunch*, November 5, 2021.

10 Friend, "Manifest Destiny."

11 Katherine Long, Hugh Langley, "OpenAI CEO Sam Altman Went on an 18-Month, $85-Million Real Estate Shopping Spree—Including a Previously Unknown Hawaii Estate," *Business Insider*, November 30, 2023.

12 Samson Zhang, "Donahue," *Postulate*, July 20, 2021.

13 Annie Altman, @anniealtman108, "I experienced sexual, physical, emotional, verbal, financial, and technological abuse from my biological siblings, mostly Sam Altman and some from Jack Altman," X, November 13, 2021.

14 Annie Altman, "How I Started Escorting."

15 Annie Altman, @anniealtman108, "If the multiverse is real, I want to meet the version of me who did run away to the circus at age 5 years old about wanting to end this life thing and being touched by older siblings, and said 'mother' decided to instead protect her sons and demand to receive therapy and chores only from her female child." TikTok post cross posted on X, August 20, 2024.

16 Annie Altman, @anniealtman108, "Can you imagine how much more I'll scare them now that I'm getting my tendon/nerve/ovaries cared for, not sucking dick for rent money while my Dad's Trust was completely withheld, and learning it's safe and allowed for me to share my story on my terms," X, August 6, 2024.

17 Christopher Mims, "AI Tech Enables Industrial-Scale Property Theft, Say Critics," *The Wall Street Journal*, February 4, 2023.

18 Ryan Lowe and Jan Leike, "Aligning Language Models to Follow Instructions," OpenAI blog, January 27, 2022.

19 Justis, "AI Safety Concepts Writeup: WebGPT," Effective Altruism Forum, August 10, 2023.

20 Sam Altman, "today we launched ChatGPT. try talking with it here: chat.openai.com," Twitter, November 30, 2022.

21　Sam Altman, "language interfaces are going to be a big deal, I think. Talk to the computer (voice or text) and get what you want, for increasingly complex definitions of 'want'! this is an early demo of what's possible (still a lot of limitations—it's very much a research release)," Twitter, November 30, 2022.

22　Rajesh Karmani, "love the ambition and thesis, but given the current tech, I'd say it's your worst product concept so far," Twitter, November 30, 2022.

23　Marco Vavassori, "I tried it for a little bit. It's so awesome that's scary. I can already see thousands of jobs being replaced by this. Ultimately humans will only be good for hugs or sex maybe, not sure," Twitter, November 30, 2022.

24　Will Douglas Heaven, "The Inside Story of How ChatGPT Was Built from the People Who Made It," *MIT Technology Review*, March 3, 2023.

25　Krystal Hu, "ChatGPT Sets Record for Fastest Growing User Base—Analyst Note," Reuters, February 2, 2023.

26　Miles Kruppa and Sam Schechner, "How Google Became Cautious of AI and Gave Microsoft an Opening," *The Wall Street Journal*, March 7, 2023.

27　Sundar Pichai, "An Important Next Step in Our AI Journey," Google blog, February 6, 2023.

28　Nilay Patel, "Microsoft Thinks AI Can Beat Google at Search—CEO Satya Nadella Explains Why," *The Verge*, February 7, 2023.

29　Deepa Seetharaman, "Elon Musk, Other AI Experts Call for Pause in Technology's Development," *The Wall Street Journal*, March 29, 2023.

30　*Oversight of AI: Rules for Artificial Intelligence*, 118th Congress, First Session, May 16, 2023.

31　Sophie Bearman, *Life in Seven Songs*.

16　일시적인 문제

1　"OpenAI CEO on the Future of AI," Bloomberg, June 22, 2023.

2　Julia Black, "Elon Musk Had Twins Last Year with One of His Top Executives," *Business Insider*, July 6, 2022.

3　Berber Jin, Deepa Seetharaman, "Elon Musk Creates New Artificial Intelligence Company X.AI," *The Wall Street Journal*, April 14, 2023.

4   Elizabeth Weil, "Sam Altman Is the Oppenheimer of Our Age," *New York*, September 25, 2023.

5   Andrew Imbrie, Owen J. Daniels, Helen Toner, "Decoding Intentions, Artificial Intelligence and Costly Signals," Center for Security and Emerging Technology, October 2023.

6   Tripp Mickle, Cade Metz, Mike Isaac, Karen Weise, "Inside OpenAI's Crisis Over the Future of Artificial Intelligence," *The New York Times*, December 9, 2023.

7   앞의 글.

8   앞의 글.

9   Sam Altman, "i loved my time at openai. it was transformative for me personally, and hopefully the world a little bit. most of all I loved working with such talented people. Will have more to say about what's next later," X, November 17, 2023.

10 Greg Brockman @gdb, "i'm super proud of what we've all built together since starting in my apartment 8 years ago. we've been through tough & great times together, accomplishing so much despite all the reasons it should have been impossible. but based on today's news, i quit. genuinely wishing you all nothing but the best. i continue to believe in the mission of creating safe AGI that benefits all of humanity," X, November 17, 2023.

11 Brian Chesky, "Sam Altman and Greg Brockman have my full support. I'm saddened by what's transpired. They, and the rest of the OpenAI team, deserve better," X, November 17, 2023.

12 Keach Hagey, Deepa Seetharaman, Berber Jin, "Behind the Scenes of Sam Altman's Showdown at OpenAI," *The Wall Street Journal*, November 22, 2023.

13 Greg Brockman, "We are so back!" X, November 22, 2023.

17 풀려난 프로메테우스

1   John Casey, "Sam Altman on AI, Queerness, and Being Grateful for the Journey He's On," *The Advocate*, March 1, 2024.

2   앞의 글.

3   Bob Woodward, *War* (New York: Simon & Schuster, 2024), 180쪽.
4   Tim Alberta, "Dean Philips Has a Warning for Democrats," *The Atlantic*, October 27, 2023.
5   Sam Altman, "this is interesting, and I think close to what the majority of voters actually want: a reasonable, centrist candidate running on 1) a message of a strong economy and increasing affordability 2) a focus on safety and 3) generational change. curious to see what happens.," X, October 27, 2023.
6   Theodore Schleifer, "President of the Biden-Skeptic Billionaires," *Puck*, November 7, 2023.
7   Sam Altman, "fk it why not 8," X, February 15, 2024.
8   Lex Fridman, "Transcript for Sam Altman: OpenAI, GPT-5, Sora, Board Saga, Elon Musk, Ilya, Power & AGI | Lex Fridman Podcast #419," Lex Fridman.com, March 17, 2024.
9   Sam Altman, "there are some great parts about the AI EO, but as the govt implements it, it will be important not to slow down innovation by smaller companies/research teams. I am pro-regulation on frontier systems, which is what openai has been calling for, and against regulatory capture," X, November 2, 2023.
10 Brendan Bordelon, "Think Tank Tied to Tech Billionaires Played Key Role in Biden's AI Order," *Politico*, December 16, 2023.
11 Brendan Bordelon, "The Law Firm Acting as OpenAI's Sherpa in Washington," *Politico*, September 12, 2023.
12 Justin Wise, "OpenAI Hires Akin Gump to Lobby in DC on 'Hard' Regulation Task," *Bloomberg Law*, December 26, 2023.
13 Cat Zakrewski, "This Agency Is Tasked with Keeping AI Safe. Its Offices Are Crumbling," *The Washington Post*, March 6, 2024.
14 Gareth Vipers, Sam Schechner, Deepa Seetharaman, "Elon Musk Sues OpenAI, Sam Altman, Saying They Abandoned Founding Mission," *The Wall Street Journal*, March 1, 2024.
15 Ilya Sutskever, "In the future, it will be obvious that the sole purpose of science was to build AGI," X, March 20, 2022.

16 David Faber, "CNBC Exclusive: CNBC Transcript: Elon Musk Sits Down with CNBC's David Faber on CNBC Tonight," CNBC, May 16, 2023.

17 Jan Leike, "I resigned," X May 15, 2024.

18 Daniel Filan, "Superalignment with Jan Leike," *AXRP—the AI X-risk Research Podcast* 24, July 27, 2023.

19 Jan Leike, "Building smarter-than-human machines is an inherently dangerous endeavor. OpenAI is shouldering an enormous responsibility on behalf of all humanity. But over the past few years, safety culture has taken a backseat to shiny products," X, May 17, 2024.

20 Kelsey Piper, "ChatGPT Can Talk, but OpenAI Employees Sure Can't," *Vox*, May 18, 2024.

21 Sam Altman, "in regards to recent stuff about how openai handles equity: we have never clawed back anyone's vested equity, nor will we do that if people do not sign a separation agreement (or don't agree to a non-disparagement agreement). vested equity is vested equity, full stop. there was a provision about potential equity cancellation in our previous exit docs; although we never clawed anything back, it should never have been something we had in any documents or communication. this is on me and one of the few times i've been genuinely embarrassed running openai; i did not know this was happening and i should have. the team was already in the process of fixing the standard exit paperwork over the past month or so. if any former employee who signed one of those old agreements is worried about it, they can contact me and we'll fix that too. very sorry about this," X, May 18, 2024.

22 Sam Altman, "her," X, May 13, 2020.

23 Alex Bruell, "New York Times Sues Microsoft and OpenAI, Alleging Copyright Infringement," *The Wall Street Journal*, December 27, 2023.

24 Sarah Krouse, Deepa Seetharaman, Joe Flint, "Behind the Scenes of Scarlett Johansson's Battle with OpenAI," *The Wall Street Journal*, May 23, 2024.

25 SSI Inc. @ssi, "Superintelligence is within reach. Building safe superintelligence (SSI) is the most important technical problem of our time. We've started the world's first straight-shot SSI lab, with one goal and one product: a safe

superintelligence. It's called Safe Superintelligence Inc. SSI is our mission, our name, and our entire product roadmap, because it is our sole focus. Our team, investors, and business model are all aligned to achieve SSI. We approach safety and capabilities in tandem, as technical problems to be solved through revolutionary engineering and scientific breakthroughs. We plan to advance capabilities as fast as possible while making sure our safety always remains ahead. This way, we can scale in peace. Our singular focus means no distraction by management overhead or product cycles, and our business model means safety, security, and progress are all insulated from short-term commercial pressures. We are an American company with offices in Palo Alto and Tel Aviv, where we have deep roots and the ability to recruit top technical talent. We are assembling a lean, cracked [sic] team of the world's best engineers and researchers dedicated to focusing on SSI and nothing else. If that's you, we offer an opportunity to do your life's work and help solve the most important technical challenge of our age. Now is the time. Join us. Ilya Sutskever, Daniel Gross, Daniel Levy June 19, 2024," X, July 19, 2024.

26 Deepa Seetharaman, Ton Dotan, Berber Jin, "OpenAI Nearly Doubles Valuation to $157 Billion in Funding Round," *The Wall Street Journal*, October 2, 2024.

에필로그

1 Natasha Mascarenhas, "Alt Capital Raises $150 Million Fund, Extending Altman Brothers' Funding Spree," *The Information*, February 1, 2024.
2 Sarah Needleman, "OpenAI CEO Sam Altman Denies Sexual Abuse Claims Made by Sister," *The Wall Street Journal*, January 8, 2025.
3 University of Toronto, "University of Toronto Press Conference—Professor Geoffrey Hinton, Nobel Prize in Physics 2024," YouTube, October 8, 2024.
4 Cade Metz, "'The Godfather of AI' Leaves Google and Warns of Danger Ahead," *The New York Times*, May 1, 2023.
5 University of Toronto, "University of Toronto Press Conference."
6 Elon Musk, "I'm happy to be first buddy!" X, November 11, 2024.
7 Elon Musk, "I don't hate the man, but it's time for Trump to hang up his hat &

sail into the sunset. Dems should also call off the attack—don't make it so that Trump's only way to survive is to regain the Presidency," X, July 11, 2022.

8   *Elon Musk et al, v. Sam Altman et al*, Docket No. 4:24-cv-04722 (N.D. Cal, Aug 5, 2024), US District Court, Northern District of California, November 15, 2024.

9   Marco Quiroz-Gutierrez, "Elon Musk Is Ratcheting Up His Attacks on His Old Partner Sam Altman, Calling Him 'Swindly Sam' and OpenAI a 'Market-Paralyzing Gorgon,'" *Fortune*, December 3, 2024.

10 David Deutsch, *The Beginning of Infinity: Explanations That Transform the World*(New York: Penguin Books, 2011)([한국어판] 데이비드 도이치 지음, 김혜원 옮김, 『진리는 바뀔 수도 있습니다』, 알에이치코리아, 2022).

11 Sam Altman, "The Intelligence Age," ia.samaltman.com, September 23, 2024.

찾아보기

ㄱ

가짜 뉴스 418
갈레프, 줄리아 358
감정 뉴런 348
강화 학습 235, 295, 303~304, 307, 417, 419, 448
거래 흐름 150
거슨, 닥터 237~238, 283
게브루, 팀니트 398~399, 400, 427
게비아, 조 415
게이 이성애자 연합 84
게이츠, 빌 105, 143, 338, 345, 422, 477
고든 레빗, 조셉 334, 358
고릴라 코코 338
고츠, 짐 139
고커 미디어 218, 325~326
골드만삭스 95, 239, 359
공리주의 10, 228
공화당 39, 323, 329, 420, 438
괴르첼, 벤 231
구글 22, 96, 101, 116, 121, 130, 135, 139, 147~148, 160, 166, 189~190, 194, 197, 235, 245, 267, 271, 274~275, 285, 291~292, 294, 298~299, 306, 309, 330, 334, 349, 351, 356~357, 384~385, 390, 398, 400, 426~430, 455, 471, 483, 493
구글 브레인 294, 384, 426~427
구글 어시스턴트 427
구글 지도 96
구글 코랩 노트북 390
구레비치, 미하일 122~123, 130
구텐베르크 프로젝트 386
국가 안보 회의 472, 474
국립 표준 기술 연구소 471, 475
국방 고등 연구 계획국 223, 312
굿 벤처 재단 338
권, 제이슨 452, 457
그래픽 사용자 인터페이스GUI 311
그레이, 오브리 드 230, 490
그레이엄, 폴 13, 28~29, 31, 33, 101~105, 107~113, 115~121, 128~131, 135, 148~150, 195~197, 199~200, 203, 212, 217, 220, 237~240, 242~244, 246, 249, 252, 255, 297, 370~371, 375~376, 389, 415
그로스, 대니얼 486
그루폰 191, 202
그룸, 라키 241~242, 246, 249~250

그린로, 제이슨 474~475
그린닷 202~204, 213
기계 지능 연구소 334, 475
기계 초지능 231, 283
기계 번역 268, 349, 388
기브니, 브루스 211
기브웰 338, 421
기텔, 로스 60
길, 엘라드 217
깃허브 코파일럿 414

나델라, 사티아 345, 366~368, 377, 428~430, 456~457, 463
나사NASA 211
나스닥 153
나투, 커스티 221
낙관주의 12, 14, 31, 53, 150, 211, 467
내부 정보 229, 488, 245
냅, 브라이언 169, 173~174
네옴 369~379
넥스텔 94, 157, 167~168
넥톰 407~408
넷플릭스 325, 365
노라키, 보브 46
노벨상 100, 350, 494
노섹, 루크 234
놀런, 조너선 317
뉴럴링크 308, 373, 437
뉴섬, 개빈 326, 487
뉴스코프 483
뉴엔터프라이즈 어소시에이츠NEA 99~100, 119, 123, 127~128, 135~136, 141, 144, 146, 187, 195
뉴튼, 탠디 317
뉴하우스, 스티브 258

다르, 로힌 252
다울링, 스티브 452
다이, 웨이 226
다지볼 166~167, 189~190
단젤로, 아담 373, 438~439, 449, 457, 461, 464
달리DALL-E 403, 415~416, 423
닷컴 버블 19, 96, 116, 138~139, 196, 219
대규모 언어 모델LLMs 352, 384~385, 387~389, 398~399, 427
댄자이즌, 맷 9
데밍, 피터 95~96, 102
데시판데, 알록 93, 96, 98, 102, 122, 135, 142, 144, 161, 177, 204
데즈먼드헬만, 수 477
도너휴, 닉 411~412
도블릿 238, 283
도이치, 데이비드 497
듀이, 존 74
드 프레이타스, 대니얼 427
드롭박스 198, 221, 239, 250, 252, 391
디아만디스, 피터 230, 334
DAG 벤처 187
DNN리서치 291
DJI 368
디지털 초콜릿 154
디턴, 앤디 59
디프 블루 305
디프마인드 233~235, 245, 263, 269~271, 274~275, 301, 305~309, 331~332, 335, 346, 353, 426, 437, 481
디프페이크 416
딘, 제프 298
딜리셔스 120

라고리오채프킨, 크리스틴 256, 501
라이너트, 알렉스 190
라이브러리 제네시스 386
라이언, 짐 165
라이케, 얀 418, 448, 481~482, 485~486
라이트캡, 브래드 462
LaMDA 427~428
래드퍼드, 앨릭 348~350, 352, 381, 383
랜드 연구소 422, 471~474
랠스턴, 제프 273, 375~376
랩 지니어스 212~213
러셀, 스튜어트 481
레그, 셰인 230~233, 269
레딧 112, 121, 129~130, 255~260, 273, 323, 348, 381, 397, 399, 501
레먼, 스티브 191, 193
레브친, 맥스 217
레비, 대니얼 486
레비, 애런 152
레비, 존 149, 370~371
레비, 캐럴린 136, 149~150, 370
레스큐타임 387
레신, 제시카 296
레이디에이트 121, 127, 131, 135, 140~142, 147~149, 151~153, 158~161
레인 뉴로모픽스 370
레트로 바이오사이언스 407, 409
로가니, 알리 13, 251~253
로딩어, 커트 76, 84, 86
로비 173, 229, 432, 460, 473, 495
로스, 블레이크 91, 102
로스앨러모스 국립 연구소 271
로, 라이언 418
로즈, 엘리자베스 310
루치 368

루센코, 데이비드 250
루트코프스키, 그레그 416
루프트 32~33, 151, 161, 163~174, 176~187, 189~195, 201, 203~204, 209, 212~213, 220, 238, 253, 315, 345, 365~366, 373
르모인, 블레이크 427
르쿤, 얀 271, 293, 300
리빙스턴, 제시카 101~103, 105, 113~115, 117~118, 120, 129, 149~150, 195, 240, 250, 299, 374~376
리습Lisp 101, 111, 199, 240
리온, 더그 138, 179
리우, 민 151, 169
리프 모션 360
리플링 395
리헤인, 크리스 327, 432, 460
린, 앨프리드 257
린지, 닐 159

마러라고 66, 494
마르치니아크, 브라이언 153~155, 167
마이모바일메뉴MMM 120
마이스페이스 163, 185
마이크로소프트 11, 25, 28, 90, 142, 345~346, 359~360, 366~368, 374, 378, 387~388, 414, 426, 428~429, 437, 440~442, 446, 454~456, 463, 473, 477, 479, 485, 488, 494
마커스, 게리 422
마틴, 제임스 263
매스터스, 블레이크 210
매캐두, 그랙 137~140, 143, 146, 150, 153, 155, 179~181, 184~185, 191, 193, 195~197, 201, 247, 368

매캐스킬, 윌리엄 335~336
매콜리, 타샤 332~335, 373, 435~436,
  439~440, 449, 451~452, 455, 472
매킨지 99, 412
매킨타이어, 로버트 408
매트릭스 파트너스 142~143
맥그루, 보브 347~348, 446, 451, 453
맥코 셀룰러 142
머시니, 제이슨 422, 472
머스크, 일론 11, 16, 30, 33, 200,
  233~234, 244, 260, 267~276,
  292~293, 295~299, 306, 308~309,
  315, 332, 340, 344, 346, 353~358, 366,
  373~374, 377, 382, 407, 430, 437, 479,
  481, 489, 494
멀헤린, 올리버 433, 455, 465, 491
메일리어드, 페이지 135~136, 140, 142,
  148~149, 151, 195
메츠, 케이드 232, 317, 501
모리스, 로버트 태편 101, 108, 117, 197
모리츠, 마이클 34, 139, 141, 179~180,
  186~187, 196, 201, 203, 297, 328
모바일 가상 네트워크 운영자MVNO 157
모스코비츠, 더스틴 338, 410, 473
모어, 맥스 224~225
모질라 재단 371, 374
무라티, 미라 359~360, 384, 388~390,
  392, 423, 444~447, 449, 451~457, 459,
  462, 479~480, 483, 485~486, 488
무선 통신사 94, 120, 142, 155~156, 158,
  164, 166, 168, 170~171, 173, 175, 190,
  253
미나 427
미래 생명 연구소 430, 473, 481, 230,
  268~269, 331
미맴프 121

미스릴 캐피털 217
민스키, 마빈 226, 333
밀너, 유리 220, 317
밀레니얼 세대 14, 218, 326

ㅂ

바드 428
바이젠트, 안드레아스 143
바이두 272, 384
반도체 116, 138, 211, 358, 360, 370, 442,
  469~470
배포 안전 위원회 440~441, 452
밸런타인, 돈 138, 179~180
밸브 343
뱅크먼프리드, 샘SBF 336~337, 406, 436
버닝 맨 10, 316
버라이즌 100, 166, 175, 191
버블링 220
버핏, 워런 338
베이조스, 제프 365, 411
베츠라크루아, 조 407, 409
벤더, 에밀리 398~399
벤지오, 요슈아 293, 300, 430
벤처 캐피털 18, 26, 32, 112~113,
  115~117, 126, 136, 146, 150, 211, 213,
  216, 241, 247, 251~253, 373, 405, 457,
  489, 500
벨 연구소 224, 296
보스트롬, 닉 16, 226, 229~230,
  260~264, 267~272, 382, 421
보타, 룰로프 139, 153, 198
보편 기본 소득 27~28, 30, 327, 405
부스트 127, 157~164, 166
부케이트, 폴 197, 240
북코퍼스 350
뷰포인트 리서치 인스티튜트 315

브런디지, 마일스 382, 400
브록먼, 그렉 33, 276~282, 284,
　292~296, 299~309, 313, 332, 344,
　346, 350~351, 353~356, 360, 373,
　383~384, 387, 389~392, 397, 422,
　436, 438~440, 446, 448, 451~456,
　460~464, 480, 485~486, 488
브리지워터 어소시에이츠 337
브린, 세르게이 135, 140, 306
블랙웰, 트레버 101, 117, 120, 148
블룸버그 108, 247, 330, 435
비디오 게임 70, 90, 130, 154, 235, 290,
　343, 388, 414, 416
비바리움 프로젝트 333
비아웹 109, 113, 117
비엔도 96, 98, 102, 105, 119
비트토렌트 386
빅터, 브렛 314
빅테크 기업 291, 296, 314, 358, 471
빈지, 버너 223~224, 230, 269
빌드줌 220

◉

사우스 바이 사우스웨스트SXSW
　189~190
사워버그, 보브 258~259, 273
사이벌, 마이클 309, 371
상표권 문제 160
샌드버그, 셰릴 155, 365
생성형 사전 학습 변환기 352
생성형 인공 지능 10, 350, 426
샤지어, 놈 427
세계 개발자 콘퍼런스 177, 181
세계 트랜스휴머니즘 협회 263
세이프 슈퍼인텔리전스SSI 486, 489
세쿼이아 32, 34, 105, 137~141, 147, 150,
　153~154, 160, 168, 179~180,
　185~187, 193~198, 201, 203, 213, 217,
　240, 246~247, 249~250, 252~253,
　257, 297, 308, 328, 368, 487
센티언트 네트웍스 138
셀먼, 바트 267~269, 271
소셜 네트워크 32, 96
소셜 미디어 185, 203, 402, 427, 460, 465
소프트웨어 개발 178, 202, 425
소프트웨어 개발 키트SDK 176,
　180~181, 194
수츠케버, 일리야 270, 285~294,
　298~302, 304, 306, 308, 313, 332,
　347~352, 354, 356, 387, 420, 438, 444,
　446~449, 451~455, 457~458, 461,
　463, 479~481, 485~489, 493~494
순환 신경망RNN 349
술레이만, 무스타파 233, 437
슈퍼얼라인먼트 448, 481~482
슐먼, 존 294, 302, 360, 388, 419, 423,
　425, 488
스라이브 캐피털 257, 457, 488
스워츠, 애런 101, 121~123, 130
스카이프 16, 230, 268, 473
스콧, 케빈 456, 467
스텀블어폰 278
스트라이트, 스티브 202~204, 213,
스트라이프 14, 33, 198, 200~201, 217,
　221~222, 239, 249, 252, 276,
　280~282, 302, 389, 397
스티글러, 마크 223, 318~319
스파크 뉴로 433
스페이스X 234, 267, 273~274, 299, 309
스프린트 87, 94~95, 100, 123~128, 158,
　166~168, 170, 175, 191
시리즈A 141, 160, 201, 217, 248, 252,

254
시보, 닉 89~92, 96, 102, 135, 142, 145~146, 161, 163, 180, 182, 204
시스테딩 연구소 226
시어, 에밋 121~122, 130, 250, 462~463
시카, 비샬 313, 377
신경 과학 231, 233, 322
신경망 233, 235, 282, 285, 287~291, 303, 305, 307~308, 349, 352, 384, 496
신경 정보 처리 시스템 학회NIPS/NeurIPS 285, 480
실리콘 밸리 11~14, 17, 20, 29, 33~35, 96, 116, 130, 135, 138, 148~150, 160, 170, 202, 216~218, 237, 239, 241~242, 251, 253, 255~256, 307, 309~310, 314, 316, 320, 323, 325, 329, 353, 372~373, 396~397, 408, 482, 488
싱귤러 94, 100, 164~166, 175~176
싱크 탱크 227, 229, 422, 471, 473

ㅇ

RSS-피드 포맷 101
아마존 130, 143, 348, 390
아마존 웹 서비스 177, 191, 299, 345
아모데이, 다리오 270, 272, 284, 294, 339, 360, 382~384, 397~398, 400, 430, 489
아사나 338
아실로마 339, 372, 331~332, 335
아이브, 조너선 441~442
아이실론 196
아이작슨, 월터 274
아이클러, 마이크 52~53, 67
아이폰 175~178, 180~185, 190~191, 441, 456
아타리 138, 235, 263, 303

아틱스 108~109
악셀 스프링거 483
알렉산더, 스콧 228, 245~265
알파고 305~307, 344, 346
암브로시아 409
암호 화폐 28, 257, 337, 406, 436
애니봇 148
애드몹 194
애드센스 385
애드휠 194
애트머스 411
애플 73, 93, 98, 116, 137, 139, 175~182, 184~185, 202, 311~312, 314, 332, 333, 365, 429, 452, 470, 497
애플리케이션 109, 128, 171, 388, 427
앤드리슨 호로위츠 246, 252, 405
앤스로픽 11, 22, 230, 398, 420, 424, 428, 436, 449~450, 471, 482, 487, 489
야후 109, 128, 139
얌, 샘 174, 194, 220
어드밴스 퍼블리케이션 256
SAFE(조건부 지분 인수 계약) 150
SAP 313~314
에어비앤비 14, 197, 221~222, 239, 242, 247, 250, 252, 415, 460
AIM 메신저 82, 122
AOL 32, 79~80, 258, 365
AT&T 100, 142, 159, 164, 166, 175, 189, 191
API 171, 200, 388, 389, 391~392, 396, 417~418, 425, 440
에인절 투자 113, 117~118, 197, 220, 239~241, 487
X.com 200
xAI 30, 437, 489
엑스트로피언 224~227, 230~231, 262,

318, 340
엑스프라이즈 230
LGBTQ 71, 82
연방 통신 위원회 94~95, 169
예거, 래리 312, 333
오라일리, 팀 102
o1 448, 487
오클로 28, 219, 441
오픈 소스 150, 298, 340, 390, 396, 416
오픈 필랜스러피(오픈 필) 338~340, 382,
 421, 436, 472~474
오해니언, 알렉시스 111~112, 120,
 129~130, 258
올라, 크리스 284, 294
올트 캐피털 491
Y 콤비네이터 13~14, 17~18, 27, 33~34,
 100~101, 105, 107~108, 112,
 118~120, 123, 128~130, 142, 144,
 148~151, 195~199, 210, 212~213, 217,
 219~222, 237~240, 242~258,
 275~276, 282~283, 295~297, 299,
 309~311, 315, 317, 322~324, 329, 337,
 362, 366, 369~371, 373~377, 389,
 395~397, 405, 407~408, 411, 441, 455,
 457, 462, 469, 486~487, 491, 501
울프램, 스티븐 128~129
웡, 이샨 256~257
웡, 해나 454
웹GPT 418~419
웹텍스트 381, 386
위치 기반 서비스 167, 169, 175, 186, 191
윌릿 어드바이저 247, 253
유드코스키, 엘리에저 9~10, 15~16, 20,
 216, 224, 226~232, 261~262,
 268~269, 282, 337, 418, 472, 475, 481
유튜브 141, 147~148, 153

유한 책임 투자자LP 115, 198, 217, 241,
 247~248, 253, 376, 442
은완콰, 젠 396
응, 앤드루 92, 143, 272, 420
이해 충돌 377, 437, 439~440, 477
인류 미래 연구소 15, 382, 421~422
인스트럭트GPT 417
인텔리제네시스 231
인포시스 299, 313~314, 377

자렘바, 보이치에흐 294, 304, 347
자본주의 67, 264, 310, 359, 496
자율 주행 자동차 268, 356~357
잡스, 스티브 98, 135, 138, 143, 175, 179,
 189
저스틴.tv 130, 250, 462
저작권 255, 351, 385~386
저커버그, 마크 152, 155, 218, 411, 435
전자 프런티어 재단 95
제네핏 220, 222~223, 249
제록스 311~313
제미니 483
제이컵스틴, 마크 97, 154~155, 161,
 168~173
지능 시대 495
지적 재산 173, 296, 312
GPS 92, 94, 157~158
GPU(그래픽 처리 장치) 282, 290~291,
 349, 390, 402
질리스, 시본 373, 437

채프킨, 맥스 209, 326, 407
챗GPT 9, 12, 16, 29~30, 34~35, 330,
 400, 424~426, 428, 431, 435, 438~439,

찾아보기 535

449~450, 466, 485, 488, 499
챗봇 12, 22, 278, 415, 424, 426~427, 439
체스키, 브라이언 250, 376, 415~416,
　426, 432, 437, 456, 460~461
초인간 기계 지능 272
초지능 227, 230~231, 234, 261, 265,
　268, 271, 283, 335, 419, 486, 498

ㅋ

커즈와일, 레이 226, 334
컴퓨팅 233, 291, 308, 345~346,
　348~349, 353, 358, 367, 378, 384, 387,
　399, 429, 445, 470, 481, 495
코슬라 벤처 366~367, 405
코즈모닷컴 211
콘데 나스트 129, 255~256, 258
콘웨이, 론 197, 220, 487
콜리슨, 패트릭 199~201, 217, 250,
　280~281, 302, 389
쿡, 팀 365
쿼라 351, 373, 438~439
크롬 405, 429
크리스티아노, 폴 284, 436
크리젭스키, 알렉스 290~291, 420

ㅌ

탈린, 얀 16, 230, 268, 358, 473~474
태나, 에번 152, 161, 193
테그마크, 맥스 268~270, 331~332
테슬라 244, 256, 309, 340, 356~360,
　373, 402, 410
테크 업계 152, 214, 216, 218~219, 337,
　456, 487
텍스트페이미 130
토너, 헬렌 382, 420~422, 438~440,
　444~447, 449~452, 455, 458, 461,

472, 487
튜링, 앨런 278, 279, 466
트랜스휴머니즘 228, 230~231, 263
트위치 130, 250, 462
트위터 171, 189, 271, 390, 412, 426,
　443~444
특이점 223~224, 226~227, 230, 232,
　269, 319, 334, 480
틸, 피터 9~11, 14, 17, 19, 23, 33~34, 91,
　201, 209~212, 214~220, 222~223,
　226, 229~230, 232~235, 241~244,
　257, 274, 299, 323~326, 328, 347, 356,
　368~369, 407~411, 433, 437, 472

ㅍ

팩트 체크 418
페어차일드 반도체 116, 138
페이스북 102, 116, 126~127, 152, 155,
　160, 185~186, 191, 197, 203, 209, 218,
　256, 271, 294, 300, 324~325, 330, 338,
　373, 438, 473, 477
페이지, 래리 135
페이팔 147, 200, 209, 217, 223, 233~234,
　256, 274
포사이트 연구소 229
피차이, 순다르 428

ㅎ

하드웨어 전략 360
하사비스, 데미스 231~234, 270,
　274~275, 305, 332, 335
하이드라진 219~220, 222, 256~257,
　259, 329, 412
해커 102, 108, 110~112, 210, 238, 240,
　258
핵에너지 27, 92, 214~215, 244~245,

283, 327
핼시온 407
허프먼, 스티브 111~112, 120, 122, 124, 130, 258~260
헬리온 28, 216, 219, 329, 409~410, 441, 470
현실 왜곡장 98, 189

효과적 이타주의EA 10, 17, 268, 334~337, 339, 341, 358, 373, 419~420, 435~436, 471~474, 477
힌턴, 제프 285~290, 293, 300, 333, 420, 493~494
힐턴, 제이컵 419

지은이 **키치 헤이기** 『월 스트리트 저널』 기자. 2018년 『콘텐츠의 제왕: 비아컴, CBS, 미디어 제국을 영원히 지배하기 위한 섬너 레드스톤의 싸움』을 발표했다. 2025년 인공 지능 혁명을 일으킨 새로운 스타트업 제왕을 다룬 『미래를 사는 사람 샘 올트먼』을 내놓으면서 테크 업계 안에서 샘 올트먼이 급부상한 과정과 신기술을 향한 그의 야망을 펼쳐 보인다. 편견 없는 공정한 조사와 흥미진진한 서술이 결합된 이 책은 한국을 포함해 12개 언어로 출간될 예정이다.

옮긴이 **유강은** 사회 과학과 국제 문제 분야의 전문 번역가. 옮긴 책으로 『냉전』, 『국가는 어떻게 무너지는가』, 『내전은 어떻게 일어나는가』, 『위어드』, 『팔레스타인 100년 전쟁』, 『타인의 해석』 등이 있다. 『미국의 반지성주의』로 제58회 한국출판문화상(번역 부문)을 수상했다.

미래를 사는 사람 샘 올트먼

발행일 2025년 7월 10일 초판 1쇄

지은이   키치 헤이기
옮긴이   유강은
발행인   홍예빈
발행처   주식회사 열린책들

경기도 파주시 문발로 253 파주출판도시
전화 031-955-4000 팩스 031-955-4004
홈페이지 www.openbooks.co.kr 이메일 humanity@openbooks.co.kr

Copyright (C) 주식회사 열린책들, 2025, *Printed in Korea.*
ISBN 978-89-329-2527-1 03320